이한우의 지인지감 06

이한우의
사기
10

이한우의 사기

10

열전(列傳) 권117-권130

●●●●●●●●●●●

『사기집해』 『사기색은』 『사기정의』
삼가주 완역 해설판

21세기북스

일러두기

1. 삼가주(三家注)는 원칙적으로 모두 번역하되 발음을 풀이한 것이 기존 발음과 같은 경우에는 대부분 생략했다. 또 중복되거나 지금 상황과 동떨어진 주는 생략했다.

2. 삼가주란 배인(裴駰)의 『사기집해(史記集解)』, 사마정(司馬貞)의 『사기색은(史記索隱)』, 장수절(張守節)의 『사기정의(史記正義)』를 뜻하며, 삼가주의 번역은 각주 앞에 각각 【집해(集解)】, 【색은(索隱)】, 【정의(正義)】로 표시해 구분했다.

3. 【 】표시로 시작하지 않는 주석은 옮긴이의 주이며, 삼가주와 다른 서체로 표기했다. 삼가주에 옮긴이의 주를 단 경우에도 마찬가지이다.

4. 발음 풀이 중에 간단한 것은 주(注)로 처리하지 않고 대부분 본문에 포함해 [○-○]이라는 식으로 표현했다. 또 역자가 뜻을 분명히 하기 위해 [○=○]이라는 표현을 쓰기도 했다.

5. 지나치게 미세해 지금의 독자에게 불필요한 주는 생략했고, 번역문에 녹였을 때는 따로 주(注) 표시를 하지 않았다.

6. 번역 원전은 인터넷사이트 '한천초려(漢川草廬)'를 기본으로 삼았다.

차례

열전(列傳)

권
117

사마상여열전(司馬相如列傳) 제57

권117 사마상여열전(司馬相如列傳) 제57[1]

사마상여(司馬相如)는 촉군(蜀郡) 성도(成都) 사람으로 자(字)가 장경(長卿)이다. 어려서부터 책 읽기를 좋아했는데, 격검(擊劍)[2]을 배웠기 때문에 부모는 그를 견자(犬子-개자식)[3]라는 애칭으로 불렀다. 상여(相如)는 배움을 이미 마치고 나자, 인상여(藺相如, ?~?)[4]의 사람됨을 흠모해 이름을 상여(相如)로 고쳤다. 많은 돈을 내고 낭(郎)이 되어 효경제(孝景帝)를 섬겨서 무기상시(武騎常侍)[5]가 되었으나, 그가 좋아하는 자리는 아니었다. 마침, 경제는 사부(辭賦)를 좋아하지 않았고 이때 양(梁)나라 효왕(孝王)이 내조했는데, 제(齊)나라 사람 추양(鄒陽)과 회음(淮陰)의 매승(枚乘), 오현(吳縣)의 장기부자(莊忌夫子)[6] 등 유세하는 선비들이 그를 따라왔고 상여는 그들을 만나보고 이를 기뻐해, 병을 핑계로 벼슬을 그만두고는 빈객이 되어 양나라를 두루 돌아다녔다. 양나라 효왕이 상여를 여러 학자[諸生]와 함께 지내게 하니, 상여는 학자·유세객들과 여러 해 동안 어울려 지냈고 마침내 「자허부(子虛賦)」를 지었다.

1) 【색은(索隱)】 이 열전이 「서남이열전」 다음에 이어지는 것은 마땅하지 않다.

2) 【색은(索隱)】 『여씨춘추(呂氏春秋)』에서 말했다. "단칼로 장검을 상대하는 것으로, 재빠르게 종횡으로 단칼을 쓰는 법이다."

3) 【색은(索隱)】 맹강(孟康)이 말했다. "사랑하기에 그렇게 부른 것이다."

4) 전국시대 조(趙)나라 사람으로, 원래 조나라의 환자(宦者) 영무현(令繆賢)의 사인(舍人)이었다. 혜문왕(惠文王) 때 진(秦)나라 소왕(昭王)이 유명한 구슬인 화씨벽(和氏璧)과 진나라의 성

15개를 맞바꾸자고 요구해왔다. 이때 영무현의 천거로 왕명을 받들고 진나라에 사신으로 갔다가 기지를 발휘해 구슬과 함께 무사히 돌아왔고, 이 공으로 상대부(上大夫)가 되었다. 혜문왕 20년 진나라의 왕과 조나라의 왕이 민지(澠池)에서 회담할 때 조나라 왕이 수모를 당하지 않도록 한 공으로 상경(相卿)의 지위에 올랐는데, 장군 염파(廉頗)보다 높은 지위였다. 염파가 이를 모욕이라 여겨 단단히 별렀는데, 이를 안 그가 염파를 피했다. 조나라의 안전을 위해 그랬다는 사실을 안 염파가 자신의 잘못을 뉘우치고 사죄해 문경지교(刎頸之交)를 맺었다.

5) 【색은(索隱)】 장읍(張揖)이 말했다. "작질은 600석으로, 늘 시종하며 맹수들을 물리쳤다."

6) 【집해(集解)】 서광(徐廣)이 말했다. "이름은 기(忌)이고, 부자(夫子)는 자(字)다."
　　【색은(索隱)】 「추양전(鄒陽傳)」을 살펴보건대, 매(枚)선생이나 엄(嚴)부자 등은 아름다운 칭호일 뿐이니 서광이 자라고 한 것은 잘못이다. 『한서(漢書)』에서는 엄기(嚴忌)라고 했으니, 원래 그의 성은 장(莊)인데 후한 명제의 이름을 피휘한 것이다.

마침, 양나라 효왕이 졸(卒)하자 상여는 귀향했는데, 집안이 가난해 스스로 생업으로 삼을 만한 것이 없었다. 그는 평소 임공(臨邛) 현령 왕길(王吉)과 잘 지냈는데 길(吉)이 말했다.

"장경(長卿)께서 오랫동안 벼슬을 구하기 위해 밖에 떠도셨으나 뜻을 이루지 못하신 모양이니, 내게로 와서 지내시지요."

이에 상여가 그를 찾아가서 도정(都亭)[1]에 머물렀다. 임공 현령 길은 공경의 예법에 얽매여[繆] (그것을 드러내고자) 매일 찾아와서 상여에게 문안 인사를 올렸다. 상여는 처음에는 그가 오는 것을 반기다가 뒤에는 병을 핑계로 심부름하는 사람을 시켜 왕길이 만나러 오지 않아도 된다고 사양했지만, 길은 더욱더 삼가며 엄숙하게 상여를 대했다.

1) 【색은(索隱)】 살펴보건대, 임공 성곽 근처에 있는 정(亭)이다.

임공에는 부자들이 많았는데, 그중에서도 탁왕손(卓王孫)은 집안 가동(家僮)이 800명이었고 정정(程鄭)이라는 사람 또한 수백 명이었으며 이 두 사람이 마침내 서로 이야기를 나누었다.

"현령께 귀한 손님이 계신다고 하니, 잘 준비해 그분을 부릅시다."

아울러 현령도 불렀다. 현령이 이미 탁씨 집에 도착해보니 탁씨의 빈객이 100여 명이나 되었다. 정오가 되자 사마장경(司馬長卿)을 오라고 했는데 장경은 병이 나서 올 수가 없다고 했고 임공 현령은 감히 먼저 음식을 맛볼 수가 없어서 자신이 직접 상여를 맞이하러 갔다. 상여는 어쩔 수 없이 억지로 따라나섰고 (그가 들어서자) 좌중에 있던 사람들은 모두 (그의 풍채를 보려고) 몸을 기울였다.

술자리가 무르익자, 임공 현령이 먼저 거문고를 연주한 다음에 말했다.

"가만히 듣건대 장경께서 거문고를 잘 타신다 하니, 바라건대 직접 들어보고 싶습니다."

상여는 사양하다가 한두 곡[行=曲]을 연주했다. 이때 탁왕손에게는 문군(文君)이라는 최근에[新] 과부가 된 딸이 있었는데 음악을 좋아했으니[好音], 상여가 (거문고를 연주한 까닭은) 겉으로는[繆] 현령과 서로 존중하기 때문인 듯했으나 (실은) 거문고로 그녀의 마음을 움직여보기 위해서였다[挑].

(그에 앞서) 상여가 임공에 갈 때 거기(車騎)를 뒤따르게 했는데, 그의 행동거지는 조용하고 의젓하며 고상한 품위가 있어 크게 도회풍 선비의 모습이었다. (그래서) 탁씨 집에서 술을 마시며 거문고를 탈 때 문군은 문틈으로 몰래 상여를 엿보고는 마음이 끌리고 그를 좋아하게 되어, (오히려) 자신이 그의 배필이 되지 못할까 봐만 걱정했다. 이미 술자리가 끝나자, 상여는 마침내 사람을 시켜 문군의 시종에게 두터운 선물을 주면서 은근히[殷勤=慇懃] 자신의 마음을 전했다. 문군은 그날 밤 상여에게 도망쳐 왔고, 상여는 그녀와 함께 말을 달려 성도(成都)로 돌아갔다. 상여의 집은 간신히 네 벽만

있을 뿐이었다.

탁왕손이 크게 화가 나서 말했다.

"딸년은 참으로 쓸모가 없구나[不才]! 내 차마 죽이지는 않겠지만 한 푼의 돈도 나눠주지 않겠다."

사람들이 간혹 왕손(王孫)에게 (설득하며) 말해보았지만, 왕손은 끝내 들어주지 않았다.

문군은 시간이 오래 지나 힘들어지자 장경에게 말했다.

"장경, 차제에[第=且] 함께 임공으로 가시지요! 내 형제들에게 밑천을 빌리면 얼마든지 생계를 꾸려갈 수 있는데, 여기서 이 고생을 할 필요가 어디 있습니까?"

상여는 문군과 함께 임공으로 갔다. (상여는) 수레와 말을 모두 팔아 술집 하나를 사서는 문군으로 하여금 화로에 앉아 술을 팔게 했다[鑪=酒肆]. 상여 자신은 농부가 입는 쇠코잠방이[犢鼻褌]를 걸친 채 날품팔이들과 함께 잡일을 하고 저잣거리에서 술잔을 닦았다. 탁왕손이 이를 듣고는 부끄러워 문을 닫아걸고 밖으로 나오지 않으니[杜門不出], 형제들과 제공(諸公)[1]들이 번갈아가며 왕손에게 말했다.

"(슬하에) 아들 하나와 딸 둘이 있고 재산이 부족한 것도 아닙니다. 지금 문군은 이미 몸을 사마장경에게 잃었고[失], 장경이 세상을 떠돌며 배워 비록 가난하지만, 그 사람의 재주는 충분히 의지할 만하고 게다가 그는 현령의 빈객인데, 어찌 유독 상여를 이처럼 욕되게 하십니까!"

탁왕손은 어쩔 수 없이 문군에게 노복 100명과 돈 100만 전, 시집갈 때를 위해 준비해두었던 의복과 재물을 나눠주었다. 문군은 마침내 상여와 함께 성도로 돌아가 밭과 집을 사서 부자가 되었다.

---

1) 【집해(集解)】 곽박(郭璞)이 말했다. "제공이란 아버지 항렬이다."

오랜 시간이 흘러 촉(蜀)나라 사람 양득의(楊得意)가 구감(狗監)¹⁾이 되어 상(-무제)을 모시고 있었다. 상이 「자허부(子虛賦)」를 읽고서 좋다고 여겨 이렇게 말했다.

"짐(朕) 홀로 이 사람과 같은 때에 살지 못했던가!"

득의(得意)가 말했다.

"신의 마을 사람 중에 사마상여라는 자가 있는데, 그가 말하기를 자신이 「자허부」를 지었다고 했습니다."

상이 놀라며 마침내 상여를 불러서 물었다. 상여가 말했다.

"제가 지은 것이 맞습니다. 그러나 이 부는 마침내 제후의 일에 관한 것으로 (천자께서) 보실 만한 것이 못됩니다. 청컨대 천자를 위해 「유렵부(游獵賦)」를 짓게 해주신다면 부가 완성되는 대로 바치겠습니다."

상이 이를 허락하고서 상서(尙書)에게 명해 붓과 작은 목간[札]을 내려주게 했다.

상여는 '빈말[虛言]'이라는 뜻의 '자허(子虛)'를 갖고서 초(楚)나라의 아름다움을 칭찬한 뒤, '어찌 이런 일이 있겠는가[烏有此事]'라는 뜻의 '오유선생(烏有先生)'을 갖고서 제(齊)나라를 힐난하면서, 다시 '이 사람은 없다[亡是人]'라는 뜻의 '무시공(亡是公)'을 갖고서 천자의 대의(大義)를 밝히고자 했다. 그리하여 이 세 사람(-자허·오유선생·무시공)의 가공인물을 빌려 말을 만듦으로써 황제와 제후의 원유(苑囿-동산)를 미뤄 논했고, 마지막 장(章)에서 절약과 검소함으로 귀결되게 함으로써 이를 통해 풍간(諷諫)했다. 천자에게 이 글이 올라가자, 천자가 크게 기뻐했다. 부(賦)의 가사는 이러하다.

---

1) 【집해(集解)】 곽박(郭璞)이 말했다. "(천자의) 사냥개를 관리하는 책임자다."

초나라가 자허(子虛)를 제나라에 사자로 보냈는데, 제나라 왕은 나라 안의 장부와 선비들을 모두 불러서 대규모 거기(車騎)를 갖춰 사자와 함께 사냥을 나갔다. 사냥이 끝나자, 자허가 오유선생(烏有先生)에게 들러 자랑했는데[詫][1], 무시공(亡是公)도 그 자리에 있었다. 모두 자리에 앉자, 오유선생이 물었다.

"오늘 사냥[田=畋]은 즐거웠습니까?"

자허가 말했다.

"즐거웠습니다."

"많이 잡았습니까?"

말했다.

"조금 잡았습니다."

"그런데 뭐가 즐거웠습니까?"

말했다.

"저[僕]는 제나라 왕께서 제게 수레와 말이 많은 것을 자랑하려고 하셨을 때 제가 운몽(雲夢)[2]의 일로써 대답한 것이 즐거웠다는 말입니다."

말했다.

"들어볼 수 있겠습니까?"

1) **집해(集解)** 곽박(郭璞)이 말했다. "타(詫)는 자랑하는 것이다. 詫는 이때 발음이 (이가 아니라) 탁(託)과 하(夏)의 반절음이다."

2) 장읍(張揖)이 말했다. "초나라의 늪지[藪]다. 남군(南郡) 화용현(華容縣)에 있다."

자허가 말했다.

"좋습니다. (제나라) 왕이 천승의 수레와 1만의 기병으로 바닷가에서 사냥을 했습니다.

늘어선 병졸들이 늪에 가득하고 사냥용 그물을 온 산에 둘러친 가운데[罘罔彌山][1]

토끼를 그물로 덮쳐 잡고 사슴을 수레바퀴로 깔아뭉갰으며[轔=車轢]

고라니를 활로 쏘아 맞히고 기린의 다리를 잡아 넘어뜨렸습니다.

소금 갯벌을 어지러이 내달린 수레바퀴는 찢긴 짐승의 살점[鮮=生肉]으로 물들었고 활로 쏘아 잡은 사냥감이 많았는데,

(제나라 왕이 자신의 공을) 자랑하면서 나를 돌아보며 이렇게 말했습니다.

'초나라에도 평원과 넓은 늪지가 있어 이와 같이 풍요롭고 즐겁게 사냥할 수 있는가?

초나라 왕의 사냥 솜씨는 과인과 비교할때 어떤가?'

저는 수레에서 내려[下車] 대답했습니다.

'신은 초나라의 비루한 사람일 뿐인데, 다행스럽게도 (궁궐에서) 10여 년 동안 숙위(宿衛)를 맡아볼 수 있었기에 때로는 왕을 모시고 후원(後園)에서 사냥한 적이 있었습니다. 그러나 어떤 곳은 보았고 어떤 곳은 보지 못했으니 (후원에 대해서도) 두루 다 보았다고 할 수 없는데, 심지어 궁궐 밖의 (사냥터인) 늪지에 대해 (어찌) 말할 수 있겠습니까!'

제나라 왕이 말했습니다.

'그렇다고 해도 대략 그대가 보고 들은 것이라도 말해보라.'

1) 【집해(集解)】 곽박(郭璞)이 말했다. "부(罘)는 토끼그물[罝]이다." 【정의(正義)】 미(彌)는 '둘러싸다[竟]'다.

제가 (그래서) 이렇게 대답했습니다.

'네네[唯唯]1).

신이 듣건대 초나라에는 늪지가 7곳[七澤] 있다고 하는데, 일찍이 그중 하나는 보았고 나머지 것은 아직 보지 못했습니다. 신이 본 늪지는 대개 다만 그중에서도 가장 작은 것[小小]일 뿐인데, 이름을 운몽(雲夢)이라고 합니다. 운몽은 사방 900리이고, 가운데에는 산이 있습니다. 그 산은 굽이쳐

감아 도는데[盤紆] 첩첩이 빼곡하고[崩鬱] 우뚝 치솟아서[隆崇] 험준하며[律崒] 봉우리와 암석[岑崟]이 들쭉날쭉해서[參差] 해와 달이 가려져 일그러지기도 합니다[蔽虧]. 서로 뒤섞여[交錯=錯綜] 어지러우며[糾紛=紛糾] 위로는 푸른 구름을 꿰뚫고 산비탈은 완만하게 경사져서 아래로 강과 시내에 이어집니다[屬=連].

(염색 원료로 쓰이는) 흙을 보면,

붉은 모래[丹=丹砂], 푸른빛 나는 찰흙[靑=靑雘], 붉은 흙[赭=赤赭], 흰 흙[堊=白堊], 자황(雌黃-황과 비소의 화합물로 염색 재료), 백부(白坿-흰색 수정), 주석, 벽옥, 금은 등이 온갖 색깔로 화려한 광채를 내니, 찬란하기가 용의 비늘[龍鱗] 같습니다.

돌을 보면,

적옥(赤玉), 자주색 돌[玫瑰], 푸른 옥[琳], 옥 다음 가는 돌[瑉], 아름다운 옥[琨珸], 감록(瑊玏-옷 비슷한 돌), 검은색 돌[玄厲], 연석(㻠石-옥과 비슷한 돌), 붉은 바탕에 흰 무늬가 있는 돌[武夫]이 있습니다.

1) 안사고(顔師古)가 말했다. "유유(唯唯)는 공손하게 응대하며 말하는 것이다."

동쪽에는 향초가 자라는 동산[蕙圃]이 있는데, 두형(杜衡), 난(蘭), 지(芷), 약(若)[1]과 천궁[芎藭=营藭], 창포, 꼬시래기[江離=江蘺], 천궁의 싹, 꾸찌뽕[甘柘], 박저(猼且)[2]가 있습니다.

남쪽에는 평원과 넓은 못이 올라갔다 내려갔다 하며 구부러지고 길게 뻗어 있으며 움푹 들어갔다가 평평하게 넓게 퍼지며 장강에 잇닿아 무산(巫山)에서 끝이 납니다. 높고 건조한 곳에는 침(葴-쪽풀), 사(蕲-수초 일종), 그령[苞], 타래붓꽃[荔], 맑은대쑥[薛], 향부자[莎], 푸른 번(蕃-향부자와 비슷한데 그보다 큰 풀)이 납니다. 낮고 습한 곳에는 장랑(藏莨-수크령), 겸가(兼葭-갈대 일종), 동장(東蘠-장미 일종), 조호(雕胡-부추처럼 생긴 향초 일종), 연우

(蓮藕-연뿌리), 고로(菰蘆-향초 일종), 암려(菴薗-맑은대쑥), 헌우(軒芋-토란류)가 자랍니다. 온갖 것이 자라니 이루 다 그려낼 수 없습니다.

서쪽에는 솟아오르는 샘과 밝은 연못이 있어 거센 물살이 떠밀며 흘러가는데, 위로는 연꽃과 마름꽃들이 있고 아래에는 큰 바위와 흰 모래가 감춰져 있습니다. 샘과 연못 안에는 신령스러운 거북과 교룡(蛟龍)과 대모(瑇瑁-큰 거북)와 별원(鼈黿-자라 일종)이 있습니다.

북쪽에는 그늘진 숲[陰林]³⁾과 큰 나무들이 있으니, 편남(楩柟-키 큰 녹나무), 예장(豫章-큰 나무의 일종), 계초(桂椒-계수나무와 산초나무), 목란(木蘭), 벽리(蘗離-황벽나무), 주양(朱楊-붉은 버드나무), 사리(樝梨-풀명자와 배나무), 영률(楟栗-고욤나무와 밤나무), 귤유(橘柚-귤나무와 유자나무)가 향기를 뿜어내고 있습니다[芬芳].

(나무들) 위에는 봉황과 비슷한 원추(鵷雛-봉황 일종), 공작[孔]과 난새[鸞], 등원(騰遠-새의 일종)과 여우를 닮은 사간(射干)이 살고 있고, 아래에는 흰 호랑이[白虎]와 검은 표범[玄豹], 이리를 닮은 만연(蟃蜒), 너구리를 닮은 추(貙-맹수 일종)와 한(豻-오랑캐 땅에 사는 들개), 물소와 코끼리, 야서(野犀-들소)와 궁기(窮奇), 만연(獌狿)이 있습니다.

---

1) 장읍(張揖)이 말했다. "두형은 모양은 접시꽃[葵]과, 냄새는 천궁의 싹[蘼蕪]과 비슷하다. 지는 백지(白芷-흰 지초)이고, 약은 두약(杜若)이다."

2) 『한서(漢書)』에는 파차(巴且)로 되어 있는데, 파초(巴蕉)를 가리킨다.

3) 안사고(顏師古)가 말했다. "나무가 많고 커서 늘 그늘이 진다는 뜻이다."

이에 마침내 전제(剸諸)¹⁾ 같은 사람을 시켜 맨손으로 이런 맹수들을 쳐서 잡게 합니다.

초나라 왕이 마침내 잘 길들인[馴=擾] 박(駮)²⁾ 4마리가 끄는 옥으로 장식한 수레를 탄 뒤에 물고기 수염으로 만든 휘청거리는 깃발과 명월주로 장식한 깃발을 휘날리면서 간장(干將)³⁾이 만든 웅장한 창을 들고서 오호(烏嘷 -고대 황제(黃帝)가 썼다는 활)의 조각한 활을 왼쪽에 두고 하복(夏服-하나라 때의 화살통)에 담은 견고한 화살을 오른쪽에 두고 나면, (말을 잘 모는) 양자(陽子)⁴⁾가 수레를 같이 타고[驂乘] (옛날에 말을 잘 몰았다는) 섬아(纖阿)가 말을 몰아 달립니다. 살살 풀어줘 가며[案節] 전력을 다해 달리기도 전에 곧바로 사나운 짐승을 덮치니, 공공(邛邛-말을 닮은 푸른색의 동물로 아주 잘 달림)을 바퀴로 갈아뭉개고[轔] 거허(距虛-공공과 함께 다닌다는 비슷한 동물)를 짓밟으며[蹴] 야생마를 앞지르고[軼] 도도(騊駼-북해에서 산다는 말을 닮은 전설상의 야수)를 수레 축으로 들이받습니다. 유풍(遺風-천리마)을 타고서 유기(游騏)를 쏘니⁵⁾, 수레와 말은 질풍노도와 같아서 우레처럼 빨리 도달하고 유성처럼 전격적이며, 활은 헛되이 날아가는 법이 없는데 적중했다 하면 반드시 짐승의 눈가[眥]를 찢거나 가슴을 꿰뚫고 겨드랑이를 지나 심장의 힘줄을 끊어버립니다.

1) 안사고(顔師古)가 말했다. "오(吳)나라 사람인데, 오왕 료(僚)를 칼로 찔러 죽였다. 용맹한 사람을 뜻한다."

2) 장읍(張揖)이 말했다. "흰색 몸뚱이에 꼬리는 검으며 뿔이 하나 있고, 뾰족한 어금니를 가져 호랑이나 표범을 잡아먹는다. 그것을 길들여서 마차를 끌게 하면 말 4마리가 끄는 것에 버금간다."

3) 장읍(張揖)이 말했다. "한왕(韓王)의 칼을 만든 장인이다."

4) 장읍(張揖)이 말했다. "백락(伯樂)으로, 진(秦)나라 무공(繆公)의 신하이며 성은 손(孫), 이름은 양(陽)이다."

5) 장읍(張揖)이 말했다. "『이아(爾雅)』에 이르기를, 말 모양에 뿔이 하나 있는 것이 휴(雟)인데 뿔이 없는 것을 기(騏)라고 한다고 했다."

이렇게 잡은 짐승들이 마치 비가 쏟아지듯 풀을 덮고 땅을 가리는데, 이에 초나라 왕은 마침내 말고삐를 잡아 이리저리 배회합니다. 마치 새가 날개를 활짝 편 채 가만히 소요하는 듯한 모습으로 그늘 깊은 숲을 바라보면서 장사들의 사납고 분노한 모습과 맹수들이 두려움에 떠는 장면을 구경한 다음에 지친 짐승들의 앞을 가로막고 힘이 다 떨어진 것들을 잡아서 여러 짐승의 다양한 모습을 남김없이 살펴봅니다[殫睹=盡睹].

이에 정(鄭)나라의 아리따운 여인들[曼姬]1)이 가는 비단[阿=細繒]과 가는 베[錫=細布]로 된 옷을 몸에 두른 채 섬세한 모시와 흰 비단으로 만든 치맛자락을 끌면서 각종 비단으로 몸을 꾸미고 안개처럼 엷은 비단을 늘어뜨리는데, 주름 잡힌 옷들은 마치 나무가 우거진 계곡처럼 겹쳐져 구불구불하고 긴 소맷자락이 가지런하며 허리끈[襳]은 바람에 날리고 저고리 장식[髾]은 아래로 드리워져 있습니다. (정나라 여인들이) 수레를 뒤따르면 옷감들이 서로 부딪쳐 사각사각 소리가 나는데, 옷자락 아래로는 난초와 혜초(蕙草)가, 위로는 깃털 장식이 나부낍니다. 비취새 털로 만든 깃발이 휘날리는데, 구슬로 장식한 수레의 끈에 걸려 있어 어느새 솟아올랐다가 다시 내려오는 것이 마치 신령을 방불(髣髴)케 합니다.

---

1) 풀이에 따라 만희를 초나라 무왕의 부인 등만(鄧曼)으로 보기도 하는데, 등만은 등나라 여자이므로 따르지 않는다.

이에 마침내 여럿이 무리를 지어 함께 혜포(蕙圃-향기 나는 풀이 자라는 들판)로 가서 밤 사냥[獠=宵獵=夜獵]을 합니다. 우거진 덤불 사이를 폴짝폴짝 뛰어[蹩珊勃窣]1) 금속처럼 단단한 제방[金隄]에 올라서, 그물로 비취새를 잡고 활과 화살로 준의(鵔鸃-산닭과 비슷한데 깃털이 화려하고 벼슬이 작다)를 쏘아 맞히며 짧은 활에 가는 실을 매어 하늘 높이 날고 있던 흰 고니를 맞히고[弋] 거듭해서 가아(駕鵝-들거위)를 잡고 왜가리[鶬] 2마리를 쏘아 떨어

뜨리는데 검은 학도 함께 (맞고서) 떨어집니다. 그것도 싫증 나면[怠=倦] 청지(淸池)에서 노니는데, 익조(鷁鳥) 무늬를 새긴 배를 띄우고 계수나무 삿대를 들고서 비취새 깃털로 장식한 장막을 치고 새털로 만든 배 덮개를 세웁니다. 대모(瑇瑁)를 그물로 잡고 자패(紫貝)2)를 낚아 올리면 징[金鼓=鉦]을 치고[摐=撞] 풍소[籟=簫]를 불며 뱃사공이 노래를 부릅니다. 그 소리가 부드럽다가 갑자기 크게 올라가면 물고기와 자라 등이 놀라 물 위로 펄쩍 뛰고 파도가 크게 끓어올라서 용솟음쳤다가 한곳으로 모여 소용돌이치며 물속의 돌들은 서로 부딪쳐 소리를 내는데, 그 소리가 크게 울려 퍼지는 것이 마치 우레가 수백 리 밖에까지 들리는 듯합니다.

1) 원문을 그대로 옮기면 무슨 뜻인지 알 수 없다. 그래서 안사고(顔師古)의 주석에 입각해 옮겨보았다. 그만큼 사마상여는 평소에 거의 쓰지 않는 한자들을 총동원해서 이 부를 지었던 것이다. 이 부의 성격을 간접적으로 이해하기를 바라는 마음에 원문을 잠깐 노출해보았다. 실은 부 전체가 모두 이런 한자로 되어 있다 해도 과언이 아니다.

2) 곽박(郭璞)이 말했다. "자패는 보랏빛 바탕에 검은 무늬가 있다." 안사고(顔師古)가 말했다. "조개는 물속의 딱딱한 생물로, 옛날에는 화폐로 사용되었다."

슬슬 밤 사냥을 끝낼 때가 되면 영고(靈鼓)1)를 치고 봉홧불을 올려서 수레의 행렬을 정돈하고 기병들의 대오를 갖춰 실을 짜놓은 듯 잇달아 서서 앞으로 나아가는데, 당당하기가 그지없습니다[翕翕]. 이에 초나라 왕은 마침내 양운(陽雲)의 대(臺)에 올라서 편안하게[泊乎] 아무것도 하지 않으면서 담담하게 마음을 다잡으며 작약(勺藥)으로 음식 맛을 낸 다음에 그것을 먹습니다.

이와 같은 것은 대왕께서 하루 종일 말을 달리며 한 번도 수레에서 내리지 않으신 채로 수레바퀴에다 피를 물들이고 생고기를 찢어서 소금을 찍어 입에 넣는 것을 스스로 즐거움으로 삼는 것과는 같지 않습니다. 신이 남몰

래 살펴보건대, 제나라는 거의 초나라만은 못한 듯합니다.'

이에 (제나라) 왕이 침묵하면서 저에게 아무런 대답도 하지 못했습니다."

1) 안사고(顔師古)가 말했다. "여섯 방향에서 쳐서 사람들을 놀라게 한다."

오유선생이 말했습니다.

"이 어찌 말씀이 지나치십니다! 족하께서는 천 리 길도 멀다 않고 제나라에 오시어 은혜를 베풀어주셨습니다[況]. 제나라 왕이 나라 안의 병사들을 모두 부르고 수많은 수레와 말을 갖춰 그대[使者]와 함께 사냥을 나간 것은 온 힘을 다해 짐승을 잡음으로써 좌우(左右)[1]를 즐겁게 해주려고 한 것인데, 어찌 (그것을) 지나치게 자랑하는 것이라고 하십니까?

초나라 땅에 그런 곳이 있는지 없는지를 물어본 것은 (초나라와 같은) 대국의 아름다운 풍습[風烈]과 선현들이 남긴 좋은 말씀[餘論]을 듣고자 한 것입니다.

(그런데) 지금 족하께서는 초나라 왕의 두터운 다움[德厚=厚德]을 칭송하지는 않고 오히려 운몽의 광활함만 성대하게 추켜세움으로써 교만과 사치를 드러내고 음란함과 사치스러움만 지나치게 말했으니, 가만히 보건대 족하를 위해 그런 것은 취할 만하지 않습니다. 반드시 만약에 말씀하신 바와 같다고 한다면 그것은 결단코 초나라의 아름다움이 아닙니다. 만일 말씀하신 그대로라면 이는 임금의 악을 드러내는 것이고, 그렇지 않다면 이는 족하의 신뢰성을 해치는 것입니다. 임금의 악을 드러내는 것이든 그대의 사사로운 의로움을 손상하는 것이든 둘 중에 어느 하나 옳은 것이 없는데, 선생께서 그렇게 하셨으니 반드시 장차 제나라는 그대를 가벼이 여길 것이고 초나라에는 누가 될 것입니다.

1) 안사고(顔師古)가 말했다. "겸손하게 사자를 직접 지칭하지 않으려고 좌우라고 말한 것이다."

또한 제나라는 동쪽으로 큰 바다와 접해 있고 남쪽에는 낭야대(琅邪臺)가 있어서 성산(成山)에서 유람하고 지부산(之罘山)에서 활 쏘며 발해(勃澥)에 배 띄우고 맹저(孟諸)에서 노니는데, 곁으로는 숙신(肅愼-외국)과 이웃하고 오른쪽으로는 탕곡(湯谷)을 경계로 삼고 있습니다. 가을에는 청구산(靑丘山)에서 사냥하고 바닷가에서 노닐기도 하는데, 운몽 따위는 8개나 9개를 집어삼켜도 가슴속에 조금도 가시가 걸리지[蔕芥=剌鯁] 않을 것입니다. 만약에 이 자리에서 사방의 진귀하고 특이한 물건과 외국의 수많은 종류의 기이한 새나 짐승을 말하라고 한다면 물고기 비늘처럼 끝이 없어서 중요한 것만 추려도 이루 다 적어낼 수 없으니, 우왕(禹王)이라 해도 그 이름을 다 말할 수 없고 설(契)이 다시 나와도 다 셀 수 없을 것입니다[1]. 그러나 (제나라 왕은) 제후의 자리에 있기 때문에 감히 유희의 즐거움이나 원유(苑囿-동산)의 크기에 대해서는 말하지 않을 것입니다. 그리고 또 선생이 이 나라에 빈객으로 오셨기 때문에 왕께서 어떠한 말로도 응답하지 않은 것이지 어찌 대답할 말이 없어서였겠습니까?”

1) 안사고(顏師古)가 말했다. “그런 것들이 하도 많아서 우왕이나 설과 같이 뛰어나고 빼어난 사람이라 해도 다 말하거나 셀 수 없다는 말이다.”

무시공이 빙그레[听然] 웃으며 말했다.

“초나라 쪽 이야기도 틀렸지만, 제나라 쪽 이야기가 꼭 맞다고도 할 수 없습니다. 무릇 (천자가) 제후들로 하여금 공물을 바치게 하는 것은 재물이나 보물을 얻기 위해서가 아니라 술직(述職)[1]하게 하기 위해서입니다. 또 흙을 쌓아 올려 서로의 경계를 만들어주는 것은 수비와 방어를 위한 것이 아니라 분수에 넘치는 참람함[淫=僭濫]을 막기 위함입니다. (그런데) 지금 제나라는 제후의 대열에 올라 동쪽의 울타리 나라[東藩]가 되었는데도 밖으로 숙신과 사사로이 왕래하고 제후국을 버리고서[損=棄][2] 경계를 넘어 바다 건너까지 가서 사냥을 하니, 의리상으로 볼 때 결코 있어서는 안 되는 일입니다. 또 두 분이 논란하되 임금과 신하의 의리를 밝히거나 제후들의 예를 바로잡는 데는 힘쓰지 않은 채 부질없이 사냥의 즐거움이나 동산의 크기만을 두고서 서로 다투고 사치함을 갖고서 서로 이기려 하며 황음(荒淫)을 갖고서 서로 넘어서려 하고 있으니, 이는 이름을 끌어올리고 명예를 드러내는 일[揚名發譽]이 아니라 곧바로 임금을 깎아내리고 스스로를 깎아먹는 일[貶君自損]입니다.

게다가 무릇 제나라와 초나라의 일이라는 것이 심지어 어찌[烏=於何] 입에 담을 만한[道=言] 것이리오! 여러분은 아직 거대하고 화려한 것을 보지 못한 듯하니, 어찌 홀로 천자의 상림(上林-상림원)에 대해 들어보지 못한 것입니까?

1) 【집해(集解)】 곽박(郭璞)이 말했다. "제후들이 천자에게 조회하는 것을 술직이라고 한다."

2) 안사고(顔師古)가 말했다. "청구에 가서 사냥한 일을 말한다."

(상림원) 왼쪽으로 창오(蒼梧)가, 오른쪽으로 서극(西極)이 있으며[1] 단수(丹水)[2]가 남쪽으로 지나가고[更=歷], 자연(紫淵)[3]이 북쪽으로 가로질러 갑니다[徑]. 패수(覇水)와 산수(滻水)가 (상림원) 안에서 시작해 안에서 끝나고[終始] 경수(涇水)와 위수(渭水)가 밖에서 나와 안으로 흘러들어오는데[出入][4], 풍(酆)·호(鄗)·뇌(潦)·결(潏)[5]이 그 안을 굽이굽이 흐르면서 구석구석을 거쳐 갑니다[經營]. 콸콸[蕩蕩] 강 8개로 나뉘어 흐르는데, 서로 등지기도 하면서 각기 다른 모습을 보여주며 동서남북 가리지 않고 흘러 다니다가 산초(山椒)나무가 자라는 쌍둥이 모양의 언덕 사이로 나와서 섬의 물기슭에 이르게 되면 계수나무 숲의 가운데를 가로질러 넓은 들판을 지나갑니다.

1) 【정의(正義)】 문영(文穎)이 말했다. "창오군은 교주(交州)에 속하는데, 장안의 동남쪽에 있어 왼쪽이라고 했다. 『이아(爾雅)』에 이르기를 '서쪽으로 빈국(豳國)에까지 이르는 것을 서극(西極)이라고 한다'라고 했으니, 장안의 서쪽에 있어 오른쪽이라고 했다."

2) 【집해(集解)】 『한서음의(漢書音義)』에서 말했다. "단수는 상락(上洛) 총령산(冢領山)에서 나온다."

3) 【집해(集解)】 곽박(郭璞)이 말했다. "자연은 소상히 알 수가 없다."

4) 【색은(索隱)】 장읍(張揖)이 말했다. "패수는 남전곡(藍田谷)에서 나와 서북쪽으로 흘러 위수로 들어간다. 산수도 남전곡에서 나와 북쪽으로 패릉(覇陵)에 이르러 패수로 흘러 들어간다. 두 강은 상림원 안에서 나와 안에서 마치며 두 번 다시 밖으로 나가지 않고, 경수와 위수는 상림원 밖에서 흘러들어와 다시 상림원 밖으로 흘러 나간다."

5) 모두 강의 이름이다. 潦는 발음이 요가 아니라 뇌(牢)이고, 潏은 휼이 아니라 결(決)이다.

콸콸 흐르는 혼류는 큰 구릉을 따라 아래로 내려가서 좁은 해안 사이를 뚫고 나오는데, 큰 돌[穹石]에 닿고 툭 튀어나온 모래톱에 부딪히면 사납게 성난 듯 끓어오르고 세차게 출렁입니다. 물은 용솟음치는 듯하다가 원래대로 돌아오고 뭉쳤다가 치솟는가 하면 금방 또 달아납니다. 서로 부딪혀 큰 소리를 내며 옆으로 마구 퍼졌다가 거꾸로 휘돌아 포개지는 듯하더니 가볍게 내달리는데, 그 소리의 요란함은 세력에 오르내림이 있어 높았다 싶으면 느닷없이 낮아지기도 합니다.

이어서 뒹굴어 한쪽으로 꼬부라지거나 뒤 물결이 앞 물결을 따라잡으면서 움푹 파인 곳을 향해 달려가면 물소리는 콸콸 급류의 여울을 따라 흘러내려갑니다.

바위를 때리고 구부러진 언덕을 냅다 찌르면서 달려가서, 치솟아 올랐다가 부서져 흩어지기도 하고 높은 곳으로 치솟았다가 어느새 낮은 곳으로 떨어지기도 합니다. 성내며 울부짖는 물소리는 콸콸거리며 솥에서 끓어오는 듯이 물결을 내달리게 하고 물거품을 토해냅니다. 후다닥 내쏟아 달려서 저 아득한 곳에서 또 새로운 아득한 곳으로 흘러가고, 소리도 없이 고요하게 유장하게 영원히 흘러갑니다. 그런 다음에야 끝도 없이 당당하게 흘러내려가다가 천천히 배회하며 흰색 물빛으로 떠돌고, (다시) 동쪽으로 흘러 태호(太湖)로 들어갔다가는 넘쳐흘러서 작은 연못이나 호수에 모이게 됩니다.

이에 교룡(蛟龍), 적리(赤螭), 궁몽(䰵鳙-다랑어), 점리(蟳離-벌레), 옹(鰅-물여우), 용(鰫-괴어), 건(鰬-드렁허리), 탁(魠-동자개), 우우(禺禺), 허(鱸=魼-큰 가자미), 납(魶-가자미류)이 등지느러미[鰭]를 흔들고 꼬리를 움직이며 비늘과 날개를 힘껏 떨쳐 일어나서 심연 속의 바위 속에서 움직입니다. 물고기와 자라는 즐겁게 떠들고 온갖 무리가 한데 어우러져 있습니다. 밝은 달과 붉은 구슬이 강기슭에서 반짝거리고, 촉석(蜀石)과 황연(黃碝-누런 옥돌)과 수정[水玉]이 산처럼 쌓여서 찬란하게 빛나면서 서로 다퉈 빛을 내며 물 가운데 쌓여 있습니다. 홍곡(鴻鵠), 숙보(鷫鴇-너새), 가아(駕鵝-거위), 촉옥(鸀鳿-산까마귀), 교정(-백로), 환목(鸘目-물새), 번목(煩鶩-오리), 용거(鷛-할미새), 침자(䴇鴜-물총새), 교(鵁-해오라기), 노(鸕-가마우지) 같은 온갖 물새가 물 위로 떼 지어 다니면서 물결 따라 둥둥 떠다니고 바람 따라 흘러 다니는데, 때로는 파도와 함께 흔들거리기도 하고 (때로는) 풀이 우거진 물가로 몰려가서 물풀을 쪼아 먹기도 하고 마름[菱]과 연[藕]을 씹어 먹기도 합니다1).

---

1) 여기까지는 최대한 기존의 번역, 안사고 등의 원주를 반영해서 풀어 옮긴 것이다. 이렇게 되면 사마상여의 현란한 한자 사용을 상당 부분 희생할 수밖에 없기에 아쉬움을 달래기 위해 이하 두 문단은 좀 더 그의 어휘력을 체감할 수 있는 방식으로 옮겨보았다. 이 같은 이중 번역을 통해 그의 문장력과 뜻을 동시에 전달해보려 했다.

여기에는 높은 산[崇山]들이 가파르고[巄] 우뚝하며[嵸] 드높고[崔] 깎아지른 듯한[巍] 데다 높고도 험하며[嵯峨], (그 안의) 깊은 숲들[深林]에는 거대한 나무들이 있고 뽀족한 바위들[嶄巖]들이 들쭉날쭉합니다[嵾嵯=參差=不齊]. 구종(九嵏-산)과 찰알(巀辥-산), 남산(南山)은 까마득한데[峨峨][1], 암벽의 벼랑 끝[阤=岸際][2]들은 울퉁불퉁하고[甗錡=隆屈窊折] 치솟아서[嵳=高峻] 굽이지고 험난합니다[崛崎]. (산속에서) 뿜어져 나온 물들은 시냇물로 흘러들었다가[振溪] 다시 골짜기로 쏟아져 들어가서[通谷] 굽이굽이[蹇產] 시내를 이뤄 크고 작은 입들을 아! 하고 벌리고 있습니다. (시내 주변의) 크고 작은 언덕들[阜陵]이 별도로 물속의 섬을 이룬 모습은 삐죽삐죽[崴], 울퉁불퉁[磈], 구불구불[㠜], 까마득한데[廆][3], 언덕들[丘虛=丘墟]이 굽이굽이[堀] 멀어져갑니다[礨]. 흙 쌓인 언덕 위[隱轔=堆壟]는 울퉁불퉁 굽이쳐[鬱壘] 끝없이 이어지고 언덕 벼랑이 허물어져 내린 그 아래 계곡으로 물이 흘러가는데, 점점 천천히 흐르다가 넓고 평평한 땅[夷陸=平野]에 이르러 갈기갈기 흩어져 흐릅니다.

1) 안사고(顏師古)가 말했다. "구종산은 지금의 예천현(醴泉縣) 경계에 있다. 찰알산은 곧 지금의 차아산(嵯峨山)인데, 삼원현(三原縣) 서쪽에 있다. 남산은 종남산(終南山)이다. 아아(峨峨)는 높은 모양을 나타내는 의태어다."

2) 【집해(集解)】 阤의 발음은 (타가 아니라) 지(遲)다.

3) 여기서 사마상여가 보여주는 형용의 극치가 나타난다.

물가의 높은 땅[皋=皋隰]에 정자를 지으니 1,000리에 걸쳐 서로 이어진 듯 평평하게 다듬어지지 않은 곳이 없는데, 그곳은 초록빛 향기 나는 풀들[蕙=薰草]로 뒤덮여[掩=覆] 있습니다. 강리(江離)가 무성하고 미무(蘪蕪-잡초 일종)가 가득하며 (향기 나는 풀인) 유이(留夷)가 뒤섞여 있습니다. 결루(結縷)가 온통 심어져 있고 여사(戾莎)도 모여 있으며[欑=聚] (향기 나는 풀들인) 걸거(揭車)[1], 형란(衡蘭), 고본(槀本)[2], 사간(射干-범부채 뿌리), 자강(茈薑-생강 일종), 양하(蘘荷-생강 일종), 침등(葴橙-등자나무), 약손(若蓀-창포 일종), 선지(鮮枝-지자수(支子樹)), 황력(黃礫)[3], 장저(蔣茅-띠풀 일종)[4], 청번(靑蘋-향부자와 비슷한 큰 풀) 등이 큰 못[閜澤=大澤] 주변에 마구 퍼져 있습니다[布濩=布路]. (이러한 풀들이) 큰 평원에 끝도 없이 이어져서[延曼] 서로 끊임 없이 이어지며[麗靡=離靡] 널리 퍼진 채[廣衍]로 바람에 따라 쓰러지거나 흔들리면서 각종 향기를 뿜어내니, (사람들의 마음속에서) 후끈한 열기를 끌어올립니다[揚烈]. 향기롭고[郁郁] 화려하도다[斐斐]! 온갖 향기 뿜어지고 퍼져 나가니 그 향기 짙고 또 짙어라[肸蠁布寫 晻薆苾勃]![5]

1) 【집해(集解)】 서광(徐廣)이 말했다. "揭는 발음이 (게가 아니라) 걸(桀)이다."

2) 안사고(顔師古)가 말했다. "풀의 일종으로, 뿌리는 궁궁(芎藭-궁궁이)과 비슷하다."

3) 안사고(顔師古)가 말했다. "황력은 지금 염색할 때 쓰는 황설(黃屑)나무다. 선지나 황력은 둘 다 풀은 아니지만, 이미 평원에 워낙 많아 함께 언급한 것일 뿐이다."

4) 【집해(集解)】 서광(徐廣)이 말했다. "茅의 발음은 (모가 아니라) 저(佇)다."

5) 【정의(正義)】 이 여덟 글자는 모두 방향(芳香)이 향기로움을 나타내는 표현이다.[이하에서는 다시 최대한 우리말로 풀어서 옮기겠다. 힐향은 소리나 냄새가 널리 퍼진다, 포사는 '퍼져 나간다[分布流散]', 엄애는 향기가 매우 강하다, 필발은 향기가 '진하고 강렬하다[濃烈]'는 뜻이다.]

여기에서는 사방을 두루두루 살펴봐도[周覽泛觀] 어디서나 뒤섞여 있어 시야에 들어오지 않으니[瞋盼軋沕][1], 망망하고 황홀해 직접 눈으로 본다 한들 끝이 보이지 않고 아무리 잘 살펴봐도 경계[涯=畔]가 없습니다.

해는 정원 동쪽에 있는 연못[東沼]에서 나와 서쪽 언덕[西陂] 사이로 사라집니다.

남쪽으로는 날씨가 따뜻해[隆=溫] 겨울에도 식물들이 자라고 물이 (얼지 않아) 살아 움직이듯 일렁거립니다. 그곳에 사는 짐승으로는 용(-들소 일종), 모(旄-긴 털 소), 맥(貘-곰과 비슷한 동물), 이(犛-검은 들소), 물소[沈牛=水牛], 큰 사슴[塵麋], 적수(赤首), 환제(圜題), 궁기(窮奇-식인 동물), 코끼리[象], 코뿔소[犀] 등이 있습니다.

　북쪽에는 한여름에도 얼음이 얼고 땅이 갈라져 바짓자락을 걷고 빙판 위를 걸어서 강을 건넙니다. 그곳에 사는 짐승으로는 기린(麒麟), 각단(角䚴-기린과 비슷하면서 콧등에 뿔이 달림), 도도(騊駼), 낙타[橐駝], 공공(蛩蛩), 탄혜(驒騱-야생마), 결제(駃騠-빠른 말), 여(驢-나귀류), 나(騾-노새) 등이 있습니다.

1) 【집해(集解)】 곽박(郭璞)이 말했다. "모두 그 모습을 분간할 수 없다는 말이다."

　여기에는 이궁(離宮)과 별관(別館)들이 산을 가득 채우고서[彌=滿] 골짜기를 타고 넘는 듯해[跨=騎] 높다란 회당이 사방으로 이어져 있고 겹겹이 쌓은 누각이 각의 굴곡마다 서로 이어져 있는데, 대들보는 화려하게 조각해 그림을 그려 넣었으며 서까래 끝은 옥으로 꾸며져 있습니다. 임금의 수레가 달리는 길[輦道]은 갓끈[纚]처럼 죽 이어져 있으니, 처마 아래 주랑이 사방으로 연결되어 있는데 그 길이 멀어서[長途] 도중에 하룻밤을 묵어야 할 정도입니다.

　산의 높은 곳[嵸]을 평평하게 해서[夷=平] 거기에 집을 짓고, 그 위에 누대를 여러 층 쌓아 올렸으며, 바위에 있는 굴을 이용해 방을 꾸몄습니다1). 거기서 아래로 머리를 숙여[俛=俯] 내려다봐도[杳眇=視遠] 보이는 것이라고는 아무것도 없고, 우러러보면[仰] 높은 대들보가 하늘에 닿을 듯해[捫天] 유성[奔星=流星]이 궁궐의 작은 문[閨闥]을 지나가고[更=歷] 무지개가 난간에 걸려 있습니다. 청룡은 머리를 흔들며 꿈틀꿈틀 동상(東箱)을 돌아나가고[蚴蟉], 상서로운 수레[象輿]는 서상(西箱)의 맑고 고요한 곳을 멋지게 재빨리 달려갑니다[婉僤]. (신선인) 영어(靈圄)는 조용한 집에서 한가로이 지내고 (또 다른 신선인) 악전(偓佺)의 무리[倫=衆]는 남쪽 처마[榮=檐] 아래에서 온몸을 드러내고 있는데, 달콤한 샘물[醴泉]이 깨끗한 방에서 솟아나고 밖에서 흘러들어온 물은 뜰 한가운데를 지나갑니다. 반석(磐石)은 깨끗하게 정리되어 있는데, 어떤 것은 한쪽으로 기댄 듯 기울어져 있으며 어떤 것은 험준해 자연을 그대로 조각한 듯한 모습을 간직하고 있습니다. 매괴(玫瑰-붉은빛 돌)와 벽림(碧琳-푸른 옥), 산호(珊瑚)가 떨기를 이뤄 수북하고, 민옥(珉玉)과 문석(文石)에는 무늬와 줄이 나 있으며, 적옥(赤玉)은 아름다운 무늬를 띠고서 그 사이에 함께 섞여 있습니다. 수수(垂綏)와 완염(琬琰-옥 일종)과 화씨(和氏-화씨벽)가 이곳에서 납니다.

1) 안사고(顏師古)가 말했다. "누대에서 방으로 비밀리에 이어진다."

    여기에는 노귤(盧橘)1)이 여름에 익고 황감(黃甘-귤 일종), 유자[橙=柚], 탱자[榛], 비파나무[枇杷], 멧대추나무[橪], 감나무[柿], 정내(亭奈-사과나무 일종), 후박나무[厚朴], 다래나무[樗棗], 소귀나무[楊梅], 앵두나무[櫻桃], 포도나무, 은부(隱夫)2), 까마귀머루[鬱=棣], 산앵두나무[棣], 답답(榙)3), 여지(荔枝) 등 온갖 과일나무가 후궁부터 늘어서서 북쪽 동산까지 가득 채우면서 구릉으로 이어졌다가[阤=延] 평평한 들판으로 내려갑니다. 비취색 나뭇잎이 끝을 쳐들고 붉은 줄기가 흔들흔들하면서 붉은 꽃들이 활짝 피어 붉은 꽃봉오리[榮]를 드리우니, 이 모든 것이 광활한 들판을 훤하게 구석구석 비춥니다.

1) 안사고(顏師古)가 말했다. "노(盧)는 검은색을 뜻한다."

2) 안사고(顏師古)가 말했다. "알 수 없다."

3) 장읍(張揖)이 말했다. "자두나무[李]와 비슷한데, 촉(蜀)에서 난다."

사당(沙棠)[1], 개다래나무[櫟=木蓼], 종가시나무[櫧], 화(華)나무[2], 단풍나무[沙=楓], 옻나무[櫨], 유(留)나무, 낙(落)나무, 서야(胥邪), 빈랑나무[仁頻=檳榔], 종려나무[並閭], 박달나무[欃檀], 목란, 예장(豫章)나무, 여정(女貞)나무[3] 등이 있는데, 키가 큰 것은 1,000길이나 되고 굵은 것은 여러 사람의 아름드리만 합니다. 가지는 곧게 뻗어 시원스럽고 열매와 잎은 크고 무성한데[俊茂=俊樸], 그것들이 한곳에 모여 서로 기대고 의지해서는 구불구불 뒤엉키거나 마구 흐트러져 있으며 때로는 꼿꼿하게, 때로는 삐딱하게 축축 늘어진 가지들 사이로 꽃잎들이 떨어지면서 바람에 나부낍니다. 우람하게 자란 나무들은 바람이 불면 슬쩍슬쩍 흔들리는데, 바람이 불어 나뭇가지를 흔들기라도 하면 그때 나는 소리는 마치 석경이나 피리[管籥] 소리를 듣는 듯합니다. 울퉁불퉁한[柴池=參差] 이 나무들이 후궁을 빙 둘러 수많은 나무가 겹치고 뒤섞인 채로 산을 뒤덮고 계곡을 수놓으면서 언덕을 따라 습한 지대로 내려가는데, 이를 보려 해도 끝이 보이지 않아서 계속 그것을 보고 있으면 한도 끝도 없게 됩니다.

1) 장읍(張揖)이 말했다. "사당은 모양이 팥배나무[棠]와 비슷하다. 노란 꽃에 붉은 열매가 열리고 맛이 자두와 비슷한데, 씨가 없다. 『여씨춘추(呂氏春秋)』에 이르기를 '과일 중에 가장 맛있는 것은 사당의 열매'라고 했다."

2) 안사고(顔師古)가 말했다. "오늘날에는 껍질을 활에 붙인다."

3) 안사고(顔師古)가 말했다. "겨울이나 여름이나 늘 푸르고 시들지 않아서 마치 절조가 있는 것과 같다고 하여 이름을 그렇게 붙였다."

여기에는 현원(玄猿-검은원숭이), 소자(素雌), 유(蜼-긴꼬리원숭이), 확(獲-큰원숭이), 비뢰(飛鸓-날다람쥐), 질(蛭-거머리나 서캐), 조(蜩-매미), 확유(獲蟉-땅강아지), 점호(蜥胡-흰원숭이), 혹(縠-흰여우), 궤(蛫-곤충 이름)가 그 사이에서 서식하는데, 길게 울부짖기도 하고 서럽게 울기도 하며 빠른 행동으로 서로 오가기도 하면서 나뭇가지에서 놀거나 거꾸로 매달려 있습니다. 때로는 끊어진 다리를 훌쩍 뛰어넘어 숲을 달려가 늘어진 나뭇가지를 붙잡고는 나무가 드문 곳으로 건너뛰기도 하고, 때로는 어지러이 흩어져 먼 곳으로 옮겨가기도 합니다.

이런 곳이 수백수천 곳이나 되니 즐겁게 노닐면서 오갈 수도 있고 궁궐에서 자고 별관에서 쉴 수도 있는데, (따로) 요리사[庖廚]를 데려올 필요가 없고 후궁을 데려올 일도 없으며 백관(百官)도 다 갖춰져 있습니다[1].

여기에서 천자는 가을이 지나고[背秋] 겨울이 찾아오면[涉冬] 목책을 이용해서 사냥을 합니다[校獵]. 상아로 장식한 수레를 타고 옥구슬로 장식한 준마 6마리를 앞세우고서 무지개 같은 깃발을 휘날리고 곰과 호랑이를 그려 넣은 깃발을 나부끼면서 가죽으로 만든 수레[皮軒=革車]를 앞장세우고 도거(道車)와 유거(游車)를 뒤따르게 합니다. 손숙(孫叔)이 고삐를 잡고 위공(衛公)이 참승(參乘)하며 좌우로 이리저리 호종(扈從)하면서 병사들은 사방의 목책 안으로 나아갑니다. 북을 두드려 행차를 엄중히 하고 사냥꾼을 풀어놓으며, 장강과 황하를 막아서 짐승을 가두고 태산을 망루로 삼습니다. 그러면 수레와 말이 우레처럼 일어나서 하늘을 흔들고[殷=振] 땅을 움직이며 앞뒤로 흩어져[陸離=分散] 제각기 사냥감을 쫓아가는데, 사냥하는 사람들이 길게 이어져서 언덕을 타고 못까지 흘러 내려가는 듯한 모양은 마치 구름이 하늘을 가리고 비가 땅으로 쏟아져 내리는 것과 흡사합니다.

1) 안사고(顏師古)가 말했다. "필요한 것들은 현지에 다 있다는 말이다."

비(貔)[1]와 표범을 사로잡고 승냥이와 이리를 패서 잡으며 곰과 큰 곰을 손으로 잡고 야생 양을 발로 차서 잡습니다.

갈(鶡-꿩을 닮은 새)의 꼬리와 깃털로 장식한 모자를 쓰고 백호 무늬의 바지를 입고는 야생마를 타고서 가파른 언덕을 오르고 경사진 언덕을 내려가며 험준한 지름길을 내달려 골짜기를 넘고 물을 건넙니다. 비렴(蜚廉-몸은 새 모양인데 머리는 사슴 모양의 짐승)을 몽둥이로 내려치고 해치(解豸-해태)를 사로잡아 희롱하며 하합(蝦蛤-큰 두꺼비나 대합조개)을 패 죽이고 맹씨(猛氏-작은 곰)를 작은 창으로 찌르며[鋋] 요뇨(要褭-준마)를 줄로 붙들어 매어두고 큰 돼지[封豕]를 활로 쏘아 맞힙니다. 화살은 헛되이 쏘아지는 일이 없으니, 손에서 시위를 놓는 순간 짐승의 목이나 머리를 관통하며, 활은 불발하는 일이 없으니, 소리가 났다 하면 어느새 사냥감에 꽂힙니다.

1) 비휴(貔貅)로, 표범을 닮은 전설상의 동물이다.

이때 천자의 수레[乘輿]는 깃대를 흔드는 일을 멈추고 이리저리 주변을 배회하면서 각 부대[部曲]의 나아가고 물러남을 곁눈질로 바라보고 장수들이 지휘하는 모습을 잘 살펴봅니다. 그런 연후에 조금씩 앞으로 나아가다가 느닷없이 먼 거리까지 내달려서 하늘을 나는 새들을 흩어지게 하고 교활한 짐승들을 가차 없이 발로 차고 짓밟으며 흰 사슴을 수레로 깔아뭉개고 토끼를 잡는데, 그 빠르기가 붉은 우레를 앞질러 그 빛을 뒤에 남겨 놓을 정도입니다. 그렇게 기이한 것들을 뒤쫓아 수레가 닿을 수 있는 범위[宇宙] 밖으로 튀어 나가서 번약(繁弱-하후씨의 활)에 흰 깃이 달린 화살을 가득 채운 뒤 유효(游梟-사람 모습을 한 짐승)를 쏘고 비거(蜚虡-사슴 머리에 용의 몸을 한 전설상의 동물)를 치며 살찐 것[肉]을 골라 활을 쏘는데, 명중할 곳을 정하고서 쏘게 되면 화살이 현에서 떠났는가 하면 이미 정곡에 맞아[藝]1) 짐승은 쓰러져 있습니다[殪].

1) 【집해(集解)】 서광(徐廣)이 말했다. "화살이 과녁에 적중하는 것을 예(藝)라고 한다."

그런 다음에 깃발을 달아 위에서 드날리게 해놓고는 거센 바람을 이기고 허무(虛無-허공)를 타고 올라서 신선들과 함께 노닙니다.

그러면서 현학(玄鶴-1,000년이 되면 검은색이 된다는 학)을 짓밟고[轔=躙] 곤계(昆雞-학과 비슷한 황백색 동물)의 행렬을 어지럽히며 공작과 난조(鸞鳥-난새)를 뒤쫓고 준의(鵕鸃-금계)를 겁박하며 예조(鷖鳥-갈매기 부류)를 붙잡고[拂] 봉황과 원추(鵷鶵-봉황 일종)를 잡으며 초명(焦明-봉황 일종으로 서방의 새)을 덮칩니다.

길이 다해 도로가 끊어지면 수레를 돌려 돌아옵니다. 마음대로 돌아다니다가 멀리 북쪽 끝으로 와서 모이고 그러고 나서는 다시 곧장 가기도 하고 빙 둘러 가기도 하면서 석궐관(石闕觀)을 지나 봉만관(封巒觀)을 거쳐서 지작관(雉鵲觀)을 지나고, 노한관(露寒觀)을 바라보다가[1] 당리궁(棠利宮)으로 내려와서 의춘궁(宜春宮)에서 휴식을 취합니다. 그러고는 서쪽으로 가서 선곡궁(宣曲宮)으로 치달렸다가 우수(牛首)의 못에 배를 띄워 노를 젓고, 용대관(龍臺觀-풍수(豐水) 서북쪽)에 올라 세류관(細柳觀-곤명지 남쪽)에서 쉽니다.

(세류관에서는) 사대부의 부지런함과 지략을 살펴보고 사냥꾼이 무엇을 얼마나 잡았는지를 돌아보는데, 보병과 수레가 밟고 짓뭉갠 것, 기마가 유린해서 잡은 것, 백성이 발로 밟아서 잡은 것, 그 밖의 짐승들이 달아나다가 지쳐서 엎드린 것이나 칼에 찔리지도 않았는데 놀라서 죽은 것 등이 뒤섞여 이루 다 셀 수 없었습니다. 이러한 것들이 편안하게[佗佗] 시끌벅적하면서[藉藉] 구덩이에 넘쳐나고 골짜기에 가득해서 평지를 덮고 못을 메운 것을 볼 수 있습니다.

---

1) 장읍(張揖)이 말했다. "이 관 4개는 무제(武帝) 건원(建元) 연간에 지어진 것으로, 운양(雲陽) 감천궁 밖에 있다."

이에 사냥과 유람에 싫증이 나면[懈怠] 호천대(顥天臺-대가 하늘만큼 높다는 뜻)에 술자리를 베풀어서 넓고 큰 집에 음악을 펼쳐놓는데, 1,000섬 무게의 큰 종을 치고 1만 섬 무게의 기둥을 세우며 비취 깃털로 꾸민 깃발들을 세우고 악어가죽으로 만든 북을 세워놓고서는 도당씨(陶唐氏)[1]의 춤곡을 연주하고 갈천씨(葛天氏-삼황 때의 군주)의 노래를 듣습니다. 1,000사람이 노래하면 1만 사람이 화답하니, 산과 언덕이 그 소리에 진동하고 내와 골짜기가 그 소리에 출렁입니다[蕩波].

파유(巴兪)의 춤과 송·채·회남의 음악과 우차곡(于遮曲), 문성현(文成縣)과 전현(顚縣)의 노래를 번갈아 가며 한꺼번에 연주하기도 하고 금(金)과 고(鼓)가 교대로 소리를 내기도 하는데, 금석(金石)의 소리와 태고(太鼓)의 소리는 마음을 확 뚫어주고 귀를 놀라게 합니다. 형(荊)·오(吳)·정(鄭)·위(衛) 나라의 음악과 순임금의 음악[韶], 탕왕의 음악[護=濩], 무왕의 음악[武], 주공의 음악[象]과 은근히 주색을 탐하게 하는 늘어진 음악인 언(鄢)과 영(郢)의 음악이 어지러이 일어나면서 격초(激楚)와 결풍(結風)[2]을 연주합니다. 배우와 난쟁이[侏儒], (서융의 노래인) 적제(狄鞮)를 부르는 가수가 있어 귀와 눈을 즐겁게 해주고 마음을 기쁘게 해줍니다.

(이처럼) 앞에서는 아름다운 음악이 흐르는데, 뒤에는 아름다운 미녀들이 늘어서 있습니다.

1) 안사고(顏師古)가 말했다. "음강씨(陰唐氏)를 잘못 베껴 쓴 것이다."

2) 안사고(顏師古)가 말했다. "둘 다 악곡의 이름이다."

저 청금(青琴)[1]이나 복비(慮妃)[2] 같은 여인들은 세상에 둘도 없는 미인으로, 아름답고 우아하며 여유롭고 정숙한 데다 진한 화장과 곱게 꾸민 모습[刻飾]은 가볍고 곱고 가냘프고 부드러우며 섬세하고 나긋나긋합니다. 비단 치맛자락을 끌고 서 있는 모습은 아름답고, 기다란 옷매무새는 마치 그림을 그려놓은 듯하며, 걸을 때마다 옷에 물결이 일어 세상의 보통 옷들과는 전혀 다릅니다. 진한 향기를 뿜으며 하얀 이를 가지런히 드러내며 웃으면 더욱 빛나고, 가느다란 긴 눈썹은 마치 그린 듯하며, 먼 곳을 바라보는 눈은 마치 곁눈질하는 듯합니다. 여자의 미색이 오고 남자의 혼백이 가서 서로 만나니, 마음은 서로 기울어져 즐겁습니다[愉=樂].

1) 【색은(索隱)】 복엄(伏儼)이 말했다. "청금은 옛날의 신녀(神女)다."
2) 문영(文穎)이 말했다. "낙수(洛水)의 신녀다."

이에 술자리가 무르익고 풍악이 한창 흥을 돋우면 천자는 망연히 생각에 잠기어 무엇인가 잃어버린 것이 있는 듯한 표정으로 이렇게 말합니다.

'아, 이것은 너무 지나친 사치로다! 짐은 정사를 들을 일이 없는 한가로운 때에 (마침) 가을이 되면 사냥을 즐기면서 때때로 여기서 휴식을 취할 뿐인데, 후세의 자손들이 사치하고 화려한 데로 흘러서 마침내는 처음(의 근검과 순박한 데)으로 되돌아갈 수 없게 될까 두렵다. 이는 후세의 자손들을 위해 대업을 일으켜 대통을 남기신 선조의 본뜻이 아니다.'

이에 마침내 술자리를 끝내고 사냥을 중지한 뒤에 담당 관리에게 이렇게 명해 말합니다.

'개간할 토지는 모두 갈아서 밭을 만듦으로써 백성을 넉넉하게 만들라. 담을 헐고 도랑을 메워 산골 백성이 이곳으로 올 수 있도록 하고, 저수지에는 물고기를 길러 백성에게 잡을 수 있게 하라. 백성을 궁궐의 하인으로 채우는 일이 없도록 궁관(宮觀)을 비우게 하라. 창고의 곡식을 풀어 가난한 자를 구제하고 모자란 것은 보충해주며, 과부와 홀아비들을 돌보아주고 고아와 의지할 곳 없는 늙은이를 위로해주도록 하라. (이렇게) 황제의 조서를 말함으로써 형벌을 덜어주고 제도를 고치며 복색을 바꾸고 역법을 바꿔 천하와 더불어 (다시) 시작하도록 하라!'

이에 길일을 가려[歷=算] 재계한 뒤에 예복을 입고 육두마차(六頭馬車)를 타고서 비취 깃발을 세우고 방울을 울리면서, 육예(六藝)의 동산에서 노닐고 어짊과 마땅함[仁義]의 길로 달리며 『춘추(春秋)』의 숲을 돌아봅니다. (또) 이수(貍首-잃어버린 시로 활쏘기 때 연주했음)를 쏘고, 추우(騶虞-『시경(詩經)』의 시)를 잡고, 현학(玄鶴)을 쏘아 맞히고, 간척(干戚-고대의 춤)을 세우고, 운한(雲罕-천자의 깃발)을 장식하고, (『시경(詩經)』의) 「대아(大雅)」와 「소아(小雅)」를 망라하고, 벌단(伐檀-위(魏)나라의 시)을 불러 슬퍼하고, 악서(樂胥-『시경(詩經)』의 시)의 시를 즐기고, 『예기(禮記)』의 동산에서 위엄 있는 태도를 닦고, 『상서(尚書)』의 밭에서 날개를 펴서 춤을 추며 노닐고, 『역경(易經)』의 도리를 서술합니다. 동산 안에 있는 기이한 짐승을 풀어주고 명당(明堂)에 올라서 태묘에 앉아 여러 신하에게 정치의 얻고 잃음[得失]을 마음껏[恣] 아뢰게 하니, 사해에 천자의 은혜를 입지 않는 자가 없게 됩니다. 이런 때에 천하의 백성은 매우 기뻐하여 바람에도 귀를 기울이고 물의 흐름에 따라 교화되기 때문에 급히 도리를 제창하면 의로움 쪽으로 옮겨가고[遷義=徙義]1) 형벌은 있으나 쓰지 않게 되니, 다움[德]은 삼황(三皇)보다 높고 공로[功]는 오제(五帝)2)보다 많아집니다. 이와 같았기에 사냥해도 마침내 기쁘게 할 수 있는 것입니다.

1) 이는 곧 의로움을 몸소 행한다는 뜻이다.

2) 안사고(顔師古)가 말했다. "오제는 황제(黃帝)·전욱(顓頊)·제곡(帝嚳)·요순(堯舜)을 말한다. 일설에는 소호(少昊)·전욱·고신(高辛)·요순을 말하기도 한다."

만일 종일토록 말을 달려 몸과 마음을 수고롭게 해서 수레와 말을 혹사하고 정예 병사들의 사기를 꺾음으로써[抗=折] 창고의 재물을 탕진하고 두터운 은덕은 없이 일신의 향락에만 힘쓰며 백성을 돌보지 않고 국가의 정사도 잊은 채 꿩과 토끼 사냥만 탐낸다면, 이는 어진 사람이 할 일이 아닙니다.

이렇게 본다면 제나라와 초나라의 일이 어찌 슬프지 않겠습니까! 땅이 사방 1,000리를 넘지 않으면서 원유(苑囿-임금의 동산)는 900리나 되니, 이곳에서는 초목을 개간할 수 없어 백성은 농사를 지어 먹을 수도 없습니다. 한낱 제후의 작은 나라로서 만승의 천자조차 사치로 여기는 바를 즐기신다면, 나는 백성이 그 해를 입게 될까 두렵습니다."

이에 두 사람은 정색하며[愀然] 용모를 바꾸고 멍하니 정신을 잃고 있다가, 주춤주춤[逡巡] 물러나 자리를 피하며 말했다.

"시골뜨기라 고루해서 꺼리고 피해야 할 바를 몰랐는데, 오늘에야 드디어 가르침을 받았으니 삼가 말씀을 따르겠습니다."

이 부(賦)를 올리자, 천자는 그(-사마상여)를 낭(郎)으로 삼았다. 무시공은 상림원의 광대함과 산곡수천(山谷水泉)에 있는 만물(萬物)을 말했고 자허는 초나라의 운몽택이 가지고 있는 것이 매우 많음을 말했는데, 그것은 매우 사치스럽고 화려해 실질보다 지나치며 또 의리상으로 숭상할 바가 아니었다. 그런 까닭에 여기서는 중요한 것만 취해 정도(正道)로 돌아갈 수 있도록 논했다.

상여(相如)가 낭이 되고 여러 해가 지났을 때 마침 당몽(唐蒙)이 사자가 되어 야랑(夜郎)과 서북(西僰)[1]을 공략한[略] 뒤에 이곳과 통하는 길을 내고자 파(巴), 촉(蜀)의 관리와 군졸 1,000명을 징발했는데, 이 두 군(郡)에서 육로와 수로로 양곡을 운송하기 위해 내보낸 사람만도 1만여 명이나 되었다. 당몽이 군사 징발법을 발동해 수령을 베어 죽이자 파군과 촉군의 백성이 크게 놀라고 두려워하니, 상이 이를 듣고서 마침내 상여를 보내 당몽을 꾸짖게 하면서 이어 파군과 촉군의 백성에게 그것이 상의 뜻은 아니었음을 해명하도록 했다.

(상여가 쓴) 격문은 다음과 같다.

1) **【집해(集解)】** 서광(徐廣)이 말했다. "강족(羌族)의 별종이다."

'파(巴)와 촉(蜀)의 태수에게 고하노라. 남쪽 오랑캐들[蠻夷]이 제멋대로[自擅] 하는데도 토벌하지 못한 날이 오래되다 보니 매번 (한나라의) 변경을 침범하고 사대부(士大夫)를 괴롭혀왔다.

(새로운) 폐하께서 자리에 오르시어[卽位] 천하를 위로하고 어루만지며[存撫=慰撫] 중국(中國)을 한마음으로 모아 편안하게 하신[輯安=便安] 연후에 군사를 일으키시니, 북쪽으로 흉노(匈奴)를 정벌하시자 선우(單于)가 놀라고 두려워서[怖駭=懼驚] 양손을 마주 잡고 폐하의 말씀을 받들어 무릎을 꿇고 화평을 청했고, 강거(康居)와 서역(西域)의 나라들은 여러 차례의 통역을 거쳐[重譯] 입조하기를 청해 머리를 조아리며 진기한 공물을 바쳤다. 군대를 옮겨 동쪽으로 갔는데, (민월이 남월을 공격해서 그로 인해) 남월(南越)에서는 내분이 한창이었다[相誅=相殘]. 그래서 한나라 사신이 오른쪽으로 가서[右弔=右至]1) (남월의 수도인) 반우(番禺)를 이르자 태자가 한나라에 입조했다. 남이(南夷)의 군주들과 서북(西僰)의 군장(-혹은 추장)들은 늘 공물을 바치는 것[貢職]을 게을리하지 않았고 목을 길게 빼고 발꿈치를 들어서 물고기가 입을 위로 향하듯 서로 다퉈 의로움을 사모해[慕義] 신하가 되기를 원했지만, 길이 멀고 산천이 가로막고 있어 그들 스스로의 힘으로는 이 뜻을 이룰 수가 없었다.

(남이의 족속 가운데) 저 순종하지 않는 자들은 이미 주살했으나 좋은 행동을 한 자들에게는 아직 상을 주지 못했다. 그래서 중랑장(中郎將) 당몽을 보내 빈객을 대하는 예의로써 파와 촉의 사졸과 백성 각 500명을 징발해 폐백을 받들고 가게 하는 한편 불의의 변을 당하지 않도록 사자를 호위하게 했으니, 애당초 전쟁을 하려거나 전투를 벌이려는 의도는 전혀 없었다. (그

런데) 이제 듣건대 당몽이 군사 징발법을 발동시켜 그곳의 자제들을 놀라서 두려움에 떨게 했고 장로(長老)들을 근심하게 했으며, 두 군(郡)에서는 자기들 마음대로 그들을 위해 식량을 운송하게 시켰다고 한다. 이런 일들은 모두 폐하의 뜻이 아니며, 징발된 자 중에 혹은 도망치거나 자살한다고 하는데 이 또한 남의 신하 된 자가 취할 도리[節]가 아니다.

1) 남쪽을 향해서 오른쪽으로 갔다는 말이니, 서쪽으로 내려갔다는 뜻이다.

저 변방 군(郡)의 무사들은 봉수(烽燧-봉화)가 올랐다는 말을 들으면 그 즉시 모두 활을 잡고 달려가고 무기를 들고 뛰어가는데, 땀을 흘리며 서로 잇달아 모이니 오직 다른 사람에게 뒤질까만을 두려워한다. 그들은 적의 하얀 칼날을 무릅쓰고 날아오는 화살도 두려워하지 않으면서 이를 마땅함으로 여겨 뒤를 돌아보지도 않고 발꿈치를 돌리지 않으니, 그 사람들이 품은 노여운 마음은 마치 자신의 개인적인 원수를 갚으려는 것과 같다. 그들이라고 어찌 죽는 것을 좋아하고 사는 것을 싫어하겠는가? 그들이라고 어찌 호적이 없는 백성일 것이며, 파와 촉의 사람들이라고 (어찌) 다른 군주를 모시겠는가? 단지 그들은 계책이 깊고 멀리 내다보아서 국가의 위급함을 급선무로 여기고 신하로서 도리를 다하는 것을 기쁘게 생각할 뿐이다. 그렇기 때문에 부(符)를 쪼개 봉읍(封邑)을 받고 규(珪)를 나눠 작위를 받음으로써 그 지위가 통후(通侯)에 오르고 사는 집이 성 동쪽 저택 가에 줄짓게 되어, 마침내는[終則] 빛나는 이름을 후세에 남기고 토지를 자손들에게 전하게 되는 것이다.

하는 일이 매우 충성스럽고 공경스러우면 머무는 지위가 매우 편하고 명성이 끝없이 전해지며 공적이 훤히 드러나 사라지지 않으니, 이 때문에 뛰어난 이와 군자들은 간과 뇌를 중원 땅에 바르고 기름과 피로 들풀을 적신다 해도 결코 물러나지 않는 것이다. 그러나 지금 폐백을 받들고 가는 관리가 남이(南夷)에 이르러서 즉시 자살하거나 달아나다가 목이 베이게 된다면, 자신이 죽은 뒤에 이름을 남길 수가 없을 것이고 시호도 이를 일컬어 지극히 어리석다[至愚]고 할 것이며 그 치욕은 부모에게까지 미쳐 천하의 웃음거리가 될 것이다. 사람의 도량이 서로 다름이 어찌 이다지도 크단 말인가! 그러나 이는 그 혼자만의 죄가 아니다. (그것은) 앞서 아버지와 형이 가르치지 않아 자제들의 행동이 조신하지 못한 탓이고, 청렴함과 부끄러워함이 별로 없어 풍속이 도탑지 못했기 때문이다. 그들이 형벌을 받는 것은 진실로[亦] 마땅하지 않은가!

폐하께서는 사자와 담당 관리[有司]가 저(-당몽)와 같을까 걱정하시고 또 불초한 어리석은 백성이 이와 같이 행동하는 것을 슬퍼하시기 때문에, 그래서 사자를 보내시어 백성에게는 병졸들을 징발한 이유를 훤하게 알려주고, 이어 나라에 불충하게 죽고 도망하는 것을 꾸짖으시며[數=責] 삼로(三老)와 효제(孝弟)들에게는 백성을 깨우치지 못한 허물을 꾸짖으시는[讓=責] 것이다. 지금은 바야흐로 바쁜 농사철이니 백성을 번거롭게 불러 모으는 것이 어렵다는 것을 잘 알고 있다. 가까운 고을의 백성은 직접 살펴볼 수 있겠지만 멀리 떨어진 계곡과 두메산골의 백성은 두루 듣지 못하게 될까 걱정스러우니, 이 격문이 도착하거든 급히[亟=急] 현 안의 오랑캐 부족에 내려줌으로써 모두가 폐하의 뜻을 알게 되기를 부디 결코 소홀함이 없도록 하라.'

상여가 돌아와 보고했다[還報=復命]. 당몽은 이미 야랑을 경략해 그곳의 길을 연 데 이어 서남이(西南夷)의 길을 열고 나서 파(巴)·촉(蜀)·광한(廣漢)의 병졸들을 징발해 도로를 만드는 데 수만 명을 투입했다. 2년 동안 길을 닦았으나 길은 완성되지 않았는데 병졸 다수가 죽고[物故=死] 억만에 이르는 경비가 들어갔으니, 촉의 백성과 한나라 조정에서 파견된 사람들은 대부분 그 일이 옳지 않다고 말했다. 이 무렵 공(邛)과 작(筰)[1]의 군장(君長)들은 남이(南夷)가 한나라와 교통함으로써 수많은 상을 받았다는 소식을 듣고는 대부분 한나라의 신하가 되고 싶어 했고, 결국 한나라 관리에게 청해 남이와 같은 대우를 해달라고 했다. 상이 상여에게 물으니, 상여가 이렇게 말했다.

"공(邛)·작(筰)·염(冉)·방(駹)은 촉군(蜀郡)에 가깝고 길도 쉽게 통해서 예전에[異時] 일찍이(-진(秦)나라 때) 군과 현을 둬 서로 통하게 했는데, 한나라가 일어나면서 없앴습니다. 이제 정말로 다시 통해 현을 설치한다면 남이의 경우보다 나을 것입니다."

1) 【색은(索隱)】 문영(文穎)이 말했다. "공(邛)이란 지금의 공도현(邛都縣), 작(筰)이란 지금의 정작현(定筰縣)이다."

상이 옳다고 여겨서, 이에 상여를 제배해 중랑장으로 삼고는 사자의 부절을 세워주어[建] 서이(西夷)로 가게 했다. 부사(副使)는 왕연우(王然于)·호충국(壺充國)·여월인(呂越人)이었으며, 사두마차의 급행 전마(傳馬)를 달려 파·촉 관리들의 폐물을 서남이에 뇌물로 주었다. (이들이) 촉에 도착하자 촉군 태수 이하의 관원들은 교외로 나와 맞이했고 현령은 몸소 쇠뇌와 화살을 등에 지고서 길을 인도했으니[先驅=導路], 촉 땅 사람들은 이렇게 상여를 맞이하는 일을 영광[寵=榮]으로 여겼다. 이에 탁왕손(卓王孫)을 비롯해 임공(臨邛)의 여러 공(公)은 모두 상여의 문하(門下)를 통해 소와 술을 바침으로써 환심을 샀다. 탁왕손은 탄성을 내지르며 스스로 딸을 좀 더 일찍 사마장경(司馬長卿)에게 시집보내지 못한 것을 안타까워하다가 딸에게 재물을 두텁게 나눠주어 다른 아들들과 공평하게 해주었다.

상여가 서남이를 공략해 평정하자 공·작·염·방·사유(斯楡)의 군장들이 모두 달려와서 스스로 신하[臣妾]가 되기를 청했으니, (이에 서남이로 통하는) 변경의 관소(關所)를 철거하고 변관(邊關)의 범위를 더욱 넓히게 되었다. 서쪽으로는 말수(沫水)·약수(若水)에 이르고 남쪽으로는 장가강(牂柯江)에 이르니 이에 돌과 나무로 경계의 표지를 세웠으며[徼], 영산(零山)의 길을 통하게 하고 손수(孫水)에 다리를 놓음으로써 공·작과 통하게 했다[1]. 천자에게 돌아와 보고하자 천자가 크게 기뻐했다.

1) 장읍(張揖)이 말했다. "영산의 길을 뚫어 개통하고서 영도현(靈道縣)을 두었다. 손수는 대등현(臺登縣)에서 나와 남쪽으로 회무(會無)에 이르러 약수로 흘러 들어간다."

상여가 사자로 (촉 땅에) 갔을 때, 촉(蜀)의 장로들은 대부분 서남이와 통교해봐야 아무런 소용이 없을 것이라고 말했고 조정 대신들 또한 그렇다고 여겼다. 상여가 간언하고자 생각했으나 일에 대한 계획이 이미 섰으므로 감히 간언하지 못하고 대신 글을 지었는데, (글의 내용은) 촉의 부로(父老)의 말을 빌린[藉=假託] 다음 자신이 그것을 힐난함으로써 천자에게 풍간(諷諫)하는[風=諷] 동시에 자신이 사신으로 온 뜻을 밝혀 백성 모두로 하여금 천자의 뜻을 알게 한 것이었다.

그 글은 다음과 같다.

'한나라가 일어난 지 78년, (천자의) 다움은 6대에 걸쳐 성대했고[茂=懋=盛] 무위(武威)는 흘러넘쳤으며[紛紜] 성대한 은택은 깊고 넓어서[汪濊=深廣] 모든 만물을 촉촉이 적셔주고[澍濡霑濡] 나라 밖까지 출렁출렁 넘치고 있었다[洋溢]. 이에 마침내 사자에게 명해 서쪽으로 가게 해서 물이 흘러가듯이 적들을 물리치니[攘=却退], 바람이 부는 대로 쓰러지지 않는 풀들이 없는 것과 같았다. 그리하여 염(冉)을 입조시키고 방(駹)을 복종시키며 작(筰)을 평정하고 공(邛)을 어루만지며 사유(斯楡)를 공략하고 포만(苞滿)을 점령하고서, 수레를 돌려 귀환해 동쪽을 향해 천자에게 장차 보고하려고 촉의 도읍[蜀都]에 이르렀다.

(이에 현지의) 기로(耆老)·대부(大夫)·진신(搢紳) 선생 27명이 위의(威儀)를 바로하고 사자를 찾아와서는[造=至] 인사를 마치고 나아와 이렇게 말했다.

"대개 듣건대, 천자께서 이적(夷狄)을 대하시는 태도는 그 뜻이 관계를 묶어두는 것[羈縻=牽制]에 있지 (국교를) 단절하는 데 있지 않다고 했습니다. 지금 삼군(三郡)의 병사를 피로하게 하면서 야랑과 통하는 길을 열려고 한 지 3년이 되었지만, 공업은 끝내 마치지 못했고 사졸들은 피로에 지쳤으며 만백성은 견딜 수가 없는 지경인데[不贍], 이제 또다시 서이(西夷)와 통교하려 하니 백성의 힘이 다해 능히 일을 마치지 못할까 걱정스럽습니다. 이는 또한 사자와 관련된 일이라, 저희는 남몰래 당신과 주변 사람들을 위해 걱정하고 있습니다. 또한 저 공(邛), 작(筰) 서북(西僰) 등은 중국과 나란히 존립한 지가 오래되어 그 경과를 다 기록조차 할 수가 없을 정도입니다. (중국의) 어진 임금[仁者]이 다움을 썼지만, 그들을 찾아오게 하지 못했고 강한 임금[強者]이 힘을 썼지만, 그들을 병탄하지 못했으니, 생각해볼 때 저들을 어떻게 하겠다는 것은 거의 불가능한 일입니다! (그런데도) 지금 백성의 재물을 쪼개 이적(夷狄)들에게 나눠줌으로써 도리어 믿고 의지해야 할 (중국의) 백성을 피로하게 하고 아무 짝에 쓸모없는 (서남이와 같은) 이적들을 도우려고 하시니, (저희 같은) 시골 사람들은 고루해서 무슨 말씀을 드려야 할지를 모르겠습니다."

사자가 말했다.
"어찌[烏=於何] 이런 말씀을 하십니까? 반드시 여러분이 말한 대로라고 한다면 이 촉 땅의 백성도 (오랑캐의) 옷을 바꾸지 않았을 것이고 파 땅의 백성도 풍속이 (중국처럼) 교화되지 않았을 것이니, 저[僕]는 오히려[尚=猶]

이런 말을 듣는 것이 싫습니다. 더구나 이 사안은 워낙 중대하고, 진실로 그 냥 구경하는 사람[觀者]이 꿰뚫어 볼 수 있는바[所覯]가 아닙니다. 나는 급 히 가야 하므로 상세한 것들을 다 말씀드릴 수 없지만, 대부들을 위해 개요 만이라도 거칠게 말씀드리겠습니다[粗陳].

대체로 세상에는 반드시 비상한 사람이 있은 뒤라야 비상한 일이 있고, 비상한 일이 있은 뒤라야 비상한 공적이 있는 법입니다. 비상하다는 것은 본래 평범한 것과는 다른 것이므로, 비상한 일의 시초[元=始]라는 것은 일 반 백성[黎民]이 두려워하는 바입니다. 그렇지만 그것이 공을 이뤄야만 천 하가 비로소 편안합니다[晏=安].

옛날에 홍수가 넘쳐흘러서 범람해 마구 흐르게 되자 백성은 짐을 꾸려 높은 곳과 낮은 곳을 오르내리면서 이사를 다니느라 삶이 험난해 편안할 수가 없었는데 하후씨(夏后氏)[1]가 이를 근심해 마침내 홍수의 근원[洪原][2] 을 막았으니[堙=塞], 강을 트고 하수를 소통시켜[決江疏河] 강을 나누거나 깊게 함으로써 재해를 덜고 물을 동쪽으로 향하게 해서 바다로 돌려보내 자, 천하가 영원히 편안해졌습니다. 이처럼 부지런해야 하는 때를 만나 어찌 백성만 수고로웠겠습니까? (하후씨는) 마음속으로 번민하고 몸소 노동했기 때문에 몸이 말라 살집이 없어지고 피부에는 털이 나지 않았습니다. 그랬기 에 그의 아름다운 공적[休烈=美業]이 끝없이 드러나고 명성이 오늘날에도 [于玆=今玆] 통하고[浹=徹] 있는 것입니다.

1) 우왕(禹王)이 천하를 통치할 때의 호(號)다.

2) 안사고(顔師古)가 말했다. "강의 근원을 원(原)이라고 한다."

또 무릇 뛰어난 임금이 즉위했을[踐位=卽位] 경우 어찌 그때그때 자질구

레한 일이나 처리하면서 법률 조문에 얽매이고 습속에 매여서 낡은 관습이나 따르면서 당대의 속된 의견을 듣기만을 좋아하겠습니까? 반드시 장차 숭고하고 원대한 것을 생각해[崇論閎議] 사업을 열고 법통을 세워서 만세의 모범이 되려고 할 것입니다. 그렇기 때문에 모든 나라를 감싸주고 사방의 오랑캐를 끌어안는 일에 부지런히 힘써서 하늘이나 땅과 나란히 하려고 할 것입니다.

또 『시경(詩經)』에 이르지 않았습니까?

'넓은 하늘 아래 왕의 땅 아닌 곳이 없고, 온 땅 위에 왕의 신하 아닌 자가 없다[普天之下 莫非王土 率土之濱 莫非王臣]1).'

이는 육합(六合-천지사방)의 안과 팔방(八方-사방사유(四方四維))의 밖까지 물이 스며들고 넘쳐흐르듯이 생명을 가진 것 중에 군자의 은택으로 윤택해지지 않은 자가 없다는 것이니, 그렇지 못한 자가 있다면 뛰어난 군주는 그것을 부끄럽게 여길 것입니다. 이제 나라 안의 의관을 갖춘 사람들은 모두 아름다운 복을 받아서 한 사람도 빠진 자가 없을 것입니다.

그러나 오랑캐는 풍속을 달리한 나라로서 멀리 떨어져 있고 이민족의 땅이어서 배와 수레도 통하지 않으며 인적이 드물어 정치와 교화가 아직 미치지 않고 천자의 덕화도 미미할 뿐입니다. 그리하여 이들은 안으로 들어와서는 변경에서 의로움을 범하고 예를 침해했으며[犯義浸禮] 밖으로 나가서는 제멋대로 간사한 짓을 저질러 자신들의 군주를 내쫓고 죽였으니, 군주와 신하의 위치가 바뀌고 높은 자와 낮은 자가 차례를 잃었으며 부형(父兄)은 죄 없이 형벌을 받고 어린이와 고아는 종이 되어 묶인 채 울게 되었습니다. 그러고는 중국[內=中國]을 향해 원망하며 이렇게 말합니다.

---

1) 안사고(顔師古)가 말했다. "「소아(小雅)」·북산(北山) 편에 나오는 구절이다."

'대개 듣건대 중국에는 지극히 어진 임금[至仁]이 있어서 다움이 성대하고 은택이 두루 넓기 때문에 만물이 제자리를 얻지 못하는 경우가 없다고 하는데, 지금 어찌[曷=何] 우리만 홀로 내버려두는가?'

그들이 뒤꿈치를 들고서 중국을 사모하는 것은 마치 가뭄에 비를 기다리는 것과 같아서 포학한 자도 이 때문에 (감동을 받아) 눈물을 흘리는데, 하물며 빼어난 천자께서 또 어찌[烏] 그대로 둘 수 있겠습니까? 그래서 북쪽으로 군대를 출동시켜 강한 오랑캐[强胡]를 쳤고 남쪽으로 사자를 보내 강한 월(越)나라[勁越]를 꾸짖었으니, 사방이 다움에 감화되어[風德] 서이와 남이의 군장 중에서 물고기가 흐르는 물을 따르듯 우러러보며 작호(爵號) 받기를 원하는 이가 헤아릴 수 없을 정도였습니다. 이에 말수(沫水)와 약수(若水)에 관소를 둬 장가강(牂柯江)을 경계로 삼았고[徼] 영산(零山)을 뚫어 길을 열고[鏤=疏通] 손수(孫水)의 원천에 다리를 놓았으며, 또한 도리와 다움[道德]의 길을 세우고 어짊과 마땅함[仁義]의 전통을 드리웠습니다. (이는) 장차 은혜를 널리 베풀고 먼 곳의 백성을 어루만져서 소원하고 먼 곳까지 미치게 하여 막히지 않게 함으로써 아직 막혀 있는 미개한 곳으로 하여금 광명의 빛을 얻게 하여 전쟁을 쉬게 하고 그에 대한 토벌을 그치게 하려는 것입니다. 먼 곳과 가까운 곳이 한 몸이 되고 중앙 조정과 먼 외방이 함께 안락할 수 있으니, 참으로 평안하지 않겠습니까?

무릇 백성을 곤궁과 어려움 속에서 구제하고 지존의 아름다운 다움을 받들어 말세의 쇠퇴한 형세를 회복해주며 주나라의 끊어진 대업을 잇는 것은 천자의 급선무입니다. 설사 백성이 수고로울지라도 또 어찌[惡=烏] 그칠 수 있겠습니까?

또한 무릇 임금다운 임금의 일[王事]이란 진실로 큰일을 근심하고 부지런히 하는 데[憂勤]서 시작하지 않는 것이 없고 평안함과 안락함[佚樂]에서 끝나지 않는 것이 없습니다[1]. 그렇다면 천명을 받은 뜻은 바로 여기에 있는 것입니다.

바야흐로 장차 (천자께서는) 태산에 봉제(封祭)를 올릴 단을 쌓고 양보산 (梁父山)에서 제의(祭儀)를 올리며 수레 방울을 울리고 음악과 송(頌)을 크 게 연주해 위로는 오제(五帝)와 같아지고 아래로는 삼왕(三王)과 같아지려 합니다. 곁에서 지켜보는 자는 아직 가리키는 손가락을 제대로 보지 못하 고 있고 곁에서 듣는 자는 아직 천자의 참뜻을 듣지 못하고 있으니, 이는 초 명(鷦明)[2]이 이미 하늘을 날고 있음에도 새그물을 치는 자는 오히려 숲과 못을 들여다보고 있는 것과 같은 것이라 슬플 뿐입니다!"

1) 안사고(顔師古)가 말했다. "시작할 때 큰일을 근심하고 부지런히 하면 끝에 가서 평안과 안락함
   을 얻게 된다는 말이다."
2) 다섯 방위를 지키는 전설 속의 신령스러운 새다.

이 글을 보고 여러 대부는 망연자실해 그들이 품고 있던 생각과 간언할 말을 잊어버렸다.

그리고 모두 감탄하며 이렇게 칭찬했다.

"한나라의 은덕은 진실로 위대합니다. 이것이 바로 우리가 듣고 싶었던 말입니다. 비록 백성이 태만할지라도 우리가 앞장서서 실천하겠습니다."

부로들 또한 낙담해[敝罔=失望] 고개를 떨구고 하직 인사를 한 다음 스스로 물러갔다.'

그 뒤에 어떤 사람이 글을 올려 상여가 사자로 나갔을 때 돈을 받았다고 말함으로써 (상여는) 관직을 잃었다가, 1년 남짓 뒤에 다시 불려 와서 낭(郞)이 되었다.

상여는 말을 잘 더듬었으나[口吃] 글을 잘 지었다. 평소 소갈병(消渴病)을 앓고 있었지만, 탁문군(卓文君)과 혼인해 재물은 풍족했다. 그래서 그는 비

록 벼슬을 살았지만, 관직과 작위를 흠모하지는 않았으니, 일찍이 공경(公卿)들과 함께 국가의 일에 관여하는 것을 사양한 채 늘 병을 핑계 삼아 한가하게 지냈다.

늘 상을 따라서 장양궁(長楊宮)에 가서 사냥을 했다. 이때 천자가 바야흐로 직접 곰, 멧돼지를 쏘는 것을 좋아해서 (자주) 말을 달려 들짐승을 쫓아다녔는데, 상여가 그것을 갖고서 소(疏)를 올려 간언했다. 그 글은 이러했다.

'신이 듣건대 만물은 종류는 같아도 각기 다른 능력이 있으니, 그래서 힘으로는 오획(烏獲)[1]을 칭찬하고 민첩하기로는 오경기(吳慶忌)[2]를 말하며 용맹하기로는 맹분(孟賁)과 하육(夏育)[3]을 들먹입니다. 신의 어리석음으로 남몰래 보건대, 사람됨에는 진실로 그러한 것이 있고 짐승들 역시 그러하다고 생각됩니다.

지금 폐하께서는 막히고 험한 곳을 타고 넘으며 맹수들을 활로 쏘는 것을 좋아하시는데, 갑자기 아주 대단한 짐승[軼材之獸]이라도 나타나서 깜짝 놀라 안전한 땅을 확보하지도 못한 사이에 시종하는 수레[屬車]가 일으킨 뿌연 먼지 속으로 달려들 수도 있을 것입니다. 그러면 수레의 바퀴를 제대로 돌리지도 못하는 사이에 사람들은 기교를 부릴 틈조차 없어서 비록 오획이나 봉몽(逢蒙)[4]의 기예를 가지고 있다 할지라도 쓸 수가 없으니, 마치 고목과 썩은 가지처럼 모두 어려운 처지에 놓이게 됩니다. 이것은 마치 호족(胡族)과 월족(越族)이 수레 아래에서 나타나고 강족(羌族)과 이족(夷族)이 수레 뒤 가로지른 나무쪽으로 달려드는 것과 같으니, 어찌 위태롭지 않겠습니까? 비록 만전을 기해 걱정을 없앤다 하더라도, 그러나 여기는 본래 천자께서 마땅히 가까이하셔야 할 곳이 아닙니다.

1) 안사고(顏師古)가 말했다. "진(秦)나라 무왕(武王)의 역사(力士)다."

2) 안사고(顔師古)가 말했다. "오왕 요(僚)의 아들로, 활을 잘 쏘았다."

3) 안사고(顔師古)가 말했다. "두 사람 다 고대의 용사다."

4) 안사고(顔師古)가 말했다. "옛날에 활을 잘 쏘던 사람이다."

또 무릇 길을 깨끗하게 닦은 다음에 갈 경우라 해도 길에 들어서 달리게 되면 오히려 때에 따라 고삐가 끊어지는 변고[銜橛之變]가 생길 수 있는데, 하물며 무성한 풀을 건너고 구릉을 달려서 앞에 있는 짐승을 잡는 경우이 겠습니까? 그런 즐거움을 누리면서도 안으로 변고가 있을 수 있다는 생각을 하지 않는다면, 실로 해가 되지 않기가 어려울 것입니다. 무릇 만승의 무거움[重]을 가벼이 여겨서 편안하게 생각하고 만에 하나 위험한 일이 생기는 것을 즐기면서 그것을 오락으로 여기신다면, 신은 남몰래 폐하를 위해 그렇게 해서는 안 된다고 생각합니다.

대개 눈 밝은 사람[明者]은 아직 싹트지 않은 것도 멀리서 보며 또 일과 사람을 볼 줄 아는 사람[知者]은 위험이 아직 싹트지 않았을 때 피하는 것이니, 재앙이란 진실로 은밀하고 미미한 곳[隱微]에 숨어 있다가 사람이 소홀히 하는 데서 나타나는 것입니다.

그래서 속담에 이르기를 "집안에 천만금을 쌓아 놓았다고 할지라도 앉을 때 처마 끝은 피한다"라고 했습니다. 이 말은 비록 작은 것일지라도 큰 것을 깨우쳐줄 수 있습니다. 신이 바라건대 폐하께서 제 말씀에 뜻을 두시고 잘 살펴주시면 다행이겠습니다.'

상이 이 소를 좋게 여겼다.

돌아오는 길에 의춘궁(宜春宮)을 지나면서 상여는 부(賦)를 지어 올려 진나라 2세의 과실을 마음 아파했다1).

그 부는 이러했다.

‘가파른 긴 언덕을 올라 층층이 높게 솟아 늘어선 궁전으로 들어서서

굽이진 강의 물가를 굽어보고 울퉁불퉁한[參差^{참치}] 남산(南山)을 바라

보니,

높디높은 산은 텅 빈 듯하고 깊디깊은 계곡은 산간에 퍼져 있도다.

시냇물은 가볍고도 급하게 멀리 흘러가서 평원의 넓고 평평한 연못으로

쏟아지고,

잘 자란 온갖 나무는 울창한 그늘을 드러내고 빼곡한 대나무 숲도 무성

함을 드러내네.

동쪽으로 토산(土山)으로 달려갔다가 북쪽으로 옷을 걷고서 여울물을

건너며,

잠시 조용히 걸으면서 2세의 유적을 살피다가 조문한다.

2세는 몸가짐을 삼가지 않다가 나라는 망하고 권세는 사라졌으니, 참소

를 믿고 깨닫지 못하다가 종묘사직이 끊어졌도다.

아아! 슬프도다! 품행이 좋지 못해 분묘에는 풀이 우거져도 돌보는 이

없고,

혼령은 돌아갈 곳이 없어 제삿밥도 받지 못하는구나.

아득히 세월이 멀리 흐를수록 더욱더 황폐해져 암담할 것이로다.

정령(精靈)은 의지할 곳 없이 저 높은 하늘로 날아올라 영원히 떠나버렸

도다.

아아! 슬프도다!’

1) 안사고(顔師古)가 말했다. "의춘궁은 본래 진나라의 이궁(離宮)으로, (2세황제) 호해(胡亥)가

이곳에서 염락(閻樂)에게 살해되었기 때문에 그에 대한 감회가 있어 마음 아파한 것이다."

상여는 제배되어 효문원(孝文園)의 영(令)[1]이 되었다. 천자가 이미 「자허

부」를 훌륭하다고 칭찬한 바 있으므로, 상여는 상이 선도(仙道-신선술)를

좋아하는 것을 알고서 이렇게 말했다.

"상림의 일을 아름답다고 하기에는 아직 부족하니, 오히려 더 화려한[靡=麗] 글이 있습니다. 신이 일찍이 「대인부(大人賦)」를 지었으나 아직 완성하지는 못했는데, 청컨대 제가 다 갖춰 올릴 것을 허락해주소서."

상여는 『열선전(列仙傳)』에는 선인(仙人)들이 산과 못 사이에서 사는 모습을 그렸는데 그 모습이 너무 파리해서[甚臞=甚瘠] 제왕이 흠모하는 선인의 모습이 아니라면서, 이에 드디어 「대인부(大人賦)」를 (지어) 올렸다. 그 가사는 이러했다.[2]

1) 【색은(索隱)】 「백관지(百官志)」에서 말했다. "능원령(陵園令)은 600석으로, 행사 안내와 청소를 담당한다."

2) 「대인부」는 원문과 대조하며 읽을 수 있도록 원문에 토를 달고, 이어 붙였다. 독자들이 원문의 느낌을 체험해보기를 바란다.

세상에는 대인(大人)이 있어 중주(中州)에 산다네[世有大人兮 在于中州][1].

그의 저택이 만 리에 가득 찼건만[彌=滿] 일찍이 잠시도 머무르지 못하겠다 여기는구나[宅彌萬里兮 曾不足以少留].

세속이 각박하고 비좁은 것을 슬퍼한다면서 어찌 가볍게 떠나서 멀리서 노닐지 않는가?[悲世俗之迫隘兮 朅輕擧而遠遊][2].

붉은 깃발 흰 무지개 드리우고서 구름 기운에 몸 실어 둥둥 떠올라가도다[垂絳幡之素蜺兮 載雲氣而上浮][3].

불꽃처럼 활활 타오르는 듯한[格澤] 긴 장대 세우고 거기에 광채 나는 깃 장식으로 조화를 이루었네[建格澤之長竿兮 總光耀之采旄][4].

수탉 기운 품은 깃대 장식 드리우고 혜성(彗星)을 가져다가[抴=引] 마지막 장식 꾸몄도다[垂旬始以爲幓兮 抴彗星而爲髾][5].

깃발은 바람 따라 높이 나부끼며 펄럭펄럭 우리를 오라 하네[掉指橋以偃蹇兮 又旖旎以招搖]6)

1) 안사고(顔師古)가 말했다. "대인은 천자를 비유한 것이고, 중주는 중국(中國)이다."

2) 【색은(索隱)】 여순(如淳)이 말했다. "무제가 말하기를 '내가 진실로 황제 같을 수만 있다면 나는 해진 짚신을 벗어 던지듯 아내와 자식도 떠나리라!'라고 했으니, 이것은 세상이 각박하고 비좁은 것을 슬퍼한 것이다."[걸(朅)은 '떠나가다[去]'라는 뜻 외에 '어찌 ~하지 않는가[盍]'라는 부정 의문사로도 쓰인다.]

3) 강(絳)은 진홍색이고, 예(蜺)은 무지개라는 뜻이다.

4) 【집해(集解)】 『한서음의(漢書音義)』에서 말했다. "격택(格澤)의 기운은 화염이 활활 타오르는 모양과 같고 황백색이며 땅에서 시작해 하늘에까지 이르니, 이 기운을 긴 장대로 본 것이다. 모(旄)는 무성한 모습[葆], 총(總)은 '서로 잇다[係]'라는 뜻이다. 광채 나는 기운을 긴 장대에 이어주어 무성하게 만든다는 말이다."

5) 【집해(集解)】 『한서음의(漢書音義)』에서 말했다. "순시(旬始-별 이름)의 기운은 수탉의 그것과 같아서, 무성한 수풀 아래에 걸려 있는 깃발 끝이나 면류관의 술[旒]을 장식한다. 소(髾)는 제비 꼬리[燕尾]다. 혜성을 가져왔다는 것은 그것을 갖고서 꿰매고 드러내 제비 꼬리처럼 장식했다는 말이다.

6) 【집해(集解)】 『한서음의(漢書音義)』에서 말했다. "걸교(指橋)는 바람에 따라 나부끼는 모양이다." 【색은(索隱)】 指는 발음은 (지가 아니라) 거(居)와 걸(朅)의 반절음이다. 언건(偃蹇)은 높은 모습이다.[언건(偃蹇)은 거드름을 피우거나 거만한 모습을 뜻하기도 한다. 의니(旖旎)는 의태어로, 깃발이 크게 나부끼는 모습이다.]

참성(欃星-살별)과 창성(槍星)1)을 따다가 깃발로 삼고 끊어진 무지개 엮어다가 활집으로 삼는도다[攬欃槍爲旌兮 靡屈虹而爲綢]2). 하늘(-혹은 무지개)은 불그스레하면서도 아득해[杳渺=杳杳] 마구 섞여

있는데 불꽃 같은 바람이 솟아오르고 구름이 떠가는구나[紅杳渺以眩湣兮 焱風涌而雲浮]3)

응룡(應龍)4)의 코끼리 수레에 올라 빙빙 감아 돌며 나아가니 적룡(赤龍)·청룡(靑龍)이 참승해 역시 꿈틀거리며 구불구불 나아갔도다[駕應龍象輿之蠖略逶麗兮驂赤螭靑虯蟉蟉蜿蜒]

아래로 위로[低卬=低昂] 굽혔다 펴면서 거만하게 기세를 뽐내다가는 굽혔다가[詘折=屈折] 높이 일어났다 하면서 빙빙[蠼以] 똬리를 틀기도 한다네[低卬夭蟜据以驕驁兮詘折隆窮 蠼以連卷]5)

머리를 흔들면서 고개를 빳빳이[仡以] 쳐든 채로 나아가지를 않다가 이리저리 흔들면서 머리를 치켜들고[驤以] 나아가는데, 머리는 위를 향했고 입을 열고 있도다[沛艾赳螑仡以佁儗兮 放散畔岸驤以屚顔]6)

문득 나아갈 듯하더니 어느새 뒤로 물러서면서[蛭踱] 눈을 부라리고 혀를 내밀며 좌우를 내쫓기도 하고, 여러 차례 머리 흔들면서 거만하게 가다가 재빨리 달려가서 서로 의지한다네[蛭踱輵轄容以委麗兮 綢繆偃蹇 怵憂以梁倚]7)

휘감고 엉켜 부르짖으며 길을 밟고 섰는가 하면 어느새 높이 오르고[艐=屆=至], 펄쩍 뛰어올라서는 미친 듯이 달려가누나[糾蓼叫奡 蹢以艐路兮 蔑蒙踊躍騰而狂進]8)

재빨리 날아올라 번개처럼 빠르게 서로를 쫓고 쫓으니, 안개가 흩어지듯 빛이 반짝이다가 구름이 사라지듯 흔적조차 없어지고 말았네[菈颯卉翕 熛至電過兮 煥然霧除 霍然雲消]

1) 다 혜성이다.

2) 【집해(集解)】『한서음의(漢書音義)』에서 말했다. “주(綢)는 활집[韜]이다. 끊어진 무지개를 깃대를 보관하는 집으로 삼는다는 말이다.” 【색은(索隱)】 굴홍(屈虹)은 끊어진 무지개[斷虹]라는 뜻이다.

3) 【집해(集解)】 『한서음의(漢書音義)』에서 말했다. "순시(旬始)와 굴홍(屈虹)은 기운의 모습을 나타낸 것이다. 홍묘묘(紅杳渺)와 현여(眩湣)는 어두워서 아무런 빛도 없는 것을 말한다." 【색은(索隱)】 소림(蘇林)이 말했다. "湣의 발음은 (혼이 아니라) 여(好-아리따운)다." 진작(晉灼)이 말했다. "홍(紅)은 붉은 모양이고, 묘묘(杳渺)는 심원하다는 뜻이며, 현여(眩湣)는 뒤섞여 있는 것이다. 홍(紅)은 판본에 따라 홍(虹-무지개)으로 되어 있다."

4) 황제(黃帝)가 부렸다는 용이다.

5) 【색은(索隱)】 장읍(張揖)이 말했다. "거(据)는 교만방자한 것이다". 위소(韋昭)가 말했다. "격이연권(蠼以連卷)은 용의 형상을 표현한 것이다. 蠼은 발음이 (구가 아니라) 기(起)와 벽(碧)의 반절음이다."

6) 【집해(集解)】 『한서음의(漢書音義)』에서 말했다. "규후(赳螑)는 헌걸차게 고개를 쳐든 모양이다. 이의(佁儗)는 '앞으로 나아가지 않는다[不前(부전)]'라는 뜻이다." 【색은(索隱)】 복건(服虔)이 말했다. "말이 머리를 들고서 입을 열고 있는 것을 잔안(孱顔)이라고 한다."

7) 【집해(集解)】 서광(徐廣)이 말했다. "출탁(蛭踱)이란 앞으로 갔다 뒤로 갔다 하는 것이다. 蛭의 발음은 (질이 아니라) 축(丑)과 율(栗)의 반절음이다." 『한서음의(漢書音義)』에서 말했다. "출참(怵㲋)은 달려가는 것이다. 양의(梁倚)는 서로를 드러내는 것[相著(상저)]이다." 【색은(索隱)】 장읍(張揖)이 말했다. "출탁(蛭踱)이란 급히 달려가는 모습이고 갈할(輵轄)은 앞으로 갔다 뒤로 갔다 하는 것이다."

8) 【집해(集解)】 『한서음의(漢書音義)』에서 말했다. "멸몽(蔑蒙)은 날아서 올라가는 것이다." 【색은(索隱)】 안사고(顔師古)가 말했다. "규오(叫奡)는 높이 올라가는 모습이다."

비스듬히 극동(極東)을 건너 북극(北極)에 올라서 진인(眞人-신선)들과 서로 교유하노라[邪絕少陽而登太陰兮與眞人乎相求(사절 소양 이 등 태음 혜 여 진인 호 상구)][1]

진인들과 서로 뒤섞여 그윽하게 오른쪽으로 돌다가, 옆으로 비천(飛泉)

을 건너[厲=渡] 정동(正東)으로 가는도다[互折窈窕以右轉兮 橫厲飛泉以正東]2).

여러 신선을 다 불러 뽑아서 요광성(瑤光星) 위에 여러 신선을 배치하는구나[悉徵靈圉而選之兮 部乘衆神於瑤光]3).

오제(五帝)를 길잡이로 삼아 태일(太一)을 돌려보내고 능양(陵陽)을 시종으로 삼았고[使五帝先導兮 反太一而從陵陽]4)

현명(玄冥)을 왼쪽에 두고 함뢰(含雷)를 오른쪽에 두며 육리(陸離)를 앞세우고 휼황(潏湟)을 뒤따르게 했도다[左玄冥而右含雷兮 前陸離而後潏湟]5).

신선 정백교(征伯僑)에게 일을 시키고[厮=使] 선문(羨門)을 부리며 기백(岐伯)에게 명해 의방(醫方)을 맡기노라[厮征伯僑而役羨門兮 屬岐伯使尚方]6).

축융(祝融-불의 신)에게 경필(警蹕)하게 하여 행인들을 멈추게 해서 나쁜 기운 맑게 한 뒤에 나아가도다[祝融驚而蹕御兮 清雰氣而後行]7).

이에 나는 수레 만승 모아서 오색구름을 수레의 일산(日傘)으로 삼아 화려한 깃발들을 바로 세웠다네[屯余車其萬乘兮 綷雲蓋而樹華旗]8).

구망(句芒)으로 하여금 시종들을 이끌게 하여 나는 남쪽으로 가서 즐기고자 하노라[使句芒其將行兮 吾欲往乎南嬉]9).

1) 【집해(集解)】『한서음의(漢書音義)』에서 말했다. "소양(少陽)은 동극(東極), 태음(太陰)은 북극(北極)이다. 사절(邪絶)은 비스듬히 가로지른다는 말이다."

2) 【정의(正義)】 비천은 계곡인데, 곤륜산 서남쪽에 있다.

3) 【집해(集解)】『한서음의(漢書音義)』에서 말했다. "요광(瑤光)은 북두칠성 표두(杓頭)의 첫 별이다."

4) 【집해(集解)】『한서음의(漢書音義)』에서 말했다. "신선 능양자명(陵陽子明)이다. 【정의(正義)】 오제는 오치(五畤)다.

5) 【집해(集解)】『한서음의(漢書音義)』에서 말했다. "함뢰는 물의 신이다. 넷 다 신선

의 이름이다."

6) 【집해(集解)】 서광(徐廣)이 말했다. "정백교는 연나라 사람으로, 형체가 사라져서 신선이 되어 떠났기에 정(征)이라 했다." 장읍(張揖)이 말하기를 "왕자교(王子喬)"라고 했는데, 이는 마땅히 다른 사람이니 아마도 왕자교는 아닌 듯하다. 【정의(正義)】 장(張)이 말했다. "선문은 갈석산 위의 신선 선문고(羨門高)다." 서광이 말했다. "기백은 황제의 신하다." 배인(裴駰)이 살펴보건대, 『한서음의(漢書音義)』에 따르면 상(尚)은 '주관하다[主]'이니 기백은 황제의 태의(太醫)로서 의약 처방을 담당했다.

7) 【정의(正義)】 장(張)이 말했다. "축융은 남방의 신으로, 염제(炎帝)를 보좌했다. 짐승의 몸에 사람의 얼굴을 했는데, 용 2마리를 타고서 화정(火正)에 호응했다."

8) 【색은(索隱)】 綷는 발음이 (최가 아니라) 조(祖)와 내(內)의 반절음이다. 여순(如淳)이 말했다. "재(綷)는 '합치다[合]'라는 뜻이니, 다섯 색깔의 구름을 합쳐 수레 덮개를 만들었다는 의미다."

9) 【정의(正義)】 장(張)이 말했다. "구망은 동방의 신으로, 청제(靑帝)를 보좌했다. 새의 몸에 사람의 얼굴을 하고 용 2마리를 타고 다녔다." 안(顏)이 말했다. "장행(將行)이란 종자(從者)를 영솔하는 것이다."

숭산(崇山)에서 당뇨(唐堯)를, 구의산(九疑山)에 가서 우순(虞舜)을 찾아 뵈었다네[歷唐堯於崇山兮 過虞舜於九疑][1].

수레 행렬 어지러이 뒤섞이고 서로 교차한 채 마구 몰려 북적거리니[雜遝＝雜沓], 앞서거니 뒤서거니 하면서[膠葛＝轇轕] 나란히 나아가려 하는도다[紛湛湛其差錯兮 雜遝膠葛以方馳][2].

쿵쾅거리며 서로 부딪치자 시끄러운 소리 가득 차서 어수선하기 그지없더니, 갑자기 물이 아래로 흐르듯이 넓게 잘 흘러가며 끊어지지 않고[灕以] 이어지도다[騷擾沖蓯其相紛挐兮 滂濞泱軋灕以林離].

잇달아 모여드는 모습 보니 마치 수풀의 떨기가 무성한 듯한데, 넓게 펴져 흩어지는 모습을 보니 한창 들쑥날쑥 가관이로구나[鑽羅列取叢以龍茸兮 衍曼流爛壇以陸離].

곧장 가로질러 뇌실(雷室)로 들어가니 우렛소리 우르르 쾅쾅, 우뚝 솟은 구멍투성이[崛礨] 울퉁불퉁 자갈투성이[磈] 귀곡(鬼谷)을 마침내 빠져나왔도다[徑入雷室之砰磷郁律兮 洞出鬼谷之崛礨嵬磈][3].

팔굉(八紘-먼 곳)을 두루 구경하고 사황(四荒-사방의 끝)을 살펴본 뒤에 길을 떠나[竭] 구강(九江)을 건너고 오하(五河)를 넘는다네[徧覽八紘而觀四荒兮 竭渡九江而越五河][4].

염화산(炎火山) 오가며[經營=往來] 약수(弱水)에 배를 띄워서 나룻배[杭=船]로 모래섬 지나 사막을 건너가네[經營炎火而浮弱水兮 杭絕浮渚而涉流沙][5].

1) 【정의(正義)】 장(張)이 말했다. "숭산(崇山)은 적산(狄山)이다. 『해외경(海外經)』에 이르기를 '적산 남쪽에 제 요를 안장했다'라고 했다. 구의산은 영릉(零陵) 영도현(營道縣)에 있는데, 순임금이 묻힌 곳이다."

2) 【색은(索隱)】 『광아(廣雅)』에서 말했다. "교갈(膠葛)은 내달리는 것[驅馳]이다."

3) 【집해(集解)】 『한서음의(漢書音義)』에서 말했다. "귀곡은 북극성 아래에 있는데, 여러 귀신이 모이는 곳이다." 【정의(正義)】 磈의 발음은 (괴가 아니라) 회(回)다. 장(張)이 말했다. "굴뢰외회는 울퉁불퉁한 모습[不平]이다."

4) 【정의(正義)】 안(顔)이 말했다. "오색의 하천이다. 『선경(仙經)』에 이르기를 '자색·벽색·진홍색·청색·황색의 하천'이라고 했다."

5) 【집해(集解)】 『한서음의(漢書音義)』에서 말했다. "부저(浮渚) 사막 안에 있는 모래섬이다." 【정의(正義)】 요승(姚丞)이 말했다. "『대황서경(大荒西經)』에 이르기를, '곤륜산 언덕 밖에 염화산이 있어 물건을 던지면 곧장 타버린다[然=燃]'라고 했다."『괄지지(括地志)』에서 말했다. "약수는 감주(甘州) 장액현(張掖峴) 남

산 아래에 있다."

문득[奄] 총령산(蔥嶺山)에 휴식을 취하며 넘치는 물에서 물장난 즐기니, 여와(女娲)로 하여금 비파 타게 하고 풍이(馮夷)에게 춤추게 했도다[奄息總極氾濫水嬉兮 使靈娲鼓瑟而舞馮夷]1).

때로 아득히 어두워지고 흐려지면 병예(屛翳-우레의 신)를 불러 풍백(風伯)을 벌주고 우사(雨師)에게 형벌을 내렸다네[時若薆薆將混濁兮 召屛翳誅風伯刑雨師]2).

서쪽으로 곤륜산(昆侖山)의 아득하고 모호한 모습 황홀하게 바라보다가, 곧장 삼위산(三危山)으로 내달려 가도다[西望崑崙之軋沕洸忽兮 直徑馳乎三危]3).

하늘의 문을 밀어젖히고 천제의 궁궐로 들어가 옥녀(玉女)를 태워 함께 돌아오도다[排閶闔而入帝宮兮 載玉女而與之歸]4).

낭풍산(閬風山)에 올라 잠깐 멈춰 보니, 마치 까마귀가 높이 날아오른 뒤에 잠깐 멈춰 쉬는 것과 같구나[舒閬風而搖集兮 亢烏騰而一止]5).

고개 숙여 음산(陰山)을 빙 돌아 부드럽게 날아올라서, 나는 마침내 오늘 서왕모(西王母)를 만나보았는데 머리가 눈이 내린 듯 희도다[低回陰山翔以紆曲兮 吾乃今目睹西王母曤然白首].

옥 장식한 꾸미개를 쓰고서 동굴에서 살고 있는데, 실로 다행히 세 발 까마귀[三足烏]가 그녀를 위해 일하고 있었네[載勝而穴處兮 亦幸有三足烏爲之使]6).

반드시 이렇게 오래 살아서 죽지 않는다면 만년을 살아도 즐거워하기에 모자라도다[必長生若此而不死兮 雖濟萬世不足以喜].

1) 【집해(集解)】『한서음의(漢書音義)』에서 말했다. "총극(總極)은 총령산(蔥嶺山)인데, 서역 안에 있다. 영와는 여와다. 풍이는 하백(河伯-황하의 신)의 자(字)다."

2) 【정의(正義)】 응(應)이 말했다. "병예는 천신의 사자다." 위(韋)가 말했다. "우레의
신이다." 장(張)이 말했다. "풍백의 자는 비렴(飛廉)이다." 사주(沙州)에 우사
의 사당이 있다.

3) 【정의(正義)】 『괄지지(括地志)』에서 말했다. "곤륜산은 숙주(肅州) 주천현(酒泉縣)
남쪽으로 80리에 있다. 삼위산은 사주(沙州) 동남쪽으로 30리에 있다."

4) 【정의(正義)】 위소(韋昭)가 말했다. "창합은 천문(天門)이다."

5) 【정의(正義)】 장(張)이 말했다. "낭풍산은 곤륜산 창합 안에 있다."

6) 【집해(集解)】 곽박(郭璞)이 말했다. "승(勝)은 옥 장식을 말한다." 【정의(正義)】 안(顔)
이 말했다. "한나라 때는 이를 화승(華勝)이라고 불렀다." 장(張)이 말했다.
"삼족오는 푸른 새다. 서왕모의 식사를 주로 담당했다."

　　수레를 돌려 힘차게 돌아오는데, 부주산(不周山) 길 끊어져 우회해 유도
산(幽都山)에서 회식했다네[回車揭來兮 絶道不周 會食幽都]1).

　　북방의 밤기운 마시고 아침 이슬 먹었고, 지초(芝草-영지)의 꽃부리 씹고
경수(瓊樹)의 꽃잎 먹었다네[呼吸沆瀣飧朝霞兮 噍咀芝英兮嘰瓊華].

　　우러러[嬐=仰=儠] 조금씩 나아가다 높이 날아올라 어지러이 치솟아서
하늘로 올라가도다[嬐侵潯而高縱兮 紛鴻涌而上厲].

　　번개로 거꾸로 달린 그림자를 뚫고 나가고, 구름의 신 풍륭(豐隆)이 쏟
아붓는 큰비를 건너가네[貫列缺之倒景兮 涉豐隆之滂沛]2).

　　유거(游車)와 도거(道車)를 달려 기다란 길[脩=長] 내려가니, 힘써 달려
안개를 뒤로한 채 멀리멀리 가는도다[馳游道而脩降兮 鶩遺霧而遠逝].

　　인간 세상을 비좁게[隘陝=狹隘] 여겨 느릿느릿 걸어서[舒節] 북쪽 끝으
로 갔도다[迫區中之隘陝兮 舒節出乎北垠].

　　주둔시킨 기병들은 현궐(玄闕)에 남겨둔 채로 한문(寒門)에서 선구자를
앞질러 가는구나[遺屯騎於玄闕兮 軼先驅於寒門]3).

　　아래는 깊고 멀어서 땅이 보이지 않고, 위로는 텅 비어 하늘이 없구나[下

崢嶸而無地兮 上參廓而無天].

아무리 보려 해도 눈이 가물거려 보이지 않고, 아무리 들으려 해도 망연자실해 들리지 않는다네[視眩眠而無見兮 聽惝恍而無聞].

허공을 타고 올라 위로 솟아오르니[上假＝上至]4), 너무 높이 올랐나[超] 벗은 온데간데없고 홀로 남아 있도다[超無友而獨存].

1) 【집해(集解)】『한서음의(漢書音義)』에서 말했다. "부주산은 곤륜 동남쪽에 있다."

2) 【집해(集解)】『한서음의(漢書音義)』에서 말했다. "열결은 천섬(天閃-번개)이다. 거꾸로 달린 그림자란 태양 아래를 말한다."

3) 【집해(集解)】『한서음의(漢書音義)』에서 말했다. "현궐은 북극에 있는 산이고, 한문은 하늘의 북문이다."

4) 이때의 假는 발음이 가가 아니라 격(格)이다. 이때는 둘 다 '이르다[至]'라는 뜻이다.

상여가 이미 「대인부」를 올리고 나자, 천자가 크게 기뻐했는데, 갑자기 바람이 불어와서[飄飄] 구름 위에 떠 있는 듯한 기분이 들더니 마음이 마치 하늘과 땅 사이에서 한가로이 노니는 것과 같았다고 한다.

상여가 이미 병으로 물러난 뒤에 무릉(茂陵) 집에서 지내고 있었다. 천자가 말했다.

"사마상여의 병이 위독하다니, 가서 그가 지은 글을 모두 가져오는 것이 좋겠다. 그렇게 하지 않는다면 뒤에 그것을 모두 잃게 될 것이다."

소충(所忠)1)을 보냈는데, 가보니 상여는 이미 죽었고 집에는 남겨진 글이 하나도 없었다.

그의 아내에게 물으니 이렇게 대답했다.

"장경(長卿)은 원래부터 이미 아무런 책도 소유하고 있지 않았습니다. 종종 글을 지으면 사람들이 바로 가져가 버려서 집에는 곧 아무런 글이 남지 않았습니다. 장경이 아직 죽기 전에 글을 딱 한 권 지었는데, 말씀하시기를 '사자가 와서 글을 찾거든 이것을 올리시오'라고 했습니다. 다른 서책은 없습니다."

그가 남긴 서찰 형식의 글은 봉선(封禪)의 일에 관한 것이었는데, 이를 소충에게 주자 충이 그것을 바쳤다. 천자가 그 글을 진귀하게 여겼는데, 이러했다.

1) 【색은(索隱)】 장읍(張揖)이 말했다. "사자의 이름으로, 「식화지(食貨志)」에 보인다." 【정의(正義)】 성이 소이고 이름이 충이다.

'저[伊] 상고시대에 하늘과 땅이 처음 열리고[初肇=初始] 하늘[昊穹=顥穹][1]이 백성을 낳은 이래로 여러[選=數] 대의 임금[辟=君]들을 거쳐 진(秦)나라까지[迄=至] 가까운 시대[邇=近]의 군주들이 남긴 발자취[武=跡]를 더듬고 먼 옛날[逖=遠]의 유풍(遺風)을 들어보겠습니다. 예로부터 군주가 된 자는 많았지만 이름이 묻혀 (역사에) 제대로 기록되지 않은 자는 이루 다 셀 수가 없고, 순(舜)임금과 우왕(禹王)의 뒤를 이어서 밝고 큰[昭夏=明大=大明] 다움을 계승함으로써 생전의 이름과 사후의 시호를 높이 받들어 후세에 일컬을 만한 임금은 대략 72명이 있습니다. 그 누구도 좋은 쪽[淑=善]을 따르고서 크게 번성하지 않은 자가 없었고, 그 누구도[疇=誰] 다움을 잃고서 오래 존속한 자가 없습니다.

1) 안사고(顏師古)가 말했다. "호(顥)나 궁(穹)은 각각 하늘을 나타내는 말이다. 호는 기운이 크다는 뜻이고, 궁은 둥근 천장[穹窿] 모양을 하고 있다는 뜻이다."

헌원씨(軒轅氏)[1] 이전의 일은 멀고도 아득해 자세한 것은 들을 수 없을 뿐이지만, 오제(五帝)와 삼왕(三王)은 육경(六經)에 전하고 있어 대체로 볼 수가 있습니다. 『서경(書經)』에 이르기를 "원수(元首)는 밝도다! 고굉(股肱-신하)들은 훌륭하도다[元首明哉 股肱良哉]2)"라고 했습니다. 이에 근거해 말하자면, 군왕 중에는 당요(唐堯-요임금)보다 성대한 이가 없고 신하 중에는 후직(后稷)3)보다 뛰어난 이가 없습니다.

후직이 사업을 당(唐-요임금의 나라)에서 처음으로 했고 공류(公劉)4)가 공적을 서융(西戎)에서 드러냈으며 문왕(文王)이 제도를 고쳤으니, 이에[爰=於是] 주나라가 크게 융성하고 도(大道)가 비로소 이뤄졌습니다. 그 뒤로 점차 쇠미해지기까지 1,000년을 누린 뒤에야 성교(聲敎)가 끊어졌으니, 어찌 그 처음도 잘하고 그 끝도 잘한 것이 아니겠습니까? 그렇게 된 데는 다른 까닭이 있는 것이 아닙니다. 그것은 앞의 것(-창업자의 뜻)을 따르는 데 삼가고[愼] 교화를 삼가[謹] 지켜왔기 때문일 뿐입니다. 그러므로 주나라의 사적은 평이해[夷易=平易] 따르기 쉽고[易遵=易從] 은택이 깊고 광대해서 풍부하며 법도가 명백해서 본받기가 쉽고 법통을 드리우는 것이 이치에 맞아서 계승하기 쉬웠으니, 이 때문에 왕업은 성왕(成王) 때 이뤄졌고 공적은 문왕(文王)과 무왕(武王) 때 으뜸이었습니다. 그러나 시작한바[所元]를 살피고 마친바[攸卒=所卒]를 궁구해보면 특별히 이상하리만큼 뛰어난 사적은 없어서 지금의 한나라와는 비교가 됩니다5). 그럼에도 (주나라 사람들은 한나라와 달리) 오히려 양보산과 태산에 올라 봉선(封禪)을 하여 영광스러운 봉호(封號)를 세우고 높은 명성을 베풀었습니다.

1) 헌원의 언덕에서 낳아 헌원씨라고 했는데, 유웅(有雄)에 국도(國都)를 정한 까닭으로 유웅씨라고도 일컫는다. 배와 수레를 최초로 만들어 교통을 편리하게 했다. 당시 지남차(指南車)를 만들어 탁록(涿鹿) 벌판에서 포학작란(暴虐作亂)하던 치우(蚩尤)를 쳐서 평정하니, 제후들이 천자로 받들어 신농씨(神農氏)의 뒤를 잇게 되었다. 토덕(土德)의 서기(瑞氣)가 있다고 해서 황제(黃帝)로도 불린다.

2) 안사고(顔師古)가 말했다. "「우서(虞書)·익직(益稷)」에 나오는 말이다.

3) 농경신(農耕神)으로, 오곡(五穀)의 신이기도 하다. 성(姓)은 희(姬)씨, 이름은 기(棄)다. 『사기(史記)』 「주본기(周本記)」에 따르면, 유태씨(有邰氏)의 딸로 제곡(帝嚳)의 아내가 된 강원(姜原)이 거인의 발자국을 밟고 잉태해서 아들을 낳았는데[감생설화(感生說話)], 그것이 불길하다 여겨서 세 차례나 내다 버렸지만, 그때마다 구조되었다[기자설화(棄子說話)]고 한다. 나중에 요제(堯帝)의 농관(農官)이 되었고, 태(邰) 땅에 책봉되어 후직이 되었다.

4) 상(商)나라 때 사람으로 고대 주(周)나라 왕조의 건설자라 이르는 후직(后稷) 기(棄)의 후예이자 불줄(不窋)의 손자이고 국도(鞠陶)의 아들이다. 주나라 종족은 대대로 우하(虞夏)에서 후직의 관직을 세습했으나 불줄에 이르러 관직을 잃고 융적(戎狄)의 땅으로 달아나 살았으니, 그가 종족들을 이끌고 태(邰)에서 빈(豳)으로 옮겨왔다. 지형과 수리(水利)를 살펴 농기구를 정리하고 황무지를 개간해 농업을 발전시켰으며, 집과 건물을 짓고 궁실을 세우면서 이곳에 정착했다. 그리하여 빈곡(豳谷)은 주 부족의 발원지가 되었다.

5) 안사고(顏師古)가 말했다. "한나라의 다움과는 비교가 될 수 없다는 말이다."

위대한 한(漢)나라는 다움이 수원(水源)처럼 솟구쳐 올라 널리 사방으로 미쳐서 구름처럼 퍼지고 안개처럼 흩어지니, 위로는 구천(九天)에까지 뻗치고 아래로는 팔방의 극에까지 흘러가는 듯합니다. 살아 있는 모든 것은 천자의 은택에 젖어 윤택해져서 화기(和氣)가 옆으로 흘러넘치고 당당한 절조가 질풍처럼 멀리 퍼져 나갑니다. (이에) 가까이 있는 자는 은택의 원천에서 노닐고 멀리 있는 자는 은택의 말류에서 헤엄치는 듯하며 거대한 악을 저지른 자는 연기처럼 사라지고 어리석은 자는 지혜를 얻게 되었으니, (심지어) 곤충도 화락(和樂)해서 모두 머리를 돌려 안으로 향하고서는 천자의 은택을 (입게 되기를) 바라고 있었습니다. 그러자 뒤이어 추우(騶虞) 같은 진귀한 짐승이 원유(苑囿-동산)에서 자라났고, 미록(麋鹿)과 같은 기이한 짐승이 잡혔으며, 한 줄기에서 여섯 이삭이 달린 곡식을 부엌에서 골라 종묘에 바쳤고, 뿔이 한쪽에 쌍으로 돋아난 백린(白麟)을 희생으로 해서 종묘에 제사 지냈습니다. 주나라가 남긴 보물을 얻었고, (주나라 때) 놓아주었던 거북을 기산(岐山) 가에서 잡았으며, (용의 날개가 돋은) 신마인 취황(翠黃)을 불러들여 못에서 용을 탔습니다. 귀신이 영어(靈圉-신선의 이름)를 만나 한가로운 관사에 빈객으로 머물고 있으니, 기이한 물건의 괴이함과 다양한 변화가 이보다 더할 수는 없습니다. 삼가 받들어야 할 일로서, 상서(祥瑞)로움이 여기에 이르렀건만 (한나라는) 오히려 다움이 엷다고 겸손해하며 감히 봉선할 것을 말하지 않습니다.

대체로 주나라에서는 무왕(武王)이 은나라 주왕(紂王)을 칠 때 펄펄 뛰는 백어(白魚)가 튀어 올라 배에 떨어지자 아름다운 상서라고 하여 구워서 하늘에 제사 지냈습니다. 이처럼 미미한 것을 징험이라고 하여 태산에 올라가서 봉선했으니, 참으로 부끄럽지 않습니까! 주나라의 나아감[進]과 한나라의 물러남[攘=讓]의 도리1)가 어찌 이렇게도 다릅니까?'

1) 안사고(顏師古)가 말했다. "주나라가 아직 봉선할 만한 것이 아닌데도 봉선한 것을 나아감이라 했고, 한나라가 봉선해야 할 일인데도 봉선하지 않은 것을 물러남이라고 말했다."

이에 대사마(大司馬)가 나아와 말했다.

"폐하께서 어짊으로 천하의 백성을 기르셨고 의로움으로 불순한 자들[不憓=不謓=不順]을 정벌하시자 중국 안의 제후들[諸夏]이 기꺼이 공물을 받들었고 모든 오랑캐[百蠻]가 폐백을 바쳤으니, 임금다움은 상고의 제왕과 같고 공로는 비교할 자가 없으며 아름다운 공업은 두루 이르지 않는 곳이 없고 상서로운 조짐들은 여러 가지로 변화해 시기를 따라 계속해서 이르러서 유독 처음 나타난 것은 없을 정도입니다.

생각건대[意者], 이는 태산과 양보산에 제단을 설치해 폐하께서 거둥하시기를 바라는 것이며, 대체로 봉호를 세워 영광을 드러나게 하려는 것입니다. 즉 하늘이 은혜를 내려 땅을 복되게 함으로써 장차 제사를 지내, 성공을 아뢰게 하려는 것입니다.

그런데도 폐하께서는 겸양하시어 출발하지 않으시니, 그것은 천신(天神)과 지기(地祇)와 산악(山嶽) 신의 기쁜 마음을 끊고 왕도(王道)의 예의를 잃는 것으로서 여러 신하가 부끄럽게 여기는 바입니다. 어떤 사람이 말하기를 '하늘은 그 뜻을 진실로 이미 상서로운 징조로 암시했으니, 상서로운 징조가 나타나면 본래 사양할 수 없다'라고 했습니다. 만일 (옛사람이) 이를 사양했다면 옛날부터 태산에는 표기(表記)를 세울 기회가 없었을 것이고 양보산은 제사를 받을 가능성이 없었을 것입니다. 또한 각각 때에 따라 한때를 영화로 삼고 그 세상을 지나가는 데 그쳤을 뿐이라면 뒷세상에서 이야기하는 자들이 오히려 어떻게 72명의 군주가 있었다는 것을 말할 수 있었겠습니까?

무릇 (하늘이) 다움을 닦은 이[修德]에게 부서(符瑞)를 주었다면 그것을 받들어 봉선하는 것을 예의를 뛰어넘는 행위라고는 결코 할 수 없습니다. 그래서 빼어난 임금들은 봉선을 폐기하지 않고 예를 닦아서 지기(地祇)를 공경하고 정성을 다해 천신을 기다리며 공을 새겨 중악(中嶽-숭산)을 받듦으로써 지존의 신분을 드러내고 빼어난 다움[聖德]을 서술했으며, 이를 통해 영광스러운 봉호를 나타내고 두터운 복을 받음으로써 은택을 모든 백성에게 미치게 했던 것입니다. 이 일은 얼마나 성대한 것입니까! 이것은 천하의 장관(壯觀)이며 왕자(王者-임금다운 임금)의 위대한 업적[조業=洪業]이니, 가볍게 여길 수가 없습니다. 바라건대 폐하께서는 이것을 완수하셔야 합니다.

그런 뒤에 여러 유학자[縉紳先生]의 학술과 지략을 빌려서 일월(日月)의 찬란한 빛을 우러르는 것처럼 그것으로써 관직을 지키고 일을 처리하게 하며, 또 겸해서 그 의로움을 바르게 처리하도록 하여 그 글을 교감해서 『춘추(春秋)』 같은 역사서를 짓게 하십시오. 그리하여 종래의 육경(六經)을 칠경(七經)이 되게 해서 만세에 이르도록 후세에 길이 맑게 흐르게 함으로써 그 영묘한 여파를 높이고 영명한 이름을 날려서 성대한 재능을 떨칠 수 있게 하십시오.

옛날의 빼어난 왕들이 길이 위대한 명성을 보전해 항상 으뜸으로 칭송받는 까닭은 바로 이러한 도리를 시행했기 때문입니다. 마땅히 장고(掌故-태상(太常) 소속의 담당관)에게 명해 봉선의 뜻을 모두 아뢰게 해서 살펴보시기를 바랍니다."

이에 천자가 크게 감동해[沛然] 용모와 자세를 바꾸고서[改容] 이렇게 말했다.

"그렇도다[愉=兪]! 짐이 이에 그 일을 시도해보리라!"

마침내 생각을 바꾸고[遷思] 마음을 돌려서[回慮] 공경들의 의견을 다 모아 봉선의 일을 물었고[詢], 천자의 큰 은택을 시로 읊게 하고서 부서(符瑞)의 풍부함을 넓혔다. 마침내 송을 지어 노래 불렀다.

'우리 하늘, 만물을 덮어주시고 구름, 둥둥[油油][1] 떠다니는데

감로(甘露)와 때맞춰 내리는 비[時雨], 저 대지를 촉촉이 적셔주도다

영양분 가득한 물기 땅속 깊숙이 스며드니[滲漉][2] 어떤 생물이든 길러주지 못하랴

아름다운 곡식 한 줄기에 여섯 이삭이 달렸으니 우리 창고에 어찌 쌓이지 않으리

단지 비 내려 적셔줄 뿐만 아니라 대지를 윤택하게 해주고

단지 윤택하게 해줄 뿐만 아니라 널리[范=普] 퍼지게 하도다

만물이 기뻐하며[熙熙] 그리워서 사모하는구나

명산(名山)이 봉선(할 곳)을 분명하게 드러내 임금께서 오시기를 바라는데

임금이시여 임금이시여 어찌[候=何] 가시지[邁=行] 않으십니까

1) **[색은(索隱)]** 『한서음의(漢書音義)』에서 말했다. "유유(油油)는 구름이 떠나는 모양이다. 맹자(孟子)가 말했다. '유연(油然)은 구름이 생겨나는 모양이고, 패연(沛然)은 비가 내리는 모습이다.'"

2) **[색은(索隱)]** 살펴보건대, 『설문(說文)』에 이르기를 "삼록은 물이 아래로 흐르는 모양"이라고 했다.

무늬 아름다운[般般] 짐승 우리 임금의 동산에서 즐기네

흰 바탕에 검은 무늬 그 모습 아름답구나

화락하고 화목한 모습[旼旼穆穆] 바로 군자의 자태로다

대개 일찍이 그 짐승 있다는 소리만 들었더니 이제야 그것을 보는구나

어디서 왔는지 알 수 없지만 하늘이 내려준 상서로운 조짐이로다

이 짐승 순임금 때 나타나더니 그로 말미암아 우씨(虞氏-순임금)가 일어났었지

즐거움 가득한[濯濯] 기린들이 제단의 뜰[靈時]에서 노니는구나

맹동(孟冬) 10월에 우리 임금이 가셔서 교사(郊祀)하셨네

저 기린이 우리 임금의 수레 앞을 달려 우리 임금 그것으로써 제사를 지내셨지

삼대(三代) 이전에도 일찍이 이러한 상서는 없었다네

꿈틀거리는[宛宛=屈伸] 황룡이 지극한 다움에 감동해 날아오르니

채색은 번쩍번쩍 빛이 나네

진정한 용(-제왕)이 모습을 보여 만백성을 깨우쳐 주었고

고서에도 육룡(六龍)을 타고 하늘에 오른다고 했었다네

용은 천명(天命)을 받은 자가 타는 것이고 천명은 조짐으로써만 받을 뿐이로다

사물에 기탁해 봉선할 것을 군주에게 알려주는구나

육경을 펼쳐보니 이미 하늘의 뜻과 사람의 일이 합치되고 위와 아래가 화해했다네
빼어난 임금의 일, 항상 스스로 두려워하고 삼가도다[兢兢翼翼]
그래서 말하기를 "흥기할 때는 반드시 쇠망할 것을 염려하고 편안할 때는 반드시 위태로움을 생각하라" 했다네
이 때문에 탕왕(湯王)과 무왕(武王)은 지극히 존엄한 지위에 있으면서도 엄숙과 삼감을 잃지 않았고
순임금은 큰 법칙을 밝혀서 항상 스스로 성찰하고 정치의 득실을 살폈다네
이런 일들이 바로 봉선의 상서로운 조짐을 말하는 것이라네'

사마상여가 이미 졸하고[1] 5년이 지나서야 상은 비로소 후토(后土)에 제사를 지냈고, 그로부터 8년이 지나 드디어 중악(中嶽)에 제례(祭禮)한 뒤 태산(太山)에 봉(封)하고 양보산(梁父山) 자락의 숙연산(肅然山)[2]에서 선(禪)했다.

1) 【집해(集解)】 서광(徐廣)이 말했다. "원수(元狩) 5년이다."
2) 【집해(集解)】 서광(徐廣)이 말했다. "작은 산으로, 태산 자락의 동북쪽에 있다."

상여가 지은 다른 글로는 「유평릉후서(遺平陵侯書)」[1], 「여오공자상난(與五公子相難)」, 「초목서(草木書)」 등이 있으나 여기에는 그것들을 수록하지 않고[不采=不擇] 특히 그의 글 중에서 공경(公卿)들 사이에서 이름난 것만 실었다.

1) 【집해(集解)】 서광(徐廣)이 말했다. "소건(蘇建)이다."

태사공(太史公)이 말한다.

"『춘추(春秋)』는 드러난 것[見]을 미뤄 헤아려서 숨겨진 뜻[隱]에 이르고[1], 『주역(周易)』은 숨어 있는 것을 바탕으로 해서 드러내며[顯][2], (『시경(詩經)』의) 「대아(大雅)」는 왕(王)이나 공(公), 대인(大人)을 말함으로써 그들의 다움[德]이 일반 백성[黎庶]에 미치게 하고[3], 「소아(小雅)」는 일반 사람들[小己]의 얻고 잃음[得失]을 비꼼으로써 그 영향이 위에까지 이르게 한다[4]. 이것들은 말하는 바가 비록 각기 다르지만, 다움에 합치된다는 점에서는 거의 모두 똑같다.

상여(相如)는 (그의 글에) 비록 공허한 꾸밈[虛辭]이나 함부로 하는 말[濫說]이 많기는 하지만 주된 귀착점[要歸]은 절의와 검소함[節儉]이다. 이것이 『시경(詩經)』의 풍간(諷諫)[風諫]과 무슨 차이가 있겠는가? 양웅(揚雄)은 '(사마상여의) 요란하고 화려한 부(賦)는 백 가지를 권면하다가는 (끝내) 한 가지를 풍자한다[勸百風一]. 이는 마치 정(鄭)나라나 위(衛)나라의 음란한 음악으로 치닫다가 끝에 가서는 아악(雅樂)을 연주하는 것과 같으니, 이미 희롱한 것이 아니겠는가?'라고 말한 바 있다. 그래서 나는 상여의 말 중에서 논할 만한 것을 가려내어 이 편(-「사마상여열전」)에 드러내었다."[5]

1) 【집해(集解)】 위소(韋昭)가 말했다. "드러난 일[見事]을 미뤄 헤아려서[推] 숨겨진 뜻이나 피하는바[隱諱]에 이르는 것이니, 예를 들면 진나라 문공[晉文]이 천자를 불렀을 때[제후가 천자를 불렀으니 이는 예가 아니다.] 경(經-『춘추(春秋)』)에서는 '하양(河陽)을 순수(巡狩)했다[狩河陽]'라고 기록한 것 등이 그런 부류다."

2) 【집해(集解)】 위소(韋昭)가 말했다. "『주역(周易)』은 숨어 있고 아주 미미하며 아득한 것[隱微妙]들을 바탕으로 해서 사람들에게 일을 마침내 현저하게 드러내어 보여준다."[이런 점에서 『춘추(春秋)』와 『주역(周易)』은 그 방향이 서로 반대다.]

3) 위소(韋昭)가 말했다. "먼저 왕이나 공, 대인의 다움을 말하고 그 후에 일반 백성에게 그 다움이 미치게 했다."

4) 위소(韋昭)가 말했다. "「소아」에 나오는 사람들의 뜻은 좁고 작으니[狹小], 먼저 자기 자신의 근심과 고통[憂苦]을 말하게 한 다음 영향이 위에서 정치하는 사람들의 얻고 잃음에 미치도록 했다."

5) 상여가 마구 허탄한 말들을 했지만[相如縱誕]/몰래 탁씨를 의지처로 삼았다네[竊貲卓氏]/그 학문은 일정한 방향 없었지만[其學無方]/그 재주 족히 의지할 만했도다[其才足倚]/자허부가 꾸짖는 바 지나친 점이 있다지만[子虛過侘]/상림원 사치 비꼬았도다[上林非侈]/말 4마리 타고 공으로 돌아가[駟馬還邛]/백금을 그곳 관리들에게 선물로 주었다네[百金獻伎]/애석하도다! 봉선을 주창함이여[惜哉封禪]/남긴 글들이 서글플 뿐이로다[遺文悼爾]!

권118

회남형산열전(淮南衡山列傳) 제58

권118 회남형산열전(淮南衡山列傳) 제58

회남 여왕(淮南厲王) 장(長)은 고조(高祖-유방)의 막내아들[少子=末子]로, 어머니는 본래 조왕(趙王) 장오(張敖)[1]의 (후궁인) 미인(美人)이었다. 고조(高祖) 8년에 (고제가) 동원(東垣)에서 돌아오는 길에 조(趙)나라를 지나갈 때[2] 조왕은 자신의 미인을 고조에게 바쳤다. 여왕의 어머니는 총애를 받아 임신을 했다[有身]. 조왕 오는 감히 다시는 그녀를 자기 궁에 들이지 못하고 별도로 궁실을 지어 거기에 머물게 했다.

1) 고제의 사위로 본래 전한의 제후국 조나라의 왕이었으나 부하의 황제 암살 혐의로 왕위를 잃고 고제의 공신 제3위로 격하되었다.

2) 【정의(正義)】 조(趙)는 장이(張耳)가 도읍했던 곳으로, 지금의 형주(邢州)다.

관고(貫高) 등이 반란을 꾀해 박인(柏人)에서 고조를 죽이려 한 일이 발각되었을 때, 아울러 왕도 함께 붙잡아 다스리면서 왕의 어머니, 형제, 미인들을 모두 붙잡아 하내(河內)(의 감옥)에 가두었다. 여왕의 어머니는 자신도 연루되자 옥리에게 이렇게 말했다.

"상의 총애를 입어 임신 중입니다."

옥리가 이를 보고했으나 상(上)은 바야흐로 조왕(의 반란 사건)에 화가 나 있던 터라 여왕 어머니의 일을 제대로 처리하지 않았다[未理]. 여왕 어머니의 동생 조겸(趙兼)은 벽양후(辟陽侯-심이기)를 통해 여후(呂后)에게 말해줄 것을 청했으나 여후가 질투해[妒] 기꺼이 (고조에게) 말해주려 하지 않았고,

벽양후도 힘써 말하지 않았다. 여왕의 어머니는 이미 여왕을 낳고 나서는 원한에 사무쳐[恚] 곧바로 자살했다. 옥리가 여왕을 받들어 상에게 찾아가니 상은 (그 어머니를 챙기지 못한 것을) 후회하며 여후에게 아이를 기르게 한[母=養育] 뒤 여왕의 어머니는 (대(代)) 진정(眞定)에 묻어주었다. 진정은 여왕 어머니의 집안이 있는 곳으로 아버지 조상 대대로 살던 현(縣)이다.

고조 11년 10월에 회남왕 경포(黥布)가 반란을 일으키자, 아들 장(長)을 세워 회남왕으로 삼고 경포의 옛 땅에서 왕 노릇하게 했는데, 모두 4개 군(郡)[1)]이었다. 상이 몸소 병사들을 이끌고 포를 쳤고, 여왕은 드디어 자리에 나아갔다. 여왕은 일찍 어머니를 잃은 뒤로 늘 여후에게 의지했기 때문에 효혜(孝惠), 여후의 때는 총애를 얻어 아무런 환해(患害)가 없었지만 그러나 늘 마음속으로 벽양후에 대한 원망을 품고 있으면서도 감히 함부로 드러내지는 않았다.

효문제(孝文帝)가 자리에 나아간 초기에 회남왕은 자신이 가장 가까운 지친(至親)이라고 여겨서 교만하게 거드름을 피웠고[驕蹇] 자주 나라의 법을 받들지 않았다. 상은 혈친이라는 이유로 언제나 그를 너그럽게 용서해주었다.

1) 【집해(集解)】 서광(徐廣)이 말했다. "구강(九江)·여강(廬江)·형산(衡山)·예장(豫章)이다."

효문제 3년에 여왕이 입조했는데, 횡포가 너무 심했다[甚橫]. 상을 따라 원유(苑囿)에 들어가 사냥할 때 상과 나란히 수레를 탔고 늘 상에게 "큰형님[大兄]"이라고 불렀다. 여왕은 재주와 힘이 있었으니, 그의 힘은 능히 쇠솥[鼎]을 두 손으로 들어 올릴[扛] 정도였고 마침내 벽양후를 찾아가서 만나줄 것을 청하자 벽양후가 만나러 나왔는데, 곧바로 소매 속에서 철퇴를 꺼내 벽양후를 내려친 뒤 수행하던 위경(魏敬)을 시켜 그의 목을 베게 했다. 여왕은 마침내 대궐 아래로 달려가서 웃옷을 벗고[肉袒] 사죄하며 말했다.

"신의 모친은 마땅히 조왕의 사건에 연루되지 않았는데, 그때 벽양후가 여후의 총애를 받고 있어 얼마든지 힘을 써줄 수 있었건만 간쟁하지 않은 것이 첫 번째 죄입니다. 조왕 여의(如意) 모자는 죄가 없는데 여후가 그들을 죽였건만 벽양후가 간쟁하지 않은 것이 두 번째 죄입니다. 여후가 여러 여씨(呂氏)를 왕으로 봉해 유씨(劉氏)들 위태롭게 했건만 벽양후가 간쟁하지 않은 것이 세 번째 죄입니다.

신이 삼가 천하를 위해서 적신(賊臣) 벽양후를 주살해 모친의 원수를 갚았으니, 삼가 대궐 아래에 엎드려 죄를 청합니다."

효문이 그의 뜻을 가엾게 여기고 형제간이라는 이유로 여왕을 처벌하지 않고 용서했다. 당시 박태후(薄太后)와 태자(太子), 대신들이 모두 여왕을 기피하니 여왕은 이리하여 봉국으로 돌아갔는데 교만과 방자함이 더욱 심해져서 한나라의 법을 쓰지 않았고 들고날 때는 경필(警蹕)[1]을 행했으며 스스로 황제임을 칭하면서[稱制] 독자적으로 법령을 만들고 모든 것을 천자에 준하게 했다[擬=對等].

---

1) 황제가 거동할 때 백성 통행을 막는 것인데, 황제가 나갈 때는 경(警), 들어올 때는 필(蹕) 한다고 했다.

(효문제) 6년에 남자(男子)[1] 단(但) 등 70명을 시켜 극포후(棘蒲侯) 시무(柴武)의 태자 기(奇)와 공모해서 큰 수레 40승(乘)으로써 곡구(谷口)[2]에서 반란을 일으키게 하고는 민월(閩越)과 흉노(匈奴)에 사자를 보냈다. 이 일이 발각되자 상이 그 사건을 처리하기 위해 사자를 보내 회남왕을 부르니, 회남왕이 장안(長安)에 이르렀다.

(대신들이 아뢰었다.)

1) 작위나 관직이 없는 성년 남성을 가리킨다.
2) 【집해(集解)】『한서음의(漢書音義)』에서 말했다. "곡구는 장안의 북쪽에 있는 옛 현이다. 지역이 험준하다."

"승상(丞相) 신(臣) 장창(張倉), 전객(典客) 신 풍경(馮敬), 행 어사대부사(行御史大夫事) 종정(宗正) 신 일(逸), 정위(廷尉) 신 하(賀), 비도적 중위(備盜賊中尉) 신 복(福)은 죽음을 무릅쓰고 아뢰옵니다[昧死].

회남왕 장(長)은 선제(先帝)께서 세운 법을 폐하고 천자의 조칙을 받들지 않으며, 거처하는 궁궐에 법도가 없고 (황제만 사용하는) 황색 비단으로 치장한 덮개 수레로 출입하면서 황제처럼 행세하고 있으며[擬], 법령을 제멋대로 제정하고 한나라의 법을 시행하지 않고 있습니다. 또한 관리를 두는 일에 이르러서는 자신의 낭중(郎中) 춘(春)을 승상으로 삼고서 한나라와 제후국의 사람 중에 죄가 있어 도망한 자들을 모아 거둬 숨겨주고 살게 했으며, 그들을 위해 재물·작위·봉록·전지(田地)·저택을 내려주었는데 어떤 이는 작위가 관내후(關內侯)까지 이르고 2,000석 관리의 봉록을 받는 자도 있으니 이는 마땅히 그렇게 해서는 안 되는 것인데도 감히 그렇게 한 것을 보면 뭔가를 하고자[有爲] 하는 것입니다.

대부(大夫) 단(但), 사오(士伍) 개장(開章) 등 70명은 극포후의 태자 시기(柴奇)와 함께 모반해[1] 종묘와 사직을 위태롭게 하려고 했습니다. 그들은 개장을 몰래 유장에게 보내 민월과 흉노로 하여금 군사를 동원하게 하려고 했습니다. 개장이 회남국에 가서 유장을 만났을 때 유장은 개장과 여러 차례 함께 앉아 이야기를 나누고 음식을 같이 먹었으며, 또 그를 위해 집을 마련해주고 아내를 얻어주면서 2,000석으로 대우했습니다. 개장은 단에게 사람을 보내 이미 회남왕에게 고했다고 말했고, 승상 춘 또한 사자를 보내 그런 사실을 단 등에게 알려주었습니다. 관리가 일을 알아차리고 장안위(長安尉) 기(奇) 등을 시켜 개장을 잡게 했습니다. (그러나) 장은 그를 숨겨두고 내어주지 않았으며, 예전에 중위(中尉)였던 간기(蕑忌)와 모의해서 개장을 죽여 입을 틀어막았습니다. 그러고는 관곽(棺槨)과 옷을 갖춰 비릉읍(肥陵邑)에 장사 지낸 뒤 한나라 관리에게는 '어디에 있는지 모른다'라고 속이고서, 다시 거짓으로[佯=陽] 흙을 쌓아 묘를 만들고는 그 위에 '개장이 죽어 이곳에 묻히다'라는 팻말을 세웠습니다. 장은 그 자신이 죄 없는 한 사람을 죽이고 관리를 시켜 죄 없는 여섯 사람을 논죄해 죽게 했으며, 기시(棄市)해야 할 죄인을 숨겨주기 위해 죄를 짓지도 않은 자를 거짓으로 붙잡아 처벌하고 그 죄인의 죄는 면해주었습니다.

1) 【집해(集解)】 서광(徐廣)이 말했다. "극포후 시무(柴武)는 문제 후 원년에 졸했고, 시호는 강(剛)이다. 아들 기가 반란을 일으켜 후의 작위는 이어지지 못했고, 나라는 없어졌다."

(장이) 제멋대로 사람에게 죄주니 어디에도 호소하지 못한 채 성단용(城旦春)1) 이상의 죄로 판결 난 자가 14명, 멋대로 사면한 죄인 중 죽을죄를 지은 사람이 18명, 성단용 이하가 58명이었습니다. 또 마음대로 작위를 내려준 사람들 가운데 관내후 이하가 94명이었습니다. 예전에 장이 병이 났을 때 폐하께서 진심으로 걱정하시어 사자를 보내 친서와 대추·육포를 내려주셨습니다. 장은 하사품을 받으려 하지 않았고 사자를 기꺼이 만나려고도 하지 않았습니다. 또 남해(南海)에 사는 백성으로서 여강(廬江) 경내에 있는 자들이 반란을 일으키자, 회남의 관리와 병사들이 그들을 쳤습니다. 폐하께서는 회남 백성이 가난으로 힘들어한다고 여겨서 장에게 사자를 보내 비단 5,000필을 내리시면서 관리와 병사 중 노고가 많은 자에게 주도록 하셨습니다. (그러나) 장은 하사품을 받으려고 하지도 않았고, 도리어 '아무도

고생한 이가 없다'라고 거짓말을 했습니다. 남해(南海) 백성 왕직(王織)이라는 사람이 글을 올려 황제에게 벽옥을 바치려고 하자 간기(蘭忌)가 제멋대로 그 글을 불태워 없애고 제대로 보고하지도 않았습니다. 이에 관리가 간기를 다스리고자 그를 소환할 것을 청했으나 장은 그를 보내지 않으면서 거짓으로 '간기는 와병 중'이라고 둘러댔습니다. 또 승상 춘이 장에게 한나라 조정에 입조하고 싶다고 청하자, 장은 화를 내면서 '너는 나를 떠나 한나라에 붙고 싶어 하는구나'라고 말했습니다. 장은 기시(棄市)에 해당하니[當], 신들이 법대로 논죄할[論] 것을 청합니다."

1) 매일 아침 일찍 일어나서 성(城)을 쌓는 형벌과 절구질하는 형벌이다. 또는 그 형벌을 지고 있는 죄수를 가리킨다. 성을 쌓는 형벌은 남자들에게, 절구질하는 형벌은 여자들에게 부과되었다.

제(制)해 말했다.

"짐은 차마 왕을 법으로 다스릴[致法] 수 없으니, 이에[其] 열후(列侯), 2,000석 관리들과 함께 토의하도록 하라[議]!"

(이에 다시 아뢰었다.)

"신(臣) 창(倉), 신 경(敬), 신 일(逸), 신 복(福), 신 하(賀)는 죽음을 무릅쓰고 아뢰옵니다. 신들이 삼가 열후와 2,000석 관리 신 영(嬰) 등 43명과 함께 토의했는데, 모두 '장은 법도를 받들지 않고 천자의 조서를 따르지 않다가 마침내 은밀히 도당과 모반자들을 불러 모으고 망명자들을 두텁게 대우해 반란을 일으키려 한다'라고 말했습니다. 신 등은 마땅히 법대로 논죄해야 한다고 의견을 모았습니다."

제해 말했다.

"짐은 차마 왕을 법으로 다스릴 수 없으니, 이에 장의 죽을죄를 면해주고 왕위를 폐하라!"

(다시 아뢰었다.)

"신(臣) 창(倉) 등은 죽음을 무릅쓰고 아뢰옵니다. 유장이 큰 죽을죄를 지었는데도 폐하께서는 차마 법대로 다스리지 못하시고 다행히 그를 사면해 왕위만 폐하도록 하셨습니다.

신 등이 청컨대, 그를 촉군(蜀郡) 엄도(嚴道-현)[1]의 공우(邛郵)에 두고 아들을 낳은 희첩들을 함께 딸려 보내 살게 하며, 현에서는 그들을 위한 집을 새로 장만해서 그들 모두에게 양식을 비롯한 땔나무, 채소·소금·된장, 취사도구와 잠자는 자리를 주게 하십시오. 신 등이 죽음을 무릅쓰고 청하오니, 이 일을 천하에 널리 알리소서!"

1) 【색은(索隱)】 현(縣) 중에서 오랑캐 지역을 도(道)라고 했다.

제해 말했다.

"장에게 먹을 것으로는 하루에 고기 5근, 술 2말을 주도록 하라! 그리고 예전의 미인, 재인(材人) 등 그가 총애하는 10명을 따라가서 살게 하라. 그 밖의 것은 건의한 대로 하라."

왕과 함께 반란을 모의했던 자들은 모두 주살했다. 이에 마침내 회남왕을 보냈는데, 덮개가 있는 수레[輜車]에 태우고 현마다 차례로 호송케 했다.

이때 원앙(袁盎)이 상에게 간언해 말했다.

"상께서 평소에 회남왕이 교만한데도 내버려두고 곁에 엄한 승상과 사부를 두지 않았기 때문에 이 지경에 이르게 된 것입니다. 또 회남왕은 사람됨이 강한데[剛=彊] 지금에 와서는 갑자기[暴=猝] 그를 꺾어버렸으니, 신은 회남왕이 안개와 이슬을 만나 길에서 죽을까 두렵습니다. (그랬다가는) 폐하께서 아우를 죽였다는 이름을 얻게 될 것이니 어찌하시겠습니까?"

상이 말했다.

"나는 다만[特] 그를 좀 고생시키고자 할 뿐이고, 이제 그를 회복해주려 한다."

현들에서 회남왕을 전달하는 일을 맡은 관리들은 모두 감히 수레 포장을 열어보지 못했다.

(그러나) 회남왕은 자신을 모시는 자들에게 말했다.

"누가 마침내 나를 용감한 사람이라고 했는가? 내가 어떻게 용감한 사람이 될 수 있는가? 나는 교만해서 내 허물을 듣지 않으려다가 이 지경에 이르렀다. 사람이 일생 어떻게 이처럼 걱정만 하면서[읍읍읍읍=悒悒] 지낼 수 있으랴!"

마침내 음식을 먹지 않다가 죽었다. 옹(雍)[1]에 이르러 옹현 현령이 봉한 문을 열었다가 그 안에 죽어 있는 것을 발견해 바로 보고했다. 상이 이 소식을 듣고는 슬프게 곡한 다음 원앙에게 일러 말했다.

"내가 공의 말을 듣지 않아 결국 회남왕을 죽게 했도다."

앙(盎)이 말했다.

"회남왕의 일은 어쩔 수 없는 것이었습니다. 바라건대 폐하께서는 스스로에 대해 너그러운 마음을 가지십시오[自寬]!"

상이 말했다.

"장차 어떻게 하면 되겠는가?"

앙이 말했다.

"오로지 승상과 어사의 목을 베어 천하에 용서를 비는 것이 좋을 것입니다."[2]

상이 즉각 승상과 어사, 여러 현에서 회남왕을 이송할 때 수레 포장을 열어 음식을 제공하지 않은 자들을 모두 잡아들여 기시하도록 명했다. 마침내 회남왕을 (복위시켜) 열후(列侯)의 예법으로 옹에 안장하고 무덤을 지키는 30호를 두었다.

1) 【정의(正義)】 지금의 기주(岐州) 옹현(雍縣)이다.
2) 【색은(索隱)】 살펴보건대, 유씨(劉氏)가 말했다. "원앙의 이 말 또한 큰 잘못이다."

효문(孝文) 8년에 상이 회남왕을 가엾게 여겨서 나이 7~8세에 불과한 왕의 아들 4명을 마침내 모두 후로 봉해주었으니, 아들 안(安)을 부릉후(阜陵侯), 아들 발(勃)을 안양후(安陽侯), 아들 사(賜)를 주양후(周陽侯), 아들 량(良)을 동성후(東城侯)로 삼았다.

효문 12년에 백성 사이에서 누가 회남여왕을 위해 이런 노래를 지어 불렀다.

"베 한 자라도 꿰매어 함께 입을 수 있고
곡식 한 말이라도 찧어 나눌 수 있건만
형제 두 사람은 서로를 용납하지 못했다네."

상이 이를 듣고는 마침내 탄식하며 말했다.
"옛날에 요순(堯舜) 두 임금도 골육(인 아들)을 내쫓았고 주공(周公)은 동생 관숙(管叔)과 채숙(蔡叔)을 죽였음에도 천하는 그들을 빼어나다[聖]고 칭송하니, 이는 사(私)를 위해 공(公)을 해친 것이 아니기 때문이다. 그런데 천하는 어찌 내가 회남왕의 땅을 탐냈다고 하는가?"
마침내 성양왕(城陽王)을 옮겨 회남 옛 땅의 왕으로 삼은 뒤 죽은 회남왕을 추존해 여왕(厲王)이라는 시호를 내리고 능원을 조성해 제후의 의례를 따르도록 했다.

효문 16년에 회남왕 희(喜)[1]를 옮겨 다시 옛 성양왕으로 삼았다. 상은 회남 여왕이 한나라 법을 내팽개치고 불궤(不軌-반역)를 저지르다가 스스로 나라를 잃고 일찍 죽은 것을 가슴 아파해, 마침내 그의 세 아들을 왕으로 세웠다. 부릉후(阜陵侯) 안(安)을 회남왕(淮南王), 안양후(安陽侯) 발(勃)을 형산왕(衡山王), 주양후(周陽侯) 사(賜)를 여강왕(廬江王)으로 삼았으니, 세 사람은 여왕 때의 봉지 모두를 삼등분해 나눠 가졌다. 동성후(東城侯) 량(良)은 그전에 훙(薨)한 데다가 후사가 없었(기 때문에 왕이 되지 못했)다.

1) 【색은(索隱)】 옛 성양경왕(城陽景王)의 아들이다.

효경(孝景) 3년에 오초(吳楚) 등 7국이 반란을 일으켰을 때 오나라 사자가 회남에 이르자 회남왕은 군사를 일으켜 호응하려고 했다. 회남왕의 승상[1]이 말했다.

"대왕께서 반드시 군사를 일으켜 오나라와 호응하시고 싶으시다면, 바라건대 신을 장수로 삼아주십시오."

왕이 마침내 병권을 승상에게 맡겼다[屬=委]. 승상은 일단 군사를 이끌게 되자 그 참에 성을 지키면서 왕의 명을 따르지 않고 한나라 편을 들었다. 한나라도 곡성후(曲城侯)[2]로 하여금 군사를 이끌고 가서 회남을 구원하도록 했다. 회남은 이 때문에 나라를 보존할 수 있었다. 오나라 사자가 여강에도 이르렀으나 여강왕은 호응하지 않고 월(越)나라와 사자만 왕래했고, (또) 오나라 사자가 형산에도 이르렀으나 형산왕은 성을 굳게 지키면서 두 마음을 품지 않았다[無二心].

1) 장석지(張釋之)다.

2) 【집해(集解)】 서광(徐廣)이 말했다. "곡성후는 성이 충(蟲)이고 이름이 첩(捷)인데, 아버지는 이름이 봉(逢)이고 고조의 공신이었다."

효경 4년에 오나라와 초나라가 이미 격파되고 나자, 형산왕이 조회했는데, 상은 그가 반듯하고 믿음이 있다[貞信]고 여겨 마침내 그의 노고를 위로해 말했다.

"남방은 지대가 낮고 습하다."

형산왕을 옮겨 제북왕(濟北王)으로 삼았으니, 이는 그를 포상한 것이었다. 훙(薨)하자 드디어 시호를 내려 정왕(貞王)이라고 했다. 여강왕은 월나라와 국경을 접하고 있어 여러 차례에 걸쳐 사신을 보내 서로 통교했기 때문에 그를 옮겨 형산왕으로 삼아 강북(江北)에서 왕 노릇하게 했다. 회남왕은 그대로 두었다.

회남왕 안(安)은 사람됨이 책 읽기나 거문고 타기를 좋아했고 활 쏘며 사냥하거나 개 경주를 하거나 말 달리는 것[馳騁]을 즐겨하지 않았고 백성에게 음덕(陰德)을 베풀어 어루만져주고 위로해[拊循] 천하에 명예를 널리 퍼뜨리고 싶어 했다.

항상 여왕의 죽음을 원망하다가 때를 살펴[時] 반역을 일으키려고 했지만 아직은 그럴 기회가 없었다.

건원(建元) 2년에 이르러 회남왕이 입조했다. 평소 무안후(武安侯)[1]와 가깝게 지냈는데, 무안후가 이때 태위(太尉)로 있었기에 마침내 패상(覇上)에서 왕을 맞이해 왕과 더불어 이런 이야기를 나누었다.

"바야흐로 지금 상에게는 태자가 없는데, 왕께서는 고황제의 친손(親孫)으로 어짊과 마땅함[仁義]을 행하시어 천하에 모르는 사람이 없습니다. 만일[卽] 궁거(宮車)가 하루아침에 안가(晏駕)하게 된다면[2] 왕이 아니고서 마땅히 누가 세워질 수 있겠습니까!"

회남왕이 크게 기뻐하며 무안후에게 황금과 재물을 두텁게 보내주었다. 은밀히 빈객들과 결탁하면서[3] 백성을 어루만지며 반역의 일을 꾀했다.

1） 안사고(顔師古)가 말했다. "전분(田蚡)이다."

2） 안가(晏駕)는 수레가 천천히 간다는 말로, 황제가 세상을 뜨는 것을 우회적으로 표현한 것이다.

3） 【색은(索隱)】 『회남요략(淮南要略)』에 이르기를, "안(安)이 기른 장부와 선비 수천 명 가운데 재주가 뛰어난 8명이 있었으니, 소비(蘇非)·이상(李尚)·좌오(左吳)·진유(陳由)·오피(伍被)·모주(毛周)·뇌피(雷被)·진창(晉昌)이 그들이다. 이들을 팔공(八公)이라고 불렀다"라고 했다.

건원(建元) 6년에 혜성이 나타나자, 회남왕이 마음속으로 괴이하게 여겼다. 어떤 사람이 왕에게 유세해 말했다.

"이전에 오나라 군사가 일어났을 때 혜성이 나타났는데, 그 길이가 몇 자에 불과했지만, 오히려 싸움으로 희생된 자의 피가 1,000리나 흘렀습니다. (그런데) 지금은 혜성의 길이가 하늘을 가로지르므로[竟=經] 천하의 군사들이 마땅히 크게 일어날 것입니다."

왕이 내심 상에게는 태자가 없으므로 천하에 변고가 있게 되면 제후들이 서로 다투게 될 것이라고 여겼기에, 무기와 전쟁에 필요한 것들을 제작하고 손질하는 데 더욱더 힘쓰면서 돈을 모아서 군(郡), 국(國) 제후들의 유세객과 기이한 재능을 가진 장부들을 매수하려 했다. 이에 여러 변사와 방략을 가진 자들이 함부로 요사스러운 말을 지어내 왕에게 알랑거리며 아첨하니[諂諛] 왕이 기뻐하면서 그들에게도 많은 금전을 내려주었고 이리하여 모반은 점점 심해져갔다.

회남왕은 릉(陵)이라는 딸이 있었는데, 지혜롭고 말재간[口=口辯]이 있었다. 왕은 릉을 아껴 늘 돈을 많이 주어 장안(長安)에 기거하면서 궁궐 주변을 염탐하며[調=偵]¹⁾ 상의 좌우 측근들과 친교를 맺게 했다.

1） 【집해(集解)】 서광(徐廣)이 말했다. "형(調)은 염탐하고 사찰하며 정보를 수집한

다는 말이다. 안평후(安平侯) 악천추(鄂千秋)의 현손 백(伯)이 회남왕의 딸 릉과 통하다가 도중에 끊어졌는데, 다시 회남왕에게 편지를 보내 칭신(稱臣)하며 온 힘을 다하겠다고 말했다가 기시되었다.”

원삭(元朔) 3년에 상은 회남왕에게 궤장(几杖-안석과 지팡이)을 내리면서 더는 입조하지 않아도 된다는 특전을 주었다. (회남왕의) 왕후 도(荼)가 왕의 사랑과 총애를 받아서 태자 천(遷)을 낳았는데, 천은 황태후(皇太后-무제의 어머니) 왕씨(王氏)의 외손 수성군(脩成君)의 딸[1]을 태자비(太子妃)로 삼았다. 왕은 반란을 준비해온 일을 태자비가 알게 되어 안에서 일이 샐까 두려워서, 마침내 태자와 모의해 거짓으로 그녀를 사랑하지 않는 척하며 석 달 동안 잠자리를 같이하지[同席] 않게 했다. 왕이 마침내 겉으로[詳=陽] 태자에게 화가 난 척하며 그를 가두고 강제로 태자비와 함께 한방에서 석 달을 지내게 했으나 태자는 끝까지 태자비를 가까이하지 않았다. (이에) 태자비가 친정으로 돌아갈 것을 청하니 왕은 마침내 글을 올려 사죄하고 돌려보냈다. (이렇게 되자) 왕후 도, 태자 천, 딸 릉은 왕의 사랑과 총애를 얻어 나라의 권력을 제멋대로 휘두르면서[擅] 백성의 밭과 집을 침탈하고 사람들을 함부로 잡아[2] 감옥에 가두었다.

1) 【집해(集解)】 응소(應劭)가 말했다. 왕태후의 먼젓번 적자 김씨(金氏)의 딸이다.
2) 【집해(集解)】 서광(徐廣)이 말했다. “판본에 따라 ‘마구 두들겨 팼다’라고 되어 있다.”

원삭(元朔) 5년에 태자는 검술을 배우고 나자 스스로 어느 누구도 자기에게 미칠 자가 없다고 여겼는데, 낭중(郎中) 뇌피(雷被)가 검술에 뛰어나다[巧][1]는 소문을 듣고는 마침내 불러서 겨뤘다[與戲]. 피(被)가 한두 차례 사양하다가 잘못해서 태자를 찔렀으니[中], 태자가 화를 내자 피는 두려웠다.

이때는 종군을 지원하는 자가 있으면 바로 경사(京師-장안)로 갈 수 있었는데, 피는 곧바로 종군을 지원해 흉노와 싸워서 물리치기를 바랐다. 태자 천이 여러 차례 왕에게 피에 대한 악담을 하자 왕은 낭중령(郎中令)으로 하여금 피를 파면케 했는데, 이는 뒷사람들이 감히 피를 본받지 못하게 하기 위함이었다[禁後].

1) 【색은(索隱)】 살펴보건대, 교(巧)란 검술을 잘한다는 말이다.

피가 마침내 장안으로 도망쳐서 글을 올려 자기 입장을 밝히자, 상이 조(詔)해 이 일을 정위(廷尉)와 하남(河南)에 내려보냈다[1]. 하남에서 조사를 하며 회남 태자를 부르자 왕과 왕후는 태자를 보내고 싶지 않았기에 드디어 군대를 이끌고 반란을 일으키기로 했지만, 그러나 계획을 머뭇거리느라[猶豫] 10여 일이 지나도 정하지 못했다. 마침, 조서가 내려오니 가서[卽=就] 태자를 심문하게 되었다[2]. 당시 회남의 재상은 수춘(壽春)의 승(丞)이 태자를 보내지 않고 머물러 두게 한 것에 노해[3] 승을 불경죄로 탄핵했다. 왕이 재상에게 선처를 부탁했으나 재상이 듣지 않자, 왕은 사람을 시켜 글을 올려서 재상을 고발했다. (상이) 그 일을 정위에 내려보내 처리하게 했는데, 일을 추적해보니[蹤跡] 왕까지 연루되어 있었다. 왕이 사람을 시켜 한나라 공경들의 동향을 살펴본즉[候伺] 공경들은 왕을 체포해 다스릴 것을 청했고, 왕은 일이 발각될까 두려웠다.

(이때) 태자 천이 모책을 내어 말했다.

1) 【색은(索隱)】 정위와 하남군이 공동으로 처리하게 한 것이다.

2) 【색은(索隱)】 하남에는 가지 않아도 되었다.

3) 【집해(集解)】 여순(如淳)이 말했다. "승(丞)은 형옥과 죄수들을 주관한다. 승은 왕의 뜻에 따라 태자를 보내지 않으면서 (태자가) 머무르는 이유를 글로써만 밝

했다."

"한나라 사자가 와서 왕을 체포하려고 할 때 왕께서는 사람을 시켜 위사(衛士)의 옷을 입고서 창을 들고 어전을 지키고 있다가 왕 주변에서 시비가 생기면 그를 찔러 죽게 하십시오.

신 또한 사람을 시켜 회남 중위(淮南中尉)를 찔러 죽인 뒤에 마침내 군사를 일으켜도 늦지 않을 것입니다."

이때 상은 공경들의 청을 허락하지 않고 한나라 중위 굉(宏)[1]을 보내 가서 왕을 심문하게 했다. 왕은 한나라 사신이 온다는 소식을 듣고는 곧바로 태자의 모책에 따라 손을 써두었다. 한나라 중위가 도착했는데, 중위의 안색이 온화한 데다가 심문하는 것도 뇌피를 내친 일만 물을 뿐이었고 이에 왕은 스스로 아무런 처벌을 받지 않겠다고 여겨서 군사를 발동하지 않았다. 중위가 돌아가서 이 사실을 보고하자, 공경 중에서 왕을 치죄할 것을 주장하던 이들이 말했다.

"회남왕 안은 흉노를 힘써 물리치기 위해 종군하려는 뇌피 같은 사람들을 가로막아[廢格][2] 밝은 조서가 제대로 실시되지 못하게 했으니, 그 죄는 기시(棄市)에 해당합니다."

조서를 내려 불허했다. 공경들이 왕을 폐위시켜야 한다고 청했으나 (다시) 조서를 내려 불허했고, 공경들이 5개 현을 깎아낼 것을 청하자, 조서를 내려 2개 현만 깎았다.

---

1) 【색은(索隱)】 살펴보건대, 「백관표(百官表)」에 이르기를 성이 은(殷)이라고 했다.

2) 【색은(索隱)】 최호(崔浩)가 말했다. "조서를 내려 흉노를 칠 사람들을 모집할 때 사람들의 응모를 가로막는 것을 한나라 법률에서는 폐격(廢格)이라고 했다."

(상이) 중위 굉(宏)을 시켜 회남왕의 죄를 사면하고 봉지를 깎아내는 처

벌을 내리니, 중위는 회남의 경계 안으로 들어가 왕을 사면한다고 선포했다. 왕은 애초에 한나라 공경들이 자신을 주살할 것을 청했다는 소식만 듣고 봉지를 깎아낸다는 것은 알지 못했기에, 한나라 사자가 온다는 소식을 듣고는 자기를 체포할까 두려워서 마침내 예전에 태자와 모의했던 바대로 사자를 찔러 죽이려고 했다. (그런데) 중위가 도착하자마자 바로 왕에게 축하를 하자 왕은 그 때문에 군사를 일으키지 않았다. 그 후에 스스로 애통해하며 말했다.

"내가 어짊과 마땅함[仁義]을 행하다가 봉지가 깎였으니[見削], 참으로 부끄럽도다!".

그러나 회남왕은 봉지가 깎인 후에도 반란을 도모하려는 시도가 점점 더 심해졌다. 많은 사자가 장안으로부터 와서 언로를 통해 터무니없는 요언들을 해댔는데, 상에게는 아들이 없고 한나라는 제대로 다스려지지 않고 있다고 말하면 곧바로[卽] 기뻐했고 만일[卽] 한나라 조정이 잘 다스려지고 있고 (뒤를 이을) 아들이 있다고 하면 화를 내면서 망언일 뿐이라고 비판했다.

왕은 밤낮없이 오피(伍被)[1], 좌오(左吳) 등과 더불어 여지도(輿地圖)[2]를 검토하면서 각 부서의 군사들이 어디를 통해 (한나라로) 진입할 것인가를 궁리했다.

왕이 말했다.

"상께는 태자가 없으시니, 만약 궁거(宮車)가 갑자기[卽] 안가(晏駕)하시게 되면 조정 신하[廷臣]들은 반드시 교동왕(膠東王)을 부르든가 그렇지 않으면[不卽] 상산왕(常山王)을 부를 것이며[3] 제후들도 서로 다투게 될 것이다. 내가 준비하지 않을 수 있겠는가! 또한 나는 고조의 손자로서 몸소 어짊과 마땅함을 행했고 폐하께서 나를 대우하시는 것이 두터웠기 때문에 지금까지 얼마든지 참을 수 있었지만, 그러나 만세(萬世)의 뒤에[4] 내가 어찌 북면(北面)하는 신하가 되어 풋내기 어린것[豎子]들을 임금으로 섬길 수 있겠는가!"

1) 【집해(集解)】『한서(漢書)』에서 말했다. "오피는 초나라 사람이다. 혹자는 선조가 오자서(伍子胥)로서 후손이라고도 말한다."

2) 【집해(集解)】 소림(蘇林)이 말했다. "여(輿)란 지도 안에 남김없이 실었다[載]는 뜻이다."

3) 【집해(集解)】 서광(徐廣)이 말했다. "두 사람 모두 경제의 아들이다."

4) 앞서 나온 '궁거(宮車)가 갑자기 안가(晏駕)하시게 되면'이라는 표현과 마찬가지로 '황제가 죽으면'이라는 표현을 에둘러서 한 것이다.

왕은 동궁(東宮)에 앉아서 오피를 불러 함께 모의하며 말했다.

"장군은 (당으로) 오르라!"

피가 어찌할 바를 몰라 하며[悵然=愴然] 말했다.

"상께서 대왕을 너그럽게 용서하셨는데, 왕께서는 다시 어찌 나라를 망하게 할 이런 말씀을 하십니까! 신이 듣건대 자서(子胥-오자서)는 오왕(吳王)에게 간언했으나 오왕이 그 말을 쓰지 않자 마침내 말하기를 '신(臣)은 이제 미록(麋鹿-사슴류)들이 (황폐해진) 고소대(姑蘇臺)에서 노니는 것을 보게 될 것입니다'라고 했다고 하는데, 이제 신은 (회남국) 궁궐 안뜰에서 가시나무가 자라고 이슬에 옷이 젖는 것을[露衣] 보게 될 것입니다."

왕이 노해 오피의 부모를 잡아 오게 해서 석 달 동안을 가둬두었다가 다시 불러서 말했다.

"장군은 과인의 청을 받아들이겠는가?"

피가 말했다.

"못합니다. 다만[直] 신이 온 것은 대왕을 위한 계책이 있어서일 뿐입니다. 신이 듣건대 귀 밝은 자[聰者]는 소리가 없는 데서도 듣고 눈 밝은 자

[明者]는 아직 형체를 이루기 전에도 본다고 했으니¹⁾, 그래서 빼어난 이 [聖人]는 모든 일에 만전(萬全)을 기하는 것입니다.

　옛날에 (주나라) 문왕(文王)은 딱 한 번 움직여서[一動] 공업이 천세(千世)에 드리워져 빛났고 반열에 올라 삼대(三代)가 되었으니²⁾, 이것은 이른바 천심(天心)을 따라 움직이자, 해내(海內) 사람들이 서로 미리 기약하지 않고도 모두가 그를 따랐던 것입니다. 이는 1,000년 전의 일이지만 살펴볼 만합니다. (또한) 무릇 100년 전의 진(秦)나라나 근래의 오나라, 초나라에서도 족히 국가의 존망(의 까닭)을 깨우칠 수 있습니다. 신도 감히 자서와 같은 주살을 피하지 않겠지만³⁾, 바라건대 대왕께서도 오왕처럼 간언을 물리치지 마십시오.

　옛날에 진(秦)나라는 빼어난 이의 도리를 끊고 술사(術士)들을 죽이며 『시경(詩經)』과 『서경(書經)』을 불태우고 예와 마땅함[禮義]을 버리고는⁴⁾ 사술과 힘[詐力]을 높이고 형벌에 모든 것을 맡겼으며 바다 쪽에서 나는 곡식까지 서하(西河)로 실어 보냈습니다. 이런 때를 맞아 남자들은 죽도록[疾] 농사를 지어도 술지게미와 쌀겨[糟糠]조차 넉넉하게 먹지를 못했고, 여자들은 길쌈을 해도 자기 몸조차 가리기에 부족했습니다.

　몽염(蒙恬)을 보내 동서 장성(長城)을 수천 리 쌓느라 비바람과 눈서리에 몸을 드러낸 병사와 장수들이 늘 수십만을 헤아렸으니, 죽은 자를 이루 다 셀 수가 없어 시체가 1,000리에 이어지고 논밭에는 피가 흘러넘쳤습니다. 이에 백성 사이에 온 힘을 다해 난을 일으키려는 사람들이 열 가구 중 다섯이었습니다.

1) 군주가 갖춰야 할 총명(聰明)을 나눠서 말한 것이다.

2) 주나라는 기반을 잘 다져서 하(夏), 은(殷)과 나란히 삼대의 한 나라로 번성했다는 말이다.

3) 목숨을 걸고 곧은 간언을 올리겠다는 뜻이다.

4) 모두 유학(儒學)을 버렸다는 말이다. 여기서 술사는 방술하는 술사가 아니라 유술(儒術)하는

선비를 말한다.

또 서복(徐福)을 시켜 바다로 들어가 신선의 불로장생약을 찾아오게 했는데, 돌아와서는 거짓으로 이렇게 말했습니다.

'신(臣)이 바닷속 대신(大神)을 만났는데, "네가 서황(西皇)의 사자인가"라고 묻기에 신이 "그렇습니다"라고 답하자 "너는 무엇을 찾느냐"라고 물었습니다. "수명을 연장하는 약을 원합니다"라고 대답하자 신(神)이 말하기를 "네 진왕(秦王)의 예물이 두텁지 못하니, 그 약을 구경할 수는 있어도 가져갈 수는 없을 것이다"라고 하고는, 곧장 신을 데리고 동남쪽에 있는 봉래산(蓬萊山)으로 갔습니다. 그곳에는 영지초(靈芝草)로 이뤄진 궁궐이 보이고 사자가 있었는데, 구릿빛 얼굴에 용의 모습을 했으며 광채가 나서 하늘 위까지 비추고 있었습니다.

이에 신이 재배(再拜)하고 "마땅히 어떤 예물을 바쳐야 합니까?"라고 물으니, 해신(海神)이 말하기를 "양갓집 사내아이와 계집아이, 백공(百工)을 제물로 바치면 얻을 수 있다"라고 했습니다.'

진황제(秦皇帝)가 크게 기뻐하며 동남동녀(童男童女) 3,000명과 오곡의 각종 씨앗, 백공을 주고서 가게 했는데, 서복은 평평한 들판과 넓은 못을 얻게 되자 거기에 머물러 왕 노릇 하면서 돌아오지 않았습니다[1]. 이에 백성이 비통해하고 서로를 그리워해서 난을 일으키려는 사람들이 열 가구 중 여섯이었습니다.

---

1) **[정의(正義)]** 『괄지지(括地志)』에서 말했다. "단주(亶州)는 동해 안에 있는데, 진시황이 서복을 보내 동남동녀를 데리고 가게 하자 드디어 이 주에 머물렀다."

또 위타(尉佗)로 하여금 오령(五嶺)을 넘어 백월(百越)을 공격하게 했습니다. 위타는 중국(中國)이 극도로 피폐해졌음을 알고 그곳에 머물러 왕 노릇하면서 돌아오지 않았고, 사람을 보내 글을 올려서 군사들의 옷을 꿰매야 한다며 남편 없는 여자 3만 명을 요구했습니다. 진황제가 그중 1만 5,000명을 보내주라고 하니, 이에 백성의 마음이 흩어지고 무너져서 난을 일으키려는 사람들이 열 가구 중 일곱이었습니다.

어떤 빈객이 고황제(高皇帝)께 '이제 때가 되었습니다'라고 하자 고황제께서는 '기다려라. 빼어난 이가 마땅히 동남쪽에서 일어날 것'이라고 하셨는데, 1년도 되지 않아 진승(陳勝)과 오광(吳廣)이 일어났습니다[發=興]. 고황(高皇)께서는 풍읍(豐邑)과 패현(沛縣)에서 시작했는데, 한 번 외치자[一倡] 천하 사람들이 미리 기약도 하지 않았는데 그 외침에 호응하는 자가 이루 다 헤아릴 수 없었습니다. 이것이 약점을 노려 틈을 엿보는 것[蹈瑕候間]으로서, 진나라가 망해가는 것을 기틀로 삼아 움직이신 것입니다. 백성이 이런 일을 원하는 것이 마치 가뭄에 비를 기다리는 것 같았기에, 그래서 행군하던 군진(軍陣) 가운데서 일어나 세워져 천자가 되어 그 공업(功業)이 삼왕(三王)보다도 높고 그 은덕이 끝없이 전해지게 된 것입니다.

(그런데) 지금 대왕께서는 고황제께서 천하를 쉽게 얻으신 것만 보시고 어째서 홀로 근래의 오나라와 초나라는 제대로 살피지 않으십니까?

무릇 오왕은 호(號)를 하사받아 유씨(劉氏)의 좨주(祭酒)가 되고 더는 입조하지 않아도 되는 특권을 받았으며 네 군(郡) 백성에게 왕 노릇을 했는데, 땅이 사방 수천 리나 되었습니다. 안으로는 구리를 주조해 돈을 만들고 동쪽에서 바닷물을 구워 소금을 만들었으며 위로는 강릉(江陵)의 나무를 가져다가 배를 만들었는데, 배 1척의 적재량이 중원의 수레 수십 량(輛)에 맞먹었으니 나라는 부유하고 백성은 많았습니다. 주옥(珠玉)·황금·비단을 사용해 제후나 종실의 대신들에게 뇌물로 나눠주었는데, 오로지 두씨(竇氏)만이 이에 참여하지 않았습니다.

(그러나) 계책이 정해지고 모의가 이뤄지자, 군사를 일으켜 서쪽으로 갔

지만 대량(大梁)에서 깨어지고 호보(狐父)[1]에서 패했으니, 달아나 동쪽으로 가서 단도(丹徒)에 이르렀다가 월(越)나라 사람들에게 사로잡힘으로써 몸은 죽고 제사는 끊어져서 천하의 웃음거리가 되었습니다. 저 오나라와 초나라[2]의 수많은 무리로도 성공할 수 없었던 것은 어째서입니까? 진실로 하늘의 도리를 거스르고 때를 알지 못했기 때문입니다.

1) 【집해(集解)】 서광(徐廣)이 말했다. "양(梁)과 탕(碭) 사이에 있다."
2) 원문은 월(越)인데, 초(楚)의 오자로 보인다.

바야흐로 지금 대왕의 군사와 무리는 오나라와 초나라의 10분의 1도 되지 못하며 (지금이라는 때는) 천하가 안정되어 있기를 오나라와 초나라 때에 비해 1만 배나 되니, 부디 대왕께서는 신의 계책을 따르소서. 대왕께서 신의 계책을 따르지 않으시면 이제 대왕의 일은 반드시 이뤄지지 못할 것이고 말이 먼저 새 나가는 것을 보시게 될 것입니다. 신이 듣건대 미자(微子)가 고국을 지나다가 슬픈 감회가 들어 이에 「맥수지가(麥秀之歌)」[1]를 지었는데, 이는 (은나라 마지막 임금) 주왕(紂王)이 왕자 비간(比干)의 말을 쓰지 않은 것을, 마음 아파한 것입니다.

그래서 『맹자(孟子)』에 이르기를 "주(紂)는 존귀함이 천자였으나 죽을 때는 기껏[曾] 필부(匹夫)만도 못했다"라고 했습니다. 이는 주왕이 먼저 스스로 천하를 끊어버린 것이 오래되었기 때문이지, 그가 죽던 날 천하가 그를 버린 것이 아닙니다.

이제 신도 역시 대왕께서 천승(千乘)의 군주를 버리려고 하심을 남몰래 슬퍼하오니, 반드시 장차 목숨을 끊으라는 글을 내리시면 여러 신하보다 먼저 동궁(東宮)[2]에서 죽겠습니다."

이에 왕은 기분이 답답해지고 울적해 눈물이 온 얼굴을 넓게 적시며 줄줄 흘러내렸고, 오피는 바로 일어나 계단을 밟고 내려와 물러갔다.

1) 미자가 아니라 기자가 지었다고도 한다. 가사는 다음과 같다. '보리 이삭 무럭무럭 자라고/벼와 기장 윤기가 찰찰하구나/저 미치광이 철부지/나와 원수는 되지 말았어야지.'

2) 【집해(集解)】 여순(如淳)이 말했다. "왕이 이때 머물렀던 곳이다."

왕에게는 얼자(孽子) 불해(不害)가 있었는데, 나이는 가장 많았지만, 왕은 그를 사랑하지 않았고 왕이나 왕후나 태자 모두 그를 자식이나 형으로 쳐주지[數] 않았다. 불해의 아들 건(建)은 재능이 뛰어나고 기개가 있었는데, (건은) 항상 태자가 자기 아버지를 형제로 챙기지 않는 것[不省]에 대해 원망을 품고 있었다. 또 이때 제후들이 (추은령(推恩令)으로 말미암아) 자제들에게 봉지를 나눠주고 제후로 삼았으나 회남왕은 아들이 둘밖에 없으면서도 1명만 태자로 삼고 건의 아버지를 후로 삼지 않아 원망을 품고 있었다. 건은 은밀하게 외부 사람과 결탁해 태자를 고발해서 해치고 그 아버지로 하여금 태자를 대신하게 하려고 했다. 태자가 그 사실을 알고서 여러 차례 건을 잡아 묶고 몽둥이로 건에게 매질했다. 건은 태자가 한나라 중위를 죽이려 했던 음모를 소상히 알고 있었기에 곧바로 자신과 친한 수춘현(壽春縣)의 장지(莊芷)1)라는 사람으로 하여금 원삭(元朔) 6년에 천자에게 글을 올려 이렇게 말하게 했다.

1) 【색은(索隱)】 『한서(漢書)』에는 엄정(嚴正)으로 되어 있다.

'독한 약은 입에 쓰지만 병에는 이롭고, 충성스러운 말은 귀에 거슬리지만 의로움을 행하는 데 이롭습니다. 지금 회남왕의 손자 건은 재능이 뛰어나지만, 회남왕의 왕후 도(荼)와 아들 천(遷)이 항상 건을 미워해 해치려고 합니다.

건의 아비에게 죄가 없는데도 제멋대로 여러 차례 잡아 가둬 그를 죽이려고 했습니다. 지금 건이 살아 있으니, 불러서 심문하시면 회남의 은밀한

일을 다 아실 수 있을 것입니다.'

글이 올라가자, 상은 그 일을 정위에게 내려보내니, 정위는 하남에 내려 다스리게 했다.

이때 옛 벽양후(辟陽侯-심이기)의 손자 심경(審卿)이 승상 공손홍(公孫弘)과 가까웠는데, (심경은) 회남 여왕이 조부[大父]를 죽인 것에 대해 원망을 품고 있어 마침내 은밀하게 홍(弘)에게 회남왕의 일을 들춰내 매우 과장되게 이야기했고, 홍은 마침내 회남에서 반역의 계획이 있었다고 의심해 옥사를 뿌리까지 깊이 파고들었다. 하남에서 건을 심문하자 그의 말이 태자와 무리를 함께 끌어들으니, 회남왕이 이를 근심해 군사를 일으키고자 해서 오피(伍被)에게 물었다.

"한나라 조정은 잘 다스려지고 있는가? 아니면 어지러운가?"

오피가 대답했다.

"천하는 잘 다스려지고 있습니다."

회남왕이 내심 짜증을 내며 오피에게 다시 물었다.

"공은 어째서 천하가 잘 다스려지고 있다고 말하는가?"

오피가 대답했다.

"제가 가만히 조정의 정사를 살펴보건대, 임금과 신하의 마땅함, 아버지와 자식의 친밀함, 남편과 부인의 구별, 윗사람과 아랫사람의 서열이 모두 그 도리를 얻었고 상의 모든 행동과 조치는 옛 도리를 따르고 있으며 풍속과 기강에도 결여된 바가 없습니다. 많은 물건을 실은 부유한 장사꾼은 천하를 두루 돌아다녀도 길이 통하지 않는 곳이 없어서 외국과 교역의 길이 열려 있습니다. 남월이 복종하고 강(羌)과 북(僰)이 입조해 조공을 바치고 있으며 장유(長楡)의 요새를 넓히고 삭방군을 개척하니, 흉노는 힘이 꺾이고 상해 원조 세력마저 잃고 힘을 떨치지 못하고 있습니다. 비록 옛날의 태평한 때 미치지는 못하지만, 그러나 여전히 잘 다스려지고 있다고 할 수 있습니다."

왕이 화를 내자 피는 죽을죄를 졌다며 사죄했다. 왕이 다시 피에게 일러 말했다.

"산동(山東)에 지금 당장 병란이 생겨나면 한나라는 반드시 대장군(-위청)을 장수로 삼아 산동을 제압할 것인데, 공은 대장군이 어떤 사람이라고 생각하는가?"

피가 말했다.

"신과 잘 아는 황의(黃義)가 대장군을 따라 흉노를 친 일이 있는데, 돌아와 제게 말하기를 '대장군은 사대부를 대우함에 예가 있고[有禮] 사졸들에게 은혜를 베풀어서 사람들이 모두 그에게 쓰이는 것을 좋아합니다. 말을 타고 산을 오르내리는 것이 날아다니는 것 같고 재주가 남보다 뛰어납니다'라고 했습니다.

신이 생각건대, 그의 재능이 그와 같고 또 여러 차례 군사를 통솔하는 것을 익혔다고 하니 쉽게 당해내지는 못할 것입니다.

또 알자(謁者)인 조량(曹粱)이 장안에 사신으로 갔다가 돌아와서 말하기를 '대장군은 호령이 분명하고, 적을 대적할 때는 용감해서 항상 사졸 앞에 선다고 합니다. 그는 또한 군막을 치고 휴식을 취할 때 우물을 파게 하는데, 물이 충분하지 않으면 사졸들이 물을 다 마신 뒤에야 자기가 물을 마신다고 합니다. 또 군대를 후퇴시킬 때면 사졸들이 강을 다 건넌 뒤에야 자신이 건너고 황태후께서 내려준 금전이나 비단은 모두 군대의 관리들에게 내리니, 비록 옛날의 이름난 명장이라고 할지라도 그보다 낫지는 않을 것입니다'라고 했습니다."

왕은 아무 말이 없었다.

건(建)이 붙잡혀 조사를 받게 되자 회남왕은 나라의 은밀한 일들이 새나갈 것을 두려워해 군대를 발동하고자 했으나 피가 여전히 어렵다고 하니, 마침내 다시 오피에게 물었다.

"공은 오(吳)나라가 군사를 일으킨 것이 잘못이라고 생각하는가?"

피가 말했다.

"잘못이라고 생각합니다[以爲]. 오왕은 지극히 부유하고 존귀했으므로 거사한 것은 마땅하지 않습니다. 그래서 몸이 단도(丹徒)에서 죽어 머리와 발이 따로 떨어졌으며 자손 중에 살아남은 자가 없었습니다. 신이 듣건대 오왕은 그 일을 심히 후회했다고 했습니다. 부디 왕께서는 깊이 숙고하시어 오왕에게 부끄러워해야 할 일이 없으셔야야 할 것입니다."

왕이 말했다.

"남자가 (모반을 위해) 죽는다고 했으면 그 한마디뿐이다. 게다가 오왕이 어찌 반란의 방략을 알았겠는가? 한나라의 장수 가운데 성고(成皐)를 지나는 자가 하루에 40여 명이 된다고 한다[1]. 이제 내가 누완(樓緩)으로 하여금 먼저 성고의 입구를 차단하게 하고 주피(周被)로 하여금 영천(潁川)을 공격하게 한 다음 이로써 병사들을 시켜 환원(轘轅)과 이궐(伊闕)의 길을 막게 하고 진정(陳定)으로 하여금 남양(南陽)의 군사를 일으켜 무관(武關)을 지키게 하면, 하남 태수는 오직 낙양(雒陽)만 지킬 따름이니 무슨 걱정이 있겠는가? 반면 하남 북쪽에는 오히려 임진관(臨晉關)·하동(河東)·상당(上黨)·하내(河內)·조나라가 있다. 사람들이 말하기를 '성고의 입구를 끊으면 천하가 통하지 않는다'라고 했다. 이곳 삼천(三川-이수·낙수·하수)의 험난한 지형에 의지해 산동의 군사를 부르는 것이니, 거사가 이와 같다면 그대는 어떻게 생각하는가?"

1) 【집해(集解)】 여순(如淳)이 말했다. "오왕이 성고의 입구를 막지 않아 한나라 장수들이 들어올 수 있었다는 말이다."

피가 말했다.

"신에게는 화(禍)만 보이고 복(福)은 보이지 않습니다."

왕이 말했다.

"좌오(左吳)·조현(趙賢)·주교여(朱驕如)는 모두 복이 있어 열 가운데 아홉은 성공한다고 여기는데, 공만이 홀로 화만 있고 복이 없다고 여기는 까닭은 무엇인가?"

피가 말했다.

"대왕의 신하들로 가까이 총애하던 자들 가운데 평소 무리를 잘 부리던 자들은 모두 이미 조옥(詔獄)에 갇혀 있으니, 나머지는 가히 쓸 만한 사람이 없습니다."

왕이 말했다.

"진승과 오광은 송곳 꽂을 좁은 땅 하나 없이 1,000여 명을 모아 대택(大澤)에서 일어났는데, 팔뚝을 휘둘러 크게 호령하자 천하가 호응했고 서쪽으로 나아가 희수(戲水)에 이르자 병사가 120만 명이나 되었다. 지금 우리나라가 비록 작으나 군사로 삼을 수 있는 자가 10만 명에 이른다. 이들은 죄를 지어 변방에서 국경을 지키던 무리도 아니고, 무기도 낫이나 끌이나 나무를 베는 도구가 아니다. 그런데 공은 어째서 화만 있고 복은 없다는 것인가?"

피가 말했다.

"옛날에 진(秦)나라는 무도해 천하 백성을 해쳤습니다. 만승의 수레를 동원해 아방궁(阿房宮)을 짓고 백성의 수입 대부분을 부세(賦稅)로 거두며 여좌(閭左-마을에서 무시당하는 백성)를 징발해 변방 수자리를 서게 하니, 아비는 자식을 편안하게 하지 못했고 형은 동생을 지켜줄 수 없었습니다. 정치가 가혹하고 형벌이 준엄해서 천하는 마치 활활 타오르는 불길 속에 있는 것만 같았으니, 백성은 다 목을 길게 빼고 귀 기울여 들으면서 슬피 부르짖었고 하늘을 우러러서 가슴을 두드리며 천자를 원망했습니다. 그랬기에 진승이 한번 크게 외치자, 천하가 호응했던 것입니다.

(그런데) 지금 폐하께서는 천하에 군림하시어 백성을 제어하고 해내(海

(內)를 통일했는데, 널리 백성을 사랑하시고 다움을 펴서 은혜를 베풀고 있습니다. 입으로 말하지 않아도 소리가 전파되는 것이 빠른 우레와도 같고 명령을 내지 않아도 덕화(德化)가 이뤄지는 것이 귀신과도 같아서, 마음에 품고만 있어도 위력이 1만 리까지 갑니다. 아래가 위에 호응하는 것은 마치 그림자나 메아리[影響]와 같습니다. 그런 데다가 대장군 위청의 재능은 장한(章邯)이나 양웅(楊熊)과도 비할 바가 아닙니다. 대왕께서는 진승과 오광을 끌어들여 일을 논하셨는데, 피는 그것이 잘못되었다고 생각합니다."

왕이 말했다.

"진실로 공의 말대로라면 요행도 바랄 수 없다는 것인가?"

피가 말했다.

"정 어쩔 수 없다면 피에게 어리석은 계책이 있습니다."

왕이 말했다.

"무엇인가?"

피가 말했다.

"지금 제후들에게는 딴마음이 없고 백성도 원망하는 기색이 없습니다. 삭방군의 밭과 땅은 넓고 강물과 초목은 아름다우나 이주하는 백성이 적어 그 땅을 채우기에도 부족합니다. 저의 계책이란 승상과 어사대부가 주청하는 문서를 거짓으로 만들어 군(郡), 국(國)의 호걸과 임협(任俠), 내죄(耐罪-2년 이상의 징역형을 받은 죄인) 이상의 죄인을 옮기고서 명을 내려 죄를 사면해주되 재산이 50만 이상인 자의 경우 가속까지 삭방군으로 옮기게 한 뒤 군사들을 보내 그들이 빨리 모여 출발하도록 다그치고, 좌우도사공(左右都司空)[1], 상림(上林), 중도관(中都官) 등이 칙명에 따라 죄인을 다스리는 문서를 위조해 제후들의 태자와 총애하는 신하들을 체포하는 것입니다. 이렇게 하면 백성은 (천자를) 원망하게 되고 제후들은 두려워할 것이니, 이때 즉각 변사들을 보내 설득한다면 혹시 요행으로 열 가운데 하나는 얻을 수 있을 것입니다."

왕이 말했다.

"그것도 좋다. 하지만 나는 그렇게까지는 되지 않을 것이라고 본다."

1) 좌우 사공은 소부(少府), 도사공은 종정(宗正) 소속이다.

이에 왕은 마침내 관노(官奴)를 궁중에 들여보내 황제의 옥새와 승상·어사·대장군·군리(軍吏), 중(中) 2,000석, 도관(都官), 영(令), 승(丞)의 인장(印章)과 인근 군(郡)의 태수와 도위의 인장과 한나라의 사절(使節)이 사용하는 법관(法冠)1) 등을 만들게 했다. 그러고 나서는 오피가 (임기응변 차원에서) 일러준 계책을 써서 사람을 시켜 거짓으로 죄를 짓고 서쪽의 경사(京師-장안)로 들어가 대장군과 승상을 섬기는 척하게 했다. (왕은) 하루아침에 군사가 일어날 때 (이들이) 즉각 대장군 위청(衛靑)을 죽이고 승상 홍을 설득해 항복하게 한다면 머리 위에서 수건을 벗는 것처럼 일이 쉬울 것이라고 생각했다.

1) 【집해(集解)】 채옹(蔡邕)이 말했다. "어사관(御史冠)이다. 본래 초왕(楚王)의 관이었는데, 진나라가 초나라를 멸망시키고 나서 그 관을 어사에게 내려주었다."

왕은 (자기) 나라 안의 군사를 발동할까 생각도 했지만, 재상과 2,000석 관리들이 따르지 않을 것이 두려웠다. 왕은 마침내 오피와 모의해 먼저 궁중에 불을 지른 뒤 재상과 2,000석 관리들이 불을 끄러 오면 그때 그들을 죽이기로 했다. 다만 그 계책을 아직 확정하지는 못하고 있었는데 또다시 사람들에게 도둑 잡는 포졸의 옷을 입혀 우격(羽檄-긴급 격문)을 가지고 동쪽으로부터 와서 "남월(南越)의 군사들이 국경을 침범했다"라고 외치게 한 다음 그것을 빌미로 군사를 발동하려 했다. 마침내 사람들을 시켜 여강(廬江)과 회계(會稽)에 가서 도둑 잡는 포졸로 가장하게 했는데, 아직 군사를 일으키기 전에 왕이 오피에게 물었다.

"내가 군사를 일으켜 서쪽으로 향하면 제후 가운데 반드시 호응하는 사람들이 있을 것이다. 그러나 만일 응하는 사람이 없으면 어떻게 해야 하는가?"

피가 말했다.

"남쪽으로 형산(衡山)을 빼앗고 여강(廬江)을 쳐서 심양(尋陽)의 배를 차지한 뒤에 하치(下雉)[1]의 성을 지키면서 구강(九江)의 포구와 연결하고 예장(豫章)의 입구를 끊으십시오[2]. 그러고 나서는 뛰어난 사수로 하여금 기슭에서 지키도록 하여 남군(南郡)의 적군이 내려오지 못하게 막는 것입니다. (그런 뒤) 동쪽으로 강도(江都)와 회계(會稽)를 공격해 거둬들이고 남쪽으로 강한 월나라와 손을 잡고 장강과 회수 사이에서 완급을 조절해가면서 굳게 지킨다면 시간을 늦출 수 있을 것입니다."

왕이 말했다.

"좋다. 이는 바꿀 수 없다. 급박해지면 월나라로 도망치면 그만이다."

1) 【집해(集解)】 서광(徐廣)이 말했다. "강하(江夏)에 있다."
2) 【정의(正義)】 팽려호(彭蠡湖) 입구다.

이러는 와중에 정위가 건의 말에 따라 태자 천이 역모에 연루되어 있다고 보고했다. 상이 정위 감(廷尉監)을 보내면서 그 참에 회남 중위에 제배해 태자를 체포하게 했다. (중위가) 회남에 이르자 회남왕이 그 소식을 듣고는 태자와 모의해 재상과 2,000석 관리들을 불러 모두 죽인 뒤 군사를 발동하고자 했다. 재상을 부르자 재상은 도착했지만, 내사(內史)는 마침 (일이 있어) 밖에 나갔다며 오지 않았다.

중위가 말했다.

"신은 조서를 받들어 사자로 왔기 때문에 왕을 (미리) 뵐 수가 없습니다."

왕은 내심 비록 재상을 죽인다 해도 내사나 중위가 오지 않는다면 아무 소용이 없다고 생각해 곧장 재상을 그냥 돌려보냈고, 미적거리며 계책을 정하지 못했다.

(한편) 태자는 자신이 죄에 연루된 까닭이 한나라 중위를 죽이려고 모의한 것 때문인데 함께 모의했던 사람들은 이미 다 죽어 더는 입을 열 사람이 없다고 여겨서 마침내 왕에게 이렇게 말했다.

"여러 신하 가운데 쓸 만한 자들은 전에 모두 옥에 갇혀서 지금은 함께 일을 일으킬 만한 자들이 없습니다. 왕께서 때가 아닌데 군사를 일으켰다가 성공하지 못할까 두려우니, 제가 체포당하게 그냥 두시기 바랍니다."

왕도 그렇다고 여겨서 구차스럽게[偸=苟且] 거사를 일단 멈추고 곧장 태자의 청을 허락했다. 태자는 바로 자기 목을 찔렀으나 죽지는 않았고[不殊=不死][1], 오피는 스스로 관리를 찾아가서 회남왕과 함께 모반한 사실과 지금까지의 사건 진행 과정을 낱낱이 고했다.

1) 안사고(顏師古)가 말했다. "수(殊)는 '끊어진다[絶]'는 뜻이니, 스스로 목을 베었으나 몸과 목이 끊어지지 않았다는 뜻이다."

관리는 이를 바탕으로 태자와 왕후를 체포하고 왕궁을 에워싼 뒤 왕과 함께 모반에 참여한 빈객 가운데 나라 안에 있는 자들을 다 체포하고 반역에 쓰려던 무기들을 찾아내 이를 보고했다. 상이 공경들에게 내려 이들을 다스리게 하니, 회남왕과 함께 연루되어 모반한 열후, 2,000석 관리, 호걸 수천 명이 모두 각자 죄의 경중에 따라 처벌을 받았다.

형산왕 사(賜)는 회남왕 동생으로서 마땅히 연좌되어 처벌받아야 했기에, 유사(有司)에서 형산왕을 체포할 것을 청하자, 천자는 이렇게 말했다.

"제후들은 각기 그 나라를 근본으로 삼으니 서로 연좌하는 것은 마땅하지 않다. 이 문제는 제후왕, 열후들과 함께 승상이 있는 곳으로 가서 토의

하라."

조왕(趙王) 팽조(彭祖), 열후 신(臣) 조양(曹讓) 등 43명이 토의해 모두 말했다.

"회남왕 안은 심히 대역무도해 모반의 죄가 명백하니 마땅히 주살해야 합니다."

교서왕(膠西王) 신(臣) 단(端)이 의견을 내 말했다.

"안은 법도를 내팽개치고 간사한 짓을 일삼았으며, 거짓된 마음을 품어 이로써 천하를 어지럽히고 백성을 현혹했으며, 종묘를 배반하고 망령되게도 요상한 말을 지어냈습니다. 『춘추(春秋)』에 이르길 '신하는 임금을 범하려는 마음[將=犯上]이 없어야 하니, 만일 범하려 하면 반드시 죽인다[臣 母將 將而(必)誅]¹⁾'라고 했습니다. 안의 죄는 임금을 범하려는 마음보다 무겁고, 모반의 형세는 이미 정해진 것입니다. 신(臣) 단이 보았던 문서·부절·인장·지도와 그 밖의 대역무도한 일의 증거가 분명하고 그 대역무도함이 심하니, 마땅히 법대로 죽여야 합니다. 또 나라(=회남)의 관리 가운데 봉록이 200석 이상인 자와 이에 준하는 자, 종실과 가까워 총애를 받던 신하로서 법을 어기지는 않았지만 서로 일깨워주며 가르치지 못한 자들은 마땅히 모두 관직에서 파면시키고 작위를 깎아낸 뒤 사졸로 삼아 다시는 관리가 될 수 없게 하고, 그 밖의 관리가 아닌 나머지 사람들은 속죄금으로 황금 2근 8냥을 바치도록 해야 합니다. 이로써 신하 안의 죄를 알려 천하로 하여금 신하의 도리를 분명히 알게 함으로써 감히 다시는 간사한 모반의 뜻을 갖지 못하도록 해야 할 것입니다."

<hr>

1) 『춘추공양전(春秋公羊傳)』 장공(莊公) 32년에 나오는 말이다. 흔히 이를 춘추(春秋)의 대의(大義)라고 한다. 장(將)은 '장차'라고도 옮긴다.

승상 홍(弘), 정위 탕(湯=장탕) 등이 보고하니 천자는 종정(宗正)으로 하여금 부절을 가지고 가서 왕의 죄를 다스리게 했다. 종정이 아직 도착하지도 않았는데 왕 안은 스스로 목을 찔러 죽었고[自剄=自刎], 왕후 도(荼)와 태자 천, 함께 모반에 가담한 많은 자가 모두 붙잡혀 멸족당했다. 천자는 오피가 평소 한나라를 아름다운 말로 여러 차례 칭송했으므로 주살하려 하지 않았는데, 정위 탕이 말했다.

"피는 반역을 획책한 주모자이니 피의 죄를 용서해서는 안 됩니다."

드디어 피를 주살했고, 회남국을 없애 구강군(九江郡)으로 삼았다[1].

1) 【집해(集解)】 서광(徐廣)이 말했다. "다시 육안국(六安國)을 두고 진현(陳縣)을 도읍으로 삼게 했다."

형산왕 사(賜)는 왕후 승서(乘舒)[1]에게서 자식 셋을 낳았는데, 첫아들은 태자 상(爽)이고 둘째 아들은 효(孝)이며 다음은 딸 무채(無采)다. 또 희(姬-첩) 서래(徐來)가 자식으로 아들딸 넷을 낳았고, 미인(美人) 궐희(厥姬)는 자식 둘을 낳았다. 형산왕과 회남왕은 형제이면서도 서로 책망하고 예절을 잃어서 사이가 좋지 못하고 불화했기 때문에, 형산왕은 회남왕이 반역을 준비한다는 소식을 듣고는 그 또한 마음속으로 빈객들과 결탁해 대응책을 세우려고 했다. 이는 그에게 병합되는 것이 두려웠기 때문이다.

1) 【정의(正義)】 형산왕 왕후의 이름이다.

원광(元光) 6년에 형산왕이 입조할 때 알자인 위경(衛慶)이 방술을 잘 알았기에 글을 올려 천자를 섬기려고 했는데 왕이 화가 나서 의도적으로 경(慶)에게 죽을죄가 있다고 탄핵한 뒤 억지로 매질해서 그의 죄를 실토하게 하려고 했다. 형산의 내사(內史)는 그 일이 옳지 않다고 여겨 옥사를 받아들이지 않았다. 왕은 사람을 시켜 내사를 고발하는 글을 올렸으나 내사가 조사를 받게 되자 조사 결과 (내사가 아니라) 왕이 곧지 못한 것[不直]으로 드러났다. 왕은 또한 여러 차례 사람의 밭을 침범해 빼앗고 남의 무덤을 파헤쳐 전답으로 만들었다. 유사(有司)에서는 형산왕을 체포해서 그의 죄를 다스리길 청했다. 천자는 이를 허락하지 않고, 다만 200석 이상의 관리는 중앙조정에서 직접 임명토록 했다. 형산왕이 이 때문에 분한 마음을 품고[恚] 해자(奚慈)·장광창(張廣昌)과 모의해 병법에 능하고 별의 기운[星氣]을 살필 줄 아는 자를 구했으니, 이들은 밤낮으로 왕을 몰래 꼬드겨[從容] 모반의 일을 꾀했다.

왕후 승서가 죽자, 서래(徐來)를 세워 왕후로 삼았다. 궐희(厥姬)도 함께 총애를 받았다.

두 사람은 서로를 질투했는데, 궐희가 마침내 태자에게 서래를 악담하며 말했다.

"서래가 계집종을 시켜 저주술을 써서[蠱道] 태자의 어머니를 죽게 했습니다[蠱殺]."

태자가 마음속으로 서래를 원망해 서래의 오빠가 형산을 방문하자 함께 술을 마시다가 칼로 그를 찔러 다치게 했다. 왕후는 이 때문에 태자를 원망해서 여러 차례 왕에게 태자를 헐뜯었다.

태자의 여동생 무채는 시집을 갔으나 남편에게 버림받고 친정으로 돌아와 지냈는데, 종과 사통하는가 하면 빈객과도 사통했다. 태자가 여러 차례 그 일로 인해 무채를 책망하자 무채는 화가 나서 태자와 왕래하지 않았다. 왕후가 그 소식을 듣고 곧바로 무채를 잘 대해주었다. 둘째 아들 효는 어려서 어미를 잃은 뒤로 왕후 밑에서 자랐다. 그래서 왕후가 계획적으로[以計] 그들을 아껴주는 척하면서 함께 태자를 비방하자 왕은 여러 차례 태자에게 매질을 가했다.

원삭(元朔) 4년에 어떤 사람이 왕후의 계모[假母]를 찔러 다치게 했는데,

왕은 태자가 사람을 시켜 그를 다치게 한 것으로 의심해 태자를 매질했다. 뒤에 왕이 병이 나자, 태자는 병을 핑계로 시중을 들지 않았다. 그러자 효와 왕후, 무채 모두 태자를 헐뜯어 말했다.

"태자는 실제로 병든 것이 아니고, 스스로 병이 있다고 말했지만, 얼굴에는 도리어 기뻐하는 빛[喜色]이 있었습니다."

왕이 이에 크게 노해 태자를 폐하고 동생 효를 태자로 세우려고 했으나 왕후는 왕이 태자를 폐하기로 결심한 것을 알자 (그 참에) 효도 함께 폐하고 싶었다. 왕후에게는 춤 잘 추는 시녀가 있어 형산왕의 총애를 받고 있었다. 왕후는 그 시녀를 시켜 효와 함께 음란한 행위를 해서 그의 명예를 더럽히게 하여 두 형제를 함께 폐하고 아들인 광(廣)을 태자로 삼으려고 했다.

태자 상(爽)이 이를 알고는 왕후가 자신을 헐뜯기를 멈추지 않을 것으로 생각해 그녀와 함께 음란한 일을 벌임으로써 그녀의 입을 막으려고 했다. 그래서 왕후가 참석한 주연에서 왕후의 축수를 위한다는 핑계로 다가가서 왕후의 넓적다리를 어루만지며 동침할 것을 청했다. 왕후가 노해 이를 왕에게 고하니, 왕이 마침내 그를 불러 결박하고 매질했다. 태자는 왕이 자신을 폐하고 동생인 효를 세우려고 하는 것을 알고 있었기에 마침내 왕에게 이렇게 말했다.

"효는 왕의 시녀와 사통하고 무채는 종과 사통했으니, 왕께서는 부디 몸조리에 힘써주십시오. 저는 상께 글을 올리려고 하오니, 허락하시기를 청합니다."

그러고는 바로 왕을 등지고 밖으로 나갔다. 왕이 사람을 시켜 그를 막으려고 했으나 막을 수 있는 자가 없어, 마침내 직접 수레를 몰고 뒤쫓아 가서 태자를 붙잡았다. 태자가 제멋대로 욕을 하자 왕은 족쇄와 수갑으로 태자를 묶고 궁중에 가두었다.

효는 날로 왕의 총애를 더욱 받았다. 왕은 효의 재능을 기특하게 여겨서 마침내 그로 하여금 왕의 인(印)을 차게 하고 장군이라고 호칭했으며, 궁궐 밖의 저택에 살면서 많은 금전으로 빈객을 불러 모으게 했다. 빈객으로 오는 자들은 회남왕과 형산왕이 모반의 계획이 있다는 것을 어렴풋하게나마 짐작하고 있었기에 밤낮으로 반역에 참여하길 종용하고 권유했다.

형산왕은 결국 효의 빈객인 강도(江都) 사람 구혁(救赫)과 진희(陳喜)로 하여금 전차·화살촉·화살을 만들게 하고 황제의 옥새, 장상(將相)과 군리(軍吏)의 인장을 새기게 했다. 왕은 평소에 밤낮으로 주구(周丘) 등과 같은 장사를 구하면서 매번 오·초가 반란을 일으킬 때의 계획을 칭찬하거나 인용함으로써 후일을 도모했다. 그러나 형산왕은 감히 회남왕과 같이 황제의 지위를 구한 것이 아니라 다만 회남이 일어나서 자신의 나라를 병합할 것을 두려워했을 뿐이었다. 그래서 회남왕이 서쪽으로 진군하면 자신도 군사를 일으켜 강수(江水)와 회수(淮水) 사이를 평정하고 그 땅을 점령할 계획이었으니, 그가 원했던 것은 이 정도였다.

원삭(元朔) 5년 가을에 형산왕이 입조할 차례가 되어 6년에 입조하러 가는 길에 회남을 지나게 되었는데, 회남왕과 더불어 마침내 형제애를 말하면서 예전에 있었던 서로 간의 틈을 없애고 함께 반란을 준비하자고 약속했다. (이에) 형산왕이 곧바로 (상에게) 글을 올려 병을 핑계로 입조할 수 없다고 사과하니, 상은 글을 내려 입조하지 않아도 좋다는 글을 내려주었다.

원삭 6년에 형산왕은 사자를 보내 글을 올려서 태자 상(爽)을 폐하고 효(孝)를 세워 태자로 삼을 것을 청했다. 상(爽)이 이 소식을 듣고는 곧장 자신과 친한[所善] 백영(白贏)으로 하여금 장안에 가서 글을 올려서 형산왕이 아들과 함께 역모를 꾸몄으며 효는 전차·화살촉·화살을 만들고 왕의 시녀와 사통했다는 것 등을 말하게 했다.

(그러나) 백영이 장안에 이르러 미처 글을 올리기도 전에 관리가 영(贏)을

체포해 회남의 일을 연계시켜서 감옥에 가두었다. 왕은 이를 듣고서 자신이 꾸민 음모가 누설될 것을 두려워해, 곧바로 글을 올려 태자가 부도한 일을 저질러 기시에 처할 죄가 있다고 고발했다. 상은 이 사건을 패군(沛郡)에 내려 다스리게 했다.

원삭 7년 겨울에 유사(有司)와 공경들이 패군에 명을 내려 회남왕과 함께 모반에 참여한 자들을 잡아 가두도록 했으나 좀처럼 잡지 못하다가, 그간 체포하지 못했던 진희(陳喜)만 효의 집에서 붙잡았다. 관리는 효가 진희를 숨겨준 수괴라고 탄핵했다. 효는 진희가 평소 여러 차례 형산왕과 함께 모반을 계획했던 것을 알고 있었고, 그가 그 일을 폭로할 것을 두려워했다. 또 법에 먼저 자수한 사람은 그 죄를 용서받는다고 했고 (이미) 태자가 백영을 시켜 글을 올려서 그 일이 발각될 것으로 의심했기에, 자진 출두해서 함께 모반했던 구혁(救赫)과 진희 등을 고발했다.

정위가 이를 증거로 삼아 조사를 진행했고, 공경들은 형산왕을 당장 체포해 다스릴 것을 청했다. 상이 "체포하지 말라" 하고서는 바로 중위 사마 안(司馬安)과 대행(大行) 이식(李息)을 보내 왕을 심문하게 하니, 왕은 사건의 실상을 전부 털어놓았다.

관리들이 모두 왕궁을 에워싸고 엄중하게 지키는 가운데 중위와 대행이 돌아와서 보고하니, 공경들은 종정과 대행을 보내 패군과 함께 왕의 죄를 공동으로 다스릴 것[雜治]을 청했다. 왕이 이 소식을 듣고는 곧바로 목을 찔러 자살했고, 효는 가장 먼저 자수해 모반을 털어놓았기에 그 죄를 용서해 주라고 했다.

그러나 효는 왕의 시녀와 사통한 일로 인해, 왕후 서래는 전 왕후 승서를 저주해 죽게 만든 일로 인해, 태자 상은 부왕을 고발한 불효로 인해 모두 기시(棄市)되었다. 형산왕의 모반 사건에 연루된 자들은 모두 족멸당했으며, 국(國-형산국)은 없어져 형산군(衡山郡)이 되었다.

태사공(太史公)이 말한다.

"『시경(詩經)』에 이르기를 '융적은 치고 형서는 혼내준다[戎狄是膺荊舒是懲]1)'라고 했는데, 이 말이 참으로 옳도다.

회남왕과 형산왕은 뼈와 살을 나눈 친형제로 영토가 사방 1,000리인 제후가 되었으나 번신(藩臣)으로서의 직무를 다해 천하의 뜻을 받들고 보필하는데, 힘쓰지 않고 오로지 간사하고 그릇된 계모(計謀)만 품고서 반역을 꾀했다. 그로 인해 아버지와 자식이 두 차례나 나라를 잃게 되고 각자는 자기 몸을 끝까지 지키지 못해 천하의 웃음거리가 되고 말았다.

이는 단순히 그들 왕들의 잘못만은 아니니, 또한 그 풍속이 엷은 까닭에 신하들이 점점 잘못에 물들어서 그렇게 된 것이다. 무릇 형초(荊楚)2) 땅의 사람들이 날쌔고 용맹스러우며 경박하고 사나워[慓勇輕悍] 난을 일으키기 좋아했다는 것은 마침내 옛날부터 기록된 바다."3)

1) 「노송(魯頌)」·비궁(閟宮)편에 나오는 구절이다. 형서(荊舒)는 초나라와 부용국들을 가리키는 별칭으로, 여기서 응징(膺懲)이라는 말이 나왔다.

2) 현재의 호북성(湖北省)·호남성(湖南省)·강서성(江西省) 일대를 포괄하는 지역으로, 대략 장강(長江) 중류 지역을 일컫는다. 이 지역은 중국 남방 문화의 중심으로, 황하 문명을 중심으로 하는 북방의 화하(華夏) 문화와 쌍벽을 이루고 있다.

3) 【색은술찬(索隱述贊)】 회남왕은 많은 횡포를 저질러[淮南多橫]/일을 행함에 바른 것이 없었다네[擧事非正]/천자가 관대하고 어질어[天子寬仁]/그 허물을 고치지 않았도다[其過不更]/함거에 실려 가다가 재앙을 당하니[轞車致禍]/백성 노래 지어 풍자했다네[斗粟成詠]/회왕 안은 배움을 좋아했지만[王安好學]/그 딸 릉에게 장안을 염탐하게 했네[女陵作詗]/형제들 불화하더니[兄弟不和]/나라는 기울고 명 또한 끊어졌구나[傾國殞命]!

권119 — 순리열전(循吏列傳) 제59

권119 순리열전(循吏列傳) 제59[1]

태사공(太史公)이 말한다.

"법령이란 백성을 인도하기 위한 것이고, 형벌이란 백성이 간사한 짓을 저지르는 것을 막기 위한 것이다. 문무(文武)[2]가 갖춰져 있지 않았을 때 선량한 백성이 두려워하며 행실을 닦았던 것은 관리가 일찍이 법령을 어지럽게 집행한 적이 없었기 때문이다. 직분을 받들고 이치를 따르면 실로 잘 다스려질 수 있으니, 어찌 반드시 (형벌의) 위력과 가혹함[威嚴]이 필요하겠는가?"

1) 【색은(索隱)】 법에 근본을 두고서 이치를 잘 따르는 관리를 말한다.

2) 여기서 문은 법령, 무는 형벌을 가리킨다.

손숙오(孫叔敖)[1]는 초(楚)나라 처사(處士)였다. 당시의 재상 우구(虞丘)가 초나라 장왕(莊王)에게 그를 천거해서 자기를 대신하게 했다. (천거를 받은 손숙오는) 석 달 만에 초나라 재상이 되어 교화를 베풀고 백성을 인도함으로써 윗사람과 아랫사람이 화합하게 하고 풍속이 크게 아름다워지게 했고 정사를 행하면서 금지하는 것들을 완화했지만, 관리 중에 간사한 짓을 하는 자는 없었고 도둑 떼도 일어나지 않았다.

가을과 겨울에는 백성에게 산에서 나무를 베게 하고 봄과 여름에는 강물을 이용해[以水][2] 각각 필요로 하는 것들을 얻게 해주었으니, 백성은 모두 자기 생활을 즐겁게 여겼다.

1) **[정의(正義)]** 유향(劉向)의 『설원(說苑)』에서 말했다. 손숙오(孫叔敖)가 초나라 영
윤(令尹-재상)이 되자 온 나라 관리와 백성이 와서 축하했다. 한 노인이 거친
베옷을 입고 흰 관을 쓰고서 뒤늦게 와 슬퍼하며 말했다. "그럴 이유가 있습
니다. 몸이 이미 귀하게 되었다고 해서 남들에게 교만을 부리게 되면 백성은
떠나갑니다. 지위가 이미 높아졌다고 해서 권세를 제 마음대로 하면 임금이
미워합니다. 녹봉이 이미 두터워졌는데도 만족할 줄 모르면 환난이 찾아옵
니다." 손숙오가 두 번 절하고 말했다. "삼가 가르침을 받겠으니, 바라건대 나
머지 가르침을 들려주시오." 노인이 말했다. "지위가 이미 높아졌으면 뜻은
더욱 낮게 하고, 벼슬이 더욱 커졌으면 마음은 더욱 작게 하고, 녹봉이 이미
두터워졌으면 조심하면서 함부로 재물을 취하지 말아야 합니다. 주군께서
이 세 가지를 삼가며 지키신다면 초나라는 잘 다스려질 수 있을 것입니다."
2) **[집해(集解)]** 서광(徐廣)이 말했다. "강물이 불어난 때를 틈타 목재를 실어낸다는
말이다."

　장왕은 기존의 화폐가 너무 가볍다고 여겨 작은 조개껍질을 큰 조개껍
질로 바꾸었는데, 백성이 모두 불편하게 여겨서 생업에서 쓰지 않았다. 시
장을 관리하는 시령(市令)이 이런 상황을 재상에게 말했다.

　"시장이 혼란해진 까닭에 백성은 지금 상황을 아무도 편안하게 여기지
않고 계속 장사를 해야 할지를 정하지 못하고 있습니다."

　재상이 물었다.

　"이런 상황이 된 것이 얼마나 되었는가?"

　시령이 말했다.

　"석 달쯤 되었습니다."

　재상이 말했다.

　"물러가라! 내가 곧 회복시켜놓겠다."

　닷새가 지나 조정에서 조회가 열리자, 재상이 장왕에게 말했다.

"지난번에 화폐를 바꾼 것은 기존의 화폐가 너무 가볍다고 여겼기 때문입니다. (그런데) 지금 시령이 와서 '시장이 혼란해진 까닭에 백성은 지금 상황을 아무도 편안하게 여기지 않고 계속 장사를 해야 할지를 정하지 못하고 있습니다'라고 했습니다. 신이 청컨대, 마침내 원래대로 회복시켜주소서."

왕이 이를 허락하니, 영을 내린 지 사흘 만에 시장이 예전처럼 회복되었다.

초나라 백성은 습속상 낮은 비거(庳車-수레바퀴가 작고 낮은 수레)를 좋아했다. 왕이 비거는 말이 끌기에 불편하다고 여겨서 영을 내려 높이려 했다. 재상이 말했다.

"법령을 빈번하게 내리면 백성은 어느 것을 따라야 할지를 모르게 되어, 좋지 않습니다. 왕께서 반드시 수레를 높이고 싶으시다면, 신이 청컨대 마을 사람들로 하여금 문지방을 높이게 하십시오. 수레를 타는 사람은 모두 군자이고, 군자는 자주 수레에서 내릴 수 없습니다."

왕이 그 청을 허락했다. 반년이 지나자, 백성이 모두 스스로 수레를 높였다.

이것이 바로 가르치지 않아도 백성이 그 교화를 따르는 것이니, 가까이 있는 자들은 이를 직접 보고서 본받으며 멀리 있는 자들은 (그 영향을 받고 달라지는) 사방을 바라보고서 본받게 된다.

그러므로 (손숙오는) 세 차례나 재상이 되었지만 기뻐하지 않았으니 이는 자기 재능으로 그 자리를 얻었다는 것을 알았기 때문이고, 세 차례나 재상 자리를 떠났지만 후회하지 않았으니 이는 자기 잘못이 아니라는 것을 알았기 때문이다.

자산(子産)은 정(鄭)나라 열대부(列大夫)이다. 정나라 소군(昭君) 때 아끼던 서지(徐摯)를 재상으로 삼자[1] 나라가 어지러워지고 윗사람과 아랫사람이 서로를 제 몸처럼 여기지 않았으며[不親] 아버지와 아들이 서로 화목하지 못했다[不和=不睦]. (이에) 대궁자기(大宮子期)가 소군에게 말해 자산을 재상으로 삼게 했다.

자산이 재상이 되어 1년이 지나자, 소인배들은 경박한 짓을 하지 않았고 반백의 늙은이들은 무거운 짐을 나르지 않았으며 어린아이들은 밭을 갈지 않았다.

2년이 지나자, 시장에서 가격이 그때마다 오르내리지 않았다.

3년이 지나자, 밤에 문단속하지 않아도 되었고 길에 떨어진 물건이 있어도 함부로 주워가는 사람이 없었다.

4년이 지나자, 농기구를 집에 가지고 가지 않아도 되었다[2].

5년이 지나자, 사내들의 병적 사항을 기록하는 척적(尺籍)이 필요 없게 되었고[3] 상복을 입는 기간은 따로 명령을 내리지 않아도 잘 지켜졌다.

정나라를 26년 동안 다스리고 나서 죽자, 장정들은 소리 내 울었고, 노인들은 어린아이처럼 흐느껴 울면서 말했다.

"자산이 우리를 버리고 죽다니, 백성은 장차 누구에게 의지하란 말인가!"[4]

1) [색은(索隱)] 「정세가(鄭世家)」를 살펴보건대, 자산은 정나라 성공(成公)의 막내 아들로 간공(簡公)과 정공(定公)을 섬겼고 간공이 육읍(六邑)으로 자산을 봉해주자 그중 절반만 받았다. 자산은 소군을 섬긴 적이 없고, 서지가 재상이 되었던 일도 없다. 아마도 다른 근거가 있어 태사(太史-사마천)가 그것을 기록한 듯하다.

2) 밭에 그냥 둬도 아무도 훔쳐 가지 않았다는 말이다.

3) [정의(正義)] 사내들에게 가로세로 1척의 병적 기록이 필요 없게 되었다는 말이다. 십오(什伍)가 있어 서로를 지켜주었다.

4) **【집해(集解)】**『황람(皇覽)』에서 말했다. "자산의 무덤은 하남(河南) 신정(新鄭)에 있는데, 성 밖의 큰 무덤이 그것이다." **【색은(索隱)】**『좌전(左傳)』과 「정세가(鄭世家)」를 살펴보건대, 자산이 죽었을 때 공자는 눈물을 흘리며 "옛 유풍처럼 사람을 사랑한 사람"이라고 말했다.『한시(韓詩)』에 따르면 자산이 졸했을 때 정나라 사람 중에 밭을 갈던 사람은 쟁기질을 멈추었고 부인들은 몸에 차고 있던 노리개들을 떼어냈다고 한다.

공의휴(公儀休)는 노(魯)나라 박사(博士)였다. 그는 뛰어난 재능과 학식으로 노나라 재상이 되었다. (오직) 법을 받들고 이치를 따랐으니[奉法循理], 함부로 기존의 법령을 바꾸는 일이 없는데도 모든 관리가 스스로 바르게 되었다. 나라의 녹을 받는 자는 백성과 이익을 다투지 못하게 했고, 많은 녹을 받는 자는 사소한 것을 받지 못하게 했다.

어떤 빈객이 재상에게 생선을 선물했는데 받지 않으니, 빈객이 말했다.

"재상께서 생선을 좋아하신다고 들어서 보내드린 것인데, 무엇 때문에 받지 않으십니까?"

재상이 말했다.

"바로 생선을 좋아하기 때문에 받지 않은 것이오. 지금 나는 재상 자리에 있으니 얼마든지 스스로 생선을 살 수 있소. 그런데 지금 생선을 받았다가 파면되면 앞으로 누가 다시 네게 생선을 보내주겠소? 그래서 받지 않은 것이오."

어느 날 자기 집 채소밭에서 키운 채소를 먹어보고는 맛이 좋자, 채소밭의 채소들을 뽑아버리더니, 또 자기 집에서 짜는 베가 좋은 것을 보자 서둘러 베 짜는 여자를 내쫓고 베틀을 불살라버렸다.

그러고는 말했다.

"(이렇게 되면) 농부와 베 짜는 여자들이 그 물건을 어디에 내다 팔 수 있겠는가?"

석사(石奢)는 초나라 소왕(昭王)의 재상이었다. 사람됨이 견실하고 곧으며 청렴하고 반듯해[堅直廉正] 아첨하거나 권세가 두려워서 피하는 일이 없었다. 현(縣)을 시찰하다가 도중에 살인사건을 만나게 되었는데, 살인범을 추적하니 다름 아닌 자기 아버지였다.

재상은 아버지를 풀어주고 돌아와서 자진해 감옥에 갇힌 뒤, 사람을 시켜 왕에게 말했다.

"살인범은 신의 아버지입니다. 무릇 아버지를 처형함으로써 정치를 세운다면 이는 불효이고, 법을 내팽개치고 살인범을 용서한다면 이는 불충입니다. 신의 죄는 죽어 마땅합니다."

왕이 말했다.

"범인을 추적했으나 체포하지 못한 것이니, 마땅히 처벌할 수 없다. 그대는 맡은 일에만 힘써라!"

석사가 말했다.

"자기 아버지에게 사적인 정을 행하지 못하면 효자가 아니고, 군주의 법을 제대로 받들지 못하면 충신이 아닙니다. 왕께서 신의 죄를 사면한 것은 임금의 은혜이고, 형벌을 받아 죽는 것은 신의 직분입니다."

드디어 왕의 명령을 받아들이지 않고 스스로 목을 찔러 죽었다.

이리(李離)는 진나라 문공(文公)의 옥관[理=獄官]이었다. 잘못된 판결을 해서 (무고한) 사람을 죽게 하자 스스로 감옥에 갇혀 사형을 당하고자 했다. 문공이 말했다.

"관직에는 귀함과 천함이 있고, 형벌에는 가벼움과 무거움이 있다. 이 사건은 부하 관리에게 잘못이 있는 것이지 그대의 죄가 아니다."

이리가 말했다.

"신은 관리가 되어 한 부서의 장(長)으로서 일찍이 하급 관리에게 자리를 양보한 적이 없고, 많은 녹봉을 받았지만, 하급 관리에게 이익을 나눠준 적도 없습니다. 그런데 지금 잘못된 판결을 내려 죄 없는 사람을 죽이게 되자 그 죄를 부하 관리들에게 떠넘긴다는 것은, 들어본 적이 없습니다."

사직하고 문공의 명령을 받아들이지 않았다.

문공이 말했다.

"그대 말대로 상급자에게 책임이 있다면 과인에게도 역시 죄가 있는 것이 아닌가?"

이리가 말했다.

"옥관은 따라야 할 법이 있습니다. 형벌을 잘못 내렸으면 스스로 형벌을 받아야 하고, 사형을 잘못 내렸으면 스스로 사형을 받아야 합니다. 임금께서는 신이 사소하고 은밀한 속사정까지 그 의혹을 풀어내 판결을 잘할 수 있으리라 여겼기 때문에 옥관으로 삼으셨을 뿐입니다. (그런데) 지금 죄상을 제대로 듣지 못해 사람을 죽였으니, 그 죄는 죽어 마땅합니다."

드디어 왕의 명령을 받아들이지 않고 칼에 엎어져[伏劍] 죽었다.

태사공(太史公)이 말한다.

"손숙오는 한마디 말로 영(郢-초나라 수도)의 시장을 예전처럼 회복시켰다.

자산이 병으로 죽자, 정나라 백성은 소리 내 울었다.

공의휴는 좋은 베를 보고서 베 짜는 여자를 돌려보냈다.

석사는 아버지를 놓아주고 자결함으로써 초나라 소왕의 명성을 높여주었다.

이리는 판결을 잘못 내려 사람을 죽이게 되자 스스로 칼에 엎어짐으로써 진나라 문공이 국법을 바로잡을 수 있게 해주었다."[1]

1) 【색은술찬(索隱述贊)】 법을 받들고 이치를 따르는 것은[奉法循理]/정사를 행하는 첫 머리라네[爲政之先]/백성을 불쌍하게 여기고 나라를 온전케 한 사람들 이야기[恤人體國]/훌륭한 역사가라면 마땅히 기록해야지[良史述焉]/손숙오 정자산[叔孫鄭産]/예로부터 뛰어나다는 칭송 받았도다[自昔稱賢]/공의휴는 자기 집 채소 뽑아버려 백성에게 한 가지 이로움 주었고[拔葵一利]/석사는 아버지 풀어주었으나 허물 짓지 않았고[赦父非愆]/이리는 칼에 엎어졌으니[李離伏劒]/법을 행함이란 그런 것이리라[爲法而然]!

권120 ─ 급정열전(汲鄭列傳-급암・정당시 열전) 제60

권120 급정열전(汲鄭列傳-급암·정당시 열전) 제60

급암(汲黯)은 자(字)가 장유(長孺)로 복양(濮陽) 사람이다. 선조는 옛날에 위(衛)나라 군(君)의 총애를 받았다[1]. 암(黯)까지 7세(世)에 걸쳐 대대로 경대부(卿大夫)를 지냈다. 암은 아버지가 보증해[任] 효경(孝景) 때 태자세마(太子洗馬)가 되었는데, 워낙 엄격해[莊][2] 사람들이 그를 꺼렸다.

효경제가 붕(崩)하고 태자(-무제)가 자리에 나아가자, 암은 알자(謁者)가 되었다. 동월(東越)의 여러 나라가 서로 싸움을 벌이자, 상은 암을 사자로 보내 가서 실상을 살펴보게 했다. (암은) 동월에는 가지 않고 오나라까지만 갔다가 돌아와서 보고했다.

"월나라 사람들이 서로 싸우는 것은 본래 그들의 습속이니 천자의 사자가 수고할 만한 일이 아닙니다."

1) **【집해(集解)】** 문영(文穎)이 말했다. "전국시대 때 위나라는 단지 군(君)이라고 불렸다."

2) **【색은(索隱)】** 장(莊)은 곧 엄(嚴)으로, 엄정하고 위엄이 있다[嚴威]는 말이다. 살펴보건대, 한나라 명제(明帝)의 이름이 장(莊)이어서 그때 이후로 장(莊)을 모두 엄(嚴)이라고 했다.

하내(河內)에 불이 나서 1,000여 채가 불에 타버리니, 상이 암을 사자로 보내 실상을 알아오게 했다. 돌아와 보고했다.

"마을 사람들이 잘못해서 불을 내는 바람에 연이어 있는 집들이 줄줄이 불에 탄 것이니, 크게 걱정하실 일은 아닙니다. (다만) 신이 하남(河南)을 지나다 보니 그곳의 가난한 자 중에서 1만여 가구가 수해와 가뭄으로 피해를 당했는데, 어떤 경우에는 부모와 자식이 서로 잡아먹기도 해서 신이 삼가 상황에 맞춰 (황제의 허락도 없이) 부절을 가지고 하내의 곡식 창고를 열어 빈민들을 구제했습니다. 청컨대, 부절을 반납하고 성지(聖旨)를 멋대로 바꾼[矯制]1) 죄를 엎드려 청합니다."

상은 그가 현명하게 잘 처리했다고 여겨서 그를 풀어주고 옮겨서 형양(滎陽) 현령(縣令)으로 삼았다. 암은 현령으로 나가게 된 것을 부끄럽게 여겨 병을 핑계로 고향[田里]으로 돌아갔다. 상이 이를 듣고는 마침내 그를 불러 중대부(中大夫)로 삼았다. 자주[數] 간절하게 간언했기 때문에 내직에 오래 머물지 못하고 옮겨서 동해 태수(東海太守)가 되었다. 암은 황로(黃老)의 학술을 공부했기에 관리와 백성을 다스림에도 맑고 고요함[清靜]을 좋아해서 승(丞)과 사(史)를 잘 고른 다음 그들에게 모든 일을 맡겼다.

그의 다스리는 방법은 큰일에만 지침을 내릴 뿐 작은 일에는 시시콜콜 관여하지 않았다. 암은 병치레가 잦아 내실에 누워서 나가지를 않았으나 (그럼에도) 1년여가 지나자, 동해가 크게 잘 다스려져서 칭송을 받았다. 상이 이를 듣고는 (암을) 불러서 주작도위(主爵都尉)로 삼아 구경(九卿)의 반열에 올렸다. 그의 다스림은 무위(無爲)에 힘써 큰 틀만 챙겼고, 세세한 법률 문구[文法]에 얽매이지 않았다.

1) 안사고(顏師古)가 말했다. "교(矯)는 칭탁하는 것[託]이니, 제조(制詔)를 받든다고 칭탁해 일을 행하는 것이다."

암은 사람됨이 천성적으로 거만하고[倨=簡傲] 예를 소홀히 하여 면전에서 (자주) 사람을 꺾었고[面折=面駁] 다른 사람의 허물을 품어 안을 줄 몰랐다. 자기 뜻에 맞는 자는 잘 대해주었고 맞지 않는 자는 그냥 두고 보지 않았기에, 선비들 또한 이 때문에 그를 따르지 않았다. 그러나 학문을 좋아하고 의협심이 있었으며 기개와 절의를 중시했고, 행실을 잘 닦아 깨끗하게 처신했으며 직간(直諫)을 잘해 주군의 안색을 자주 범할 정도였으며[犯主之顔色][1], 평소에 늘 부백(傅柏)[2]과 원앙(袁盎)의 사람됨을 흠모했다. 관부(灌夫), 정당시(鄭當時), 종정(宗正) 유기(劉棄)[3]와 사이가 좋았는데, 그들 또한 자주 곧은 간언[直諫]을 올렸기 때문에 중앙의 좋은 자리에 오래 있지 못했다.

1) 임금의 안색이 바뀔 만큼 곧게 간언했다[直諫]는 뜻이다. 『논어(論語)』 「헌문(憲問)」편에서 자로가 임금을 올바르게 섬기는 길에 관해 묻자, 공자는 말했다. "속이지 말고 안색을 범하더라도 간쟁 하는 것이다[犯之]."

2) 【집해(集解)】 응소(應劭)가 말했다. "부백은 양(梁)나라 사람으로 효왕(孝王)의 장수였으며 평소 강직했다."

3) 【집해(集解)】 서광(徐廣)이 말했다. "판본에 따라 이름이 기질(棄疾)로 되어 있다." 【색은(索隱)】 『한서(漢書)』에는 이름이 기질(棄疾)로 되어 있다.

이때 태후의 동생 무안후(武安侯) 전분(田蚡)이 승상으로 있었는데, 중(中) 2,000석 관리가 배알 해도 분(蚡)은 (답례의) 예를 행하지 않았다. 그런데 암은 분을 만나면 일찍이 큰절을 올리지 않고 늘 읍(揖)만 했다. 천자가 바야흐로 문학(文學-유학) 하는 유자들을 불러놓고 말하기를 나는 이러저러하고자[云云][1] 한다고 했는데, 암이 대답해 말했다.

"폐하께서는 속으로 욕심이 많으시면서 겉으로만 어짊과 의리를 베푸시겠다고 하시니 그렇게 해서야 어찌 요임금과 순임금[唐虞]의 다스림을 본받을 수 있겠습니까?"

상이 아무 말 없이 화가 나서 낯빛까지 바뀌더니 조회를 끝내버렸다. 공경(公卿)들은 모두 암을 걱정했다. 상은 조정을 나서면서 좌우 신하들에게 이렇게 말했다.

"심하구나, 급암의 꽉 막힌 우매함[戇]이여!"

이에 여러 신하가 간혹 암을 꾸짖으면[數=責] 암은 이렇게 말했다.

"천자께서는 삼공(三公)과 구경(九卿)을 둬 보필하는 신하로 삼으셨으니, 어찌 아첨해 천자의 뜻만 따르면서 폐하를 옳지 못한 지경에 빠지게 하겠소? 또 그런 지위에 있는 이상 비록 자기 몸을 희생시키더라도 어찌 조정을 욕되게 해서야 되겠습니까?"

1) 【집해(集解)】 장안(張晏)이 말했다. "말한 바가 어짊과 마땅함[仁義]을 베풀고 싶다는 것이다."

암은 병이 많았는데, 어떤 때는 석 달 동안이나 병을 앓자, 상이 그때마다 휴가 내리기를[賜告]1) 여러 차례 했으나 끝내 병이 낫지 않았다. 뒤에 장조(莊助-엄조)가 (상에게) 청해 급암에게 휴가를 내려주라고 하자 상이 말했다.

"급암은 어떤 사람인가?"

"암에게 어떤 책임이나 자리[任職]를 맡기더라도 다른 사람보다 더 나을 것이 없을지는 모릅니다. 그러나 나이 어린 군주[少主]2)를 보필할 경우 (왕조의 제업을) 수성(守成)해내고 누가 유혹하더라도 가지 않으며 배척해도 떠나지 않을 사람이니, 옛날의 맹분(孟賁)이나 하육(夏育)3) 같은 자라도 그의 마음을 빼앗을 수는 없을 것입니다."

상이 말했다.

"그렇다. 옛날에 사직을 지켜내는 신하[社稷之臣]들이 있었는데, 급암 같은 사람이 바로 그에 가까울 것이다."

1) 【집해(集解)】 여순(如淳)이 말했다. "혹자가 말하기를, 사고(賜告)는 관직을 버리

고 집으로 돌아가는 것이고 여고(與告)는 관직에 있으면서 일을 보지는 않는 것이라고 했다."

2) 무제는 즉위 당시 16세였다.

3) 안사고(顔師古)가 말했다. "맹분과 하육 둘 다 옛날의 힘센 자였다."

대장군 청(靑-위청)이 시종할 때면 상은 (침상) 곁에 걸터앉아서 그를 대했고, 승상 홍(弘-공손홍)이 편안하게[燕] 뵐 때도 상은 간혹 종종 관을 쓰지 않은 채 만나보았다. (그러나) 암을 만나볼 때는 상이 관을 쓰지 않고 만나보는 법이 없었다. 상이 일찍이 무장(武帳)[1]에 앉아 있었는데, 암이 앞으로 다가와 어떤 일을 아뢰려고 하자 상은 관을 쓰지 않고 있다가, 멀리서 다가오는 암을 보고서는 무장 안으로 몸을 피한 후에 사람을 시켜 아뢸 일이 무엇이냐고 묻게 했다. 그가 상에게 공경의 예를 받는 것이 이와 같았다.

1) 【집해(集解)】 응소(應劭)가 말했다. "직물로 짜서 만든 무사의 형상이다."

장탕(張湯)이 바야흐로 당시 율령을 바꾼 공로로 정위(廷尉)가 되자, 암은 상의 면전에서 여러 차례 탕(湯)을 질책해 말했다.

"공은 정경(正卿)이 되어 위로는 선제의 공업을 기리지 못하고 아래로는 천하의 간사한 마음을 억누르지 못했으니, 나라를 평안케 하여 백성을 넉넉하게 하는 일과 감옥을 텅 비게 하는 일 둘 중 어느 하나도 이루지 못했소이다. 또 법을 이용해 백성을 죄에 빠뜨리는 것을 자기 업무로 삼고 함부로 법을 쪼개 해석하는 것을 공로로 삼으니, 어찌 고제(高帝)의 간약(簡約)한 법을 자기 멋대로 어지럽게 바꾸고 있는 것이오? 그대는 이 일로써 멸족될 것이오[無種]!"

암은 종종 탕과 논의를 했는데, 그때마다 탕은 늘 법조문을 깊이 있게 거론하면서 작은 것까지도 각박하게 따졌다. 반면에 (암은) 강직하고 엄숙하게 원칙을 지킬 뿐이어서 탕을 제대로 굴복시키지 못하자, (마침내) 화를 내며 꾸짖었다.

"천하에서는 '도필리(刀筆吏)를 공경으로 삼아서는 안 된다'라고 하더니, 과연 그렇구나! 탕이 득세하면 반드시 천하의 백성은 발을 포개 한쪽 다리로 서서 곁눈질하며 눈치를 보게 되리라!"

이때 한나라는 바야흐로 흉노를 정벌하고 사방의 오랑캐를 불러서 품어 안고 있었다[招懷]. 암은 일을 줄이는 데 힘을 쏟으면서 상이 한가한 틈을 타고 늘 오랑캐와 화친해야지 군사를 일으켜서는 안 된다고 말했다. 상이 바야흐로 유학에 관심을 쏟아[向=嚮] 공손홍을 높였다. 나라의 일은 점점 많아지고 관리와 백성은 법을 교묘하게 꾸며 농간을 부렸다. 상이 법령[文法]을 세밀하게 나눠 다스리려 하자 탕 등은 새로운 법령들을 자주 만들어 올림으로써 상의 총애를 받았다. 그런데 암은 늘 유학을 깎아내리면서 홍(弘-공손홍) 등은 단지 거짓되고 가식적인 지식으로 임금에게 아부해서 용납을 받는다고 면전에서 꾸짖었고, 또 (장탕 같은) 도필리는 단지 법령을 깊게 하고 교묘하게 법에 저촉되게 함으로써 사람을 죄에 빠뜨려 진상을 밝힐 수 없게 만드는 것을 자신의 공로로 삼는다고 꾸짖었다. (그러나) 상은 그럴수록 홍과 탕을 더욱 아꼈으니, 홍과 탕은 마음속 깊이 암을 미워했고 천자 또한 그를 좋아하지 않자 두 사람은 일을 빌미로 그를 주살하려고 했다. 홍이 승상이 되자 마침내 상에게 말했다.

"우내사(右內史)의 지역 안에는 종실과 고관대작이 많이 살고 있어 다스리기가 매우 어려우니, 평소 중신(重臣)이 아니고서는 이 일을 맡길 수가 없습니다. 청컨대 암을 옮겨서 우내사로 삼으시옵소서."

암이 우내사가 되어 여러 해가 지나도 관청에는 폐기되는 일이 없었다[1].

---

1) 일이 잘 돌아갔다는 말이다.

대장군 청이 이미 더욱 존귀한 신분이 된 데다 누이가 황후였음에도 암은 늘 그에게 대등한 예[亢禮]로써 대했다. 그러자 어떤 사람이 암을 설득해 말했다.

"천자께서 여러 신하가 대장군을 떠받들기를 바라신 이래로 대장군은 더욱 존귀하게 되었습니다. 그러니 그대도 (대장군에게) 절을 올려 높이지 않으면 안 됩니다."

암이 말했다.

"무릇 대장군에게 읍만 올리는 빈객이 있다고 해서 도리어 (대장군이) 중하지 않게 되는 것인가?"

대장군은 이를 듣고는 암을 더욱더 뛰어나다고 여겨서, 국가 조정에서 확신을 갖지 못하는 일들을 자주 물어보며 암을 대우하기를 평소보다 더 잘했다.

회남왕이 반란을 모의할 때 암을 꺼려해 말했다.

"암은 곧게 간언하기를 좋아하고 절개를 지켜서 의로움을 위해 죽고자 한다. 그러나 공손홍 등을 설득하는 것은 마치 덮여 있는 뚜껑을 여는 것처럼 쉬운 일일 뿐이다."

천자는 이미 흉노를 여러 차례 정벌해 공로를 세운 뒤로부터 암의 말을 더욱더 쓰지 않게 되었다.

애초에 암이 구경의 반열에 올랐을 때 공손홍과 장탕은 하급 관리[小吏=衙前]였는데, 홍과 탕이 점점 높아져서 암과 동급이 되자 암이 다시 홍과 탕을 비난하고 헐뜯었기[非毁=誹毁] 때문이다. 얼마 후에 홍은 승상에 이르러 후(侯)에 봉해지고 탕은 어사대부가 되었으니, 암으로서는 한때 자기 밑에서 승(丞)과 사(史)로 근무하던 부하들이 동열에 서거나 자기보다 더

귀하게 된 것이었다. 암은 편협한 마음에[褊心] 약간의 원망[望=怨]이 없을
수 없어, 상을 뵙고 앞에서 말했다.

“폐하께서 여러 신하를 쓰는 방법은 마치 쌓아 놓은 장작을 꺼내 쓰는
것과 같을 뿐이니, 나중에 온 자가 윗자리를 차지하게 됩니다.”

상이 말했다.

“사람은 과연 배우지 않으면 안 되겠구나! 암의 말을 잘 살펴보니 날이
갈수록 심해지는구나!”

그 후 얼마 되지 않아 흉노의 혼야왕(渾邪王)이 무리를 이끌고 항복해 오
자 한나라는 (그들을 싣고 오기 위해) 수레 2만 승을 징발했다. 현관(縣官-국
고)에 돈이 없어 백성으로부터 말을 빌리려고 했다. 백성이 혹 말을 숨겨버
렸기에 말의 숫자를 다 채울 수 없었다. 상이 화가 나서 장안령(長安令-현령)
의 목을 베려 했다. 암이 말했다.

“장안령은 죄가 없고 오직 이 암의 목만 베신다면 백성은 마침내 기꺼이
말을 내놓을 것입니다. 게다가[且] 흉노가 자신의 군주를 배반하고 한나라
에 항복했으니 천천히 현에서 현으로 옮겨 오게 하면 되는데, 어찌 천하를
떠들썩하게 하고 중국을 피폐하게 하면서까지 오랑캐 무리를 맞아들이시
는 것입니까?”

상은 아무 말이 없었다[默然]. 뒤에 혼야왕이 도착했는데 상인 중에서
그들과 교역하다가 사죄(死罪)에 걸려든 자가 500여 명이었다. 암이 들어가
서 알현할 시간을 청해 고문(高門)[1]에서 뵙고 말했다.

“저 흉노가 통로에 있는 요새를 공격해 화친을 끊었기에 중국이 군사를
일으켜 저들을 주벌했으니, 죽거나 다친 자가 이루 헤아릴 수 없었고 그 비
용 또한 수백억에 달했습니다. 어리석은 신이 생각건대, 폐하께서는 생포한
오랑캐를 모두 노비로 만들어서 종군하다 죽은 자들의 집에 나눠주고 노
획한 재물 역시 그들에게 줌으로써 천하를 위로하고 백성의 (텅 빈) 마음을

채워줄[塞=滿] 줄 알았습니다. (그런데) 지금 비록 그렇게는 못 할지언정 (오히려) 혼야왕이 수만 명의 무리를 이끌고 항복해 오자 나라의 창고[府庫]를 텅 비우면서까지 상을 내리고 양민을 징발해서 그들을 봉양하고 있으니, 비유하자면 이는 마치 망나니 자식[驕子]을 받드는 것과도 같다고 할 수 있습니다. 장안의 시장에서 물건을 사고파는 일이 법관들의 판결로 드러나듯이 재물을 함부로 변방의 관문에서 밖으로 빼돌리는 행위와 같은 것임을 어리석은 백성이 어찌 알겠습니까? (그럼에도) 폐하께서는 흉노의 재물을 가지고 천하를 위로해주시기는커녕 또다시 미세하고 각박하게 적용한 법조문[微文]을 써서 무지한 백성 500여 명을 죽이려 하시니, 이는 신이 남몰래 폐하를 위해 생각해보건대 그리해서는 안 될 일입니다.”

상은 아무 말도 없이 있다가 허락지 아니하고 이렇게 말했다.

“내가 오랫동안 급암의 말을 듣지 않았는데, 지금 또다시 망령된 말을 내뱉는구나.”

몇 달 뒤에 암이 사소한 법률에 연루되어 마침 사면을 받기는 했지만, 벼슬에서는 쫓겨나고 말았다. 이에 암은 전원에서 숨어 지냈다.

1) 【집해(集解)】 여순(如淳)이 말했다. “『삼보황도(三輔黃圖)』에 따르면, 미앙궁(未央宮) 안에 고문전(高門殿)이 있다.”

몇 년이 지나 마침 다시 오수전(五銖錢)(을 사용하는 제도)을 바꿨는데, 백성 중에 몰래 동전을 만드는 자들이 많았고 초(楚) 땅이 특히 심했다. 상은 회양(淮陽-군)을 초 땅으로 가는 길목[郊]이라고 여겨서 마침내 암을 불러들여 제배해 회양 태수로 삼았으나 암은 엎드려 사절하며 태수의 인끈을 받으려 하지 않았다. 여러 차례 조서를 내려 강제로 불러들이자 할 수 없이 조서를 받들었는데, 조서를 내려 암을 부르자 암이 상을 위해 울면서 말했다.

“신이 스스로 생각하기에, 죽어서 시신이 산골짜기에 내버려질 때까지 다시는 폐하를 못 뵈올 줄 알았고 또 폐하께서 신을 다시 거둬주시리라고는 생각지도 못했습니다. 신은 항상 견마지로를 다하려는 마음이 있지만 지금은 병이 심해 한 군(郡)의 일을 맡을 수 없으니 바라건대, 중랑(中郎)으로 삼아주시면 궁궐을 출입하면서 폐하의 허물을 깁고 흘리신 것을 줍겠습니다[補過拾遺]. 이것이 신의 바람입니다."

상이 말했다.

"그대[君]는 회양 태수의 직을 얕잡아보는가? 나는 곧바로 그대를 불러들일 것이다. 생각건대[顧=思念] 회양의 관리와 백성이 서로 화합하지 못하니[不得=不和], 나는 다만 공의 위엄[重=威重]을 빌려서 병상에 누워서라도 다스리게 하려는 것이다."

암이 이미 하직 인사를 하고 나자 (임지로 가던 중에) 대행(大行) 이식(李息)을 찾아가 말했다.

"나는 버림을 받고 군(郡)으로 쫓겨 가니 조정의 일을 토의하는 데는 참여할 수 없게 되었소. 그런데 어사대부 장탕(張湯)은 잔꾀로 간언을 가로막고 속임수로 자신의 잘못을 꾸며대고 있소. 그는 교묘한 말과 변론에 능한데, 천하를 위해 기꺼이 바른말을 하려 하지 않고 오직 군주의 뜻에만 아부하려 하고 있소. 군주께서 하고자 하시는 바가 아니면 그것을 틈타 (다른 사람을) 헐뜯고, 군주께서 하고자 하시는 바이면 그것을 틈타 칭송만 하오. (장탕은) 일을 일으키기[興事]를 좋아해 법조문을 맘대로 휘둘러 만지작거리면서, 조정 안에서는 거짓된 마음을 품고서 군주의 마음을 조종하고 있으며 조정 밖에서는 잔학한 관리들을 끼고서 자기의 위세를 무겁게 하고 있소. 공께서는 지금 구경(九卿)의 반열에 있으니, 조속히 (군주에게) 뭔가를 말하지 않는다면 공 또한 그와 함께 주륙을 당하게 될 것이오."

식(息)은 탕이 두려워서 끝내 감히 아뢰지 못했다. 암이 군의 일을 보기를 예전에 했던 대로 다스리자 회양의 정사가 맑아졌다. 뒤에 장탕이 과연 실각하자 상은 암이 (식에게) 해준 말을 듣고서는 식을 처벌했고, 암에게는 제후의 상국(-혹은 재상)에 상응하는 봉록을 주고[1] 회양에 남아 있게 했다. 회양에 머문 지 7년 만에 졸(卒)했다[2].

1) 【집해(集解)】 여순(如淳)이 말했다. "제후나 왕의 상국은 군수의 위에 있고 작질은 진(眞) 2,000석이다."

2) 【집해(集解)】 서광(徐廣)이 말했다. "원정(元鼎) 5년이다."

암이 졸한 뒤에 상은 암의 지난 일을 참작해 동생 인(仁)에게 관직을 주어 구경의 반열에 오르게 했고, (암의) 아들 언(偃)도 제후국의 상국에 이르렀다. 암의 고모 아들 사마안(司馬安) 또한 어려서 암과 더불어 태자세마(太子洗馬)가 되었는데, 안(安)은 법조문에 능했고 관직 생활을 잘해서 네 차례나 구경(九卿)에 올랐다가 하남 태수로 있으면서 졸했다.

그의 형제들은 안의 후광에 힘입어 같은 시기에 2,000석 관리가 된 자가 10명이었다. (암과 동향인) 복양(濮陽) 사람 단굉(段宏)은 처음에 개후(蓋侯) 신(信-왕신)[1]을 섬겼다가 신이 굉을 보증하고 천거함으로써[任=保擧] 그 또한 두 차례나 구경에 올랐는데, 위(衛) 땅 출신의 관리들은 모두 암을 두려워하고 꺼려 했기에 그의 아래에 있으려 하지 않았다.

1) 【집해(集解)】 서광(徐廣)이 말했다. "태후의 오빠 왕신(王信)이다."

정당시(鄭當時)는 자(字)가 장(莊)으로 진(陳) 땅 사람이다. 조상 정군(鄭君)[1]은 일찍이 항적(項籍-항우)을 섬겼는데, 적(籍)이 죽자 얼마 후에 한나라에 귀순했다[屬=歸].

고조(高祖)가 (한번은) 과거에 항적의 신하였던 사람들에게 적의 이름을 부르게 했는데, 정군만이 홀로 그 명을 따르지 않았다. (고조는) 조서를 내려 항적의 이름을 직접 부른 자들을 제배해 모두 대부로 삼고 정군을 내쫓았다. 정군은 효문(孝文) 때 죽었다.

정장(鄭莊)은 임협(任俠)으로 자처하기를 좋아해서, (양나라 효왕의 장수) 장우(張羽)를 위기에서 구해줌으로써 명성이 초(楚)나라와 양(梁)나라 사이에 널리 알려졌다. 효경(孝景) 때 태자사인(太子舍人)이 되자 닷새마다 쉬는 날이 되면 항상 장안 사방의 교외에다 역마(驛馬)를 두고서 손님들을 초대해 밤을 새울 정도로 극진히 대접했는데, 언제나 소홀한 점이 없는지만 걱정했다.

장(莊)은 황로(黃老)의 학설을 좋아했고, (덕망이 높은) 장자(長者)를 흠모해 행여나 그들을 만나지 못할까 봐 근심했다. 그는 나이가 젊고 관직도 낮았지만, 그가 교유하며 알고 지내는 사람들은 모두가 할아버지뻘이었고 천하에 이름 높은 선비들이었다.

무제(武帝)가 세워지자, 장은 점점 승진해[稍遷] 노(魯)나라 중위(中尉), 제남(濟南) 태수, 강도(江都) 재상 등을 거쳐 구경(九卿)에 올라 우내사(右內史)가 되었으나 무안후(武安侯) 전분(田蚡)과 위기후(魏其侯) 두영(竇嬰) 일에 끼어들었다가 좌천당해[貶秩] 첨사(詹事)가 되었고 다시 승진해 대사농(大司農)이 되었다.

1) 【집해(集解)】『한서음의(漢書音義)』에서 말했다. "당시(當時)의 아버지다."

장은 태사(太史)가 되자 문하 사람들에게 이렇게 타일렀다.

"손님이 찾아오면 귀천을 가릴 것 없이 문 앞에서 기다리게 하는 일이 없게 하라."

그는 주인이 삼가 손님을 맞이하는 예를 갖춰 자신의 귀한 신분을 내세우지 않으면서 손님을 맞이했다.

장(莊)은 천성이 결백했고 또 자기 재산을 불리는 데 신경 쓰지 않아서 봉록이나 하사품을 받으면 여러 공에게 골고루 나눠주었으나 그가 귀한 사람들에게 선물하는 것은 단지 대나무 그릇에 담은 음식물 정도에 지나지 않았다. 매번 조회 때마다 상이 한가한 틈을 타서 반드시 천하에 덕망이 높은 인재[長者]를 말하지 않은 적이 없었다. 그가 선비나 승(丞), 사(史) 등의 부하 관리들을 천거할 때는 진실로 정성을 다해 소개했는데, 언제나 그들이 자기보다 뛰어난 점을 들었다. 일찍이 관원들의 이름을 함부로 직접 부르지 않았고, 부하 관원들과 이야기할 때도 혹시 상대방의 마음이 상하게 할까만 조심했다. 남들의 좋은 의견을 들으면 곧바로 상에게 아뢰었는데, 혹시라도 늦을까만 두려워했다. 이 때문에 산동(山東) 지방의 선비들과 장자(長者)들은 한결같이 정장(鄭莊)의 사람됨을 칭찬했다.

정장(鄭莊)은 황하의 둑이 터진 실태를 시찰하라는 명을 받게 되자 닷새 동안 여장을 준비하는 기간을 달라고 청했다. 상이 말했다.

"내가 듣건대 정장은 출장 갈 때 1,000리 길이라도 식량을 지니지 않는다고 하던데, 무엇 때문에 여장을 준비하는 기간이 필요한가?"

그러나 정장이 조정에 있을 때는 항상 상의 뜻에 복종했고 감히 일의 시비를 따지지 않았다.

그가 만년에 이르렀을 때, 한나라는 흉노를 정벌하고 사방의 오랑캐를 불러 천하를 복종시키기 위해 힘쓰느라 비용이 증대해 재정이 더욱 악화되었다. 장은 그때 어떤 빈객을 대사농의 고용인으로 보증을 섰는데, 갚지 못한 빚이 많았다. 사마안(司馬安)이 회양 태수로 있으면서 이 사건을 들춰냈고, 장은 이 일로 죄에 걸려들어 속죄금을 내고 서인(庶人)이 되었다. 얼마 후에 승상 장사(長史)가 되었으나, 상은 그가 늙었다고 생각해 여남(汝南) 태수로 삼았다. 몇 년 뒤에 태수로 있으면서 졸했다.

정장은 급암과 마찬가지로 처음 구경 반열에 올랐을 때는 청렴하고 행실을 잘 닦았으나 이 두 사람은 중간에 쫓겨나게 되자 집안이 가난해 빈객들이 점점 떨어져 나갔다. (정장은) 군수로 있었지만, 졸한 다음에는 집 안에 남은 재산이 없었다. 정장의 형제나 자손 중에 장(莊) 덕분에 2,000석 관리에 이른 자가 6~7명이었다.

태사공(太史公)이 말한다.

"무릇 급암(汲黯)이나 정당시(鄭當時)와 같이 뛰어난 사람도 세력이 있을 때는 빈객이 10배로 늘었다가도 세력을 잃자, 빈객이 사라져버렸는데, 하물며 보통 사람들이야 어떻겠는가?

하규(下邽)의 적공(翟公)이 이렇게 말한 바 있다.

'처음에 내가 정위가 되자 빈객들이 문 앞을 가득 채웠지만, 막상 쫓겨나자, 문밖에 참새 잡는 그물[雀羅]을 쳐도 될 만큼 한산했다.'

적공이 다시 정위(廷尉)가 되자 빈객들이 다시 모여들려고 했지만, 적공은 집 문에다 큰 글씨로 이렇게 적어두었다.

'한 번 죽고 한 번 사는 데서 사람 사귀는 정을 알 수 있고,

한 번 가난하고 한 번 부유해지는 데서 사람 사귀는 모습[交態]을 알 수 있으며,

한 번 귀했다가 한 번 천해지는 데서 사람 사귀는 참된 정을 마침내 볼 수 있다.'

급암과 정당시에게도 이런 말을 할 수 있으니, 슬프도다!"1)

1) 【색은술찬(索隱述贊)】 하남 백성 구제하느라 황제 명 마음대로 고쳤으나[河南矯制]/예로부터 뛰어나다 칭송들었네[自古稱賢]/회남에서는 누워서 다스렸지만[淮南臥理]/천자가 눈감아주었지[天子伏焉]/섶을 쌓아 탄식하면서도[積薪興歎]/꼿꼿함과 곧음은 더욱 군세어졌도다[伉直愈堅]/정장이 선비 추천하면[鄭莊推士]/천자는 그때마다 흡족해했다네[天子翕然]/사귀는 도리가 권세와 이익에 따라 달라지는 것을[交道勢利]/적공은 참으로 마음 아파했도다[翟公愴旃]!

권121 — 유림열전(儒林列傳) 제61

권121 유림열전(儒林列傳) 제61[1]

태사공(太史公)이 말한다.

"내가 공령(功令)[2]을 읽다가 널리 학관(學官-학교)을 장려하고 넓히는 대목에 이르게 되면 일찍이 책을 덮고 감탄하지 않은 적이 없었다.

말하노라.

아아! 저 주(周)나라 왕실이 쇠약해지자 「관저(關雎)」[3]가 지어졌고 (주나라) 유왕(幽王)과 여왕(厲王)이 미약해지면서 예악(禮樂)이 무너졌으니, 이에 제후들은 마음대로 행동했고 정령(政令)은 (천자가 아니라) 강한 제후국에서 나오게 되었다. 그래서 공자(孔子)는 왕도(王道)가 폐기되고 사도(邪道)가 크게 일어나는 것을 가슴 아프게 여겨서, 이에 『시경(詩經)』과 『서경(書經)』을 차례대로 편술하고, 예악을 정리하여 일으켰다.

제(齊)나라에 가서 소(韶)[4]를 듣고는 석 달 동안 고기 맛을 잊었고 위(衛)나라에서 노(魯)나라로 돌아온 다음에는 음악을 바로잡았으니, 『아(雅)』와 『송(頌)』이 각기 제자리를 얻게 되었다[各得其所][5]. (그러나) 세상이 혼탁해 누구도 공자를 능히 쓸 수가 없었기에, 중니(仲尼)는 70여 임금을 찾아갔지만 알아주는 이가 없었다. 그래서 말하기를 '만일 나를 써주는 임금이 있다면 한 달이면 성과를 낼 수 있을 텐데[6]'라고 했고, 서쪽 교외에서 사냥하다가 누군가가 기린을 잡았다고 하자 '내 도리가 다했구나'라고 했다. 그리하여 (노나라) 역사 기록을 바탕으로 『춘추(春秋)』를 지어 왕법(王法)을 제시했으니, 그 말이 은미하면서도 뜻하는 바가 넓어서[辭微而指博=微言大義] 후세에 배우는 자들은 대부분 이를 본받아 역사를 기록했다."

1) 【정의(正義)】 요승(姚承)이 말했다. "유(儒)란 박사(博士)를 말하니, 유림이란 문아(文雅)한 숲을 이루었다는 말이다. 이들은 옛글을 종합하고 정리해 옛 도리를 널리 밝힘으로써 모두가 유자의 길을 걷도록 권장하고 왕의 교화를 이뤄내는 사람들이다."

2) 【색은(索隱)】 살펴보건대, 배우는 자들이 성과를 드러내도록 한 규정을 말한다. 즉 오늘날의 학령(學令)이 그것이다.

3) 『시경(詩經)』의 첫 번째 시다.

4) 순임금의 음악이다.

5) 이 두 문장은 그대로 『논어(論語)』에 나온다.

6) 『논어(論語)』에 나온다.

공자가 졸(卒)하고 나자 70제자는 사방으로 흩어져서 제후들에게 유세했는데, 그중에 크게 된 자는 (제후의) 사부(師傅)와 경상(卿相)이 되었고[1] 작게 된 자라도 사대부의 벗이 되거나 그들을 가르쳤으며 어떤 이는 숨어지내며 벼슬길에 나오지 않았다. 그리하여 자로(子路)는 위(衛)나라에,[2] 자장(子張)은 진(陳)나라에, 담대자우(澹臺子羽)는 초(楚)나라에, 자하(子夏)는 서하(西河)에 머물렀고 자공(子貢)은 제나라에서 생을 마쳤다. (또) 전자방(田子方)·단간목(段干木)·오기(吳起)·금활리(禽滑釐)는 모두 자하 같은 인물들로부터 수업해 왕자(王者)들의 스승이 되었다. 이때는 오직 위(魏)나라 문후(文侯)만이 학문을 좋아했을 뿐 유학은 그 후로부터 (쇠퇴함이 극에 달한) 진시황(秦始皇)까지 서서히 쇠퇴해[陵遲]갔다.

전국시대에는 천하가 서로 다툼을 일삼으며 유술(儒術)은 이미 배척의 대상이 되었지만, 제(齊)나라와 노(魯)나라 사이에서는 홀로 유학을 배우는 자들이 끊이지 않았다. 제나라 위왕(威王)과 선왕(宣王) 때는 맹자(孟子)·순자(荀子)와 같은 유학자들이 모두 부자(夫子-공자)의 업을 이어받아 더욱 윤색함으로써 공자의 학문을 그 시대에 드러나게 했다.

1) 【색은(索隱)】 살펴보건대, 자하(子夏)는 위(魏) 문후(文侯)의 스승이, 자공(子貢)은 제나라와 노나라에서 경이, 재여(宰予) 또한 제나라에서 경이 되었으나 나머지 사람들은 들어본 바가 없다.

2) 「중니제자열전(仲尼弟子列傳)」을 보면, 자로는 위나라에서 죽었는데 이때 공자는 생존해 있었다.

진(秦)나라 말기에 이르러 『시(詩)』와 『서(書)』를 불태우고 술사(術士-유생)들을 구덩이에 매장시켜버리자[焚書坑儒] 육예(六藝-시·서·예·악·역·춘추)는 이때부터 결락(缺落)되었다. (그러다가) 진섭(陳涉)이 왕이 되자 노나라 여러 유자는 공자 가문에서 전하던 예기(禮器, 祭器)를 갖고서 진왕(陳王-진섭)에게 귀순했다. 이에 공갑(孔甲)[1]은 진섭의 박사(博士)가 되었다가 결국 진섭과 함께 죽었다. 진섭은 평범한 필부에서 일어나 변경으로 수자리 가는 오합지졸들을 모아서 한 달 만에 초나라에서 왕 노릇을 하다가, 반년도 채우지 못하고 결국 멸망했다.

진섭이 한 일이란 지극히 미천한 것들이었는데도 존귀한 선비[縉紳] 무리가 공자의 예기(禮器)를 짊어지고 가서 예물로 바치고[委質=委贄] 그의 신하가 되려고 했던 것은 어째서인가? 이는 진(秦)나라가 자기 서적들을 불태워버렸기 때문에 원망이 쌓여서 진왕(陳王)을 통해 그 분함을 발산시키려 했던 것이다.

1) 【집해(集解)】 공광은 공자 8세손으로 이름은 부(鮒), 자는 갑(甲)이다.

고황제(高皇帝)가 항적(項籍-항우)을 주살한 뒤 병사들을 이끌고 노나라를 에워쌌을 때, 노나라 사람 중에서도 여러 유생은 여전히 경서를 강독하고 암송하면서 예악을 익혔고 거문고와 비파 등의 악기를 연주하면서 시가(詩歌)를 읊는 소리가 끊이지 않게 했다. 이런 것들은 (공자 같은) 빼어난 이가 끼친 교화이니, 심히 예악을 좋아하는 나라가 아니었다면 어찌 그럴 수 있었겠는가! 그러므로 공자는 진(陳)나라에 머물다가 '돌아가자! 돌아가자! 내 당의 제자들은 뜻은 크지만 일에는 거칠고[狂簡] 꾸며내는 것은 찬란하지만 그것을 제대로 마름질할 줄 모른다[1]'라고 했던 것이다. 대개 제나라와 노나라 사람들이 학문을 중시하는 것은 옛날부터 타고난 천성이라고 할 수 있을 것이다.

그러므로 한(漢)나라가 일어난 다음 여러 유생은 비로소 경학을 닦을 수 있게 되고 대사례(大射禮)[2]와 향음주례(鄕飮酒禮)[3]의 예의(禮儀)를 강습할 수 있게 되었으니, 숙손통(叔孫通)은 한나라 예의(禮儀)를 제정함으로써 태상(太常)이 되었고 함께 참여한 유생과 제자들도 모두 조정 관리로 우선 임용되었고 이에 사람들은 유학이 다시 일어나는 것에 감탄했다. 그러나 여전히 천하에 전란이 그치지 않았기 때문에, 황제는 천하를 평정하느라 상서(庠序-학교)를 세우고 백성을 교화시킬 겨를이 미처 없었다. 효혜제(孝惠帝)와 여후(呂后) 시절의 공경(公卿)들은 모두 무력으로 공을 세운 신하들일 뿐이었고, 효문제(孝文帝) 때는 유생들이 자못 등용되었지만[4] 문제는 본래부터 형명(刑名)의 학설을 좋아했다.

경제(景帝) 시절에 이르러서도 유자들은 임용되지 않았고 두태후(竇太后) 또한 황로(黃老)의 학술을 좋아했기 때문에, 그래서 여러 박사는 관원의 숫자만 채워둔 채 하문을 기다리기만 할 뿐 제대로 높은 자리에 나아간 사람은 없었다.

---

1) 『논어(論語)』에 나온다.

2) 나라에 행사가 있을 때 임금이 신하들을 모아서 함께 활쏘기하는 의식을 말한다.

3) 향학에서 3년간 학업을 닦은 사람 중에서 우수한 사람을 천거한 뒤에 그를 송별하기 위해 고을에서 덕 있고 나이 많은 선비들을 모시고 전별연을 베풀 때 행하는 예법을 향음주례라 한다.

4) 【정의(正義)】 효문제는 문학 하는 선비들을 점점 더 써서 좋은 자리에 두었다.

금상(今上-즉 무제)이 자리에 나아갔을 때 조관(趙綰)과 왕장(王臧) 등의 인물들이 유학에 밝았고 상(上) 또한 유학에 관심이 있었으니[鄕之=向之], 이에 방정(方正)한 현량(賢良)과 경학에 정통한 선비들을 불렀다. 이때 이후로 『시경(詩經)』을 강론하는 인물로는 노나라 신배공(申培公), 제나라 원고생(轅固生)[1], 연(燕)나라 한태부(韓太傅)[2]가 있었다. 『상서(尙書)』를 강론하는 인물들은 제남(濟南)의 복생(伏生)에서, 『예(禮)』를 강론한 인물들은 노나라 고당생(高堂生)[3]에서, 『역경(易經-주역)』을 강론하는 인물들은 치천(菑川)의 전생(田生)에서 비롯되었다. 『춘추(春秋)』를 강론하는 인물들은 제나라와 노나라에서는 호무생(胡毋生)에서, 조(趙)나라에서는 동중서(董仲舒)에서 비롯되었다.

두태후가 붕(崩)하고 무안후(武安侯) 전분(田蚡)이 승상(丞相)이 되자 황로(黃老)와 형명(刑名), 백가(百家)의 학설을 축출하고 경학에 정통한 유학자 수백 명을 조정으로 불러들였으니[延=引], 공손홍(公孫弘)은 단지 『춘추(春秋)』에 정통하다는 이유로 일개 평민에서 천자를 보좌하는 삼공(三公)이 되어 평진후(平津侯)로 봉해졌다. (이로 인해) 천하의 학자들이 바람에 풀이 휩쓸리듯[靡然] 유학을 연마하게 되었다.

1) **【정의(正義)】** 신(申)과 원(轅)은 성이고, 배(培)와 고(固)는 이름이며, 공(公)과 생(生)은 칭호다.

2) **【색은(索隱)】** 한영(韓嬰)이다. 상산왕(常山王)의 태부였다.

3) **【색은(索隱)】** 사승(謝承)이 말했다. "생(生)이란 한나라 이래로 유자를 부르는 칭호이니, 선생(先生) 또한 마찬가지다."

공손홍은 학관(學官)이 되자 유학의 도리가 침체된 것[鬱滯]을 한탄해 마침내 다음과 같이 청했다.

'승상 어사가 말씀드립니다[1].

제(制)해 말씀하시기를 "대개 듣건대, 백성을 이끌 때는 예(禮)로써 하고 (풍속을) 교화시킬 때는 악(樂)으로써 한다고 했다. 혼인이란 가족을 형성하는 큰 윤리다.

(그런데) 지금은 예가 버려지고 악이 붕괴했으니 짐은 심히 이를 우려하고 있다. 그래서 천하에 품행이 방정(方正)하고 견문이 넓은 선비들을 초빙해 모두 조정의 관리로 등용하려 한다. 이에 예관(禮官)은 백성이 예를 배우도록 권장하며, 태상(太常)은 박사와 제자들과 토의해 민간에서의 교화를 높임으로써 뛰어난 인재들을 널리 길러내도록 하라"고 하셨습니다. (이에) 삼가 태상 장(臧)[2]과 박사 평(平) 등이 상의해 말씀드리기를 "듣건대 삼대(三代)의 (백성을 가르치는) 방법으로는 향리마다 교육기관이 있었는데, 하(夏)나라 때는 교(校), 은(殷)나라 때는 서(序), 주(周)나라 때는 상(庠)이라 했습니다. 선을 권장하는 방법은 선을 행한 자에게 조정에서 표창하는 것이고, 악을 징계하는 방법은 나쁜 행동을 한 자에게 형벌을 내리는 것입니다. 이 때문에 교화를 시행하려면 먼저 도성에서 모범을 세워 안으로부터 밖으로 미치게 해야 합니다"라고 했습니다.

1) **[정의(正義)]** 이하는 모두 공손홍이 주청한 글이다.
2) **[집해(集解)]** 『한서(漢書)』 「백관표(百官表)」에 따르면 공장(孔臧)이다.

지금 폐하께서 지극한 다움[至德]을 훤히 밝히시고 큰 밝음[大明]을 여시어 하늘과 땅에 짝하시고[配] 인륜에 뿌리를 두시며 학문을 권장하고 예를 닦게 함으로써 교화를 숭상하고 뛰어난 이들을 격려해[厲=勵] 사방을 교화하고 계시니, 이는 태평성대의 근원입니다.

옛날에는 정치와 교육이 조화를 이루지 못해 제도가 갖춰지지 못했습니다. 청컨대 옛날부터 있던 관원들에게 기대 일으킬 수 있도록 해주십시오. 박사관(博士官)을 위해서는 제자 50명을 두고 요역(徭役)을 면제해주십시오. 태상(太常)은 18세 이상의 예의와 품행이 단정한 인물들을 골라서 박사의 제자로 삼게 해주십시오. 군국(郡國), 현(縣)의 관(官)에서 학문을 좋아하고 어른을 존경하며 정교(政敎)를 잘 지키고 고을의 습속에 순응해서 언행과 품행이 들은 바와 틀림없는 자가 있으면 현령(縣令), 제후국의 재상, 현장(縣長)과 현승(縣丞)들은 자신들이 소속된 2,000석 관리에게 천거하고, 2,000석 관리는 신중히 (인재를) 뽑아서 계리(計吏-지방의 회계를 중앙에 와서 보고하는 관리)와 함께 태상에게 보내 박사 제자들과 똑같이 교육받게 해주십시오.

1년이 지나면 모두 시험을 보게 해서 한 분야 이상에 능통한 자는 문학(文學)이나 장고(掌故-법률 제도의 역사적 사실을 담당하는 관리)의 결원 시에 그 자리에 채워 넣으며, 그중에 낭중(郎中)이 될 만한 우수한 인재가 있으면 태상이 명부를 작성해 위에 아뢰게 합니다. 만약에 특별나게 출중하면 언제든지 그 이름을 적어 아뢰게 하고, 학업에 노력을 기울이지 않거나 재능이 떨어져 한 분야에도 능통하지 못하는 자가 있으면 바로 파면시키고 이런 부적격자를 천거한 자를 징벌하셔야 합니다.

신들이 삼가 지금까지 발표한 조서와 율령들을 살펴보니, (상께서는) 하늘과 사람의 구별이 분명하고 고금의 마땅함에 정통하며 문장이 우아하고 바르며 훈계하는 내용이 깊고 두터우며 베푸신 은덕이 매우 아름다웠습니다. 그러나 낮은 벼슬아치들은 견문이 천박하고 비루해 이를 충분히 밝혀 펼 수가 없으므로 밑에 있는 백성에게 잘 알리거나 일깨워주지 못합니다. 예(禮)를 다스리는 관리와 장고(掌故)는 문학과 예의로써 관리가 되기는 했으나 승진길이 막혔습니다. 청컨대 직급이 비(比) 200석 이상에서 100석까지인 관리 가운데 한 분야 이상에 능통한 자를 골라 좌우내사(左右內史)나 대행(大行)의 졸사(卒史-군수 밑의 하급 관리)로 임명하고, 비(比) 100석 이하는 군(郡) 태수의 졸사로 임명하되 각 군의 정원은 모두 2명으로 하고 변방에 있는 군의 정원은 1명으로 하십시오.

우선 경서를 많이 암송하는 자부터 채용하고, 인원이 부족하면 장고 중에서 선발해 중(中) 2,000석 관리의 속관으로 충원하십시오. 또한 문학과 장고에서 선발해 군국(郡國) 태수의 부관으로 충원해서 관리의 인원을 채우도록 하십시오.

청컨대 이상의 내용을 공령(功令)에 기재하고 나머지는 율령대로 따르게 해야 할 것입니다.'

제(制)해 말했다.

"그렇게 하라."

이때부터 공경(公卿)·대부(大夫)·사(士)·이(吏-관리)에는 문질(文質)을 겸비한[斌斌=彬彬][1] 문학의 선비가 많아졌다.

---

1) 『논어(論語)』 「옹야(雍也)」편에 나오는 공자의 말이다. "바탕[質]이 꾸밈[文]을 이기면 거칠고 꾸밈이 바탕을 이기면 번지레하니, 바탕과 꾸밈이 잘 어우러진[文質彬彬] 뒤에야 군자가 될 수 있다."

신공(申公)[1]은 노(魯)나라 사람이다. (한나라가 일어나서) 고조(高祖)가 노나라를 지나갈 때 신공은 여러 제자와 함께 스승을 따라 노나라 남궁(南宮)에서 고조를 알현했다. 여태후 때 신공은 장안에서 유학(游學)하며 (초원왕의 아들) 유영(劉郢)과 함께 같은 스승을 섬겼고, 얼마 후에 영은 초왕이 되자 신공을 태자 무(戊)의 사부로 삼았다. 무는 배움을 좋아하지 않아 신공을 싫어했기 때문에, 왕 영이 졸하고 무가 세워져 왕이 되자 신공을 가두고서 노역을 시켰다[胥靡][2].

신공은 이를 부끄럽게 여겨 노나라로 되돌아간 뒤 집에서 은거하면서 제자들을 가르쳤는데, 평생토록 집 밖을 나오지 않고 더는 빈객의 방문을 받지 않았으며 오직 왕의 명[3]이 있을 때만 마침내 나갔다. 먼 지방에서 배우러 오는 제자들만도 100여 명이나 되었으니, 신공은 오로지 『시경(詩經)』의 뜻을 중심으로 해설하고 가르칠 뿐 아무런 저술을 남기지 않았고 의심스러운 것은 제쳐두고[闕] 전하지 않았다.

1) 어려서 초원왕(楚元王) 교(交-유교)와 함께 제(齊)나라 사람 부구백(浮丘伯)을 섬겨 시(詩)를 배웠다.

2) 【집해(集解)】 서광(徐廣)이 말했다. "부형(腐刑-궁형)을 당한 것이다."

3) 【집해(集解)】 서광(徐廣)이 말했다. "노나라 공왕(恭王)이다."

난릉(蘭陵)의 왕장(王臧)은 이미 (신공에게) 『시경』을 다 배우고 나서 경제(景帝)를 섬겨 태자소부가 되었으나 면직되어 떠났다. 금상(今上)이 처음 자리에 나아가자 마침내 글을 올려 궁중을 숙위했고, 여러 차례 승진해 1년 만에 낭중령에 이르렀다. 대(代)나라 조관(趙綰) 또한 일찍이 신공에게 『시경』을 배워서 어사대부가 되었다.

관(綰)과 장(臧)은 천자에게 명당(明堂)을 세워 제후들의 조회를 받을 것을 청했으나 그 일을 이루지 못하자 마침내 스승 신공을 천거했다[言]. 이에 천자가 사자를 보냈는데, 비단과 벽옥을 예물로 보내고 안거(安車)에 부들포를 씌워 말 4마리가 끄는 수레로써 신공을 맞아오게 하니 제자 2명도 사자의 수레에 같이 타고 왔다. 장안에 이르러 천자를 알현하자, 천자는 다스려짐과 어지러워짐의 일[治亂之事]에 관해 물었다. 이때 늙어서 이미 80여 세가 넘은 신공은 이렇게 대답했다.

"다스리는 자는 말을 많이 해서는 안 되고, 도리어 무엇을 힘써 행할 것인지만 생각하면 될 뿐입니다."

이때 천자는 바야흐로 문사(文詞)를 좋아할 때였던지라 신공의 대답을 듣고서는 아무런 말도 하지 않았다. 그러나 이미 불렀기에 태중대부(太中大夫)로 삼아 노나라 왕의 저택에 머물게 하고서는 명당을 세우는 일을 토의하게 했다. 태황태후 두(竇)태후는 노자(老子)의 말을 좋아하고 유술(儒術)

을 싫어했기 때문에 관과 장의 허물을 알아내 그것으로써 상을 질책했다. 상이 그로 인해 명당의 일을 폐기하고 관과 장을 옥리에게 내리니 뒤에 두 사람 모두 자살했다. 신공 또한 병으로 면직되어 고향으로 돌아와서 수년 뒤에 졸(卒)했다.

제자 중에 박사가 된 사람이 10여 명이었다. 공안국(孔安國)은 임회(臨淮) 태수, 주패(周覇)는 교서국 내사(內史), 하관(夏寬)은 성양국 내사, 탕현(碭縣)의 노사(魯賜)는 동해군 태수, 난릉현의 무생(繆生)은 장사국(長沙國) 내사, 서언(徐偃)은 교서국 중위(中尉), 추현(鄒縣) 사람 궐문경기(闕門慶忌)는 교동국 내사를 지냈다. 모두가 관민을 다스림에 있어 청렴과 절의가 있으며 배우기를 좋아한다[好學]는 칭송을 들었다. 학관이 된 제자 중에는 비록 행실이 제대로 갖춰지지 않은 자들도 있기는 했지만, 대부나 낭(郎) 혹은 장고(掌故)에 이른 이들이 100여 명이었다. 이 제자들은 『시경』에 대해 말하는 견해가 각기 다르기는 했지만 대부분 신공에 뿌리를 두고 있었다.

청하왕(淸河王)의 태부 원고생(轅固生)은 제(齊)나라 사람이다. 『시경(詩經)』을 연마해 효경(孝景) 때 박사가 되었다. 황제 앞에서 황생(黃生)과 쟁론을 벌였다.

황생이 말했다.

"탕왕(湯王)과 무왕(武王)은 천명을 받은 것이 아니라 마침내 군주를 시해한 것입니다."

원고생이 말했다.

"그렇지 않습니다. 무릇 (하나라의) 걸왕(桀王)과 (은나라의) 주왕(紂王)은 황음에 젖어 어지러웠기에 천하의 마음이 모두 탕과 무로 돌아간 것이니, 탕과 무는 천하의 마음을 바탕으로 해서 걸과 주를 토벌한 것입니다. 걸과 주의 백성이 자기 군주의 부림을 받지 않고 탕과 무에게 귀순했기에 탕과 무는 어쩔 수 없이 천자로 즉위했으니, 이것이야말로 천명을 받은 것이 아니면 무엇이란 말입니까?"

황생이 말했다.

"'모자는 아무리 낡아 헤져도 반드시 머리 위에 써야 하고, 신발은 아무리 새것이라도 반드시 발아래에 신어야 한다'라고 했으니, 어째서이겠습니까? 위와 아래를 구분하기 위해서입니다. 당시 걸왕과 주왕이 비록 도리를 잃었지만 그래도 군주로 윗자리에 있었고, 탕왕과 무왕이 비록 빼어났지만 [聖] 신하로 아랫자리에 있었습니다. 대개 군주가 어긋나게 행동하면 신하가 바른말로 그 잘못을 바로잡고 천자를 받들어야 하는데, 도리어 잘못을 트집 잡아 군주를 주살하고 대신 남면(南面)해서 왕으로 즉위했으니, 사람을 죽인 것이 아니고 무엇이겠습니까?"

원고생이 말했다.

"반드시 당신이 말한 바대로라면 고황제(高皇帝-유방)께서 진(秦)나라를 대신해서 천자의 자리에 오른 것도 잘못된 것입니까?"

이에 경제가 말했다.

"고기를 먹으면서 말의 간을 먹지 않았다고 해서 고기 맛을 모른다고 할 수 있는가? 배움을 말하면서 탕왕과 무왕이 천명을 받은 것을 말하지 않았다고 해서 어리석다고 할 수 없다."

드디어 논쟁을 마쳤다.

이 뒤로는 학자 중에 감히 수명(受命)과 방살(放殺-추방이나 시해)에 대개 감히 밝혀서 말하는 자가 없었다.

두(竇)태후가 노자(老子)의 글을 좋아해 원고생을 불러서 그에 관해 물은 적이 있었는데, 고가 말했다.

"그것은 집안 심부름꾼들의 말일 뿐입니다."

태후가 화를 내며 말했다.

"어떻게 해서든지 사공(司空-법관)의 성단서(城旦書-축성 현장의 노역자 명령서)를 받아내고야 말리라![1]"

마침내 고에게 우리에 들어가서 돼지를 찔러 죽이게 했다. 경제는 태후가 화가 났지만, 고는 곧은 말을 한 것일 뿐 죄가 없다고 여겨서, 마침내 고에게 날카로운 병기를 빌려주었다. 우리로 내려간 고가 단칼에 돼지의 심장을 찔러 쓰러트렸다. 태후는 가만있다가 다시 죄를 내릴 수는 없다고 생각해 그냥 두었다. 뒤에 경제는 고가 청렴하고 곧다[廉直]고 여겨서 제배해 청하왕(淸河王)[2]의 태부로 삼았는데, 오래 그 자리에 있다가 병으로 면직되었다.

1) 【집해(集解)】 서광(徐廣)이 말했다. "사공은 죄수들을 주관하는 관직이다." 배인(裴駰)이 살펴보건대, 『한서음의(漢書音義)』에서 말했다. "도가는 유가를 급하다[急]고 여겨 그것을 율령에 비유한 것이다."

2) 【집해(集解)】 서광(徐廣)이 말했다. "애왕(哀王) 승(乘)이다."

금상(今上)이 즉위한 초기에 원고생을 다시 현량(賢良)으로 불러들이니, 아첨하는 여러 유생이 대부분 그를 질시해 "고는 늙었다"라고 헐뜯었다. 이에 파면되어 고향으로 돌아갔다. 이때 고는 이미 90여 세였다. 고가 불려 올 때 공손홍(公孫弘) 또한 부름을 받았는데, (그는) 심히 고를 경외하면서 섬겼다.

고가 말했다.

"공손자(公孫子)는 바른 학문[正學]으로 말하는 데 힘써야지, 굽은 학문으로 세상에 아첨해서는 안 된다네[曲學以阿世]!"

이로부터 제나라에서 『시경』을 논하는 자들은 모두 원고생에 뿌리를 두었다. 제나라 사람 중에 『시경』으로 현달한 사람들이 많았는데, 이들은 모두고의 제자들이었다.

　한생(韓生-한영(韓嬰))은 연(燕)나라 사람이다. 효문제(孝文帝) 때 박사를 지냈고 경제(景帝) 때 상산왕(常山王)[1]의 태부가 되었다. 한생은 『시경』의 뜻을 미뤄 헤아려 수만 자로 된 『한시 내외전(韓詩內外傳)』을 지었는데, 학설은 자못 제나라나 노나라와는 달랐지만[殊=異] 귀결점은 결국 같았다[歸一]. 회남국 비생(賁生)[2]이 그에게 배웠으니, 이때부터 연나라와 조(趙)나라 일대에서 시를 말하는 자들은 한생(韓生)에서 비롯되었다. 손자 상(商)은 금상(今上)의 박사가 되었다.

1) 【집해(集解)】 서광(徐廣)이 말했다. "헌왕(獻王) 순(舜)이다."
2) 【색은(索隱)】 안사고(顏師古)가 말했다. "賁은 발음이 (분이 아니라) 비(肥)다."

　복생(伏生)[1]은 제남(濟南) 사람으로, 예전에 진(秦)나라에서 박사를 지냈다. 효문제(孝文帝) 때 『상서(尙書)』에 능통한 자를 찾았으나 천하에서 아무도 나타나지 않았는데, 마침내 복생이 『상서』를 잘 안다는 소식을 듣고는 그를 부르려 했다.
　(그러나) 이때 복생의 나이 90여 세로 늙어서 걸어 다닐 수가 없을 지경이었기에, 이에 마침내 태상(太常)에게 조서를 내려 장고(掌故) 조조(朝錯)를 그곳으로 보내 『상서』를 전수 받아 오게 했다.
　(애초에) 진나라가 책을 불태울 때 복생은 벽 속에 『상서』를 감추었는데, 뒤에 전란이 크게 일어나서 정처 없이 떠돌아다니게 되었다. 한나라가 천하를 평정하고 나자, 복생이 감추어두었던 그 책을 찾았으나 수십 편이 유실되고 29편만 얻을 수 있었다. 이에 그는 제나라와 노나라 일대에서 남은 『상서』로 (제자들을) 가르쳤으니, 제나라 학자들은 이로 말미암아 자못 『상서』를 이야기할 수 있게 되었다. 산동(山東)의 큰 선생 중에서 『상서』를 섭렵하

지 않고 가르치는 사람은 아무도 없었다.

1) **【집해(集解)】** 장안(張晏)이 말했다. "복생은 이름이 승(勝)이라고 한다."

복생은 제남 사람 장생(張生)과 구양생(歐陽生)을 가르쳤는데 구양생은 (같은) 천승(千乘) 사람인 예관(兒寬)을 가르쳤다. 예관은 『상서』에 정통하고 나서 문학(文學-유학)으로 군(郡)의 천거를 받아 박사에게 가서 수업을 받았는데, 수업을 한 이는 바로 공안국(孔安國)이었다. 집안이 가난했던 예관은 학비를 낼 돈이 없어서 항상 다른 제자들의 밥 짓는 일을 담당했고[都養]1), 이따금 남몰래 밖에 나가 허드렛일을 하고 돈을 벌어서 자기 옷과 먹거리를 해결하곤 했다. 그는 밖으로 일을 나갈 때도 항상 책을 지니고 있다가 쉴 때마다 외우고 익혔다. 그 후 시험 성적에 따라 정위(廷尉)의 사(史-중간 관리)에 보임(補任)되었다.

이때 장탕(張湯)은 바야흐로 유학에 큰 관심이 있던 터라 예관을 (발탁해) 주언연(奏讞掾)으로 삼았는데, 예관이 의심스럽고 중대한 사건을 옛날 법에 비춰 잘 판단했기에 장탕은 관을 총애했다. 관은 사람됨이 온화하고 선량했으며 청렴함과 지혜로움이 있었고 분수를 지킬 줄 알았다. 글도 잘 지어서 주문(奏文)을 올릴 때는 문장이 명민했다. 그러나 말주변이 없어서 자기 생각을 명백하게 드러내지 못했지만, 탕은 그를 덕망 있는 인물[長者]로 여겨서 수시로 그를 칭찬했다.

1) **【색은(索隱)】** 예관은 집안이 가난해서 제자들을 위해 밥을 지었다는 말이다.

장탕은 어사대부가 되자 예관을 연(掾-부하 관리)으로 삼고서 천자에게 천거했는데, 천자가 만나보더니 여러 가지를 물어보고는 마음에 들어 했다. 장탕이 죽은 지 6년 뒤에 예관은 지위가 어사대부에 이르렀고1), 9년 동안 재직하다가 졸했다. 예관은 삼공(三公) 자리에 있으면서 온화하고 선량한 성품으로 천자의 뜻을 잘 받들어 오랫동안 그 자리를 유지했지만, 그러나 황제의 허물을 바로잡을 만한 간언을 올리지는 않았다. 그래서 어사대부로 있을 때 부하 관리들은 그를 만만하게 여겨서[易之=輕視] 그를 위해 온 힘을 다하려 하지 않았다.

장생도 박사가 되었고, 복생의 손자는 『상서』를 익혀 (중앙 조정에) 불려 갔지만, 깊은 의미를 능히 명확하게 밝혀내지는 못했다.

1) 【집해(集解)】 원봉(元封) 원년이다.

그 이후로는 노나라의 주패(周霸)와 공안국(孔安國), 낙양(雒陽)의 가가(賈嘉) 등이 자못 『상서』의 일에 대해 능히 말할 수 있었다. 공안국의 집안에는 고문(古文)으로 된 『상서』가 있었는데 안국이 이를 당시에 유행하던 금문(今文)으로 풀어서 읽자, 그의 학파가 일어났고 게다가 유실되었던 『상서』 10여 편을 얻었으니, 대체로 이때부터 『상서』의 편수가 점점 많아졌다.

여러 학자가 『예(禮-예기)』에 대해 많은 말을 했지만, 노나라 고당생(高堂生)이 근본을 가장 잘 알았다. 『예』는 본래 공자 때부터 경(經)이 제대로 갖춰지지 못한 상태였는데, 진나라 때의 분서(焚書) 이후로 책이 흩어져버려서 없어진 내용은 더욱 많아졌다. 지금에는 『사례(士禮)』만이 보존되어 있는데, 고당생은 능히 그 뜻을 풀어 말할 수 있었다.

노나라 서생(徐生)은 용(容-송(頌))을 잘했다. 효문제(孝文帝) 때 서생은 용에 능하다고 해서 예관(禮官)의 대부가 되었고, (그의 용은) 아들에게 전수되었다가 손자 서연(徐延)과 서양(徐襄)에게까지 이어졌다. 양은 타고나기를 용(容)을 잘했으나 『예경(禮經)』에는 별로 능통하지 못했고, 연은 『예경』

에는 자못 능했으나 용은 잘하지 못했다. 양은 용에 능하다 하여 예관의 대부가 되어 광릉내사(廣陵內史)에까지 이르렀고, 연과 서씨의 제자들인 공호만의(公戶滿意)[1], 환생(桓生), 선차(單次)[2]는 모두 예관의 대부가 되었으며, 하구(瑕丘)의 소분(蕭奮)은 예(禮)에 능하다 하여 회양(淮陽) 태수에 이르렀다. 이후로 능히 예를 말하고 용을 잘하는 이들은 서씨(徐氏)로부터 비롯되었다.

1) 【색은(索隱)】 공호가 성이고 만의가 이름이다.

2) 【색은(索隱)】 單의 발음은 (단이 아니고) 선(善)이다. 선은 성이고 차는 이름이다.

노나라 상구(商瞿)[1]가 공자에게 『역(易)』을 전수받은 이래로 공자가 졸하자 상구가 『역』을 전했는데, 여섯 세대가 지나 제나라 사람 전하(田何)에까지 전수되었다. 전하의 자(字)는 자장(子莊)[2]이다. 뒤에 한나라가 세워지자, 전하는 동무(東武) 사람 왕동자중(王同子仲)에게, 자중은 치천(菑川) 사람 양하(楊何)에게 전수했다. 하는 『역경』에 능통하다 하여 원광(元光) 원년에 조정에 불려 가서 벼슬이 중대부(中大夫)에 이르렀다.

제나라 사람 즉묵성(卽墨成)은 『역경』에 능통하다 하여 성양(城陽)의 상(相)이 되었고, 광천(廣川) 사람 맹단(孟但)도 『역경』에 능통하다 하여 태자문대부(太子門大夫)가 되었으며, 노나라 출신 주패(周霸), 거(莒) 땅 출신 형호(衡胡), 임치(臨菑) 출신 주보언(主父偃) 등은 모두 『역경』에 능통하다 하여 녹봉 2,000석 관리에 올랐다.

그러나 『역경』의 중요한 내용을 말하는 자들은 모두 양하(楊何) 학파의 학설에 뿌리를 두고 있었다.

1) 【색은(索隱)】 상은 성이고 구는 이름이며, 자는 자목(子木)이다.

2) 【색은(索隱)】 『한서(漢書)』에는 이렇게 되어 있다. "상구는 노나라 교비자용(橋庇

子庸)에게, 자용은 강동(江東)의 한비자궁(馯臂子弓)에게, 자궁은 연(燕)나라의 주추자가(周醜子家)에게, 자가는 동무(東武-현)의 손우자승(孫虞子乘)에게 전수해주었다.”

동중서(董仲舒)는 광천(廣川) 사람이다. 젊어서 『춘추(春秋)』를 배워 익혀서[治] 효경제(孝景帝) 때 박사가 되었다. 그는 (얼굴을 볼 수 없도록) 휘장[帷]을 내리고서 강론하고 암송했는데, 이 때문에 제자들은 학업에 참여한 순서에 따라 번갈아 배웠으나 어떤 제자는 그의 얼굴을 한 번도 본 적이 없었고 대개 자기 집의 채소밭을 3년 동안 돌보지 않기도 했으니, 공부에 대한 그의 열정이 이와 같았다. 벼슬길에 나아가거나 물러가는 일, 몸가짐과 행동거지[容止] 등에서는 예(禮)가 아니면 행하지를 않았기 때문에 배우는 선비[學士]들은 모두 그를 스승으로 삼아 높였다.

금상(今上)이 자리에 나아온 뒤에 그는 강도(江都)의 상국(相國-재상)이 되었다[1]. 그는 『춘추(春秋)』에 기록한 재이(災異)의 원리에 의해 음양이 서로 바뀌고 운행하는 이치를 추론함으로써 비를 구할 때는 여러 양기를 막고 여러 음기를 풀어놓았으며 비를 그치게 할 때는 이와 반대로 했는데, 강도국에서 이렇게 해보니 그가 바라는 대로 이뤄지지 않은 일이 없었다. 도중에 재상에서 물러나 중대부(中大夫)가 되자 관사에 있으면서 『재이지기(災異之記)』를 저술했다.

---

1) [색은(索隱)] 살펴보건대, 그는 역왕(易王)을 섬겼으니, 역왕은 무제의 형이다.

이 무렵 요동에 있는 고조(高祖-유방)의 사당에 화재가 발생하자 주보언(主父偃)은 동중서를 질시해 그가 지은 글을 훔쳐서 천자에게 가서 아뢰었다[1]. 천자는 많은 유생을 불러 초고를 보여주었는데, 거기에는 풍자와 기롱(譏弄)이 포함되어 있었다. 동중서 제자 여보서(呂步舒)가 스승의 글인 줄 모르고 아주 어리석은 자[大愚]의 글이라고 말하니, 이에 동중서를 형리의 손에 내려보냈다. 사형죄라는 판결이 나왔으나 조서를 내려 그를 사면했지만, 이로 인해 동중서는 끝내 재이에 대해서는 더는 감히 말하지 않았다.

1) [색은(索隱)] 『한서(漢書)』에서는 이렇게 기록하고 있다. "요동에 있는 고조(高祖)의 사당과 장릉(長陵)에 있는 고조의 능묘 안 궁전에서 화재가 발생했다. 중서는 화재의 의미를 미뤄 헤아려서 논하는 초안을 완성했지만, 그 글을 미처 황제에게 올리지 않았는데, 주보언(主父偃)이 초고를 훔쳐 가서 아뢰었다."

동중서는 사람됨이 청렴하고 곧았다[廉直]. 바야흐로 (한나라가) 사방의 오랑캐들을 밖으로 내몰고 있을[外攘] 때, 공손홍(公孫弘)이 『춘추(春秋)』를 익혔으되 동중서만 못했으나 시류를 잘 읽고[希世=觀相世] 실무 처리를 잘해서 지위가 공경(公卿)에까지 이르렀다.

동중서는 홍(弘)을 아첨꾼[從諛]으로 여겼는데, 홍이 그를 질시해 마침내 상(上-무제)에게 말했다.

"오직 동중서만이 교서왕의 상국으로 삼을 만합니다1)."

교서왕은 중서가 큰 유학자[大儒]라는 말을 평소에 들었기에 그를 잘 대우해주었으나 동중서는 오래 머물면 죄를 얻을까[獲罪=得罪] 두려워서 병을 핑계로 벼슬에서 물러났다.

(그는) 죽을 때까지 집 안의 생업을 돌보지 않은 채 오로지 배움을 닦고 책을 저술하는 것만 일삼았다[爲事]. 그리하여 한나라가 일어나서 5세에 이르는 동안 동중서만이 『춘추』에 정통하다는 명성을 얻었는데, 그는 공양씨(公羊氏)의 춘추학을 전수받았다.

1) 교서왕(膠西王)은 무제의 형으로, 특히 방종하고 제멋대로 행동해서 수차례 2,000석 관리를 죽였다. 그래서 공손홍이 이 틈을 타고 무제에게 이런 말을 한 것이다.

호무생(胡毋生)[1]은 제나라 사람이다. 효경제 때 박사가 되었고, 뒤에 연로해지자 고향으로 돌아가서 제자들을 가르쳤다. 제나라 지방에서 『춘추』를 말하는 자들은 대부분 호무생에게서 전수받았으니, 공손홍도 그에게 제법 가르침을 받았다.

1) 【집해(集解)】『한서(漢書)』에 이르기를, 자(字)가 자도(子都)라고 했다.

하구(瑕丘) 출신 강생(江生)은 (원래) 『곡량춘추(穀梁春秋-『춘추곡량전』)』를 연마했다. 그는 공손홍 때문에 기용될 수 있었는데, 일찍이 『춘추』에 관한 여러 학설을 모아 서로 비교해보고 나서 결국에는 동중서의 학설을 썼다.

동중서 제자 중에 명예와 지위를 얻은 사람으로는 난릉(蘭陵)의 저대(褚大), 광천(廣川)의 은충(殷忠), 온(溫)의 여보서(呂步舒) 등이 있다. 저대는 양(梁)나라 상국이 되었다. 보서는 장사(長史)에 이르러 부절(符節)을 지니고서 회남왕(淮南王) 유안(劉安)의 옥사를 판결할 때 제후왕의 일을 조정에 보고하지 않고 직권으로 처결했는데, 그가 『춘추』의 의리에 따라 공정하게 사건을 처리하자 천자는 그의 처사 전반을 옳다고 여겼다.

동중서의 제자 가운데 관운이 있었던 자는 대부(大夫)까지 올라갔고, 그 밖의 낭(郎)·알자(謁者)·장고(掌故)가 된 자들이 약 100명이나 되었다.

그리고 동중서의 아들과 손자들도 모두 유학으로 대관(大官)에 이르렀다.[1]

1) 【색은술찬(索隱述贊)】 공자의 도리가 쇠퇴하자[孔氏之衰]/경서의 시작과 계통이 어지러워졌도다[經書緖亂]/여러 육경을 말해보자면[言諸六學]/그 시작은 한나라에서 비롯되었도다[始自炎漢]/명령을 내려 관을 세우니[著令立官]/사방에

서 팔뚝을 쳐들어 호응했구나[四方扼腕]/곡대의 벽 허무니[曲臺壞壁]/『서경』과 『예기』가 으뜸이었도다[書禮之冠]/『주역』을 전하고 『시경』을 말하는 것이[傳易言詩]/구름이 올라가고 안개가 퍼져나가는 듯했다네[雲蒸霧散]/교화를 일으키고 이치를 지극히 하니[興化致理]/큰 계책 세우는 데 능히 큰 도움이 되었도다[鴻猷克贊]!

권122 — 혹리열전(酷吏列傳) 제62

권122 혹리열전(酷吏列傳) 제62

공자가 말하기를 "백성을 정치 법령으로 이끌고 형벌로 단속하면 백성이 처벌을 면하려고만 하고[1] 부끄러움을 느끼지 않는다. 그러나 다움으로 인도하고 예로 가지런히 하면 백성이 부끄러움을 느껴서 더욱 바르게 된다[格=正][2]"라고 했고, 노자는 말하기를 "최고의 덕을 지닌 자[上德]는 스스로 덕이 있다고 의식하지 않기 때문에 덕을 지니게 되고 하찮은 덕을 지닌 자[下德]는 그 덕마저 잃지 않으려 하기 때문에 덕을 지닐 수 없다[3]"라고 했다. 법령이 점점 더 세밀해질수록[章=密] 도적은 그만큼 더 많아지는 것이다.

1) 【집해(集解)】 공안국(孔安國)이 말했다. "면하려고만 한다는 것은 구차스럽게 모면하려 한다는[苟免] 뜻이다."

2) 『논어(論語)』 「위정(爲政)」편에 나오는 말이다.

3) 『노자(老子)』 제38장에 나오는 말이다.

태사공(太史公)은 말한다.

"이런 말씀은 참으로 믿을 만하다. 법령이란 다스림의 도구[治之具]일 뿐 백성의 맑음과 탁함[淸濁]을 다스리는 근원은 아니다. 옛날에 (진나라에는) 천하의 법망이 일찍이 치밀했으나[密][1] 간사함과 거짓을 일삼는 자들의 싹이 일어나 극심해지자 관리들과 백성은 서로를 속였고 나라의 정치는 구제할 수 없는 지경[不振]에 이르렀다. 이런 때를 맞아 관리들은 불을 끄지 않고 그대로 둔 채로 끓는 물만 식히려는 것처럼 정치를 조급하게 했으니, (이런 상황에서) 강하고 준엄하며 혹독한 사람이 아니고서야 어떻게 그 임무를 즐겁게 감당할 수 있었겠는가! 설령 도덕을 제창하는 자들이라 해도 반드시 그 직책을 다하지는 못했을 것이다.

1) 【색은(索隱)】 살펴보건대, 염철론(鹽鐵論)에서 말했다. "진나라 법은 응고된 기름보다 치밀했다."

그래서 공자는 이렇게 말했다.

'송사를 처리하는 것은 나도 남과 다를 바가 없으나 반드시 처음부터 송사가 일어나지 않게 할 것이다[使無訟]^{사무송}[1].'

노자 또한 이렇게 말했다.

'하찮은 선비는 도를 들으면 그저 크게 웃기만 할 뿐이다[2].'

이는 빈말이 아니다.

한(漢)나라가 일어나자 (고조는) 모난 것[觚=方]^{고 방}을 깨뜨려 둥글게 하고 화려한 조각 장식을 깎아 소박하게 해서, 배를 삼킬 만한 큰 고기도 빠져나갈 수 있을 만큼 법망을 너그럽게 했다. 그리하여 관리들로 하여금 백성을 다스리는 것을 순박하고 두텁게 하게 해서 간악한 데로 빠지지 않게 했으니, 백성이 모두 태평무사했다. 이로 말미암아 살펴보건대, 백성을 다스리는 것은 저쪽에 있는 것이지 이쪽에 있는 것이 아니다[3]."

1) 『논어(論語)』 「안연(顔淵)」편에 나오는 말로, 소송이나 송사 자체가 일어나지 않게 하는 것이 바른 정치라는 뜻이다.

2) 『노자(老子)』 제41장에 나오는 말이다.

3) 【집해(集解)】 위소(韋昭)가 말했다. "도리와 다움[道德]^{도덕}에 있는 것이지 엄혹한 법령에 있는 것이 아니다."

고후(高后) 때는 혹리(酷吏-혹독한 관리)로 오직 후봉(侯封)이 있었다. 그는 황족들을 모질게 압박했고[刻轢] 공신들을 침범하며 모욕을 주었는데[侵辱], 여씨(呂氏)들이 마침내 패망하고 나자 드디어 후봉 일족도 사로잡히는 신세가 되었다.

효경제(孝景帝) 때는 조조(竈錯)가 혹심하게 자못 법술(法術-법가의 학술)을 써서 자신의 재능을 발휘했다. 오(吳)·초(楚) 등 7국의 반란은 조(錯)에 대한 분노가 폭발한 것이었으니, 조는 결국 죽임을 당했다[被戮].

그 후에는 (유명한 혹리로) 질도(郅都)나 영성(寧成) 같은 무리[屬=倫]가 있었다.

질도(郅都)는 양(楊) 땅[1] 사람이다. 낭(郎-낭관)으로서 효문제(孝文帝)를 섬겼고, 효경제 때 도(都)는 중장랑(中郎將)이 되어 감히 곧은 간언[直諫]을 했고 조정에서 대신들에게 면박을 주기도 했다[面折].

일찍이 경제를 따라 상림원(上林苑)에 갔을 때 가희(賈姬)[2]가 변소에 있었는데, 야생 멧돼지가 갑자기[卒=猝] 변소로 돌진했다. 상이 도(都)에게 눈짓했는데도[目] 도가 꼼짝하지 않자, 상이 스스로 병기를 들고 가희를 구하려 했는데, 도가 상 앞에 엎드려 말했다.

"후궁 한 사람이 없으면 다시 세우면 됩니다. 천하에 어찌 가희 같은 사람이 또 없겠습니까? 폐하께서 이처럼 가벼이 처신하시면 종묘와 태후는 어찌 되겠습니까?"

상이 돌아서자, 멧돼지도 달아났으니, 태후가 이를 듣고서 도에게 황금 100근을 내려주었다. 이 일로 인해 상은 질도를 중용했다.

1) 【집해(集解)】 서광(徐廣)이 말했다. "하동(河東)에 속한다." 【색은(索隱)】 『한서(漢書)』에서 말했다. "(질도는) 하동(河東) 대양(大陽) 사람이다."

2) 안사고(顏師古)가 말했다. "가(賈)부인으로, 조(趙)나라 경숙왕(敬肅王) 팽조(彭祖)와 중산정

왕(中山靖王) 승(勝)을 낳았다."

제남(濟南)의 한씨(瞷氏)[1]는 집안이 300여 가구나 되는 토호였다. 간활한 짓을 많이 해 2,000석 관리(-태수)도 감히 통제할 수 없었는데, 이에 경제(景帝)가 마침내 도를 제배해 제남 태수로 삼았다. 도가 부임하자마자 한씨(瞷氏)의 우두머리 일가를 모조리 주살하니, 나머지 한씨는 모두 놀라서 두 다리를 떨었다. 1년 남짓 지나자, 군(郡)에서는 길에 물건이 떨어져 있어도 주워 가는 사람이 없게 되었고, 주변의 10여 군 태수들도 도를 마치 대부(大府) 사람을 대하듯 두려워했다.

1) 【색은(索隱)】 순열(荀悅)은 瞷의 발음이 (간이 아니라) 한(閑)이라고 했다.

도(都)는 사람됨이 용감하고 기개와 힘[氣力]이 있었으며 공정하고 청렴했다[公廉]. 그는 사적인 청탁 서신은 아예 뜯어보지도 않았고[不發] 뇌물은 일절 사양했으니, (일찍이) 남들의 청탁도 집안의 의뢰도 들어준 적이 없었다.

그는 항상 스스로 말했다.

"부모 곁을 떠나와서 관리가 되었으니, 이 몸의 마땅한 직분을 다하고 목숨을 바쳐서 절개를 지키다가 관직에서 죽을 뿐이다. 처자식이라 해도 끝내 돌아보지 않겠다."

질도가 중위(中尉)로 승진했다. 승상 조후(條侯-주아부)가 지극히 귀해져서 교만했으나[居=驕傲] 도는 그를 만나면 단지 읍(揖)만 할 뿐이었다. 이때 백성은 순박하고 죄를 범하는 것이 두려워서 모두 법을 준수하며 말과 행동을 조심했는데, 도는 홀로 엄격하고 가혹한 법 적용만 제일로 여기고 있었다. (그가) 법을 적용할 때는 귀족이나 외척이라 해도 피하지 않았으니, 제후나 종실들은 도를 볼 때마다 곁눈질로 쳐다보면서 보라매[蒼鷹](-융통성이 없는 가혹한 관리)라고 불렀다.

임강왕(臨江王-경제의 아들 유영(劉榮))이 중위부(中尉府)로 불려 와 심문을 받았는데, 이때 임강왕은 필기도구[刀筆]를 빌려 천자에게 사죄하는 편지를 올리려고 했다. 그러나 도가 법에서 금하는 것이라 하여 부하들에게 필기도구를 빌려주지 못하게 하자, 위기후(魏其侯-두영(竇嬰))가 사람을 보내 몰래 필기도구를 임강왕에게 전해주었다. 임강왕은 상에게 사죄의 편지를 쓴 뒤에 곧바로 자살했다. 두태후(竇太后)가 이 소식을 듣고는 노해 엄중한 법[危法]으로 질도를 다스려야 한다고 주장하니, 결국 도는 파직되어 집으로 돌아갔다.

효경제는 마침내 사자에게 부절(符節)을 지니고 가서 도를 제배해 안문(雁門) 태수로 삼는다는 명을 내렸고, 더불어 도로 하여금 조정에 들어와 하직 인사를 할 것도 없이 명령을 받는 즉시 안문으로 곧장 부임하도록 했으며 안문의 실제 상황에 근거해 알아서 정사를 처리할 수 있는 권한을 주었다. 흉노(匈奴) 사람들은 평소 도의 꿋꿋한 행적에 대해 익히 알고 있었으므로 도가 안문에 부임하자마자 흉노의 병력을 철수시켰으며, 질도가 죽을 때까지는 안문 근처도 넘보지 않았다.

흉노 사람들은 심지어 도를 본뜬 나무 인형을 만들어서 기병들로 하여금 말을 달리면서 나무 인형을 향해 화살을 쏘게 했으나 아무도 적중시키지 못했다. 도를 꺼리는 것이 이와 같았으니, 흉노 사람들은 (항상) 도를 우환거리로 여겼다.

두태후가 마침내 질도에게 한나라 법률을 적용해 중상모략하자[中=中傷], 경제가 이렇게 말했다.

"도는 충신입니다."

그리고 용서하려 하니, 두 태후가 말했다.

"임강왕은 홀로 충신이 아니었다는 말씀입니까?"

이에 드디어 질도를 목 베었다.

영성(寧成)은 양(穰) 땅[1] 사람이다. 낭관(郎官)과 알자(謁者)로서 경제(景帝)를 섬겼다. 기개를 좋아했고, 남의 부하 관리로 있을 때는 반드시 자기 상관을 깔보았으며[陵=凌] 자신이 상관으로 있을 때는 젖은 섶나무 묶듯이[束溼薪] 부하 관리들을 심하게 다루었다. 교활하고 잔인했으며 제멋대로 위세를 부렸다.

차츰 승진해 제남(濟南) 도위(都尉)가 되었는데, 그때 마침 질도가 제남 태수로 있었다. 이전에 부임했던 대다수 도위는 마치 태수의 부하인 현령이 태수를 만날 때처럼 모두가 태수의 관아에 걸어 들어가서 하급 관리를 통해 아뢴 다음에야 태수에게 인사를 드렸다. 도를 두려워하는 것이 모두 이와 같았으나, 성(成)은 부임하자마자 곧바로 질도를 꺾어 누르고 올라섰다. 도는 평소 영성의 명성을 들었기 때문에 그를 잘 대우해주었고, 이에 좋은 관계를 유지하며 서로 잘 지낼 수 있었다.

오랜 시간이 지나 질도가 죽고 난 뒤로부터 장안(長安)의 가까운 황족 중에 흉악하고 난폭하게 법을 어기는 자들이 많아지자, 이에 상은 영성을 불러 중위(中尉)로 삼았다. 그가 다스리는 방법은 도를 많이 본떴으니, 청렴한 면에서는 도만 못했지만 종실 사람들과 호걸들은 모두 성을 두려워했다[惴恐].

1) 【집해(集解)】 서광(徐廣)이 말했다. "남양(南陽)에 속한다."

무제(武帝)가 자리에 나아가자, 성은 옮겨서 내사(內史)가 되었다. 이때 황제의 외척들 가운데 많은 사람이 성의 단점을 들추고 헐뜯으니, 성은 법에 따라 머리를 깎고 목에 칼을 씌우는 형벌[髡鉗]을 받게 되었다. 당시에는 구경(九卿)의 신분일 경우 법을 어겨 사형 판결을 받게 되면 곧바로 자살했으므로 일반 형벌을 받는 경우가 드물었다. 성은 중한 형벌을 받았으니 스스로 다시는 조정에 중용되지 못할 것이라 여겨서, 이에 형틀을 풀고 석방 문서를 위조해서 몰래 함곡관(函谷關)을 빠져나와 고향집으로 돌아갔다. 그러면서 이렇게 말했다.

"벼슬해 봉록 2,000석의 고관이 되지 못하고 장사해 천만금의 부를 쌓지 못한다면 어떻게 사람이라고 할 수 있으랴!"

마침내 그는 돈을 빌려 1,000여 경(頃)의 농경지를 사들여놓고는 가난한 농민들을 고용해 경작하게 했다. 소작인 수천을 부리다가 몇 년이 지나 마침 사면을 받았는데, (이미) 재산 수천금을 축적한 상태였다. 스스로 협객을 자처하며 관리들의 장단점을 손에 쥐고서 그들을 쥐락펴락했고, 외출할 때는 기마(騎馬) 수십이 그를 따랐다. 그가 백성을 부릴 때는 군수(郡守-군의 태수)보다 더 위엄과 무게가 있었다.

주양유(周陽由)는 아버지 조겸(趙兼)이 회남왕(淮南王) 유장(劉長)의 외삼촌으로서 주양후(周陽侯)였기 때문에[1] 주양(周陽)을 성(姓)으로 삼았다. 유(由)는 종가(宗家)[2]라는 이유로 낭(郎)에 임명되어 효문과 경제를 섬겼다. 경제 때 유는 군수(郡守)가 되었다.

무제(武帝)가 자리에 나아가자, 관리들은 정사를 처리함에 법도를 준수하고 매사 신중하게 처신하는 것을 높였는데, 그러나 유는 봉록 2,000석 관리 가운데 가장 포악하고 잔혹했으며 교만방자했다. 그는 자기가 아끼고 좋아하는 사람은 죽을죄를 지어도 법률을 멋대로 휘어서[撓法] 살려주었고, 자기가 미워하는 사람은 (반드시) 법률을 굽혀서[曲法] 주멸했다. 부임하는 군마다 반드시 그곳 호족들을 족멸했으며[夷=夷滅=族滅] 태수가 되면 도위를 현령처럼 여겼고 (반대로) 도위가 되면 반드시 태수를 업신여겨 그 권한을 빼앗았으니, 냉혹한 점에서는 급암(汲黯)에 비견할 만했다. 법을 이용해 남을 해치던[文惡]3) 사마안(司馬安) 또한 같은 2,000석 신분이었지만 수레를 같이 탈 경우 일찍이 감히 (부들을 깐) 자리에 나란히 앉지 못했고 수레의 가로막대에 함께 기대지도 못했다.

1) 【집해(集解)】서광(徐廣)이 말했다. "후가 된 지 5년 만인 효문 6년에 봉국이 없어졌다."

2) 【색은(索隱)】외척이나 인척도 종실에 준했기에, 그래서 종가라고 한 것이다.

3) 【집해(集解)】『한서음의(漢書音義)』에서 말했다. "문법(文法-법률)으로 남을 해치는 것이다."

유는 뒤에 하동군(河東郡) 도위가 되었는데, 당시 그곳 태수 승도공(勝屠公-신도(申屠))과 더불어 권력다툼을 벌이다가 상대방의 죄행을 고발했다. 승도공은 죄가 있다고 판결받게 되자 의리상으로 형벌을 받을 수 없다며 자살했고, 유는 기시(棄市)되었다.

영성과 주양유 이후로 정사(政事)의 일은 더욱 많아지고 백성은 교묘하게 법망을 빠져나가니, 관리들은 대부분 성이나 유처럼 하고자 했다.

조우(趙禹)는 태(斄) 땅1) 사람이다. 좌사(佐史-태수나 군수를 보좌하는 관리)로 중도관(中都官)으로 임명되었는데, 청렴하다 해서 영사(令史-문서 담당 관리)가 되어 태위(太尉) 주아부(周亞夫)를 섬겼다. 아부(亞夫)가 승상이 되자 우(禹)는 승상의 사(史)가 되었는데, 승상부 사람들은 모두 그가 청렴하고 공평하다[廉平]고 칭송했으나 아부는 그를 더는 중용하지 않았다. (아부가) 말했다.

"우가 아무런 결점이 없는 인물[無害]이란 것을 극히 잘 알고 있지만, 법을 너무 엄격하게 쓰므로[文深] 대부(大府)에서는 적절치 못하다."

금상(今上-무제) 때 우는 도필리(刀筆吏-문서를 관리하는 관리)로서 쌓은 공로를 인정받아 차츰 승진해 어사(御史)가 되었는데, 무제는 그가 유능하다[能]고 여겨 태중대부(太中大夫)에 이르게 했다. (우는) 장탕(張湯)과 더불어 각종 율령(律令)을 논정(論定)했으며 견지법(見知法-관리가 범죄를 보고도 묵살하면 그 관리도 똑같이 처벌하는 법)을 만들었는데, 관리들은 이후로 반드시 서로를 감시했다. 법 집행이 더욱 가혹해진 것[刻=深刻]은 대개 이때부터 시작되었다.

1) 【집해(集解)】 서광(徐廣)이 말했다. "부풍(扶風)에 속한다."

장탕(張湯)은 두(杜)[1] 땅 사람이다. 하루는 장안(長安) 승(丞)이었던 아버지가 외출하고 어린 탕(湯)이 집을 보게 되었는데, 아버지가 돌아와서 쥐가 고기를 훔쳐 간 것을 알고는 노해 탕에게 회초리를 때렸다. 탕은 구멍을 파고 연기를 피워 훔쳐 간 쥐와 먹다 남은 고기를 찾아내고서 쥐를 탄핵해 매질하고 영장을 발부해 심문하고는 문서로 기록하고서 논고하는 절차를 밟아 쥐를 체포하고 고기는 압수하고 판결문을 갖춘 다음 대청 아래에서 사지를 찢어 죽이는 책형[磔]을 시행했다. 아버지는 이 광경을 목도하고서 아들이 작성한 판결문을 읽어보았더니 노련한 옥리(獄吏)가 작성한 듯해 크게 놀라서 드디어 판결문 작성법을 익히도록 했다. 아버지가 죽은 후에 탕은 장안의 관리가 되어 오랫동안 일했다.

1) 【집해(集解)】 서광(徐廣)이 말했다. "이때는 아직 릉(陵)이 아니었다."[아직 두릉(杜陵)으로 불리지 않을 때였다는 말이다.]

주양후(周陽侯)[1]가 비로소 경(卿)이 되었다가 장안 감옥에 구금되었을 때 탕은 전심전력으로[傾身] 그를 편들어 일했으니, (주양후는) 옥을 나와

후(侯)가 되자 탕과 깊게 교유하면서 그를 여러 귀인에게 두루 소개했다. 탕은 내사(內史-수도의 관직)로서 일할 때 영성(甯成)의 연(掾-부하 관리)이었는데, 업무 능력이 뛰어나[無害] 영성이 대부(大府-승상부)에 말해[言]²⁾ 무릉위(茂陵尉)로 승진시켜 장차 무제가 묻히게 될 능을 만드는 일[方中]을 감독하게 했다.

1) 【집해(集解)】 서광(徐廣)이 말했다. "전분(田蚡)의 동생 전승(田勝)이다. 무제의 어머니인 왕태후의 동생이다. 무제가 세워진 초기에 봉해져 주양후가 되었다."
2) 천거했다는 뜻이다.

　무안후(武安侯-전분(田蚡))가 승상(丞相)이 되자 탕(湯-장탕)을 불러 사(史)로 삼고는 때를 살펴 그를 천자에게 천거해서 어사(御史)를 도와 일을 처리하게 했다. (탕이) 진황후(陳皇后)의 저주 사건[蠱獄]¹⁾을 맡아서 관련 패거리[黨與]를 철저하게 조사하니, 이에 상(上)은 그를 유능하다고 봐서 점점 승진시켜 태중대부(太中大夫)에 이르게 했다. (탕은) 조우(趙禹)와 함께 여러 법령을 제정했는데, 목적은 법조문을 엄밀하게 해서 그저 자리만 차지하고 있는 관리들[守職之吏]을 잡아넣으려는 데 있었다. 머지않아[已而] 조우는 자리를 옮겨[遷] 중위(中尉)가 되었다가 다시 옮겨[徙] 소부(少府)가 되었고 장탕은 정위(廷尉)가 되었는데, 두 사람은 아주 가까이 지냈고[交驩] (탕은) 우(禹)를 형으로 모셨다.

　우는 사람됨이 청렴하기는 했지만 거만해서[廉倨] 관리가 된 뒤로 그의 집에는 찾는 이[食客]가 없었고, 공경(公卿)이 서로 찾아와서 우에게 만날 것을 청해도 우는 끝내 답례 인사도 하지 않았다. 이유는 친구나 빈객들의 청탁을 끊고 홀로 자기의 생각대로 맡은 일을 하고자 할 뿐이기 때문이다. 하급 관리가 법과 조문에 따라 판결하면 그것을 곧장 따랐으니, 진실로 그들의 일을 다시 조사해[覆案] 하급 관리들의 숨은 죄[陰罪]까지 찾아내려고 하지는 않았다. (이에 비해) 탕의 사람됨은 사술(詐術)이 많았고 기지를 발휘해[舞智] 사람들을 부렸다[御人=使人]. 처음에 하급 관리[小吏]가 되었을 때는 물을 말려 없애듯이 법에 걸린 사람들을 거둬들였고[乾沒] 장안의 부유한 상인인 전갑(田甲)이나 어옹숙(魚翁叔) 등의 무리와 사사로이 교제했으며, 구경(九卿)의 반열에 오르게 되자 천하의 이름 있는 선비나 대부들과 두루 접촉하며 자기편으로 끌어들였는데 설사 자기와 마음이 맞지 않더라도 겉으로는[陽=繆] 떠받들며 따르는[浮慕] 척했다.

1) 진황후가 위황후(衛皇后)를 저주한 사건을 말한다.

이 무렵 상(上)이 바야흐로 유학[文學]에 관심을 두자[鄕=向] 탕은 중대 사건을 판결할 때면 유학 경전의 뜻[古義]에 부합하고자 했으니, 마침내 박사제자(博士弟子)들을 청해 『상서(尙書-『서경(書經)』)』와 『춘추(春秋)』에 정통한 자를 가려서 정위(廷尉)의 사(史)로 삼고 의심스러운 법령들을 바로잡았다[亭=治]. (논란이 되는 안건을 올릴 때는) 반드시 미리 먼저 상을 위해 사안의 근원들을 나눠서 밝혀놓은 다음 (그중에서) 상이 옳다고 하는 바를 받아들여 판결의 원안(原案)으로 삼았으며, 이를 정위(廷尉)의 판례에 분명하게 기록해둠으로써 주상의 눈 밝음을 드높였다1). 아뢴 안건이 꾸지람을 받을 경우 탕은 즉각 사죄하고서 상의 뜻이 가는 쪽을 따랐는데, (이럴 때는) 반드시 정(正)·감(監)·연(掾)·사(史) 등의 속관 가운데 뛰어난 자를 끌어들여 말하기를 "진실로 신을 위해 그들이 낸 의견도 상께서 신을 꾸짖으신 바와 같았는데, 신이 그 의견을 받아들이지 않아 어리석게도 이런 과실을 범하게 되었습니다"라고 했다. 이렇게 해서 장탕은 언제나 잘못된 보고로 인한 죄를 용서받았다. (반대로) 안건을 아뢰어 상이 이를 좋다고 할 경우에는 이렇게 말했다.

"신은 이 아뢴 바를 잘 알지 못합니다. 이는 다름 아닌 정(正)·감(監)·연

(掾)·사(史) 아무개가 작성한 것입니다."

그가 부하들을 천거하고 싶은 마음에서 그들의 좋은 점을 내세우고 허물을 숨겨주려 한 것이 이와 같았다. 관련 사안에 대해 상의 뜻이 죄주려는 쪽에 있으면 (탕은) 감(監)이나 사(史) 중에서 아주 심하게 벌주는[深禍] 자에게 맡겼고, 상의 뜻이 풀어주려는 쪽에 있으면 감(監)이나 사(史) 중에서 가볍고 공평하게 처리하는[輕平] 자에게 맡겼다. 다루는 사안이 힘센 자[豪]와 관련된 것이면 법조문을 교묘하게 적용해[舞=用] 반드시 죄를 들춰냈고[詆], 하층민에다가 파리하고 힘없는 백성[下戶羸弱]이면 때를 살펴 (상에게) 구두로 이렇게 말했다.

"조문에 따르면 법에 걸리지만, 상께서 재량껏 잘 살펴주십시오[財察=裁察]."

이에 (상은) 자주 탕의 말을 들어주었다.

1) 장탕의 이런 처사는 아첨으로도 볼 수 있지만 윗사람을 잘 모시는 모습으로 볼 수도 있다. 공자도 『논어(論語)』에서 "(나는) 윗사람을 위해 예를 다하는데, 사람들은 (나에게) 아첨한다고 하는구나"라고 말한 바 있다.

탕은 고위 관리[大吏]가 되자 안으로 행실을 닦는 한편 빈객들과 교제하고 음식을 함께 하면서 옛 친구의 자제 중에 관리가 된 자나 가난한 형제들을 어루만져 돌봐주기를[調護] 더욱 두텁게 했으니[尤厚], 이를 위해 추위와 더위를 가리지 않고 여러 공(公)을 찾아가서 부탁했다. 이 때문에 탕은 비록 법조문을 가혹하게 적용하고[文深] 시기하는 뜻이 강하며 전적으로 공평하지는 못했지만, 그럼에도 이와 같은 명성과 영예를 얻을 수 있었다. 탕의 손발[爪牙]이 되어 법률을 엄격하고도 가혹하게 다루던 관리들이 대부분 유학에 정통한 선비였기 때문에 승상 홍(弘-공손홍) 또한 그의 훌륭함[美]을 자주 칭송했다.

회남왕(淮南王-유안(劉安))과 형산왕(衡山王-유사(劉賜))과 강도왕(江都王-유건(劉建))의 모반 사건[反獄]을 처리할 때는 그들 사건의 모든 뿌리를 철저하게 파헤쳐서, 상이 엄조(嚴助)와 오피(伍被)를 풀어주려고 하자 탕은 간쟁해 이렇게 말했다.

"피(伍)는 모반 모의를 획책한 장본인이고, 조(助)는 몸소 총애를 받아[親幸] 궁중을 (마음대로) 드나들던 심복[腹心之臣]인데 마침내 제후들과 사사로이 내통한 바가 이와 같습니다. 이런 자들을 주벌하지 않는다면 훗날 누구도 법으로 다스릴 수 없을 것입니다."

이에 상은 탕의 논죄가 옳다고 여겼다. 그가 옥을 다스릴 때는 대신들을 물리치고 스스로 나서서 일을 처리했는데[自功], 대부분이 이런 경우들이었다. 이리하여 탕은 더욱 존중과 신임을 받아서 어사대부(御史大夫)에 올랐다[1].

1) 【집해(集解)】 서광(徐廣)이 말했다. "원수(元狩) 2년이다."

때마침 (흉노의) 혼야왕(渾邪王) 등이 투항해 왔기에 한나라에서는 대규모 병사를 일으켜 흉노를 쳤는데, 산동 지방에 홍수와 가뭄이 심해 가난한 백성이 이리저리 떠돌아다니며[流徙=流浪] 모두가 조정[縣官]에서 내주는 것만 바라보게 되자 조정 재정이 텅 비게 되었다. 이에 (탕은) 상의 뜻을 받들어[丞=承] 청을 올려서 백금(白金)과 오수전(五銖錢)을 만들었고, 천하의 소금과 철을 나라에서 전매해[籠=專賣] 큰 상인들을 배제했다. (또) 고민령(告緡令)[1]을 선포해 부호나 권세가[豪彊=豪强]로서 다른 사람들의 토지를 빼앗은 대지주들을 제거했는데[鉏=除], (그들에 대해서는) 법조문을 교묘하게 적용해[舞=用] 반드시 그 죄를 들춰냄으로써[詆] 법률의 미비점을 보완했다.

탕이 매번 조회에서 나라의 재정에 관해 이야기할 때면 천자는 해가 저

물도록 식사마저 잊었다[忘食]. 승상은 그저 자리만 채우고 있을 뿐이었고[2], 천하의 일은 모두 탕에게서 결정되었다. (하지만) 백성은 생활의 안정을 얻지 못해 소요를 일으켰고, 나라에서 실시한 새로운 정책들은 실효를 거두지 못했으며, 간사한 관리들은 앞다퉈 (백성을) 침탈하고 핍박했다[侵漁]. 이에 엄격한 제재를 가해[痛繩] 죄주었지만, 공경(公卿)으로부터 아래의 일반 서민까지 모두가 탕에게 손가락질했다. 탕이 일찍이 병이 들자, 천자가 몸소 문병을 갔으니, 그가 받은 융성한 존대[隆尊]가 이와 같았다.

1) 재산을 허위신고 한 자의 전 재산을 몰수해 신고한 자에게 재산의 절반을 상금으로 지급하는 제도다.

2) 【집해(集解)】 서광(徐廣)이 말했다. "이때의 승상은 이채(李蔡)와 장청적(莊靑翟)이었다."

흉노가 와서 화친을 요청하자 여러 대신이 상 앞에서 토의했는데, 이때 박사 적산(狄山)이 말했다.

"화친하는 것이 좋습니다."

상이 그 이유를 묻자, 산(山)이 말했다.

"군사나 무기는 흉기(凶器)이므로 쉽게 자주 움직여서는 안 됩니다. 고조께서는 흉노를 토벌하시려다가 평성(平城)에서 큰 곤경을 치르고서는 마침내 화친을 맺었습니다. 효혜(孝惠)와 고후(高后) 시절에는 천하가 편안했지만, 문제(文帝) 때는 흉노를 정벌하려다가 북쪽 변방 일대가 소란스러워지고 군사들은 고통을 겪어야 했습니다. 효경(孝景) 시기에는 오·초7국의 반란이 일어나 경제(景帝)께서 미앙궁(=황궁)과 장락궁(=황태후궁) 사이를 오가면서 수개월 동안 천하에 대한 근심으로 마음을 졸이셨습니다만[寒心], 오·초의 반란이 평정되고 나자 끝내 경제께서는 전쟁에 대해 말씀하지 않으셨으니, 천하가 부유해져서 재물이 가득 차게 되었습니다. 그런데 지금 폐하께서 군사를 동원해 흉노를 공격하고부터는 나라 안이 텅 비게 되었고 변경의 백성은 가난에 시달리며 고통스럽게 생활하고 있습니다. 이로 말미암아 보건대, 화친하는 것이 낫습니다."

상이 탕에게 묻자, 탕이 말했다.

"이 어리석은 유생은 아는 것이 없습니다."

산이 말했다.

"신이 진실로 어리석은 충성[愚忠]을 바치고 있지만, 저 어사대부 탕은 곧 거짓된 충성[詐忠]을 바치고 있습니다. 탕은 회남왕과 강도왕의 모반 사건을 처리할 때 법률 조문을 교묘하게 이용해 제멋대로 제후들을 탄핵함으로써 황족의 골육을 이간시켜 소원하게 했습니다. 그 바람에 (골육들이 왕을 맡고 있는) 제후국들로 하여금 스스로 불안에 떨게 했으니, 신은 진실로 탕의 거짓된 충성에 대해서는 잘 알고 있습니다."

이에 상이 낯빛을 바꾸며 말했다.

"내가 (그대를) 한 군의 태수로 임명해 지키게 하면 능히 흉노의 침탈을 막아낼 수 있겠는가?"

산이 대답했다.

"할 수 없습니다."

상이 물었다.

"한 현(縣)은 지킬 수 있겠는가?"

"할 수 없습니다."

"변경의 작은 성곽[鄣間]은 지킬 수 있겠는가?"

산이 스스로 생각하길, 만일 (더는) 승낙하지 않으면 자신을 옥리에 내려보낼 것이라 여겼다.

"할 수 있습니다."

이에 산을 변경의 작은 성곽으로 보내 지키게 했는데, 1개월 남짓 지나자, 흉노는 산의 머리를 베어가 버렸다. 이후부터 여러 신하는 (장탕에 대해) 더욱 두려워하며 떨었다[震慴].

탕의 빈객 전갑(田甲)은 장사꾼이기는 했지만 뛰어난 데다가 행실에 지조가 있었다[賢操]. 애초에 탕이 하급 관리였을 때 서로 돈거래를 하기도 했지만[1] 그 뒤에 (탕이) 고위 관리가 되고 나서도 갑은 탕의 행동에 허물이 있으면 꾸짖었으니, 실로 열사(烈士)의 풍모가 있는 사람이었다.

탕은 어사대부가 된 지 7년 만에 실각했다[敗].

1) 【집해(集解)】 서광(徐廣)이 말했다. "서로 이익으로 사귀었다는 말이다."

하동(河東) 사람 이문(李文)이 일찍이 탕과 틈이 있었는데, 얼마 뒤에 어사중승(御史中丞)이 되고 나서도 분노를 품고[恚] 여러 차례 궁중 문서 중에서 탕에게 해가 될 만한 것을 찾아내 변명의 여지가 없도록 하고자 했다. 탕에게는 아끼던 사(史) 노알거(魯謁居)가 있었는데, (알거는) 탕이 이문에 대해 마음이 불편한 것을 알아차리고는 사람을 시켜 급히 아뢰어 이문의 간사한 행위를 고발했다. 이 사건이 탕에게 내려오자 탕은 논죄해 문(文)을 사형에 처했는데, 탕은 내심 알거(謁居)가 꾸민 것을 알고 있었다.

상이 탕에게 물었다.

"이문의 사건을 고발한 출처는 어디인가?"

탕은 짐짓[陽] 놀라는 척하며 말했다.

"이는 아마도 문의 옛 친구가 원한을 품고서 그리했을 것입니다."

뒤에 알거가 병들어 시골의 아는 사람 집에 누워 있으니, 탕이 문병해 알거의 다리를 몸소 주물러주었다[摩足].

조(趙)나라는 야금과 제철을 주요 산업으로 삼고 있어 왕(-무제의 형 팽조(彭祖))은 철관(鐵官)의 일로 중앙 조정에 자주 소송하곤 했다. 그러나 탕이 늘 조나라 왕(의 제소)을 물리치자, 조나라 왕은 탕의 부정행위를 파헤쳤다. (또한) 알거가 일찍이 조나라 왕을 조사한 적이 있으므로 왕은 그에 대해서도 원한을 품고 있다가 두 사람을 한꺼번에 고발하는 글을 올렸다.

"탕은 대신인데도 사(史) 알거가 병에 걸리자, 가서 그의 다리를 주물러 주었으니, 이 두 사람이 큰 음모를 꾸미고 있는 것 같은 의심이 듭니다."

이 일을 정위(廷尉)에게 내려보냈다.

알거는 병으로 죽었지만, 일이 알거의 동생과 연루되어 동생은 도관(導官)[1]에 갇히게 되었다. 탕 또한 도관에 잡혀 온 다른 죄수들을 심문하다가 알거의 동생을 보았으나 몰래[陰] 그를 도와줄 심산으로 짐짓[陽=佯] 모른 척했는데[不省=不視], 알거의 동생은 그것도 모른 채 탕을 원망했다. 그는 사람을 시켜 글을 올려서, 탕이 알거와 공모해 이문의 변고 사건을 고발했다고 말했다. 이 일은 감선(減宣)에게 맡겨졌다. 선(宣)은 일찍이 탕과 틈이 있었기 때문에 이 사건을 맡게 되자 진상을 끝까지 파헤쳤으니, 아직 아뢰지만 않았을 뿐이었다.

1) 안사고(顔師古)가 말했다. "도(導)는 '고르다[擇]'라는 뜻이니, 쌀을 선별하는 일을 주관하므로 도관(導官)이라고 했다. 이는 「백관표(百官表)」에 나온다. 당시에는 여러 감옥이 다 꽉 차서 임시로 이 관서에 사람을 가두었고, 원래는 감옥이 아니다."

때마침 어떤 사람이 효문제의 능원(陵園)에 부장되었던 예전(瘞錢-죽은 자를 위한 노잣돈)을 도굴하는 사건이 발생했다. 이에 승상 청적(靑翟)은 입조해 탕과 함께 천자에게 사죄하기로 약속했는데, 천자 앞에 이르자 탕은 승상만이 사계절마다 반드시 능원을 순시해야 하는 책무가 있기에 마땅히 사죄해야 하며 자신은 무관하다고 하면서 사죄하지 않았다. 승상이 사죄한 뒤에 상은 어사에게 이 일을 조사하게 했다. 탕은 승상에게 견지법(見知法)[1]을 적용하려고 했고, 승상이 이를 걱정했다. 승상 아래에 장사 3명(長史

-주매신·왕조·변통)2)이 있었는데, 모두 탕을 미워해 그를 함정에 빠뜨리려
고 했다.

1) 다른 사람의 죄를 알고서도 잡지 않으면 죄인과 같은 죄를 지은 것으로 간주해 처벌하는 법으
   로, 장탕이 만든 것이다.
2) 안사고(顏師古)가 말했다. "「백관표(百官表)」에 따르면, 승상에게는 장사가 2명 있다. 여기서
   3명이라고 했지만, 그중 한 사람은 수(守)로서 정원에 포함하지 않는다."

먼저 장사 주매신(朱買臣)은 회계(會稽) 사람1)이다. 『춘추(春秋)』를 읽었
다. 장조(莊助-엄조)가 사람을 시켜 주매신을 천거했는데, 주매신은 『초사
(楚辭)』에도 능통하다고 해서 장조와 함께 총애를 받고 나란히 시중으로 있
다가 태중대부가 되어 정사를 주도했다. 이 무렵 장탕은 소리(小吏)여서 주
매신 등의 앞에서 무릎을 꿇고 엎드려 있어야 했다.

그런데 이윽고 장탕이 정위가 되니, 회남왕의 옥사를 다스리던 중에 장
조를 축출하자 매신은 마음속으로 깊은 원한을 갖게 되었다. 장탕이 어사
대부가 되었을 때 주매신은 회계군 태수에서 주작도위(主爵都尉)가 되어 구
경(九卿)의 반열에 올랐으나 몇 년 뒤 법에 걸려 쫓겨나서 겨우 장사(長史)
자리나 지키고 있었다. 그때 장탕을 만나보게 되었는데, 장탕은 침상 위에
걸터앉아 주매신을 승(丞)이나 사(史) 같은 하급 관리를 대하듯이 하며 예
우하지 않았다. 매신은 초나라 사나이[楚士]2)라 한층 더 원한을 품고서 늘
그를 죽이려고 했다.

1) 【정의(正義)】 주매신은 오나라 사람이다. 이때 소주(蘇州)가 회계군이 되었다.
2) 【정의(正義)】 주나라 말기에 월왕 구천이 오나라를 멸망시켰으나 초나라 위왕이
   월나라를 멸망시켰으니, 오나라 땅은 모두 초나라에 속하게 되었다. 그래서
   주매신을 초나라 사나이라고 한 것이다.

왕조(王朝)는 제(齊)나라 사람으로, 학술로 우내사(右內史)에 이르렀다.

변통(邊通)은 장단(長短)의 학설[短長術]¹⁾을 익힌 인물로 성품이 강인하고 사나웠는데, 벼슬로는 제남(濟南)의 재상을 두 번이나 지냈다.

이들은 모두 예전에 탕보다 높았다가[右=在上] 얼마 후에 관직을 잃고 겨우 장사 자리나 지키면서 탕에게 몸을 굽혀야 하는 신세였다. 또 탕은 여러 차례 승상의 일을 대신 수행하면서 이들 세 사람의 장사가 본래 자신보다 지위가 높았던 인물들인 것을 알았지만 항상 그들을 무시하고 꺾으려 들었다.

그래서 세 장사는 함께 모의해 승상에게 말했다.

"애초에 탕은 승상과 함께 사죄하기로 약속했다가 뒤에 가서는 승상을 배반하더니, 지금은 종묘의 일을 가지고 승상을 탄핵하려 하고 있습니다. 이는 승상의 자리를 차지하려는 것일 뿐입니다. 저희는 탕이 숨기고 있는 일을 알고 있습니다."

부하 관리를 시켜 탕의 증인[左=證左]으로 전신(田信) 등을 체포해 심문하니, 이렇게 말했다.

"탕이 장차 주청하려 할 때마다 제가 먼저 그것을 알고 물건을 미리 사서 쌓아두었습니다. 그 때문에 큰 부를 쌓았고, 그것을 탕과 나누었습니다."

1) 【집해(集解)】『한서음의(漢書音義)』에서 말했다. "장단술은 육국 시대에 흥했다."

그 밖의 다른 간사한 일들도 있었다. 이런 내용들이 상당수[頗] 천자에게도 보고되니, 상이 탕에게 물었다.

"내가 시행하려던 일들을 장사꾼들이 먼저 알고 물건을 쌓아두었다니, 아마도[類=似] 이는 내 계획을 미리 그들에게 알려준 자가 있었던 것 같다."

탕은 사죄하지 않고, 오히려 짐짓 놀라는 척하면서 말했다.

"분명 그런 것 같습니다."

감선도 알거의 일을 아뢰었다. 상은 탕이 간교한 마음을 품고서 자신을 속인 것으로 여겨서 사자를 8명 보내 죄상을 기록하며 탕을 문초하게 했는데, 탕은 문책할 때마다 조목조목 따지면서 그런 일은 없었다며 승복하지 않았다. 이에 상이 조우(趙禹)로 하여금 탕을 문책하게 하니, 우가 탕에게 와서 꾸짖어 말했다.

"그대는 어찌 그리 자신의 분수를 모르오? 그대가 사건을 판결해서 멸문을 당한 사람들이 얼마나 되는지 알고 있소? 지금 사람들이 그대의 죄상을 폭로하는데, 모두 확실한 증거가 있소. 천자께서는 그대를 옥에 가두는 것을 어려워하시어[重=難] 그대 스스로 결단 내리기를 바라고 계신데[1], 어찌 일일이 변명하려고 합니까?"

탕이 마침내 사죄의 글을 올려 말했다.

"탕은 한 자 한 치의 공로도 없이 도필리(刀筆吏)에서 일어나 폐하의 총애에 힘입어 삼공의 지위에 올랐습니다만 소임을 다하지[塞責=當責] 못했습니다. 그러나 탕을 모함해서 죄에 빠뜨린 자는 저 세 장사입니다."

드디어 스스로 목숨을 끊었다.

1) 자결하라는 뜻이다.

탕이 죽은 뒤에 그의 집 재산의 값어치는 500금을 넘지 않았다. 모두 봉록이나 하사금일 뿐 더는 다른 재산은 없었다. 형제와 아들들이 탕의 장례를 두텁게 치르려고 하니, 탕의 어머니가 말했다.

"탕은 천자의 대신으로 있다가 추악한 모함을 받고 죽었는데, 어찌 두터운 장례를 치른다고 하느냐!"

소달구지에 탕의 관을 실었는데, 속널[棺]만 있을 뿐 겉널[槨]은 없었다. 상이 이 소식을 듣고 말했다.

"이런 모친이 아니고서야 이런 아들을 낳을 수 없다."

마침내 세 장사들의 음모를 밝혀내 모두 사형에 처했다. 승상 청적은 자살했고, 전신은 풀려났다. 상은 탕을 애석하고 가련하게 여겨서 아들 안세(安世)를 점차 승진시켰다.

조우는 도중에 관직을 그만두었지만 얼마 안 있어 정위(廷尉)가 되었다. 애초에 조후(條侯-주아부)는 우가 너무 가혹하고 남을 해치려는 마음이 깊다고 하여 신임하지 않았다. 우는 소부(少府)가 되어 구경(九卿)에 버금가는 자리에 올랐는데, 과연 매우 혹심했다. 만년이 될수록 일이 더 많아져서 다른 관리들은 더욱 엄격한 쪽으로 나아갔지만, 우의 일 처리는 점점 완화되었기에 공평하다는 이름을 얻게 되었다. 후배 왕온서(王溫舒)처럼 뒤에 등용된 사람의 경우 그 일 처리가 우보다 엄격했다. 우는 늙어서 연(燕)나라 재상이 되었는데, 몇 년 뒤에 정신이 혼미해 일을 잘못 처리한 과오 때문에 면직당해 고향으로 돌아갔다. 그는 장탕이 죽은 지 10여 년 뒤 집에서 천수를 누리고 죽었다[壽卒].

의종(義縱)은 하동(河東) 사람이다. 젊어서 일찍이 장차공(張次公)이라는 자와 함께 칼로 공격해[剽=剌] 물건을 빼앗는 떼도둑이 되었다. 종(縱)에게는 누나 후(姁)가 있었는데, 의녀(醫女)로서 왕(王)태후의 총애를 받았다. 왕태후가 물었다.

"네 형제 중에 관리가 될 만한 사람이 있는가?"

누나가 말했다.

"동생이 있는데, 행실이 좋지 않아[無行] 안 됩니다."

태후가 마침내 상에게 말하자, (상은) 의후의 동생 종을 제배해 중랑으로 삼았다가 상당군의 (어떤 현) 현령(縣令)1)에 보임했다. 종이 다스림을 과감하게 해서 온정을 조금도 두지 않으니, 현의 일이 지체되지 않아 성적이 제1이었다. 승진해 장릉(長陵)과 장안(長安)의 현령이 되자 오직[直] 법대로 다스렸다. 귀척이라 하여 피하지 않았으니, 심지어 태후의 외손자인 수성군(脩成君)의 아들 중(仲)을 법대로 처리했다[2]. 상이 그를 유능하다고 여겨서 승진시켜 하내(河內) 도위로 삼으니, 임지에 도착하자마자 그곳의 세력가 양씨(穰氏) 족속들을 족멸시켜버리자 하내에서는 길에 물건이 떨어져 있어도 줍는 자가 없었다. 장차공 또한 낭(郎)이 되어 종군했는데, 용감하고 과감하게 적진 깊숙이 들어가서 공로를 세움으로써 안두후(岸頭侯)에 봉해졌다[3].

1) [색은(索隱)] 살펴보건대, 상당군 어떤 현의 현령인데 역사 기록은 그 현 이름을 잃어버렸다.

2) [색은(索隱)] 살펴보건대, 왕태후 딸의 칭호가 수성군이고 아들의 이름이 중이다.

3) [집해(集解)] 서광(徐廣)이 말했다. "후에 봉해진 지 5년에 회남왕의 딸과 사통하고 뇌물을 받아서 봉국이 없어졌다."

영성(寧成)이 고향 집에 머물고 있을 때 상이 그를 군수로 삼으려 했다. 어사대부 홍(弘-공손홍)이 말했다.

"신이 산동에서 하급 관리였을 때 영성은 제남 도위였는데, 그가 백성을 다스리는 것은 마치 이리가 양 떼를 모는 것 같았습니다. 성이 백성을 직접 다스리게 해서는 안 될 것입니다."

상은 이에 성을 제배해 관도위(關都尉)로 삼았다. 1년여가 지나 관문의 관리들이 군국(郡國)에서 출입하는 자들을 가로막고 물어보니, 그들이 말했다.

"차라리 젖을 물리는 어미 호랑이를 만날지언정 화가 난 영성은 만나지 말아야 한다."

의종(義縱)이 하내(河內)에서 남양(南陽) 태수(太守)로 옮겨가면서 영성

(寧成)이 남양의 집에 머물고 있다는 말을 들었으나 종(縱)이 관에 도착하자 영성이 옆에서 걸으며[側行]^{측행}[側行]¹⁾ 마중하고 배웅했건만 종은 기세등등해[氣盛]^{기성} 답례도 하지 않았다. (종은) 남양군에 도착해서는 드디어 영씨들을 샅샅이 조사해서 일족을 모조리 파멸시켰다[破碎]^{파쇄}. 성(成)이 죄를 입게 되자 (남양군의 또 다른 호족인) 공씨(孔氏)와 포씨(暴氏)의 무리는 모두 도망쳐버렸고, 남양군의 관리와 백성은 다리를 포개 한쪽 다리로 서 있어야 할 만큼 공포에 질렸다. 한편 평지현(平氏縣)의 주강(朱彊)과 두연현(杜衍縣)의 두주(杜周)는 의종의 발톱이나 어금니 같은 관리[爪牙之吏]^{조아 지 리}들이었는데, 이때 (중앙조정에 천거해서) 자리를 옮겨 정위(廷衛)의 (속관인) 사(史)[廷史]^{정사}로 임용되게 했다.

1) 예를 차린 것이다.

(이 무렵) 군대가 자주 정양군(定襄郡)에 출동했기 때문에 정양군의 관리와 백성이 혼란과 낭패에 빠지니, 이에 종(縱)을 옮겨 정양군 태수로 삼았다. 종은 (정양군에) 도착하자마자 정양군 감옥에 있던 중죄인, 죄가 가벼워서 형틀을 차지 않은 죄수 200여 명과 빈객이나 형제로서 사사로이 감옥에 들어와서 면회를 한 200여 명을 모두 붙잡았다. 종은 일거에 이들을 붙잡아 국문하면서 이렇게 말했다.

"이자들은 죽을죄를 지은 죄인들을 빼주려 했다."

이날 모두 400여 명이 죽임을 당했다. 그 뒤로 정양군 안에서는 춥지도 않은데 덜덜 떨었고, 교활한 백성[猾民]^{활민}은 관리에게 빌붙어 그의 다스림을 도왔다.

당시 조우(趙禹)와 장탕(張湯)이 법을 가혹하게 써서[深刻=刻深]^{심각   각심} 구경(九卿)에 올랐지만 그들의 다스림에는 아직도 너그러움이 있었고 법률은 정치를 보완할 뿐이었으나 종(縱)은 매가 날개를 펴서 작은 새를 덮치듯이 다스렸다.

그 뒤에 마침 오수전(五銖錢)과 백금(白金)을 유통하자 백성이 위조했는데[爲姦], 경사(京師-장안)에서 특히 심했다. 그래서 마침내 종을 우내사(右內史)로, 왕온서(王溫舒)를 중위(中尉)로 삼았는데, 온서(溫舒)는 아주 혹독했고 자신이 하는 일을 종에게 미리 말하지 않았지만, 의종은 반드시 기세로써 그를 꺾어 눌러서[陵=淩] 그의 공로를 없애버렸다[敗壞]. 그는 일을 처리하며 주살한 자가 아주 많았으나 결국 작은 성과만 낼 뿐이었고 위조범들은 더욱 늘어나서 이루 다 헤아릴 수 없었으니, 이 때문에 직지(直指)[1]라는 벼슬을 처음으로 두었다. 당시 관리들이 지방을 다스리는 방식을 보면 그저 목 베어 죽이거나[斬殺=斬戮] 잡아 가두는[縛束] 데만 힘썼는데, 염봉(閻奉)이란 자는 악독하다는 이유만으로 등용되었다. 종은 청렴했지만, 다스리는 방식은 질도를 본받았다.

1) 조정에서 파견된 일종의 지방 관리 감찰관이다.

이 무렵 상은 정호궁(鼎湖宮)에 행차해서 병석에 오래 누워 있다가 얼마 후에 마침내 일어나서 감천궁으로 향하게 되었는데, 도로가 정비되어 있지 않았다.

상이 화를 내며 말했다.

"종은 내가 이 길을 다시는 행차하지 않으리라 생각한 것인가?"

이 일을 마음에 담아두었다[嗛之][1]. 겨울이 되자 양가(楊可)가 고민(告緡-화폐) 업무를 맡았는데, 종은 이를 백성을 혼란케 하는 정책이라 여겨서 부하를 보내 양가의 사자들을 체포하게 했다. 천자가 이를 듣고서 두식(杜式)을 보내 종을 다스렸고, 조서(詔書)의 시행을 가로막은 죄라 하여 종을 기시(棄市)했다. 1년 뒤에 장탕 또한 죽었다.

1) 【집해(集解)】 서광(徐廣)이 말했다. "噞은 발음이 (겸이 아니라) 함(銜)이다."[그러면 뜻도 '머금다'가 된다.]

왕온서(王溫舒)는 양릉(陽陵) 땅[1] 사람이다. 젊어서 사람을 몽둥이로 쳐 죽이고 (증거인멸을 위해) 그 사람을 땅에 파묻는[椎埋] 등의 간악한 짓을 했으며, 그 뒤에 현(縣) 정장(亭長)의 시보(試補)가 되었으나 여러 차례 쫓겨났다. 관리가 되어서는 옥사를 다스리다가 정위(廷尉)의 사(史)가 되었고, 장탕(張湯)을 섬겨서 승진해 어사(御史)가 되었다. 도적을 단속하면서 무척이나 많은 사람을 죽이거나 다치게 했으나 점점 승진해 광평군(廣平郡) 도위(都尉)에 이르렀다. 군(郡) 안에서 그는 호쾌하고 과감하며[豪敢] 일을 맡길 만한 10여 명을 골라서 심복[爪牙]으로 삼았다. 온서(溫舒)는 그들이 몰래 저지른 중죄를 모두 파악한 다음 도적을 단속하게 했으니, 그들은 왕온서가 얻고자 하는 바가 있으면 어떻게든 그 뜻을 만족시켜주었다. (온서는) 이들에게 100가지 죄가 있어도 처벌하지 않았지만[弗法=不治], 만약에 주어진 업무를 피하면 과거에 저지른 일을 들어서 그들을 죽이고 일족까지 주멸했다. 그렇기에 제나라와 조나라 지방에서 날뛰던 도적들이 감히 광평군(廣平郡)에는 접근할 수 없었으니, 광평군에서는 길에 물건이 떨어져 있어도 줍지 않는다는 소문이 널리 퍼졌다.

상이 이를 듣고서 (온서를) 승진시켜 하내군(河內郡) 태수(太守)로 삼았다.

1) 【집해(集解)】 서광(徐廣)이 말했다. "풍익(馮翊)에 속한다."

(온서는) 평소 광평군에 있을 때도 하내군의 토호 집안과 간사한 집안을 다 알고 있었다. 9월경에 부임한 그는 군에 영을 내려 개인 소유의 말 50필을 차출해 하내군(河內郡)에서 장안(長安)에 이르는 각 역에 배치했으며[1],

부하들은 광평군에서와 같은 방략을 써서 군내의 토호나 교활한 자[豪猾]

들을 잡아들이게 하니 군내에서 이들과 연좌된 호족이 1,000여 가구였다.

글을 올려 청하기를 '죄가 큰 자는 처벌이 일족에게 미치게 하고 죄가 작은

자는 당사자만 죽인 다음 가산을 모조리 거둬들여서 그들에게 부당하게

빼앗긴 자들에게 변상토록 하겠습니다'라고 했는데, 글을 아뢴 지 2~3일

도 지나지 않아 그리하라는 허락을 얻었다. 이에 따라 논보(論報)하니[2] 처

형된 자들의 피가 10여 리까지 흘렀고, 하내의 백성은 모두 그가 아뢰는 글

이 귀신처럼 빠르게[神速] 처리된 것을 괴이하게 여겼다. 12월이 다 갈 무렵

이 되자 군(郡) 안에서는 (서로) 원망하는 소리가 하나도 들리지 않았고 감

히 밤에 나다니는 자도 없어졌으며 들판에는 개를 짖게 하는 도둑들[犬吠

之盜]이 사라졌다. 어쩌다가 잡지 못해 이웃의 군국(郡國)으로 달아나 버린

도둑들은 거기까지 가서 잡아 왔다. 때마침 봄이 되자, 온서는 발을 구르며

[頓足] 탄식해 말했다

"아! 겨울을 한 달만 더 늘일 수 있다면 내 일을 다 처리할 수 있을 텐

데!"[3]

그가 사람을 죽이고 주벌하기를 좋아해 위세나 부리면서 백성을 사랑하

지 않는 것이 이와 같았으나 천자는 이 소식을 듣고서 그를 유능하다고 여

겨 승진시켜서 중위(中尉)로 삼았다. 그가 백성을 다스리는 방식은 하내에

있을 때를 그대로 본떴다. 뒤에는 여러 악명 높은 자들[名禍]과 교활한 관리

들[猾吏]을 불러 모아서 함께 일을 했으니, 하내군에서는 양개(楊皆)와 마

무(麻戊), 관중에서는 양공(揚贛)과 성신(成信) 등이 있었다. 의종이 내사로

있을 때는 온서라도 그를 꺼려해 마음대로 힘을 쓰지 못했으나 종이 처형당

하고 탕이 자살한 뒤에는 온서가 정위로 승진하고 윤제(尹齊)가 중위(中尉)

가 되었다.

---

1) 천자와의 통신을 신속하게 하기 위함이었다.

2) 논보(論報)란 하급 관아(官衙)에서 상급 관아에 대해 어떠한 일을 조사해 의견을 붙여 보고하
   는 일을 말한다.

3) 사형은 겨울에만 집행할 수 있었다.

윤제(尹齊)는 동군(東郡) 시평현(茌平縣)[1] 사람이다. 도필리에서 점차 승진해 어사에 이르렀다. 장탕(張湯)을 섬겼는데, 장탕은 그가 청렴하다고 여러 차례 칭찬하며 도적 잡는 일을 감독하는 임무를 맡겼다. 그는 죄인을 처형할 때 귀척이나 세력가를 가리지 않고 마구 목 베었으니, 관도위(關都尉)로 승진해 영성(寧成)보다 더 냉혹하다는 이름을 얻었다. 상이 그를 유능하다고 여겨서 제배해 중위로 삼으니, 관리와 백성은 더욱 피폐해졌다.

제(齊)는 강직하기는 했지만 꾸미거나 배려함이 약했으니[木彊少文], 포악한 관리들은 움츠러들었고 선량한 관리들 또한 제대로 다스림을 펼 수가 없었다. 결국 이 때문에 일이 많이 폐기되자 죄에 걸려들어 뒤에 다시 회양 도위가 되었다. 상은 다시 왕온서를 중위로 삼았고 양복(楊僕)이 엄격하고 혹독하다 해서 주작도위(主爵都尉)로 삼았다.

1) **[색은(索隱)]** 茌는 발음이 (치가 아니라) 사(仕)와 의(疑)의 반절음이다.

양복(楊僕)은 의양(宜陽) 사람이다. 천부(千夫-군비를 기증한 사람)[1]로 관리가 되었다. 하남군(河南郡) 태수(太守)가 그의 재능을 살펴보고는 유능하다고 판단해 천거하니, 자리를 옮겨 어사(御史)로 삼아 관동(關東) 지방의 도적들을 단속하게 했다. 그의 다스림은 윤제(尹齊)를 그대로 본떠서 일 처리가 과감하고 사나웠다[敢摯=敢]. 점점 승진해서 주작도위(主爵都尉)가 되어 구경 반열에 올랐다. 천자는 그를 유능하다고 여겨서 남월(南越)이 반란을 일으키자 제배해 누선장군(樓船將軍)으로 삼았고, 공을 세우자, 장량후(將梁侯)에 봉했다. 뒤에 다시 조선 정벌에 나섰다가 좌장군 순체(荀彘)에게

묶이는 처지가 되었다[2]. 그는 오래 뒤에 병으로 죽었다.

1) 【집해(集解)】『한서음의(漢書音義)』에서 말했다. "천부는 오대부(五大夫)와 같았
   다. 무제는 군대의 재용이 부족해지자 백성으로 하여금 돈이나 곡식을 내게
   하고 이런 관직을 주었다."

2) 【집해(集解)】 서광(徐廣)이 말했다. "후에 봉해진 지 4년 만에 조선 정벌을 갔다
   가 돌아와서는 속죄금을 내고 서인이 되었다."

그리고 왕온서가 다시 중위(中尉)가 되었다. (온서는) 사람됨이 꾸밈이 적
고[少文] 정위(廷衛)로 있을 때는 아주 흐리멍덩해[惛惛] 일을 제대로 가려
서 할 줄 몰랐으나 중위가 되면서 일에 눈뜨게 되었다[心開]. 도적 떼를 단
속하게 되었는데, 평소 관중(關中)의 습속에 익숙해서 토호와 간악한 관리
들을 꿰뚫어 보았기 때문에 토호와 간악한 관리들은 온서를 위해 온 힘을
다해서 (도적 떼를 단속하는) 방략을 바쳤다. 관리들이 가혹하게 감시하자 도
적이나 불량배들은 투서함[缿]에 간사한 자들을 고발하는 투서를 넣었으
니, 일정한 거리나 마을마다 장(長)을 둬 간악한 자나 도적들을 감시하고 잡
아들이도록 했다.

온서는 권세를 가진 자[有勢者]에게는 아첨해[諞=諂] 잘 섬겼고, 권세가
없는 자는 노비 보듯이 했다. 권세가에 대해서는 그의 간사함이 산더미처
럼 쌓여 있어도 모른 척했지만[弗犯] 권세가 없는 자는 그가 설사 임금의 친
척[貴戚]이라도 반드시 침해해 욕을 보였으며, 하층민 중에서 교활한 자들
은 법조문을 교묘하게 적용해 반드시 죄를 들춰냄으로써[舞文巧詆] 세력
이 큰 토호들을 경계시켰다. 그가 중위(中尉)로 있을 때의 다스림이 이와 같
았다. 간사하고 교활한 무리는 끝까지 다스렸는데[窮治], 대부분 (심한 고문
으로) 감옥 안에서 몸이 썩거나 문드러져서[靡爛=糜爛] 재심의 기회를 얻어
[行論] 감옥을 나서는 자가 없었다.

그의 손발이 되어준 관리들은 사람의 탈을 쓴 호랑이[虎而冠]였다. 그래서 중위의 관할 범위 안에 있는 이들 중 적당히 교활한 자[中猾] 이하의 사람들은 모두 엎드린 채 감히 꼼짝하지 못했고, 권세가들은 그의 명성을 퍼뜨리면서 다스림을 칭송했으며, 그가 다스린 몇 해 동안 그의 부하 관리 중 많은 사람이 직권을 이용해 부자가 되었다.

온서가 동월(東越)을 치고[1] 돌아와서 낸 의견 중에 황제의 뜻에 맞지 않는 것이 있어서 그는 사소한 법에 걸려 죄를 입고 면직되었다. 이때 천자는 마침 통천대(通天臺)를 만들고 싶어 했으나 사람이 없었는데, 온서가 청하기를 중위의 관할 지역에 있던 자들로서 아직 부역을 마치지 않은 채 달아난 자들 수만 명을 찾아내 작업을 시키자고 했다. 상이 기뻐하며 그를 제배해 소부(少府)로 삼았다가 승진시켜[徙＝遷] 우내사(右內史)로 삼았다. 그의 다스림은 예전과 같았으나 간사함을 별로 막지 못했고, 법에 걸려 관직을 잃게 되었다. 다시 우보(右輔)가 되어 중위(中尉)의 일을 대행했다. 예전의 다스림과 다름이 없었다.

1) 【집해(集解)】 서광(徐廣)이 말했다. "원정(元鼎) 6년에 회계군에서 출진해 동월을 쳤다."

1년쯤 지나 마침 (한나라 황제는) 대원국(大宛國) 정벌을 위해 군대를 일으키면서 조서를 내려 호기로운 관리[豪吏]들을 불러들였는데 온서가 부하 화성(華成)을 숨겨주었고, 아울러 어떤 사람이 고변하기를 온서가 기병으로부터 뇌물을 받은 데다 또 다른 간사한 일로 이권에 개입했고 그 죄가 친족에까지 미치는 것이었기 때문에 (온서는) 스스로 목숨을 끊었다. 그 무렵 두 동생과 양쪽 사돈 집안에서도 각각 다른 죄를 지어서 (결국) 멸족당하고 말았으니, 광록(光祿) 서자위(徐自爲)가 말했다.

"슬픈 일이로다! 무릇 옛날에는 삼족을 멸하는 형벌[三族]이 있었을 뿐이거늘 왕온서의 죄는 동시에 오족(五族)을 멸하는 데 이르렀도다!"

왕온서가 죽었을 때 집안에는 수천 금이 쌓여 있었다.

그로부터 몇 년 뒤에 윤제도 회양 도위가 되었다가 병으로 죽었는데, 재산은 50금도 되지 않았다. 윤제가 주멸시킨 자들은 특히 회양군(淮陽郡)에 많았는데, 이 때문에 그가 죽자 원수진 집안의 사람들[仇家]이 그의 시신을 불태우려 했다. 이에 가족들이 그 시신을 몰래 옮겨 고향으로 돌아와 매장했다.

온서 등이 온갖 나쁜 방법으로 법률을 다스린 뒤로부터 군수나 도위 혹은 제후의 2,000석 관리로서 (군이나 국을) 다스리는 자들은 대개 다스림을 위해 모두 온서를 모방했지만, 관리와 백성은 더욱더 쉽게 법을 어겼고 도적들은 점점 더[滋] 일어났다. (도적으로는) 남양(南陽)에 매면(梅免)과 백정(白政)이, 초(楚)나라에는 은중(殷中)과 두소(杜少)가, 제(齊)나라에는 서발(徐勃), 연(燕)나라와 조(趙)나라 사이에는 견로(堅盧)와 범생(范生) 무리가 있었다. 큰 무리는 수천 명에 이르렀는데, 제멋대로 스스로의 이름을 내걸고 성읍을 공격해 무기고의 병기들을 훔쳐 가면서 사형수들을 풀어주었고, 군(郡)의 태수와 도위를 결박해 욕을 보이고 2,000석 관리를 죽이는가 하면 각 현에 격문을 돌려 자신들의 식량을 갖춰 놓을 것을 촉구하기도 했다. 작은 무리라 해도 100여 명은 되었고, 고을을 약탈하는[掠鹵] 자들은 이루 다 헤아릴 수 없었다.

이에 천자가 처음에는 어사중승(御史中丞)과 승상장사(丞相長史)로 하여금 도적들을 단속하게 했으나 오히려 제대로 도적을 막지 못하자, 마침내 광록대부(光祿大夫) 범곤(范昆)과 여러 좌·우내사, 도위(都尉), 구경(九卿)을 지낸 장덕(張德) 등으로 하여금 어사의 제복[繡衣]을 입게 한 뒤 부절(符

節)을 지니고서 호부(虎符)로써 군대를 발동해 그들을 치게 했으니, 머리를 벤 것이 많으면 혹1만여 급에 달했다. 또 도적들에게 정보나 음식물을 제공한 자는 법에 따라 주살했는데[法誅], 이 법에 걸려 함께 처벌된 자들[坐連]이 여러 군에 걸쳐 있었으며 심하면 수천 명이나 되었다.

몇 년 뒤에야 마침내 그들의 우두머리들[渠率=渠帥=渠首]을 제법 잡았다. 그러나 흩어진 졸개들은 뿔뿔이 도망쳤다가 또다시 무리를 이룬 채 산천의 가파른 곳에 기대 이곳저곳 무리를 지어 살았으므로 어찌할 도리가 없었다. 이에 침명법(沈命法)1)을 만들어 '도둑 떼가 일어난 것을 발견했는데도 신고하지 않거나 발각하고서도 전원을 체포하지 못하는 자가 있으면 2,000석 관리 이하부터 하급 관리들까지는 해당자를 모두 사형에 처한다'라고 했다. 이후 하급 관리들은 주살될까 두려워서 비록 도적이 있어도 감히 적발하려고 하지 않았다. 이는 체포하지 못하면 결국 군부(郡府)에 연좌되어 누(累)를 입게 되는 것이 두려웠기 때문이고, 군부(郡府)에서도 그들에게 그 같은 사실을 입 밖에 내지 못하게 했다. 그리하여 도적 떼는 점점 많아졌고, 위아래 관리들은 서로 숨겨주며 거짓 문서[文辭]를 꾸밈으로써 법에 저촉되는 것을 피했다.

1) 【집해(集解)】『한서음의(漢書音義)』에서 말했다. "침(沈)은 숨겨주는 것[藏匿]이고, 명(命)은 달아나는 것[亡逃]이다."[도둑을 숨겨주는 자를 처형하는 법률이다.]

감선(咸宣)은 양현(楊縣) 사람1)이다. 좌사(佐史)로서 하동(河東) 태수부에서 뛰어나게[無害] 일을 했다. 위청(衛靑) 장군의 사자가 하동에 말을 사러 왔다가 감선의 뛰어난 일 처리 능력을 보고 상에게 말하니 불러서 대구승(大廏丞)2)으로 삼았다. 맡은 일을 준비하는 데 능해 점점 승진해서 어사와 중승(中丞)에 이르렀다. 주보언(主父偃)의 죄와 회남왕의 모반 사건을 처리하게 하자 세밀하게 법조문을 적용해 그들의 죄상을 빈틈없이 파헤쳤는데, 이 사건에 연루되어 죽임을 당한 자들이 심히 많았지만, 이 때문에 과감하게 의심스러운 일들을 잘 판결한다는 칭찬을 받았다. 자주 파직되었다가 자주 복직되었으니, 어사와 중승으로 재직한 시간이 거의 20여 년이었다.

1) 안사고(顏師古)가 말했다. "咸의 발음은 (함이 아니라) 감생(減省)의 감이다. 양현은 하동군의 읍이다."
2) 【정의(正義)】 「백관표(百官表)」에 따르면, 태복(太僕)에 속한 관직 중에 대구(大廐)가 있는데 승 각 5명과 위(尉) 1명을 두었다.

왕온서가 중위에서 면직되었을 때 선(宣)은 좌내사(左內史)였다. 그는 쌀과 소금 등을 관리하는 사소한 업무부터 사건이 크든 작든 모두 자기 손을 거쳐야 했다. 그래서 관할하는 현(縣)의 각 부문의 재산과 기물을 친히 확인했기에 현령(縣令)과 현승(縣丞)을 비롯한 현의 관리들은 마음대로 바꿔놓을 수 없었다. 이를 어기면 중한 법으로 그들을 다스렸다. 그는 관리로 임명된 지 몇 년 동안 군 안의 모든 자질구레한 일을 직접 처리했다. 오직 감선만이 작은 일을 잘 처리함으로써 큰일을 이뤄내고 능히 자기 능력만으로 일을 처리했으니, 보통 사람으로서는 본받기[經] 힘든 것이었다.

중도에 쫓겨났다가 뒤에 다시 우부풍(右扶風)이 되었는데, 부하 관리 성신(成信)을 몹시 미워했다. 성신이 도망쳐서 상림원(上林苑)에 숨자, 감선은 미현(郿縣) 현령으로 하여금 관졸들을 거느리고 상림원 잠실문으로 들어가게 했고, 성신을 죽이려고 화살을 쏘았는데 그중 한 화살이 상림원의 문에 적중했다. 이 일로 선은 옥리에게 넘겨져 심문을 받게 되었고, 대역죄(大逆罪)에 걸려 죄가 멸족에 해당하자[當族] 선은 자살했다. 그리고 (그 자리에는) 두주(杜周)가 임용되었다.

두주(杜周)[1]는 남양군(南陽郡) 두연(杜衍) 사람이다. 의종(義縱)이 남양 태수로 있을 때 주(周)를 발톱과 어금니[爪牙] 같은 수족으로 부리다가 (장탕에게 천거해) 정위(廷尉)의 사(史)가 되게 했다. 장탕이 두주가 뛰어나다[無害]고 자주 상에게 아뢰자 (상은) 두주를 어사로 삼았다. 명을 받아 오랑캐의 침입으로 변방에서 도망간 수자리 병사들의 실태를 조사했는데, 그가 사형을 논죄해 죽은 자가 아주 많았다. 일을 아뢰는 것이 상(-무제)의 뜻에 맞아[中意] 중용되었고, 감선(減宣)과 함께 서로 돌아가면서 번갈아 중승(中丞) 직무를 10여 년 동안 수행했다.

1) **[정의(正義)]** 자(字)는 장유(長孺)다.

주(周)가 다스리는 방식은 감선과 서로를 모방했으나 그는 진중하고 매사를 천천히 처리했기에[重遲] 겉으로는 관대한 것처럼 보이면서도 속으로는 심각해 뼛속까지 사무칠[次骨=至骨] 정도였다. 선(宣)이 좌내사(左內史)로 있을 때 주는 정위가 되었는데, 그가 일을 다스리는 법은 대체로 장탕을 본떠서[放=依] 상의 뜻을 잘 살폈다. 상이 배척하려는 자가 있으면 곧바로 함정에 빠뜨렸고, 상이 풀어주려는 자가 있으면 오랫동안 가두었다가 상이 묻기를 기다려 그의 억울한 정황을 슬쩍 비쳤다[微見]. 어떤 객이 주에게 말했다.

"그대는 천하를 위해 판결해야 하는 자리에 있으면서 삼척법(三尺法)[1]을 따르지 않고 오로지 임금의 의지에 따라 옥사를 행하니, 옥관이란 원래 이런 것입니까?"

주가 대답했다.

"삼척법이라는 게 어디서 나온 것입니까? 전(前)의 임금이 옳다고 해서 만든 것을 율(律)이라 하고, 뒤의 임금이 옳다고 해서 기록한 것을 영(令)이라고 합니다. 때에 맞춰 옳은 것이 있는 것인데, 어찌 옛날의 법만 따르겠습니까?"

1) 맹강(孟康)이 말했다. "석 자 크기의 나뭇조각에 법률을 기록해 이렇게 말한 것이다."

주가 정위가 되자 황제의 명으로 처리해야 하는 사건[詔獄]이 더욱더 많아졌다. 2,000석 관리로서 감옥에 갇힌 자들은 앞서 체포된 자들과 새로 체포된 자들을 합치면 100여 명에 이르렀고, 군(郡)의 관리와 승상부나 어사부[大府] 관리들이 검거되어 정위에 넘겨진 것만도 한 해에 1,000여 건에 이르렀다. 큰 사건에 연좌되어 증인으로 심문받는 자만 수백 명이었고, 작은 사건도 수십 명에 달했다. 소환되어 멀리서 오는 사람은 수천 리 떨어진 곳에서 왔고, 가까운 경우라도 수백 리는 되었다. 옥리는 심문할 때 고소장에 의거해 탄핵하고 논고해 죄를 인정하게 했으며, 만약 불복할 때는 매질을 해서라도 죄과를 확정지었다. 이에 사람들은 체포하러 온다는 소식만 들어도 모두 도망쳐 숨어버렸다. 오랫동안 감옥에 갇힌 자들은 사면이 몇 차례 내려져도 혜택을 입지 못하는 경우가 많았고, 일단 달아났다가 10여 년 뒤에 고발당한 자는 대개 부도죄(不道罪-무고한 일가 세 사람을 죽이는 것) 이상의 큰 죄로 처형되었다. 정위와 중도관(中都官-수도에 두었던 관리)이 조서를 받들어 다스린 죄인만 해도 6~7만 명에 이르렀고, 그 밖의 관리가 다른 법령으로 체포한 죄인도 10만여 명이 되었다.

주는 중도에 면직되었다가 뒤에 집금오(執金吾)가 되어 상홍양(桑弘羊)과 위(衛)황후 형제의 자식들을 추격해 체포했는데, 법률 적용이 각박하고 가혹했다[刻深]. 천자는 이에 그가 온 힘을 다했고 사사로움이 없었다[無私]고 여겨서 승진시켜[遷] 어사대부로 삼았다1). 두 아들은 황하를 사이에 두고 하내군과 하남군의 태수가 되었는데, 둘 다 왕온서 등보다 더 포악하고 냉혹하게 다스렸다.
애초에 두주가 불려 와서 정위의 사(史)가 되었을 때 가진 것이라고는 말 1마리뿐이었고, 그나마도 마구(馬具)조차 온전하게 갖추지 못한 상태였다.

그러나 오랫동안 일을 맡아 삼공(三公)의 반열에 올랐고 자손들도 높은 관직에 오르니, 집안 자산은 거만(巨萬)을 헤아렸다.

1) [집해(集解)] 서광(徐廣)이 말했다. "천한(天漢) 3년에 어사대부가 되었고, 4년 후인 태시(太始) 3년에 졸했다."

태사공(太史公)이 말한다.

"질도(郅都) 이하 두주(杜周)에 이르는 이 열 사람은 모두가 가혹하고 매섭기[酷烈]로 이름이 났다. 그러나 도(都)는 강직했고, 시시비비의 도리를 가지고 천하의 대체(大體)를 잘 다투었다.

장탕(張湯)은 음양(陰陽)의 지혜로써 임금의 안색을 잘 살펴서 임금에게 영합하면서도 때로는 옳고 그름을 헤아려 국가가 그 덕을 보게 했다.

조우(趙禹)는 법에 의거해 올바름을 지켰다. 두주(杜周)는 아첨했지만, 말수가 적고 중후했다.

장탕이 죽은 후에 법망이 촘촘하고 일이 많아지는[罔密事叢] 바람에 정치가 점점 허약하고 피폐해졌다. 구경(九卿)은 자기 직무에만 급급해 나라에 필요한 일들을 바로잡지 못했으니 형벌 이외의 일을 어느 겨를에 논할 수나 있었겠는가! 하지만 열거한 열 사람 중에서 청렴한 자들은 모범이 될 만하고 탐관오리는 경계로 삼을 만하다. 그들의 방책과 모략은 후세 사람들에게 가르침을 주고 간교함과 사악함을 금지했다. 이 10명은 모든 행위가 적절하게 어울려서[彬彬] 소박함 속에 문무(文武)를 겸하고 있었으니, 법을 집행함에 있어 비록 잔혹했어도 직무에 걸맞은 사람들이었다.

이 밖에도 촉군(蜀郡) 태수 풍당(馮當)은 포악하게 사람들을 학대했고, 광한군(廣漢郡) 이정(李貞)은 제멋대로 사람들의 사지를 찢었으며, 동군(東郡)의 미복(彌僕)은 톱으로 사람 목을 잘랐고, 천수군(天水郡)의 낙벽(駱璧)은 범인을 망치로 쳐서 자백을 강요했으며, 하동군(河東郡)의 저광(褚廣)은 함부로 백성을 죽였다. 경조(京兆)의 무기(無忌)와 풍익(馮翊)의 은주(殷周)는 흉악하기가 살모사나 매와 같았고, 수형도위(水衡都尉) 염봉(閻奉)은 범인을 방망이로 구타하다가 뇌물을 바치면 죄를 용서해주었다. 이런 자들을 어찌 다 열거할 수 있으랴! 이런 자들을 어찌 다 열거할 수 있으랴!"[1]

1) 【색은술찬(索隱述贊)】 천자가 천자다움을 잃자[太上失德]/법령이 점점 더 늘어났도다[法令滋起]/각진 것 깨뜨려 둥글게 만들어도[破觚爲圓]/사나움 막는 일 그치지 않았다네[禁暴不止]/간사함과 거짓은 이에 이글거리는 불꽃과 같았고[姦僞斯熾]/백성의 참혹함 이에 비롯되었구나[慘酷爰始]/젖 먹이는 어미 짐승이 해악을 드날리고[乳獸揚威]/푸른 빛 사나운 매가 엿보는 듯하도다[蒼鷹側視]/법조문 꾸며대 없는 죄 들춰내니[舞文巧詆]/살아 있는 생령 어디에 의지하리오[懷生何恃]!

권 123

대원열전(大宛列傳) 제63

권123 대원열전(大宛列傳) 제63[1]

대원(大宛)[2]의 자취[跡]는 장건(張騫)으로부터 드러났다. 장건(張騫)은 한중(漢中) 사람[3]이다. 건원(建元) 연간에 낭관(郞官)이 되었다.

이 무렵에 천자(-무제)는 투항해 온 흉노들을 (직접) 심문했는데, 그들은 모두 말했다.

"흉노는 월지(月氏)[4]의 왕을 깨뜨린 뒤 머리뼈(-두개골)로 술잔[飮器]을 삼았습니다. 월지는 원래 살던 곳에서 달아난 뒤로 늘 흉노에게 원한을 품고 있지만 함께 흉노를 칠 만한 이웃 나라가 없습니다."

한나라는 바야흐로 오랑캐를 멸망시키는 일을 추진 중이었기 때문에 이 말을 듣고서는 (월지와) 사신을 통하게 하려고 했다. (월지로 가는) 길은 반드시 흉노의 한가운데를 지나가야[更=經=通過] 해서 마침내 능히 사신으로 갈 만한 자들[能使者]을 모집했다. 건(騫)이 낭관으로서 모집에 응해 월지에 사신으로 가게 되어, 당읍현(堂邑縣) 사람으로 옛 오랑캐 출신인 감보(甘父)와 함께 농서(隴西)에서 출발했다. 흉노 땅을 지나갈 때 흉노가 이들을 붙잡아서 역전(驛傳)을 통해 선우(單于)에게로 보냈다. 선우가 그들을 붙잡아 두고서 말했다.

"월지는 우리 북쪽에 있는데 한나라가 무슨 까닭으로 사신을 보낸단 말이오? 만약에 내가 (한나라 남쪽에 있는) 월(越)나라에 사신을 보내고자 한다면 한나라는 기꺼이 내 말을 들어주겠소?"

건은 10여 년 동안 붙잡혀 있으면서 부인도 얻고 자식까지 두었으나 한나라 사신으로서의 절조를 잃지 않았다.

1) 【색은(索隱)】 살펴보건대 이 열전은 「서남이열전」 뒤에 있어야 하니, 「혹리열전」
과 「유협열전」 사이에 있는 것은 마땅하지 않다. 이는 대개 사마공이 빠뜨린
것을 저선생이 보완할 때 잘못된 것이다. 다행히 큰 잘못은 아니다.

2) 【정의(正義)】 『한서(漢書)』에 따르면 "대원국은 장안에서 1만 2,550리 떨어져 있
다. 동쪽으로 도호치(都護治)에, 서남쪽으로 대월지(大月氏)에며, 남쪽으로
대월지에, 북쪽으로 강거(康居-지금의 우즈베키스탄)에 이른다"라고 했다.[대완
이라고 읽기도 한다.]

3) 【색은(索隱)】 한중 성고(成固) 사람이다.

4) 【정의(正義)】 『한서(漢書)』에 이르기를 "돈황과 기련산(祁連山) 사이에 있다"라고
했다.

흉노 속에서 지내다가 (감시가) 점차 느슨해지자[益寬] 건이 그 틈을 타고
자신의 무리와 함께 도망쳐서 월지로 향했다가[鄕=嚮], 서쪽으로 달아난
지 수십 일 만에 대원에 이르렀다. 대원에서는 한나라가 물자가 풍부하다는
소식을 듣고 있었기에 왕래하고 싶었으나 뜻을 이루지 못하고 있던 터에, 건
을 만나보게 되자 기뻐하며 물었다.

"어디로 가려는 것이오?"

건이 말했다.

"한나라를 위해 월지에 사신으로 가던 중에 흉노에게 길이 막혔다가 이
제야 도망쳐 왔으니, 부디[唯] 왕께서는 사람을 시켜 저를 인도해 호송해주
십시오. 진실로 (제가 월지에) 다다를 수 있다면 한나라로 돌아간 이후에 한
나라는 왕에게 재물을 보낼 터인데, 양은 이루 다 말할 수 없을 정도가 될
것입니다."

대원(의 왕)이 그렇다고 여겨 건을 (서쪽으로) 보내주면서 길 안내를 해줄
역관(驛官)을 붙여주었고, (건 일행이) 강거(康居)1)에 이르자[抵=至] 강거에
서는 역전(驛傳)을 통해 대월지(大月氏)까지 보내주었다. 대월지의 왕은 이

미 흉노에게 피살되고 태자가 세워져 왕이 되어 있었다[2]. (대월지는) 대하(大夏)를 남김없이[旣=盡] 신하로 삼아[臣=服屬] 통치하고 있었는데[居=君], 땅은 기름져 물산이 풍부했고 침략자가 별로 없어 생각하는 바가 평안하고 즐거웠으며, 게다가 한나라를 자신들로부터 멀리 떨어진 나라로 여겼고 딱히 오랑캐(=흉노)에게 보복할 마음도 있지 않았다. 건이 월지를 떠나 대하(大夏)에 이르렀지만, 끝끝내 월지의 속뜻[要領=要害]를 알 수 없었다.

1) 【정의(正義)】『괄지지(括地志)』에서 말했다. "강거국은 경사에서 서쪽으로 1만 600리에 있다."

2) 【집해(集解)】서광(徐廣)이 말했다. "일설에는 그 부인을 왕으로 삼았다고도 한다. 오랑캐들은 간혹 여자 임금[女主]을 모셨다."

1년 남짓 머물다가 한나라로 돌아왔는데, 남산(南山)을 따라 강족(羌族)의 땅을 지나서 돌아올 생각이었으나 다시 흉노에게 붙잡혔다. 1년쯤 붙잡혀 있을 때 선우가 죽자[1] 좌녹려왕(左谷蠡王)이 선우의 태자를 공격하고서 스스로 왕위에 오르니, 나라 안이 어지러워진 틈을 타고 건(騫)은 흉노인 아내와 당읍의 보(=감보)를 데리고 함께 도망쳐서 한나라로 돌아왔다. 한나라는 건을 제배해 태중대부(太中大夫)로, 당읍의 보(父)를 봉사군(奉使君)으로 삼았다.

1) 【집해(集解)】서광(徐廣)이 말했다. "원삭(元朔) 3년이다."

건은 사람됨이 의지가 강했으며 마음이 너그럽고 커서 남을 신뢰했기에 오랑캐들[蠻夷]도 그를 좋아했다.
당읍의 보(父)는 원래 오랑캐[胡人]로 활을 잘 쏘아 곤궁하거나 긴급할 때 새나 짐승을 쏘아서 먹거리를 조달했다.

애초에 건이 길을 떠날 때는 일행이 100여 명이었으나 13년이 지나고 나서는 오직 2명만이 돌아올 수 있었다.

건이 몸소 가본 곳은 대원(大宛)·대월지(大月氏)·대하(大夏)·강거(康居)였지만 주변의 큰 나라 대여섯 곳도 전해 들은 바가 있어서 그는 이것들을 다 갖춰[具] 천자에게 다음과 같이 말했다.

"대원은 흉노의 서남쪽, 한나라의 정서(正西)에 자리하고 있으며 한나라와의 거리는 1만 리쯤 됩니다. 풍습은 땅을 중심으로 형성되어[土著] 밭을 갈아먹는데, 밭에는 벼와 보리를 심습니다. 술에는 포도주가 있습니다. 좋은 말들이 많은데[1], 말은 피땀을 흘리며[汗血] 말의 뿌리는 천마(天馬)의 새끼라고 합니다. 이 나라에는 성곽과 가옥[屋室]이 있고 속읍(屬邑)으로 크고 작은 70여 개 성(城)이 있으며, 인구는 족히 수십만 명쯤 됩니다. 무기로는 활과 창이 있고 말타기와 활쏘기에 능합니다. 북쪽에는 강거(康居), 서쪽에는 대월지(大月氏), 서남쪽에는 대하(大夏), 동북쪽에는 오손(烏孫), 동쪽에는 우삼(扜罙)과 우전(于寘)이 있습니다.

우전(于寘) 서쪽에서는 물이 서쪽으로 흘러 서해로 흘러 들어가고, 동쪽에서는 물이 동쪽으로 흘러 염택(鹽澤)으로 들어갑니다. 염택부터는 물이 땅 밑으로 흐르다가 남쪽에서 황하의 원류가 시작됩니다[2]. 이곳에는 옥석(玉石)이 많고, 하천들은 중국 쪽으로 흘러 들어갑니다. 누란(樓蘭)과 고사(姑師=車師) 두 나라의 읍에는 성곽이 있으며 염택과 접해 있습니다.

염택은 장안에서 5,000리가량 떨어져 있습니다. 흉노의 오른쪽은 염택의 동쪽과 접해 있고, 농서(隴西)의 장성(長城)에 이르러서는 남쪽으로 강족(羌族)과 접해서 한나라로 통하는 길을 막고 있습니다.

---

1) 옛날부터 이런 말이 있었다. "천하에는 세 가지가 많은데, 중국에는 사람이, 대진(大秦)에는 금

은보화가, 월지에는 말이 많다."

2) 『한서(漢書)』「서역전(西域傳)」에 따르면 "황하는 원천이 두 곳인데, 하나는 총령(蔥嶺)에서, 다른 하나는 우전에서 비롯된다"라고 했다.

오손(烏孫)은 대원 북동쪽으로 2,000리가량 떨어진 곳에 있는데, 나라 곳곳을 떠돌며[行國]^{행국}[1] 가축을 따라다니니 흉노와 풍속이 똑같습니다. 활을 쏠 줄 아는 자[控弦者]^{공현자}가 수만 명이어서 과감하게 싸웁니다. 옛날에는 흉노에 복속되어 있었지만, 세력이 강대해지자 겉으로만[羈]^기 흉노에 속해 있을 뿐 흉노의 조회에도 기꺼운 마음으로 가지 않습니다.

1) [집해(集解)] 서광(徐廣)이 말했다. "토착 생활을 하지 않는다[不土著]^{불 토저}는 말이다."

강거(康居)는 대원(大宛) 서북쪽으로 2,000리가량 떨어진 곳에 있는데, 나라 곳곳을 떠도니[行國]^{행국} 월지와 풍속이 크게 똑같습니다. 활을 쏠 줄 아는 자가 8~9만 명이나 되고, 대원과 인접해 있습니다. 나라는 작아서 남쪽으로는 월지국에, 동쪽으로는 흉노에 복종하며 겉으로 섬기고 있습니다.

엄채(奄蔡)는 강거(康居) 서북쪽으로 2,000리가량 떨어진 곳에 있는데, 나라 곳곳을 떠도니 강거와 풍속이 크게 똑같습니다. 활을 쏠 줄 아는 자가 10만 명쯤 됩니다. 대택(大澤)에 접해 있는데 벼랑이나 산기슭이 없으니, 대개 이는 곧 북해(北海)를 말하는 듯합니다.

대월지(大月氏)는 대원(大宛) 서쪽으로 2,000~3,000리가량 떨어져 있고 규수(嬀水) 북쪽에 있습니다. 남쪽에는 대하(大夏), 서쪽에는 안식(安息), 북쪽에는 강거(康居)가 있습니다. 나라 곳곳을 떠돌며 가축을 따라 이곳저곳 옮겨 다니니, 흉노와 풍속이 똑같습니다. 활을 쏠 줄 아는 자가 10~20만 명이나 됩니다. 옛날에는 강성했기에 흉노를 가벼이 여기기도 했으나 묵특(冒頓)선우가 흉노의 왕이 되자 월지를 쳐부쉈고[攻破], 흉노의 노상(老上)선우 때는 월지의 왕을 죽여 머리뼈를 술잔으로 삼았습니다. 애초에 월지는 돈황(敦煌)과 기련산(祁連山) 사이에 터를 잡았으나[1] 흉노에게 패하고 나서 마침내 멀리 떠나 대원을 지나서 서쪽으로 대하(大夏)를 쳐부수고는 신하로 삼은 뒤에 드디어 규수(嬀水) 북쪽에 도읍해 왕정(王庭-왕궁)을 지었습니다. 같이 떠나지 못한 소수의 무리는 남산(南山)의 강족(羌族)과 합류했는데, 소월지(小月氏)라 불리고 있습니다.

1) 【정의(正義)】 애초에 월지는 돈황 동쪽, 기련산 서쪽에 살았다. 돈황군은 지금의 사주(沙州)다. 기련산은 감주(甘州) 서남쪽에 있다.

안식(安息)은 대월지(大月氏)에서 서쪽으로 수천 리가량 떨어진 곳에 있습니다. 그들의 풍습은 땅을 중심으로 형성되어[土著] 밭을 갈아먹는데, 밭에는 벼와 보리를 심고 포도주가 있습니다. 성읍은 대원(大宛)과 같습니다. 속읍은 크고 작은 성(城) 수백 개로 이뤄져 있으며, 땅이 사방 수천 리에 이르는 가장 큰 나라입니다. 규수(嬀水)에 인접해 있고, 시장이 있어 백성 사이에 상거래가 활발해서 수레나 배를 이용해 가까운 나라나[旁國] 수천 리 떨어진 곳까지 가기도 합니다.

은(銀)으로 돈을 만드는데, 돈에는 왕의 얼굴을 새겨 넣습니다. 왕이 죽으면 곧바로 돈을 바꿔 새 왕의 얼굴을 새겨 넣습니다[效]. 딱딱한 가죽[革][1]에 가로쓰기로[旁行][2] 기록을 써내려갑니다. 서쪽에는 조지(條枝), 북쪽에는 엄채(奄蔡)와 여헌(黎軒)이 있습니다.

1) 피(皮)는 부드러운 가죽이다.

2) 중국은 예로부터 세로쓰기[直下]였다.

조지(條枝)는 안식(安息)에서 서쪽으로 수천 리 떨어진 곳에 있으며 서해 (西海)와 접해 있습니다. 덥고 습기가 많아서 밭갈이도 하고 벼농사도 짓고 있습니다. 큰 새[大鳥-타조]가 있는데, 알이 항아리만 합니다. 인구는 매우 많으며 가는 곳마다 작은 군장(君長)들이 있는데, 안식(安息)은 이 나라를 정복해 복속시켰지만, 외국으로 간주합니다. 이 나라는 각종 곡예(曲藝)나 마술(魔術)을 잘합니다[善眩]. 안식(安息)의 장로에게서 전해 듣건대, 조지 (條枝)에는 약수(弱水)[1]와 서왕모(西王母)가 있는데 아직 본 적은 없다고 했 습니다.

1) 부력이 약해 기러기 털도 뜨지 않는 물을 말한다.

대하(大夏)는 대원(大宛)에서 서남쪽으로 2,000여 리 떨어져 있으며 규 수(嬀水) 남쪽에 있습니다. 풍습은 땅을 중심으로 형성되어[土著] 있는데, 성과 가옥이 있고 풍속은 대원과 같습니다. (나라 전체를 지배하는) 대왕이나 대군장이 없이 가는 곳마다 성읍에 소장(小長)을 두고 있습니다. 군대는 약 해 전쟁을 두려워하지만, 장사는 잘합니다. 대월지가 서쪽으로 옮겨 갈 때 대하를 쳐서 패망시키는 바람에 대하는 대월지의 속국이 되어 다스려지고 있습니다. 대하의 백성은 많아서 100만여 명이나 됩니다. 나라의 수도를 남 시성(藍市城)이라 부르며, 시장이 있어서 온갖 물건을 판매하고 있습니다. 동남쪽에는 신독국(身毒國)[1]이 있습니다."

1) 산스크리트어로 내[川]를 의미하는 신두(síndhu)에서 기원했다고 한다. 위진시대(魏晉時代)부
   터 당(唐)나라 때까지는 천축(天竺)이라 했고, 그 후에는 인도가 일반적으로 사용되었다. 신라
   때 혜초가 인도를 순력하고 돌아와 『왕오천축국전(往五天竺國傳)』이라는 기행문을 남겼다.

건(騫)이 (또) 말했다.

"신이 대하(大夏)에 있을 때 공(邛) 땅의 대나무 지팡이와 촉(蜀) 땅의 옷 감을 보고서 묻기를 '어디서 이것을 얻었소?'라고 했는데, 대하국 사람들이 말하기를 '우리나라 상인들이 신독(身毒)에 가서 사 온 것입니다. 신독은 대하에서 동남쪽으로 수천 리가량 떨어진 곳에 있는데, 풍습은 땅을 중심으로 형성되어 대부분 대하와 같습니다. 땅은 낮고 습하며 기후가 무덥습니다. 그 나라 사람들은 코끼리를 타고 전쟁하며, 대수(大水-강)에 인접해 있습니다'라고 했습니다. 이로써 건(騫)이 헤아려보건대, 대하는 한나라로부터 1만 2,000리 떨어져 있고 한나라 서남쪽에 있습니다. 지금 신독국은 또 대하에서 동남쪽으로 수천 리에 있으며 촉(蜀)의 물건이 있으니, 이는 촉에서 멀지 않은 곳에 있다는 뜻입니다. 지금 대하(大夏)에 사신을 보내는데, 강족(羌族) 땅의 험한 길을 지나간다면 강족 사람들이 싫어할 것이요 조금 북쪽으로 가게 되면 흉노에게 붙잡히게 되겠지만, 촉으로 해서 간다면 마땅히 빠를 것이고[徑=疾] 도둑도 없을 것입니다."

천자는 이미 들어본 바였다[旣聞][1].

(그래서 이렇게 생각했다.)

'대원(大宛)·대하(大夏)·안식(安息) 등은 다 큰 나라로서 진기한 물건이 많고 정착 생활을 해서[土著] 자못 중국과 비슷한 생산력[同業]이 있지만 군대가 약하고 한나라의 물건들을 귀하게 여기며, 북쪽에 있는 대월지(大月氏)와 강거(康居) 등은 군대가 강하기는 하지만 선물을 보내 이익을 베풀어주면[設利=施利] 입조시킬 수 있을 것이다. 또한 진실로 의로움으로써 그들을 복속시킨다면 영토를 1만 리나 넓힐 수 있고 먼 나라의 다양한 언어를 더불어 사용하면서[重九譯][2] 각지의 독특한 풍속들을 누리게 될 것이니, (천자의) 위엄과 다움[威德]이 사해에 고루 퍼져 나갈 것이다.'

천자가 기뻐하며 건의 말이 옳다고 여겨, 마침내 건에게 영을 내려서 촉(蜀)의 건위군(犍爲郡)[3]에서 간첩[間使]을 네 길로 갈라 동시에 출발시키기도록 했다. 하나는 방(駹)에서, 하나는 염(冉)에서, 하나는 사(徙)에서, 하나는 공(邛)과 북(僰)에서 출발했는데, 모두 각각 1,000~2,000리를 나아가다가 북쪽에서는 저(氐)와 작(笮)에서, 남쪽에서는 수(巂)와 곤명(昆明)에서 가로 막혔다. 곤명의 무리는 군장(君長)이 없고 도둑질에 뛰어나 한나라 사신을 보는 족족 죽여서 끝내 (대하와) 통할 수 없었다.

그러나 듣건대, 서쪽으로 100리가량 떨어진 곳에 코끼리를 타고 다니는 나라가 있으니 이름하여 전월(滇越)이라 부른다고 했다. 촉나라 장사꾼 중에 몰래 장사하는 이들이 간혹 그곳에 이르렀으니, 이에 한나라는 대하로 가는 길을 찾다가 비로소 전(滇)나라와 통하게 되었다. 애초에 한나라는 서남의 오랑캐와 통하려고 했으나 비용이 많이 들고 길도 통하지 않아서 그만 두었다가 장건이 대하와 통할 수 있다고 말하고서야 마침내 다시 서남이의 오랑캐와 통하는 일을 추진하게 된 것이다.

1) 이는 곧 천자가 이미 다음과 같이 생각하고 있었다는 말이다.

2) 구역(九譯)이란 아홉 번이나 통역을 거쳐야 한다는 말로, 먼 나라를 뜻하는 비유적 표현이다.

3) 지금의 융주(戎州)로, 익주(益州)의 남쪽 1,000리에 있다.

건(騫)은 교위(校尉)로서 대장군(大將軍-위청(衛靑))을 따라 흉노(匈奴)를 치게 되었는데, (사막에) 물과 풀이 있는 곳을 잘 알고 있었기에 (한나라) 군대는 곤란을 겪지 않을 수 있었다. 그래서 마침내 (천자는) 건을 봉해 박망후(博望侯)로 삼았으니, 이해가 원삭(元朔) 6년이다.

그 이듬해에 건은 위위(衛尉)가 되어 이 장군(李將軍-이광(李廣))과 함께 우북평(右北平)에서 출진해 흉노를 쳤는데, 흉노가 이 장군을 에워싸서 한 나라 군사들이 대거 도망치고 말았다. 건도 이 장군과 만나기로 한 날짜를 어겨서 참형에 해당했으나 속죄금을 내고 서인(庶人)이 되었다. 그해에 한 나라는 표기(驃騎-표기장군 곽거병(霍去病))를 보내 흉노(匈奴)의 서쪽 성곽에 있는 수만 명을 깨뜨리고 기련산(祁連山)까지 이르렀다.

그 이듬해에 혼야왕(渾邪王)이 자기 백성을 이끌고 와서 한나라에 투항하니, 금성(金城)과 하서(河西)의 서쪽부터 남산(南山)을 따라 염택(鹽澤)까지 텅텅 비어서 흉노를 찾아볼 수 없게 되었다. 간혹 흉노의 척후병들이 나타나기는 했지만 아주 드문 일이었다. 그로부터 2년 뒤에 한나라는 선우를 쳐서 막북(幕北)[1]으로 내쫓았다.

1) 막북(漠北)이라고도 하는데, 몽골고원 대사막 이북 지역을 가리키는 명칭이다. 한대부터 쓰던 이 명칭은 청대에 이르러 오늘날의 외몽골, 즉 몽골인민공화국만을 가리키는 개념으로 축소되었다.

이때부터[是後] 천자는 건에게 대하 등에 관해 여러 차례 물었다. 건은 이미 후(侯)의 작위를 잃었기 때문에 그 참에 이렇게 말했다.

"신이 흉노 속에 머물러 있을 때 들은 바로는 오손(烏孫)의 왕은 이름이 곤막(昆莫)입니다. 곤막의 아버지는 흉노의 서쪽 변방에서 작은 나라를 소유하고 있었는데, 흉노가 쳐들어와서 아버지를 죽이는 바람에[1] 곤막은 태어나자마자 들판에 버려졌습니다. (그런데) 까마귀가 고기를 물고 와서 그 위를 날았고[蜚=飛], 늑대가 와서 젖을 먹였습니다. 선우가 이상하다고 여겨서 그를 신인(神人)이라 생각하며 거둬 길렀습니다. 그가 장성해 군사를 거느리게 하자 여러 차례 공을 세우니, 선우는 그 아버지의 백성을 곤막에게 주어 오랫동안 흉노의 서쪽 성을 지키도록 했습니다.

곤막은 자기 백성을 거둬 기르면서 근처의 작은 마을들을 쳤는데, 활을 쏠 수 있는 사람이 수만 명인 데다가 공격전[攻戰]에 익숙합니다. 선우(單于)가 죽자, 곤막은 마침내 그 무리를 이끌고 멀리 옮겨가서 중립을 지키며 흉노에 조회하려 들지 않았습니다. 흉노가 기습부대[奇兵]를 보내어 쳤으나 이기지 못하자 그를 신인(神人)이라 여겨 멀리했고, 그 후로는 적당히 묶어두려고만[羈屬] 할 뿐 크게 공격하지 않았습니다.

지금 선우는 새롭게 한나라에 시달리고 있으며, 그 때문에 혼야왕이 다스리던 땅은 텅 비어 사람이 살지 않습니다. 오랑캐들의 습속은 한나라의 재물을 탐하니, 만일 이러한 때 진실로 오손(烏孫)에게 두터운 예물을 보내 동쪽으로 더 가까이 불러들여서 혼야왕이 다스리던 옛 땅에 살게 하고는 한나라와 형제의 의리를 맺자고 한다면 그 형세로 보아 오손은 마땅히 한나라의 말을 듣게 될 것입니다. 그렇게만 된다면 이는 흉노의 오른팔을 끊는 것과 같고, 일단 오손과 연결만 된다면 서쪽에 있는 대하(大夏) 등의 나라들도 모두 불러들여 외신(外臣)으로 삼을 수 있습니다."

천자는 그렇다고 여겨서 건을 제배해 중랑장(中郎將)으로 삼고 장수 300명을 거느리게 하고는 그들에게 말 2필씩을 주었다. 소와 양이 수만 마리였고 가지고 가는[齎] 황금과 비단의 가치는 수천 거만(巨萬)이었으며 (또) 부절을 가진 부사(副使)들을 많이 보내, 길이 통할 수만 있다면 다른 주변 나라들에도 그들을 보낼 수 있게 했다.

1) 『한서(漢書)』에 따르면, 아버지의 이름은 난도미(難兜靡)이며 대월지에게 살해당했다.

건이 이미 오손에 도착하자 오손왕 곤막이 한나라 사자를 만나주었는데, 마치 선우가 보낸 사자를 만나는 예(禮)처럼 하니 장건이 크게 치욕스러워했다. 오랑캐들의 탐욕스러움을 알고는 있었으나 마침내 다음과 같이 말했다.

"천자께서 내리신 예물입니다. 왕께서 절하지 않으시려면 예물을 돌려주십시오."

곤막이 일어나 예물에 절을 했지만, 그 밖의 다른 예절은 이전과 같았다. 건은 자신이 사신으로 온 취지를 밝혔다.

"오손이 동쪽으로 옮겨 혼야왕이 다스리던 땅에 살게 된다면 한나라는 옹주(翁主)를 보내 곤막의 부인으로 삼게 할 것입니다."

(당시) 오손은 나라가 나뉘고 왕이 늙은 데다가 한나라에서 멀리 떨어져 있어서 한나라가 큰지 작은지도 몰랐으며, 평소 흉노에게 복속되어 있은 지가 오래되고 더구나 흉노와의 거리도 가까워서 대신들이 모두 흉노를 두려워해 옮겨 가서 살기를 원하지 않았다.

왕 또한 자기 마음대로 일을 처리할 수 없었고, 장건은 그들을 설득할 요령이 없었다.

곤막은 아들이 10여 명 있었다. 그중에 대록(大祿)이라는 아들은 힘이 세고 병사들을 잘 다루었으므로 병사들을 이끌고 다른 곳에 살면서 1만여 기병을 거느리고 있었다. 대록의 형이 태자가 되었고 태자에게는 잠취(岑娶)라는 아들이 있었는데, 태자가 일찍 죽었다[蚤死]. 그는 죽음을 앞두고 아버지 곤막에게 말했다.

"반드시 잠취(岑娶)를 태자로 삼아주십시오. 다른 사람을 태자로 삼아서는 안 됩니다."

곤막은 태자를 불쌍히 여겨 이를 허락하고 마침내 잠취를 태자로 삼았다. 대록은 자신이 대신 태자가 되지 못한 것에 분개해, 마침내 여러 형제를 끌어모으고 자기 무리를 이끌어서 잠취와 곤막을 칠 계획을 꾸몄다. 곤막은 늙어서 늘 대록이 잠취를 죽일 것을 걱정해서 잠취에게 기병 1만여 명을 주어 다른 곳에 가서 살게 하는 동시에 곤막 자신도 기병 1만여 명을 이끌고 스스로 대비하니, 나라 안 백성이 셋으로 나뉘었다. 대부분은 곤막이 고삐를 쥐고 있었지만, 곤막 또한 이런 이유로 감히 독자적으로 건과 약속을 맺을 수가 없었던 것이다.

건은 그로 인해 부사(副使)들을 나눠 대원(大宛)·강거(康居)·대월지(大月氏)·대하(大夏)·안식(安息)·신독(身毒)·우전(于寘)·우삼(扜罙), 그 밖의 여러 나라에 사신을 보냈다. 오손에서는 안내인을 붙여서 건을 돌려보냈는데, 건은 오손이 보낸 사자 수십 명과 함께 돌아오면서 말 수십 필을 답례품으로 받았다. (건이) 사자를 수십 명 데리고 온 것은 그들이 한나라를 직접 보고서 한나라가 얼마나 넓고 큰지를 알게 하고자 해서였다.

건이 돌아오자 그를 제배해 대행(大行)으로 삼고 구경(九卿)의 반열에 올렸는데, 1년쯤 지나 졸(卒)했다.

오손의 사자들은 일단 한나라의 인구가 많고 물자가 풍부한 것을 보자 자기 나라로 돌아가서 이를 보고하니, 이에 그 나라는 마침내 한나라를 더욱 중하게 여겼다. 그 후 1년쯤 지나자, 건이 대하 등의 여러 나라에 보냈던 부사들이 모두 자못 그 나라의 사람들과 함께 들어오게 되었고, 이렇게 해서 서북쪽 나라들이 처음으로 한나라와 통하게 되었다. 그러나 장건이 새로운 길을 뚫었으므로[鑿空^{착공}=開通^{개통}] 그 뒤 사자로 가는 자들은 모두 박망후(博望侯)를 들먹임으로써 외국들에게 신망을 얻으려 했고, 외국들도 그로 말미암아 사자들을 믿어주었다.

박망후(博望侯) 건(騫)이 죽은 뒤, 흉노는 한나라가 오손과 통한다는 말을 듣고서 격노해 오손을 치고자 했다. 또 한나라가 오손에 보낸 사신이 남쪽으로 가서 대원과 대월지에 이르러[抵^저=至^지] 서로 왕래했는데, 오손은 마침내 두려워서 (한나라에) 사신을 보내 말을 바치면서 한나라 옹주와 결혼해 형제가 되기를 원했다. 천자가 여러 신하에게 의견과 계책을 묻자 모두 말했다.

"반드시 먼저 폐백[聘^빙]을 받은 연후에 마침내 옹주를 보내야 합니다."

애초에 천자가 역서(易書)로 점을 쳤더니 (점괘에) 이르기를 '신마(神馬)가 서북쪽에서 올 것이다'라고 했다. (그래서) 오손의 말을 얻게 되자 이름 짓기를 천마(天馬)라고 했는데, (그후) 대원(大宛)의 한혈마(汗血馬)를 얻고 보니 (오손의 말보다) 훨씬 더 건장했으므로 오손의 말은 이름을 고쳐 서극(西極),

대원의 말을 일러 천마(天馬)라고 불렀다.

한나라가 비로소 영거현(令居縣) 서쪽에 성(城)을 쌓고 처음으로 주천군(酒泉郡)을 설치해서 서북쪽의 나라들과 통하게 되니, 이로 인해 더욱더 많은 사신을 안식(安息)·엄채(奄蔡)·여헌(黎軒)·조지(條枝)·신독국(身毒國)으로 보낼 수 있었다. 동시에 천자가 대원의 말을 좋아했으므로 (말을 구하러 가는) 사자들이 길에서 서로 바라볼 정도로 많았다. 외국으로 가는 여러 사신단은 한 무리가 많으면 수백 명이나 되었고 적은 경우에도 100여 명은 되었다. 사람들이 가지고 가는 물품들은 박망후 때와 거의 비슷했으나 그 뒤로 왕래가 빈번해지자 (폐백 규모도) 차츰 줄어들었다. 한나라에서 1년에 보내는 사신단은 많을 때는 10여 차례였고 적을 때도 대여섯 차례였으며, 먼 곳으로 간 자는 8~9년이 지나서, 가까운 곳으로 간 자도 여러 해가 지나서야 되돌아왔다.

이때 한나라가 이미 월(越)나라를 멸망시키고 나자, 촉(蜀)과 서남쪽 오랑캐들은 모두 떨면서 관리를 보내 입조하기를 청했다. 이에 (한나라는) 익주군(益州郡)·월수군(越嶲郡)·장가군(牂柯郡)·심려군(沈黎郡)·민산군(汶山郡)을 둬 땅을 이어가면서 앞으로 나아가 대하까지 통하고자 하여 마침내 사자 백시창(柏始昌)과 여월인(呂越人) 등을 보냈고, (그 후) 해마다 10여 차례 사신을 파견해서 새로 설치한 여러 군을 통해 대하(大夏)로 가도록 했다. 그러나 모두 곤명(昆明)에 가로막혀 피살되고 폐백과 재물을 빼앗겨서 결국은 대하에 이를 수 없었다.

이에 한나라는 삼보(三輔)의 죄수들을 징발하고 파(巴)·촉(蜀)의 병사 수만 명을 동원해서 두 장군 곽창(郭昌)과 위광(衛廣)으로 하여금 한나라 사자들을 가로막는 곤명을 가서 치게 하니, 수만 명의 머리를 베거나 포로로 잡고서 철수해 왔다. (하지만) 그 후에도 사신을 보내기만 하면 곤명이 다시 도적질을 해대는 바람에 끝내 제대로 (대하와) 통할 수 없었다. 그러나 북쪽 길을 따라 주천군을 거쳐서 대하에 이르는 사자가 이미 너무 많아졌기 때문에 외국에서도 한나라의 폐물에 염증을 느끼고 한나라의 물건들을 귀하게 여기지 않았다.

박망후(博望侯)가 외국으로 가는 길을 열어 존귀하게 된 뒤로, 그 길을 따라갔던 관리와 병사들은 모두 다퉈 글을 올려서 외국의 기이하고 괴이한 것과 각국의 이로움과 병폐를 말하며 사신이 되고자 했다. 천자는 그 나라들이 멀리 떨어져 있고 사람들이 쉽게 갈 수 있는 곳이 아니라고 여겨서 그들의 말을 들어주었으니, 사신의 부절을 주고 관리와 민간에서 모집하되 출신 등을 묻지 않고 모집한 사람들을 모두 보냄으로써 사자로 갈 길을 넓혀 놓았다. (그러나 그들이) 돌아오면서 폐백과 재물을 훔치고 사신으로 보낸 천자의 뜻을 어기자, 천자는 그들이 이런 일에 길들여 있다고 보고서 즉각 이를 조사해 무거운 벌로 다스리게 했고, 공을 세워서 죄를 씻도록 재촉하는 영을 내려 다시 사신으로 내보냈다. (그러다 보니) 사신들의 폐단은 끝이 없었고 법을 어기는 것을 가볍게 생각했다.

(과거에 사자로 갔던) 관리와 사졸들도 문득 외국에 있는 것들을 다시 거창하게 추켜올리니, 큰 것을 말한 자는 (정사로 삼아) 부절을 주었고 작은 것을 말한 자는 부사(副使)로 삼았다. 이 때문에 말을 함부로 하고 행실이 바르지 못한 자들의 무리가 모두 다퉈 그것을 본떴다. 이렇게 해서 사신으로 가는 사람들은 모두 가난한 집의 자식이었으니, 조정에서 (외국으로) 보내는 물건들을 몰래 가로채 시장에서 헐값으로 팔아치우거나 외국에서 얻은 이익을 사사로이 차지하려 했다. 외국들도 한나라 사신들은 사람마다 말이 달라서[輕重] 싫어했고, 한나라 군대가 멀리 떨어진 탓에 쳐들어올 수 없다는 점을 헤아려[度=量] 식량 공급을 막음으로써 한나라 사신들을 고통스럽게 했다. 한나라 사신들은 먹을 것이 떨어지자, 원한이 쌓여서 서로를 공격하는 지경에 이르렀다.

한편, 누란(樓蘭)과 고사(姑師)는 작은 나라일 뿐이었지만 사방으로 통하는 요충지[空道=通道]에 있으면서 한나라 사신 왕회(王恢) 등에 대한 공격과 겁박이 아주 심했다. 게다가 흉노의 기병들은 수시로 서쪽 나라들로 가는 사신들을 가로막고 공격했다[遮擊]. 사신으로 갔던 자들은 외국에서 입는 재앙이나 피해를 다퉈 미주알고주알[徧] 말하면서 그들 나라에는 어디에나 성읍이 있지만 병력이 약해서 쉽게 칠 수 있을 것이라고 했다. 이에 천자가 이유를 듣고는 종표후(從驃侯) 파노(破奴)를 장수로 삼아서 보냈는데, 그가 속국의 기병과 군(郡)의 병력 수만 명을 이끌고 흉하수(匈河水)에 이르러 오랑캐를 치려고 했으나 오랑캐는 모두 달아나버렸다.

그 이듬해에 (한나라에서는) 고사(姑師)를 쳤다. 파노는 경기병(輕騎兵) 700여 명과 함께 먼저 적지에 당도해 누란왕(樓蘭王)을 사로잡고 드디어 고사를 깨트렸다. (파노가) 여세를 몰아 군대의 위엄을 들어 보임으로써 오손(烏孫)과 대원(大宛) 등의 나라를 압박했고, 귀환하자 (천자는) 파노를 봉해 착야후(浞野侯)로 삼았다. 왕회가 여러 차례 사신으로 갔다가 누란에 당한 고통을 천자에게 보고하니, 천자는 군대를 발동해 회로 하여금 파노를 도와 누란을 쳐서 깨뜨리도록 명하면서 회를 봉해 호후(浩侯)로 삼았다. 이리하여 주천군(酒泉郡)에서 옥문관(玉門關)까지 정장(亭鄣)[1]이 열을 지어 서게 되었다.

1) 담을 두르고 세운 정자를 말하는데, 국경이나 요해처의 경비를 위해 세운 정자 모양의 초소(哨所)를 뜻한다. 이런 업무를 맡은 말단 행정 조직을 가리키기도 한다.

오손에서 말 1,000필을 바치고 한나라 여인을 맞이하려 하자 한나라는 종실 여인인 강도왕(江都王)의 옹주를 보내 오손왕(烏孫王)의 아내로 삼게 하니, 오손왕 곤막은 그녀를 우부인(右夫人)으로 삼았다. 흉노도 여인을 보내 곤막의 아내로 삼게 했는데, 곤막은 그녀를 좌부인(左夫人)으로 삼았다. 곤막은 말하기를 "나는 늙었다"라고 하고서, 이에 손자인 잠(岑)에게 한나라 옹주를 아내로 삼게 했다. 오손에는 말이 많아서 부유한 자는 4,000~5,000필까지 보유하고 있었다.

애초에 한나라 사신이 안식(安息)에 이르자 안식왕(安息王)은 기병(騎兵) 2만여 명을 이끌고 동쪽 경계에서 맞아주었다. 동쪽 경계는 왕도(王都)에서 수천 리나 떨어져 있어 이 길을 가려면 성을 수십 개 지나야 했는데, (그 과정에서 보니) 백성이 서로 연이어져 있을 만큼[相屬] 매우 많았다. 한나라 사신이 돌아갈 때 안식에서도 사신을 딸려 보내 한나라의 광대함을 둘러보게 했는데, (사신은) 큰 새의 알(-타조알)과 여헌(黎軒)의 뛰어난 마술사[眩人]를 한나라에 바쳤다. 또 대원 서쪽의 작은 나라인 환잠(驩潛), 대익(大益)과 대원 동쪽의 고사(姑師), 우시(扜罙), 소해(蘇薤) 등의 사신들도 모두 한나라 사신을 따라와서 천자에게 예물을 바치고 알현하니, 천자가 크게 기뻐했다.

한편, 한나라 사신은 황하의 원천을 찾아냈다. 황하의 원천은 우전(于寘)에서 시작되었는데, 그 산에는 옥석이 많았다. 옥석을 캐서 돌아오자, 천자는 옛날 지도를 참고해 황하가 시작되는 이 산을 곤륜산(崑崙山)이라고 이름 지었다.

이 무렵 상(上)은 바야흐로 바닷가를 자주 순수(巡狩)했는데, 행차할 때마다 늘 외국에서 온 빈객들을 데리고 다녔는데 도시가 크고 인구가 많은 지역을 지나가면 각종 물건과 비단을 상으로 내리고 수많은 물품을 넉넉하게 줌으로써 한나라의 부유함과 풍부함을 과시했다[覽示]. 이에 대규모 각저(穀抵)¹⁾를 열어 신기한 놀이와 여러 가지 진기한 것을 보여줌으로써 구경꾼들을 많이 끌어모으면 상을 내리고 주지육림의 잔치를 베풀었으며, 외국에서 온 빈객들로 하여금 각 창고에 쌓인 물건들을 두루 구경하고 한나라의 광대함을 보게 함으로써 깜짝 놀라게 했다. 마술사들의 기교가 (서역보다) 더 정교해지고 각저에서 한 신기한 놀이가 해마다 바뀌면서 점점 더 성대해지고 더욱 흥하게 된 것은 이때부터였다.

1) 각저는 공연 혹은 연희로, 한나라 무제 때 상림원(上林苑)의 평락관(平樂觀)에서 이뤄졌다. 당시 평락관에서는 파유(巴渝)·도로(都盧)·해중(海中)·탕극(湯極)·만연(曼延)·어룡(魚龍)·각저(角抵, 穀抵) 등을 공연했다. 파유는 무예에 바탕을 둔 사천(四川) 지역의 잡기성 춤의 일종이다. 도로는 장대타기, 해중과 탕극은 음악의 이름으로 알려져 있으며, 만연과 어룡은 가상을 동원한 대형 환술의 일종이다. 각저는 좁은 뜻으로는 씨름이나 넓은 뜻으로는 산악백희(散樂百戲)를 가리킨다. 따라서 각저희는 연극사에서 볼 때 산악백희의 뜻으로 쓰이는 것이 통례다. 한(漢)나라 때 서역과 교통이 열리고 문물이 수입되면서 서역의 환술(幻術)이 전래되었고, 그 영향으로 산악백희가 시작되었다.

서북쪽 외국의 사신들은 수시로 오갔다[更來更去]. 대원 서쪽의 나라들은 모두 자신들이 한나라와 멀리 떨어져 있다고 여겨서 언제나 교만하고 방자하며 제멋대로였으나[晏然] 아직은 무력으로 굴복시킬[詘=屈] 수가 없었기에 예(禮)로써 그들을 붙들어두려고[羈縻] 사신을 주고받았다. 오손(烏孫)의 서쪽에서 안식(安息)까지는 흉노에 가까워 흉노가 월지를 괴롭힌 뒤로 흉노의 사신은 선우의 신표 하나만 가지고 있어도 이 나라들이 먹을 것을 주어 보내기만 할 뿐 감히 붙들어두고서 괴롭히는 일이 없었으나, 한나라 사신은 돈이나 비단을 내지 않으면 먹을 것을 얻을 수 없었고 시장에서 소나 말을 사지 않으면 타고 갈 수도 없었다. 그렇게 된 까닭[所以然]은 그들이 한나라와 멀리 떨어져 있었고, 또 한나라에는 재물이 많았기 때문이다. 그래서 (한나라 사신은) 반드시 시장에서 사야만 마침내 원하는 것을 얻을 수 있었다. (그들은) 한나라 사신보다 흉노를 더 두려워했던 것이다.

대원과 주변 나라들은 포도(蒲陶)로 술을 만들었다. 부자는 술을 1만여 석 저장해놓기도 했는데, 그중 오래된 술은 수십 년이 지나도 상하지 않았다. 그곳의 풍속이 술을 좋아하고 그곳의 말이 목숙(苜蓿)이라는 풀을 좋아해, 한나라 사신이 그 (포도와 목숙의) 씨를 가져왔다. 이에 천자가 비로소 목숙과 포도를 비옥한 땅에 심도록 하자 천마가 많아졌는데, 외국의 사신들이 올 무렵이면 이궁(離宮)이나 별관(別觀)[1] 부근에 온통 포도와 목숙을 심어 끝이 보이지 않을 정도였다.

대원 서쪽에서 안식까지 각국은 비록 말이 자못 달랐지만, 풍속이 대개 같아서 서로 말을 알아들었다[知言]. 그곳 사람들은 모두 눈이 움푹 들어가고[深眼] 수염(鬚髯)이 많으며 장사를 잘하고 아주 적은 금액을 두고도 다투었다. 풍속은 여자를 존중해, 여자가 말하면 장부들은 곧바로 그 말을 따랐다. 이 땅 어디에도 (명주)실과 옻나무[絲漆]가 나지 않고 쇠로 된 동전과 그릇을 만들 줄 몰랐으나 한나라 사신 중에서 도망쳐 그들에게 투항한 자들이 생겨나면서 그들이 여러 가지 무기나 그릇을 만드는 법을 가르쳐주었다. (이리하여) 한나라의 황금이나 백금을 구하게 되면 즉시 그것으로 그릇을 만들었지만 (여전히) 돈으로 쓰지는 않았다.

1) 이궁의 문밖에 세워진 망루다.

이후로 서역에 왕래하는 한나라 사신들이 많아지게 되자, 그중 일부 사신을 따라갔던 자들이 천자에게 나아가 잘 꾸며대 "대원의 좋은 말들이 이사성(貳師城)에 있는데, 이를 감추고서 한나라 사신에게는 기꺼이 내어주려 하지 않습니다"라고 했다. 천자는 이미 대원의 말을 좋아했기에 그 말을 듣고 흥미가 생겨서[甘心] 장사(壯士)와 거령(車令) 등을 보내 천금(千金)과 금마(金馬)를 갖고 가서 대원왕(大宛王)에게 이사성의 좋은 말을 달라고 청하게 했다. 대원[宛國]은 (이미) 한나라 물건이 넘칠 지경이었으므로 서로 모의해 말했다.

"한나라는 우리와 멀리 떨어져 있으며 (사신들은) 여러 차례 염수(鹽水)에서 낭패를 보았다. 북쪽으로 나오면 오랑캐 도적들[胡寇]이 있고, 남쪽으로 나오면 물과 풀이 없다. 또 이따금 읍에서 멀리 떨어져 먹을 것이 부족할 때가 잦다. 한나라 사신들은 수백 명이 한 무리로 오지만 늘 식량이 부족해서 도중에 죽는 자가 절반 이상이다. 사정이 이러한데 어찌 대군을 보낼 수 있겠는가? 한나라는 우리를 어찌할 수가 없다. 더구나 이사성의 말[貳師馬]은 대원의 보마(寶馬)다."

결국 한나라 사신에게 말을 내어주지 않았다. 한나라 사신이 화가 나서 욕을 퍼부으며 금마(金馬)를 몽둥이로 부숴버리고 떠나니, 대원의 고위 관리들[貴人]들이 분노해 말했다.

"한나라 사신이 우리를 지극히 가벼이 여겼다."

한나라 사신이 떠나자, 동쪽 변방 욱성(郁成)에 영을 내려 한나라 사신을 막고 쳐서 죽인 뒤 재물들을 빼앗게 했다.

이에 천자는 크게 노하니, 일찍이 대원에 사신으로 간 적이 있던 요정한(姚定漢) 등이 말했다.

"대원의 병력은 약합니다. 진실로 한나라 병사를 불과 3,000명을 동원해 강한 쇠뇌[彊弩=强弩]로써 그들을 쏜다면 그 즉시 모조리 포로로 잡아 대원을 깨뜨릴 수 있습니다."

천자는 이미 일찍이 착야후(–파노)를 시켜 누란(樓蘭)을 치게 했을 때 기병 700명을 이끌고 먼저 이르러서 그 왕을 사로잡은 적이 있었기에 정한 등의 말이 옳다고 생각했다.

그리하여 총희(寵姬) 이씨(李氏)를 높여줄 욕심에 이광리(李廣利)를 제배해 이사장군(貳師將軍)으로 삼고서 속국의 기병 6,000명과 군국(郡國)의 못된 소년 수만 명을 징발해 대원을 정벌토록 했다. (천자는) 이사성에 이르러 좋은 말을 가져올 것이라고 기대했기 때문에 호칭을 이사장군이라고 한 것이다. 조시성(趙始成)을 군정(軍正)¹⁾으로 삼고, 전(前) 호후(浩侯) 왕회(王恢)²⁾로 하여금 군대를 이끌게 했으며, 이차(李哆)³⁾를 교위(校尉)로 삼아 군사 업무를 통제토록 했다. 이해는 태초(太初) 원년(元年)이었는데, 당시 관동(關東) 지방에서는 메뚜기 떼가 크게 일어나 서쪽으로 돈황(敦煌)까지 빠르게 날아갔다[蜚].

1) 군법을 다스리는 관리다.

2) 회는 예전에 후에 봉해졌다가 1년 만에 주천군에서 있었던 어떤 문제로 작위를 박탈당했다.

3) 【색은(索隱)】 哆의 발음은 (치가 아니라) 척(尺)과 사(奢)의 반절음이다.

이사장군의 군대가 이미 서쪽으로 염수(鹽水)를 지나갔는데, 행군로에 접해 있는 작은 나라들은 두려워하며 각기 성을 굳게 지키면서 선뜻 먹을 것을 제공하지 않았다. 그들을 공격했으나 떨어뜨릴 수 없었다. 떨어뜨리면 식량을 얻을 수는 있었지만 떨어뜨리지 못하면 며칠 만에 떠나야 했다. 욱성(郁成)에 거의 도착할 무렵이 되자 군사는 수천 명에 지나지 않았는데, 모두가 굶주리고 지쳐 있었다. 욱성을 공격했으나 욱성이 한나라 군대를 크게 깨뜨리니, 죽거나 다친 사람이 매우 많았다. 이사장군은 차(哆), 시성(始成) 등과 함께 계책을 세우기를 "욱성조차 이처럼 함락시킬 수 없는데, 하물며 왕도(王都)를 함락시킬 수 있겠는가?"라며 군대를 이끌고 돌아왔다. 가고 오는 데 2년이 걸렸고, 돈황으로 돌아왔을 때 군사는 (출병할 때의) 10분의 1 내지 2에 지나지 않았다.

(이사장군이 천자에게) 사자를 보내 글을 올려 말했다.

"길은 멀고 식량이 대부분 떨어지니 병사들은 싸움을 걱정하지 않고 굶주림을 걱정했으며, 병력이 적어서 대원을 뽑아버리기에는[拔] 부족했습니다. 바라건대 장차 병력을 해산했다가 더욱 많이 뽑아서 다시 나가게 해주십시오."

천자가 이 말을 듣고 크게 노해, 사자를 보내 옥문관(玉門關)을 막고서
말했다.

"군인 중에서 감히 (옥문관 안으로) 들어오는 자가 있으면 즉시 목을 벨
것이다."

이사장군은 두려움 때문에 돈황에 머물렀다.

그해 여름에 한나라는 착야후의 군사 2만여 명을 흉노에 잃었다[1]. 이에
공경과 (조정에서) 의견을 내는 자들[議者]은 모두 대원을 쳤던 군대를 해산
하고 흉노를 치는 일에 온 힘을 기울이기를 원했으나 천자는 이미 해온 대
로 대원을 주벌하는 데 주력하고자 했다.

"대원이 작은 나라인데도 함락시키지 못한다면 대하(大夏) 같은 나라들
은 한나라를 가벼이 여길 것이고 대원의 좋은 말들도 끊어져서 들여올 수
없을 것이다. (게다가) 오손(烏孫)이나 윤두(侖頭) 또한 한나라 사신을 쉽게
보아[易=輕] 괴롭힐 것이니, 외국의 웃음거리가 될 것이다."

마침내 대원을 치는 것이 아주 불리하다고 말하는 등광(鄧光) 등을 처벌
한 뒤 죄수 중에서 재주 있는 관리들을 사면하고, 못된 소년과 변방의 기병
을 더욱 징발했다.

1년 남짓 지나 6만의 병력이 돈황에서 출발했는데, 여기에는 사사로이
(물건을 지고) 따라가는 자들은 포함되지 않았다. 소가 10만 두, 말이 3만여
필이었고 나귀[驢]·노새[騾]·낙타[橐它=橐駝=駱駝] 등도 1만여 마리나 되
었다. 식량을 넉넉하게 준비하고 각종 무기와 쇠뇌도 충분하게 갖추고서 천
하가 떠들썩하게 대원 정벌의 명령을 서로 전해 받들면서 떠났는데, 교위
(校尉)가 총 50여 명 지휘했다.

---

1) **[집해(集解)]** 서광(徐廣)이 말했다. "태초(太初) 2년에 조파노가 준계장군(浚稽將
軍)이 되어 2만 기병을 이끌고 흉노를 공격했으나 돌아오지 못했다."

대원의 왕성에는 우물이 없어 모두 성 밖에 흐르는 물을 길어다[汲] 썼는데, 이에 마침내 (한나라 군대는) 수공(水工)을 보내 성 밑의 수로에 구멍을 내[空=穴] 성안의 물을 말려버리기로 했다. (또) 수자리 서는 병사 18만 명을 추가로 징발해서 주천군(酒泉郡)과 장액군(張掖郡) 북쪽에 거연현(居延縣)과 휴도현(休屠縣)을 새로 설치해 주천군을 지키게 했으며, 천하의 일곱 가지 죄목[七科]에 해당하는 사람을 벌주어 말린 식량[糒]을 싣고 가서 이사장군에게 공급하게 하니 짐수레와 사람들이 서로 잇닿아 돈황(敦煌)까지 이어졌다. 말을 잘 아는 두 사람을 (각각) 제배해 집마교위(執馬校尉)와 구마교위(驅馬校尉)로 삼음으로써 대원을 쳐부수고 나서 좋은 말을 골라야 할 경우를 대비했다.

이에 이사장군은 제2차로 다시 길을 떠났는데 병력이 많아 이르는 작은 나라들마다 맞이하지 않는 나라가 없었으니, (모두) 음식을 들고나와 군대에 공급해주었다. 윤두(侖頭)에 이르렀는데, 윤두가 항복하지 않자[不下] 여러 날을 공격해 그곳을 도륙했다. 여기서부터 서쪽을 향해 평탄하게 대원의 성까지 행군해 갔다. 여기에 도달한 한나라 군사는 3만 명이었다. 대원의 군대가 한나라 군사들을 맞아 치고 나왔으나 한나라 군사들이 활을 쏘아 패퇴시키니 대원은 성채[葆=城砦] 안으로 도망쳐 들어가서 성을 의지하며 버텼다. 이사의 군대는 욱성으로 가서 치고 싶었으나 (여기서) 행군을 멈추면 대원이 다른 계책을 쓸 기회를 주게 될까 두려웠고 그리하여 마침내 먼저 대원에 이르러 수원(水源)을 터서 물줄기를 바꾸니, 대원은 진실로 큰 어려움에 빠지게 되었다.

대원의 성을 에워싸고 공격한 지 40여 일이 지나자, 바깥 성을 무너뜨리고 대원의 고위 관리이자 용장인 전미(煎靡)를 사로잡았다. 대원이 크게 두려워해 성안으로 도망쳐 들어갔다. 대원의 고위 관리들이 서로 모의해 이렇게 말했다.

"한나라가 대원을 공격한 까닭은 왕 무과(毋寡)가 좋은 말을 감춰둔 채 한나라 사신을 죽였기 때문이다. (그러니) 지금 왕 무과를 죽이고 좋은 말을 내주면 한나라 군대는 마땅히 포위를 풀 것이다. 만일[卽=若] 포위를 풀지 않으면 그때 가서 힘을 다해 싸우다 죽어도 늦지 않을 것이다."

대원의 고위 관리들이 모두 그렇다고 여겨서 함께 자신들의 왕 무과를 죽였다. 그들은 왕의 머리를 가지고 고위 관리를 보내 이사에게 이렇게 약속했다.

"한나라는 우리를 공격하지 마십시오. 우리는 좋은 말들을 모조리 내놓아 마음대로 가져가게 할 것이며, 한나라 군대에 식량을 공급하겠습니다. 만일 들어주지 않으면 좋은 말들을 모두 죽일 것입니다. 또 강거(康居)의 구원군이 장차 다다를 것인데, 그들이 오면 우리는 성안에서, 강거는 성 밖에서 한나라 군대와 싸우게 될 것입니다. 한나라 군대는 이를 깊이 생각해보십시오. 어느 쪽을 따르겠습니까?"

이때 강거는 한나라 군대를 살피고 있었는데[候視], 한나라 군대가 아주 강성해 감히 나아오지 못하고 있었다. 이사장군이 조시성, 이차 등과 계책을 논의했다.

"듣건대, 대원의 성안에서는 처음으로[新] 진(秦)나라 사람을 찾아내 우물 파는 법을 알게 되었고 그 안에는 식량이 아직도 많다고 한다. 우리가 이곳까지 온 까닭은 악의 수괴인 무과를 주벌하기 위해서인데, 무과의 머리가 이미 여기에 있다. 이렇게 되었는데도 군사를 푸는 것을 허락하지 않으면 (그들이 성을) 굳게 지키는 사이에 강거가 한나라 군대가 지치기[罷]를 엿보다가 와서 대원을 구원할 것이니, 한나라 군대는 반드시 깨질 것이다."

군리(軍吏)들도 모두 그렇다고 생각해 대원의 약속을 허락했다. 대원은 마침내 좋은 말들을 내놓아 한나라가 스스로 고르게 했고, 한나라 군대에 많은 식량을 내주었다. 한나라 군대는 좋은 말 수십 필과 중등 이하의 말[中馬]로 암수[牡牝] 3,000여 필을 골랐으며, 대원의 고위 관리 중에서 옛날부터 한나라 사신들을 잘 대우해주었던 말살(昧蔡)[1]이라는 사람을 세워 대원의 왕으로 삼고는 서로 동맹을 맺은 다음 군사를 거두었다. 결국 (한나라는) 중성(中城)까지 들어가지 못했다. 마침내 여기서 싸움을 끝내고 군대를 이끌고 돌아왔다.

1) 【색은(索隱)】 대원의 장수다. 昧는 발음이 (매가 아니라) 말(末)이고, 蔡는 발음이 (채가 아니라) 선(先)과 갈(葛)의 반절음이다.

애초에 이사가 돈황에서 군대를 일으켜 서쪽으로 갈 때 군사가 너무 많으면 도중에 주변 나라들로부터 식량을 공급받기 어려울 것으로 여겨서, 이에 군대를 여럿으로 나눠 남쪽과 북쪽 길을 따라가게 했다. (그 가운데) 교위(校尉) 왕신생(王申生)과 홍려(鴻臚)를 지낸 호충국(壺充國) 등이 1,000여 명을 거느리고 제각각 욱성(郁城)에 이르렀다.

욱성에서 성을 지키며 군대에 식량을 선뜻 공급하려고 하지 않자, 왕신생은 대군과 200리나 떨어져 있었는데 (대군의 위세에) 몰래 기대[偵偵] 욱성의 군대를 가벼이 여기고서 욱성을 꾸짖었다. 욱성은 식량을 어떻게든 대주지 않으려 하다가 신생의 군대가 날로 줄어드는 것을 엿보아 알아차리고는 새벽에 군사 3,000명으로 공격해 와서 왕신생 등을 쳐 죽이니[戮殺], 군대는 깨지고 몇 사람만이 탈출해서 이사에게로 도망쳐 갔다. 이사가 수속도위(搜粟都尉) 상관걸(上官桀)에게 영을 내려, 가서 욱성을 공격해 깨뜨리게 하니, 욱성왕은 강거로 달아났다. 걸(桀)이 강거까지 뒤쫓아 가자, 강거는 한나라가 이미 대원을 깨뜨렸다는 소식을 듣고는 마침내 욱성왕을 걸에게 내주었다. 걸은 기사(騎士) 4명에게 욱성왕을 묶어서 잘 지키며 대장군에게 보내도록 했는데, 네 사람이 서로에게 말했다.

"욱성왕은 한나라의 미움을 받고 있다. 지금 살아 있다가 장차 달아나기라도 한다면 결국 큰일을 그르치게 될 것이다."

그를 죽이려 했으나 정작 감히 먼저 나서서 치지 못하고 있다가, 상규현(上邽縣)의 기사 조제(趙弟)가 가장 어렸는데 칼을 뽑아 욱성왕의 머리를 쳐서 벤 다음 머리를 가지고 갔다. 제와 걸 등은 내달려서 대장군에게로 갔다.

애초에 이사장군이 제2차로 출병했을 때[後行] 천자는 오손(烏孫)에 사자를 보내 말하기를 크게 병력을 동원해서 힘을 합쳐 대원을 치자고 했으나, 오손은 겨우 기병 200명만 출동시키고 양다리를 걸치며 선뜻 나아가지 않았다. (그러다가) 이사장군이 동쪽으로 갈 때 주변의 여러 작은 나라는 대원이 박살 났다는 말을 듣고는 모두 자기의 자제들을 한나라 군대에 딸려 보내 천자를 알현하게 한 뒤 이를 다짐하는 차원에서 볼모로 머물게 했다.

이사가 대원을 정벌할 때는 군정(軍正) 조시성이 힘껏 싸워 공로가 가장 많았고 상관걸이 과감하게 적진 깊숙이 들어갔으며 이차가 계략을 세웠으니, 출정한 군인 중에서 옥문관(玉門關)으로 되돌아온 병사가 1만여 명이었고 군마가 1,000여 필이었다. 이처럼 이사가 제2차로 출병했을 때는 군인들의 식량이 부족하지 않았고 전사자도 많지 않았으나 장군이나 군리들이 대부분 탐욕스럽고 병졸들을 사랑하지 않았기에 침범해 빼앗고 식량을 빼돌렸으며 이로 인해 죽임을 당한 자[物故]가 많았다. (하지만) 천자는 1만 리나 되는 먼 곳까지 가서 대원을 정벌했다고 해서 그들의 잘못을 밝히려 하지 않았다[不錄].

(천자는) 이광리(李廣利)를 봉해 해서후(海西侯)로, 직접 욱성왕을 벤 기사 조제를 봉해 신치후(新時侯)로, 군정 조시성을 광록대부(光祿大夫)로, 상관걸을 소부(少府)로, 이차를 상당군(上黨郡) 태수(太守)로 삼았다. 군리(軍吏)나 관리(官吏)로서 구경(九卿)에 오른 자가 3인이었고 제후국의 재상이나 군수, 2,000석 관리에 임명된 자가 100여 명이었으며 1,000석 관리 이하가 1,000여 명이었다. 자진해[舊=迅=自樂] 전쟁에 따라나선 자는 기대 이상의 벼슬을 얻었고, 죄수로서 종군한 자는 모두 공로만큼 죄를 용서받았

을 뿐 따로 포상을 받지 못했다[絀=抑退]. 병졸들에게 4만 금을 내렸다. 대원을 정벌하기 위해 두 차례 오갔으며, 총 4년 만에 전쟁이 끝났다.

한나라가 이미 대원을 정벌하고 나서 말살(昧蔡)을 대원의 왕으로 세웠으나 뒤에 쫓겨나고 말았으니, (대원을 정벌한 지) 1년 남짓 지났을 때 대원의 고위 관리들은 말살이 (한나라에) 심하게 아첨해[善諛] 자기 나라를 도륙시켰다고 여겨서 마침내 함께 상의해 말살을 죽이고 무과(毋寡)의 동생 선봉(蟬封)을 대원의 왕으로 삼은 뒤 아들을 한나라로 들여보내 볼모로 삼게 했다. 한나라는 그에 맞춰 사신을 보내 하사품을 줌으로써 대원을 누르고 어루만졌다[鎭撫]. 또 한나라는 사신단 10여 개를 대원 서쪽에 있는 여러 나라로 보내 진기한 물건을 구해 오게 함으로써 이를 통해 대원을 정벌한 한나라의 위세와 다움을 은근히 과시했다[風覽]. 그리고 돈황(敦煌)에는 주천도위(酒泉都尉)를, 서쪽으로 염수(鹽水)까지는 곳곳에 정(亭)을 두었다. 윤두(侖頭)에는 둔전병[田卒] 수백 명이 있었는데, 그 때문에 이들을 감독할 사자를 두고서 밭을 보호하고 곡식을 쌓아두었다가 외국에 사신으로 가는 자들에게 공급하도록 했다.

　태사공(太史公)이 말한다.

　"(『상서(尙書-서경)』) 「우본기(禹本紀)」에 다음과 같은 말이 있다.

　'황하는 곤륜산(昆侖山)에서 나온다. 곤륜산은 높이가 2,500여 리이며, 해와 달이 서로 피해 숨어서 빛을 밝히는 곳이다. 정상에는 예천(醴泉-단물이 나는 샘)과 요지(瑤池-신선이 사는 못)가 있다.'

　이제 장건(張騫)이 대하(大夏)에 사신으로 간 다음에 황하의 원류를 알아냈다고 하지만, 「우본기」에서 말한 곤륜산이란 것을 어떻게 볼 수 있었다는 것인가? 따라서 구주(九州)의 산천에 관한 기록은 『상서(尙書)』가 사실에 가깝다. (다만) 「우본기」나 『산해경(山海經)』에서 말한 기이한 것들[怪物]

에 대해 나는 감히 말하지 않겠다."[1]

1) 【색은술찬(索隱述贊)】 대원의 자취는[大宛之迹]/원래 박망후로 인해 알게 되었도다[元因博望]/처음으로 황하의 근원을 찾으면서[始究河源]/바닷가를 두루 살펴보았지[旋窺海上]/조지가 서쪽으로 들어가니[條枝西入]/천마는 안을 향했도다[天馬內向]/총령은 티끌 하나 없고[蔥嶺無塵]/염지 물결은 고요했다네[鹽池息浪]/넓도다 저 멀리 떨어진 땅이여[曠哉絶域]/수시로 요새를 두었도다[往往亭障]!

권124 —— 유협열전(游俠列傳) 제64

권124 유협열전(游俠列傳) 제64[1]

한자(韓子-한비자)가 말했다.

"유자(儒者)는 문(文)으로 법을 어지럽히고[2] 협객은 무(武)로 금령을 범한다."

이는 선비와 협객 둘 다 비난한 것인데, (그러나) 학문하는 선비[學士]는 세상에서 훌륭하게 일컬어지고 있다. 학술로써 재상이나 경대부가 되어 그 시대의 군주를 도와서 공적과 명성이 나라의 역사에 기록된 경우는 굳이 이야기할 필요도 없고, 계차(季次)[3]나 원헌(原憲) 같은 경우라도 마찬가지다. (그들은) 서민이면서도 글을 읽어 홀로 군자다움을 지니고 마땅함을 지키면서 그 시대의 흐름에 구차하게 영합하지 않았기에 당대 사람들의 비웃음을 샀지만, 계차와 원헌은 일생 쑥대로 엮은 집에서 거친 베옷과 나물밥을 먹으며 살면서도 불만이 없었고, 그들이 죽은 지 400여 년이 지났건만 제자들은 그들의 뜻을 이어받는 일을 게을리하지 않고 있다.

지금 유협은 그 행위가 비록 정의에 부합되지는 않더라도 그들의 말에 믿음이 있고 행동은 과감하며 한번 승낙한 일은 반드시 성의를 다해 실천하여 자기 몸을 아끼지 않고 남에게 닥친 위급함 속으로 뛰어들었다. 그들은 생사와 존망을 돌아보지 않았고 자기 능력을 뽐내지 않았으며 그 다움을 자랑하는 것을 수치로 여겼으니, 대개 실로 이런 점은 높이 칭찬할 만하다.

1) 【집해(集解)】 순열(荀悅)이 말했다. "기개와 민첩함을 갖추고 위엄과 복록을 지어 사사로운 교결을 맺음으로써 세상에서 강한 자로 우뚝 선 자를 일러 유협이

라고 한다."

2) 【정의(正義)】 문(文)의 폐단은 소인이 자잘한 데 얽매이는 것임을 말했다.

3) 【집해(集解)】 서광(徐廣)이 말했다. "「중니제자열전」에 이르기를, 공석애(公晳哀)는 자(字)가 계차인데 벼슬을 하지 않았으나 공자가 칭찬했다고 했다."

또 사람은 누구나 위급한 상황[緩急]에 부딪힐 때가 있다.

태사공(太史公)은 말한다.

"옛날에 우순(虞舜)은 우물을 파고 창고를 고치다가 궁지에 몰렸고, 이윤(伊尹)은 욕되게 솥과 도마를 짊어지고 다니며 요리했으며, 부열(傳說)은 부험(傳險)이라는 동굴에 숨어 살았고, 여상(呂尙)은 극진(棘津)[1]이라는 나루터에서 곤궁하게 살았으며, 이오(夷吾-관중)는 수갑과 차꼬를 찬 적이 있고, 백리해(百里奚)는 노비가 되어 소를 먹였으며, 공자는 광(匡) 땅에서 위급한 변을 당했고 진(陳)과 채(蔡) 사이에서 굶주려 얼굴빛이 좋지 않았다.

이들은 모두 학문하는 선비[學士]로서 이른바 도리가 있고[有道] 어진 사람[仁人]인 데도 오히려 이런 재앙을 만났는데, 하물며 중간 정도 재능이 있는 사람으로 어지러운 세상의 혼탁한 흐름을 건너자면 얼마나 힘들겠는가? 그들이 재앙을 만나는 경우를 어찌 이루 다 말할 수 있겠는가?"

1) 【집해(集解)】 서광(徐廣)이 말했다. "광천(廣川)에 있다."

어떤 비루한 사람이 말했다.

"누가 인의(仁義)를 알겠습니까? 이익을 누릴 수 있게 해주는 사람이 바로 다움이 있는 사람[有德]입니다."

그래서 백이(伯夷)는 주나라(무왕)를 추하게 여겨 수양산에서 굶어 죽었지만, 문왕과 무왕이 이 때문에 왕위에서 물러나지는 않았고, 도척(盜跖)과 장교(莊蹻)는 포악하고 잔인했지만, 그 무리는 그들이 의로운 사람이라고 끝없이 칭송했다. 이것으로 볼 때 "갈고리를 훔친 사람은 처형되고 나라를 훔친 사람은 제후가 되는데, 제후의 문하에는 어짊과 마땅함[仁義]이 있다"라는 말이 헛소리는 아니다.

지금 학문에 얽매이거나 한 자도 안 되는 의로움을 품은 채 오랜 세월 세상을 등지고 살아가는 것[久孤]이 어찌 천박한 의논으로 세속에 영합해서 세상의 흐름을 따라 부침하며 영예로운 이름을 얻는 것만 하겠는가? 그러나 또 포의(布衣)의 무리로서 은혜를 입으면 반드시 갚고 승낙한 일은 반드시 실천하며 1,000리 먼 곳까지 가서도 의리를 외치면서 실천하고 죽더라도 세상의 평을 돌아보지 않으니, 이 또한 유협 무리의 장점으로서 구차스럽게 그것을 행하는 것은 아니다. 그래서 선비들도 궁벽함에 처하게 되면 그들에게 목숨을 맡기니, 이들이야말로 어찌 사람들이 말하는 현자나 호걸[賢豪]이 아니겠는가? 만약에 동네의 유협들과 계차, 원헌의 권세와 역량을 비교한다면 그 시대에 이룬 공적을 놓고서는 한날에 같이 논할 수는 없겠지만, 구체적인 성과와 신의를 잘 지키는 점에서 본다면 협객의 의리 또한 어찌 가벼이 볼 수 있으랴!

옛날의 포의 협객에 대해서는 전혀 들어본 바가 없다.

근세의 연릉(延陵)·맹상군·춘신군·평원군·신릉군 등은 모두 왕의 친족으로 봉토를 소유하고 경상(卿相)의 지위에 있어 부유했으니, 이들은 재력을 기반으로 천하의 뛰어난 이들을 불러 모아 제후들 사이에 이름을 알렸다. 그러므로 뛰어나지 못한 자라고 말할 수는 없지만, (그들의) 명성이 높았던 것은 비유하자면 순풍을 따라 소리를 지르면 소리가 더 커지는 것은 아니더라도 듣는 사람이 아주 분명하게 들을 수 있는 것과 같다. 이는 그 형세를 잘 올라탔기 때문이다. (이에 비해) 여항(閭巷) 협객들은 오로지 행실을 닦고 명예를 소중히 하며 천하에 명성을 떨쳤으니 뛰어나다고 하지 않을 수 없다. 이렇게 하기란 참으로 어려울 뿐이다.

그런데도 유가와 묵가 모두 이들을 배척하고 물리쳐서 책에 기록하지 않았으니, 진나라 이전의 필부 협객들 자료가 사라져 알 수가 없다. 나는 심히 유감스럽게 생각한다.

내가 들은 바로는 한나라가 일어난 뒤에 주가(朱家)·왕공(王公)·극맹(劇孟)·곽해(郭解) 같은 협객 무리가 있었다. 그들은 비록 때때로 당대의 법에 어긋나는 일을 하기도 했지만, 개인적인 품성이나 청렴, 겸양 면에서는 칭찬할 만했다. 그들의 명성이 근거도 없이 높아진 것도 아니고, 선비들이 이유 없이 따랐을 리도 없다. 패거리가 강한 종족은 서로 의존하면서 돈으로 가난한 사람을 부리고 호강한 세력은 외롭고 약한 사람을 해치고 억누르며 자기 하고 싶은 대로 자기 욕망을 만족시키지만, 이러한 것을 유협 무리는 실로 추악하게 여긴다. 나는 세상 사람들이 그들의 속뜻을 잘 살펴보지도 않은 채 주가와 곽해 등을 패거리가 강한 종족이나 호강한 세력으로 간주하고 비웃는 것을 슬프게 여긴다.

노(魯)나라 사람 주가(朱家)는 한나라 고조와 같은 때의 사람이다. 노나라 사람들은 모두 유교(儒敎)를 배웠지만 주가는 협객으로 이름을 냈다. 숨겨서 살려준 호걸들이 100여 명이었고, 나머지 보통 사람들은 말로 이루 다 할 수 없이 많았다. 그러나 끝까지 자신의 능력을 떠벌리지 않았고, 자신의 은덕을 내세우지 않았으며, 자신이 베푼 사람들을 만나는 것을 꺼려 했다. 넉넉지 못한 사람을 구제할 때는 가난하고 천한 사람부터 시작했다. 집에 남아도는 재물이 없었고, 옷은 무늬가 보이지 않을 정도였으며, 음식은 두 가지 이상을 먹지 않았고, 타는 것도 소달구지가 전부였다. 오로지 남이 급할 때 달려갔는데, 자기 일보다 더 다급하게 여겼다. 일찍이 곤경에 빠진 계포(季布) 장군을 남몰래 구해주었는데, 포(布)가 나중에 귀한 몸이 되었지만, 죽을 때까지 계포를 만나지 않았다. 함곡관 동쪽 사람들로서 그와 사귀려고 목을 길게 빼지 않은 사람이 없었다.

초(楚)나라에는 전중(田仲)이 협객으로 소문이 났는데, 주가를 아버지 섬기듯 하면서 스스로 주가에는 미칠 수 없다고 생각했다.

전중이 이미 죽고 나자, 낙양(洛陽)에 극맹(劇孟)이 있었다. 주(周-낙양)나라 사람들은 장사하는 자질이 있었지만, 극맹은 유협을 자처하며 제후들 사이에 제법 알려졌다. 오(吳)와 초(楚)가 반란을 일으켰을 때, 조후(條侯) 주아부(周亞夫)가 태위(太尉)로서 전거(傳車)를 타고 하남(河南)으로 가던 중에 극맹을 만나자 크게 기뻐하며 말했다.

"오와 초가 대사를 일으키면서 극맹을 찾지 않았다니, 그들이 무능하여 이미 끝났다는 것을 내가 알겠다."

천하가 소란할 때 대장군이 극맹을 얻는다는 것은 적국 하나를 얻는 것과 같다는 말이었다. 극맹의 행동은 주가와 대체로 비슷했지만, 맹은 도박을 좋아했고 대부분 젊은이처럼 장난기도 많았다. 그러나 맹(孟)의 어머니가 죽자 먼 지방에서 문상하러 온 수레가 1,000승에 이르렀는데, 맹이 죽은 뒤 집에는 재산이 10금도 안 되었다. 부리현(符離縣)의 왕맹(王孟) 역시 유협으로 장강과 회수 사이에 이름을 알렸다.

이 무렵 제남(濟南)의 한씨(瞷氏)[1]와 진(陳)의 주용(周庸)[2] 또한 호걸로 이름이 났으나 경제(景帝)가 이를 듣고는 사자를 보내 이 무리를 모두 주살했다. 그 뒤에 대군(代郡)의 여러 백씨(白氏), 양(梁)나라의 한무피(韓無辟)[3], (영천) 양적현(陽翟縣)의 설황(薛兄), (섬주) 섬현(陝縣)의 한유(韓孺)[4] 등이 앞다퉈 다시 나타났다.

---

1) 【색은(索隱)】 질도(郅都)에게 주살되었다.

2) 【색은(索隱)】 진(陳)나라 사람으로, 성이 주이고 이름이 용이다.

3) **【색은(索隱)】** 辟은 발음이 (벽이 아니라) 피(避)다.

4) **【색은(索隱)】** 섬(陜)은 마땅히 겹(郟)이 되어야 한다. 『한서(漢書)』에는 한유(寒孺)
   로 되어 있다.

곽해(郭解)는 지현(軹縣)[1] 사람으로 자(字)는 옹백(翁伯)이며 관상을 잘
보는 허부(許負)의 외손자다. 해(解)의 아버지는 임협(任俠-유협)으로, 효문
(孝文) 때 주살당했다. 해는 몸집이 작고 치밀하고 강인했으며[精悍] 술을
마시지 않았다. 젊었을 때는 몰래 나쁜 짓을 많이 했고 기분이 나쁘면 직접
사람을 죽이기도 했으나 목숨을 걸고 친구를 위해 복수했고 도망친 사람
들을 감춰주었다. 간악한 짓과 강도질도 서슴지 않았고 가짜 돈을 주조하
거나 남의 무덤을 파헤치는 등 이런 일들이 참으로 이루 다 헤아릴 수 없었
으나 그때마다 천운이 좋아 곤궁한 궁지에서도 늘 잘 빠져나왔으니, 마치
사면을 받는 것과 같았다.

나이가 들면서 평소의 지조를 바꿔 검소해졌고, 덕으로 원한을 갚았으
며, 두텁게 베풀면서도 대가를 바라지 않았다. 그러나 스스로 유협으로서
행동하는 것을 즐기는 것은 더 심해졌다. 이미 남의 목숨을 구해주었으면
그 공을 자랑하지 않았지만, 음험한 마음이 발동하면 예전처럼 다른 사람
을 눈을 부릅뜨고 째려보았다. 젊은이들은 이런 그의 행동을 사모해 마찬
가지로 문득 그를 위해 복수하고도 그에게 알리지 않았다.

해(解)의 누나 아들이 해의 위세를 등에 업고 누군가와 술을 마시다가
그에게 잔을 비우게 했는데, 그가 더는 버티지 못하자 억지로 술을 따라주
었다. 그 사람이 화가 나서 칼을 뽑아 해의 조카를 찔러 죽이고 도망쳤다.
해의 누나는 화를 내며 "누군가가 내 아들을 죽였는데도 옹백(翁伯-곽해의
자)은 범인을 잡지 못하는구나"라며 아들의 시체를 길에 버리고 장례를 치
르지 않음으로써 해를 모욕주려고 했다. 해가 사람을 시켜 범인의 거처를
알아내게 하니, 범인은 궁지에 몰려 스스로 돌아와서 사실대로 모든 것을

해에게 알렸다. 곽해는 "그대가 조카를 죽인 것이 당연했군. 내 조카가 옳지 못했다"라며 그 범인을 풀어주고는 조카에게 죄가 있다고 말한 뒤 시신을 거둬 장례를 치렀다. 사람들이 이를 듣고는 모두 해의 의협심을 칭찬하면서 더욱 그를 따랐다.

1) **[색은(索隱)]** 『한서(漢書)』에서는 하내(河內) 지(軹) 사람이라고 했다.

해가 밖에 나가면 사람들은 모두 그를 피했다. 유독 한 사람만이 양다리를 벌리고 앉아서[箕] 거만하게 그를 바라보았다.

해는 사람을 보내 그의 이름을 물어보게 하자 객(客)이 그를 죽이고자 하니, 해가 말했다.

"마을에 살면서 존경을 받지 못하는 것은 나의 다움[德]이 모자라서 그런 것이다. 그가 무슨 죄가 있겠는가?"

곧바로 몰래 위사(尉史)에게 말했다.

"이 사람은 내가 소중히 여기는 사람이니, 수자리를 교체할 때 빼주시오."

매번 수자리가 바뀔 때 몇 번 차례가 왔지만 관리가 그를 찾지 않으니, (그 사람이) 이를 이상하게 여겨서 까닭을 물어 해가 자신을 빼주었다는 것을 알게 되었다. 다리를 벌리고 앉아 있던 자는 마침내 웃통을 벗고 사죄했다. 젊은이들은 이를 전해 듣고는 더욱더 해의 행동을 사모했다.

낙양 사람 중에 서로 원수처럼 지내는 두 집안이 있었는데, 읍 안의 뛰어난 이들과 호걸들이 그들을 화해시키려고 열 번 이상 중재에 나섰지만 끝내 성공하지 못했다. 빈객이 마침내 해를 만나 그들의 화해를 중재해줄 것을 부탁했다. 해가 밤에 원수 사이인 두 집을 방문해 화해를 설득하자, 뜻을 굽혀 해의 제의를 받아들였다. 해가 마침내 두 집안에 말했다.

"제가 듣건대, 낙양의 여러 인사가 나서서 당신들을 화해시키고자 했으나 듣지 않았다고 하더군요. 이제 내 말을 듣고 화해하시겠다니 다행입니다. 그런데 저 해는 다른 고을에서 온 자이니, 어찌 이 고을의 뛰어난 대부들의 권위를 뺏을 수 있겠습니까?"

마침내 그날 밤 몰래 떠나 사람들이 알지 못하게 하면서, 다시 그들에게 말했다.

"일단은 제가 말한 대로 하지 마시고, 제가 떠난 다음에 낙양 호걸들로 하여금 중재에 나서게 하여 마침내 그들의 말을 따르도록 하십시오!"

해는 마음가짐이 공손하고 겸손해 감히 수레를 타고 현의 관청에 가는 일이 없었다. 가까운 군국(郡國)에 가서 남을 위해 일을 꾀할 때도 할 수 있는 일이라면 잘 해내었고 할 수 없는 일은 청탁한 사람이 만족할 만큼 잘 설득한 다음에야 마침내 술과 음식을 대접했다. 제공(諸公)은 그 때문에 그를 매우 중하게 여겼고, 다퉈 그에게 쓰이려고 했다. 마을의 젊은이들과 이웃 현의 뛰어난 이나 호걸 중에서 밤마다 해의 집에 찾아오는 이들이 늘 수레로 10여 대나 되었는데, 모두 해가 집에 숨겨준 빈객들을 모셔가서 봉양하기를 청했다.

(무제(武帝)가) 부호들을 무릉(茂陵)으로 이주시킬 때 해의 집은 가난해 거기에 해당하지 않았지만[1] 관리가 겁을 먹고 감히 옮기지 않게 해주지 않았다.

위청(衛靑) 장군이 말했다.

"해의 집은 가난해 이주시키기에는 적절치 않습니다."

상이 말했다.

"포의의 권세가 장군의 귀에 들어갈 정도인 것을 보니 집안이 가난하다고 할 수도 없다."

해의 집이 드디어 이주하게 되니, 제공(諸公)이 전송하며 낸 돈이 1,000만 전을 넘었다. 지(軹) 땅 사람인 양계주(楊季主) 아들이 현의 연(掾)이었는데, 앞장서서 곽해의 이주를 주장했다. 그러자 해의 형의 아들이 양연(楊掾)의 목을 베어버렸고, 이로 인해 양씨와 곽씨는 원수가 되었다.

1) 【색은(索隱)】 살펴보건대, 자산이 300만이 되지 않으면 해당하지 않았다.

해가 관중(關中)에 들어오자, 관중의 뛰어난 이나 호걸들은 그를 알든 모르든 명성을 듣고는 앞다퉈서 해와 사귀려고 했다. 해는 몸집이 작고 술을 마시지 않아서 외출할 때도 일찍이 말을 타지 않았다.

얼마 뒤 양계주가 또한 피살되는 일이 일어났다. 양계주 집안에서 글을 올렸는데 그 사람 역시 궐 아래에서 피살되고 말았다. 상이 이를 듣고 마침내 관리를 시켜 해를 체포하게 하니, 해는 어머니와 집안 식구들을 하양(夏陽)[1]에 둔 채 임진(臨晉)으로 도망쳤다. 임진의 적소공(籍少公)은 본래 해를 알지 못했지만 해가 부탁하자[冒] 관을 나갈 수 있게 해주었다. 적소공이 이미 해를 내보내준 뒤에 해는 역마를 타고 태원(太原)에 들어갔는데, 도중에 지나는 곳마다 주인에게 자신의 다음 행선지를 말해주었다. 관리들이 그의 자취를 추적해 적소공에게 이르자 소공은 자살함으로써 자기 입을 막았다[口絕=杜口].

오래 지나서 마침내 해를 붙잡았다. 저지른 일들에 대해 끝까지 추궁했으나 해가 사람을 죽인 사건들은 모두 사면령이 내려오기 이전의 일이었다. 지 땅의 한 유생이 곽해의 죄를 밝혀내는 사자를 모시고 함께 앉아 있었는데, (곽해의) 객이 해를 두둔하자 유생이 말했다.

"해는 그저 국법을 어긴 자이거늘 어찌 뛰어나다고[賢] 하는가?"

해의 객이 이 말을 듣고는 그 유생을 죽이고 혀를 잘라버렸다. 관리가 이것을 갖고서 해를 문책했으나 해는 실제로 그 살인자를 알지 못했고, 살인자 또한 누구를 위해 살인한 것인지를 말하지 않으니, 아무도 왜 그랬는지 알지 못했다.

관리가 곽해는 무죄라고 보고했는데, 어사대부 공손홍(公孫弘)이 의견을 말했다.

"해는 포의로 유협을 자처하며 권력을 휘둘렀고 자신을 노려보았다는 이유로 사람을 죽였으니, 해가 비록 (살인자를) 모른다고 하지만 이는 해가 직접 사람을 죽인 것보다 더 심합니다. 대역무도에 해당합니다."

결국 곽해 옹백은 족멸당했다[族=族滅=夷滅].

1) 【집해(集解)】 서광(徐廣)이 말했다. "풍익(馮翊)에 속한다."

이후로도 유협이라는 자들이 아주 많았으나 오만하기만 할 뿐[敖=倨] 족히 꼽을 사람은 없었다. 그러나 관중에서는 장안(長安)의 번중자(樊中子), 괴리현(槐里縣)의 조왕손(趙王孫), 장릉(長陵)의 고공자(高公子), 서하(西河)의 곽옹중(郭翁中), 태원(太原)의 노옹유(魯翁孺), 임회(臨 淮)의 예장경(兒長卿), 동양(東陽)의 진군유(陳君孺) 등이 협객이면서도 자기를 뒤로 물릴 줄 아는 겸손한[退讓] 군자의 풍모를 지니고 있었다.

장안 북쪽[北道=北方]의 요씨(姚氏), 서쪽의 여러 두씨(杜氏), 남쪽의 구경(仇景), 동쪽의 타우공자(佗羽公子), 남양(南陽)의 조조(趙調)는 (노나라의 큰 도적인) 도척(盜跖) 같은 사람으로서 민간에 섞여 살았을 뿐이니, 어찌 족히 거론할 수 있겠는가! 이들은 마침내 옛날의[鄕者] 협객 주가(朱家)도 부끄럽게 여길 자들이다.

태사공(太史公)이 말한다.

"나는 곽해(郭解)를 본 적이 있는데, 모습이 보통 사람[中人]에 미치지 못했고 말솜씨도 가려 뽑을[採] 만한 것이 없었다. 그러나 천하에서 뛰어나든 불초하든 혹은 알든 모르든 그의 명성을 흠모했으며 협객을 말하는 자는 모두 그의 이름을 끌어들였다.

속담에 이르기를 '사람이 영예로운 명성을 얼굴로 삼는다면 어찌 다함[旣]이 있으랴![1]'라고 했거늘, 아 애석하도다!"[2]

1) 【집해(集解)】 서광(徐廣)이 말했다. "사람들은 얼굴 모습만 자기 얼굴로 삼는데, 얼굴은 (언젠가는) 쇠락하게 된다. 오직 영예로운 명성을 표상으로 삼을 때라야 칭송받음이 끝이 없을 것이다. 기(旣)는 '다하다[盡]'라는 뜻이다."

2) 【색은술찬(索隱述贊)】 유협은 호방하면서도 거만하지만[游俠豪倨]/자자한 명성이 있다네[藉藉有聲]/권세는 동네 마을에서 행해지지만[權行州里]/힘으로는 공경이라도 꺾을 수 있지[力折公卿]/주가는 계포를 구해주었고[朱家脫季]/극맹은 기울어진 나라를 바로잡아줄 수 있었다네[劇孟定傾]/다른 사람의 어려움을 먼저 해결하느라[急人之難]/원수를 대신 갚아주기도 했구나[免讎於更]/훌륭하도다 옹백이여[偉哉翁伯]/사람으로 태어나 영예로운 이름을 얼굴로 삼았도다[人貌榮名]!

권 125

영행열전(佞幸列傳) 제65

권125 영행열전(佞幸列傳) 제65

속담에 "힘써 농사를 지어봐야 풍년을 만나는 것만 못하고, 열심히 벼슬살이해봐야 임금 뜻에 맞추는 것만 못하다"라고 하더니, 이는 진실로 헛된 말이 아니도다. 여자만이 미색으로 잘 보이려는 것이 아니라 벼슬하는 사내[仕宦]들에게도 그런 면이 있다.

옛날에도 미색으로 총애를 받은 이들이 많았다. 한(漢)나라가 일어났을 때 고조(高祖)는 매우 사납고 성품이 곧았지만[暴抗][1] 적유(籍孺)가 말재주로 총애를 받았고, 효혜(孝惠) 때는 굉유(閎孺)가 있었다. 이 두 사람은 재능이 있었던 것이 아니라 다만 순종[婉=順]과 아첨[媚]을 잘해 귀해지고 총애를 얻었으니, 상과 함께 눕고 일어나자, 공경들이 모두 이들을 통해 말씀을 올렸다[關說=關通]. 그래서 효혜 때 낭관과 시중들은 모두 준의(鵔鸃-산꿩이나 금계의 털과 깃)로 장식한 관을 쓰고 조개껍질로 꾸민 허리띠를 맨 뒤 지분(脂粉)을 발라서 굉유나 적유의 무리처럼 꾸몄다. 두 사람은 집을 안릉(安陵)[2]으로 옮겼다.

1) 【색은(索隱)】 亢은 발음이 (항이 아니라) 고(苦)와 낭(浪)의 반절음이다. 사납고 강직했다는 말이다.

2) 【정의(正義)】 효혜제의 능읍이다.

효문(孝文) 때 궁궐 안에서 총애를 받았던 신하 가운데 선비로는 등통

(鄧通)이, 환자(宦者-환관)로는 조동(趙同)[1]과 북궁백자(北宮伯子)[2]가 있었다. 북궁백자는 다른 사람을 사랑할 줄 아는 장자(長者)의 면모가 있었고 조동은 별의 기운을 잘 살펴서 총애를 받고 늘 문제의 참승(驂乘)이 되었지만, 등통에게는 별다른 재능이 없었다.

등통은 촉군(蜀郡) 남안(南安) 땅[3] 사람으로, 배를 잘 저어 황두랑(黃頭郎-뱃사공)이 되었다. 효문제(孝文帝)가 꿈에서 하늘에 오르려다가 오르지 못하고 있던 차에 한 황두랑이 뒤에서 밀어주어 하늘로 올라갈 수 있었는데, 뒤를 돌아보니 황두랑의 옷 등 뒤의 띠를 맨 곳의 솔기가 터져 있었다. 잠에서 깬 뒤 점대(漸臺)로 가 꿈속에서 밀어준 황두랑을 은밀히 찾았는데, 등통을 보니 그의 옷 등 뒤가 터진 것이 꿈에서 본 것과 같았다. 그를 불러 성과 이름을 물었더니 성은 등(鄧)이고 이름은 통(通)이었다. 문제가 아주 기뻐하더니, 그를 총애하는 것이 하루하루가 달랐다. 통(通) 역시 삼가며 신중한 데다가 밖에 나가서 사람 사귀는 것도 좋아하지 않았고 휴가를 주어도 밖으로 나가려 하지 않았다. 이에 문제가 거만(巨萬) 전을 내린 것이 10여 차례였고, 벼슬은 상대부(上大夫)까지 이르렀다.

문제는 종종 통의 집에 가서 놀았는데, 그러나 통은 별다른 재능은 없었고 인재를 추천할 줄도 몰랐으며 오로지 자기 한 몸 근신하며 상의 비위를 맞출 뿐이었다. 상이 관상 잘 보는 사람에게 통의 관상을 보게 했더니, 이렇게 말했다.

"가난해져서 굶어 죽을 상입니다."

상이 말했다.

"통에게는 부유하게 만들어줄 수 있는 내가 있거늘, 어찌 가난해진다 말하는가?"

이에 통에게 촉군 엄도(嚴道)의 구리 광산을 주어 자기 돈을 주조할 수 있게 해주었으니, 등씨전(鄧氏錢)이 천하에 퍼졌다. 그의 부유함이 이런 정도였다.

1) 【색은(索隱)】 살펴보건대, 『한서(漢書)』에는 조담(趙談)으로 되어 있는데 여기서 동(同)이라고 한 것은 태사공이 아버지 이름을 피하려고 그렇게 한 것이다.

2) 【정의(正義)】 북궁의 환관이다.

3) 【집해(集解)】 서광(徐廣)이 말했다. "뒤에 건위군(犍爲郡)에 속하게 되었다."

문제가 일찍이 종창[癰]을 앓은 적이 있는데 통이 늘 상을 위해 고름을 빨아내었으니, 문제가 마음이 편치 않아 조용히 등통에게 물었다.

"천하에서 누가 나를 가장 사랑하느냐?"

통이 말했다.

"마땅히 태자를 따를 사람이 없지요."

태자가 문병을 오자 문제는 태자에게 종기를 빨라고 시켰다. 태자가 종기를 빨기는 했으나 낯빛을 보니 난처해하고 있었다. 얼마 뒤에 (태자는) 등통이 늘 황제를 위해 고름을 빨아낸다는 말을 듣고는 마음속으로 부끄러워했지만, 이 때문에 통을 원망했다.

문제가 붕(崩)하고 경제(景帝)가 세워지자, 통은 벼슬을 그만두고 집에 거처했는데, 얼마 가지 않아서 누군가가 등통이 몰래 국경 밖으로 자신이 주조한 돈을 실어내고 있다고 고발했다. 관리에게 내려 조사를 하게 하니 그런 일이 제법 많았으니, 마침내 결국 죄를 물어 통의 집 재산을 모조리 몰수해 수만금의 빚을 지게 했다. 장공주(長公主-경제의 누나)가 등통에게 재물을 내렸으나 관리가 그때마다 재빨리 몰수했기 때문에 통은 비녀 하나조차 몸에 지닐 수 없었고, 이에 장공주는 빌려준다는 명목으로 통에게 입을 것과 먹을 것을 보내주었다. 통은 끝내 단 한 푼의 돈도 없이 남의 집에 빌붙어 살다가 죽었다.

효경제 때는 궁중에 총애하는 신하가 없었고 오직 낭중령(郎中令) 주문인(周文仁)이 있었는데, 그는 보통 사람[庸=常]보다는 더 큰 총애를 받았지만 끝내 심하게 두텁지는 않았다.

　지금 천자(-무제)가 궁중에서 총애하는 신하 중에서는 선비로는 한왕(韓王)의 손자 언(嫣)이, 환자로는 이연년(李延年)이 있었다.

　한언(韓嫣)은 궁고후(弓高侯)1)의 서손이다. 금상(今上-무제)이 교동왕(膠東王)으로 있을 때 언(嫣)은 상과 함께 글을 배우며 서로 아껴주었다. 상은 태자가 되자 더욱더 언을 가까이했다. 언은 말을 잘 타고 활을 잘 쏘았으며 말재간이 좋았다. 상이 자리에 나아가자, 오랑캐를 정벌하고자 했으니, 언은 전부터 군사의 일을 잘 알고 있었기 때문에 더욱 존귀해져서 벼슬이 상대부에 이르렀고 내려주는 상사(賞賜)는 등통에 버금갔다[儗=比]. 이 무렵부터 언은 늘 상과 함께 자고 일어났다.

　강도왕(江都王-무제의 동생)이 입조하니 조서가 내려와 상을 따라 상림(上林)에서 사냥하게 되었다. (천자가 지나갈 길에) 사람의 통행을 막고 길 좌우의 경계를 다 끝낸 다음 천자가 행차하기에 앞서 먼저 언에게 호송 수레를 타고서 기병 수십 명을 거느리고 가서 사냥할 짐승들을 살피게 했는데, 강도왕이 멀리서 보고는 천자의 행차인 줄 알고 시종들을 물리치고 길옆에 엎드려 인사를 드렸다. 언은 빠르게 지나가느라 강도왕을 보지 못했다. 이미 지나가고 나자, 강도왕이 화가 나서 황태후에게 눈물을 흘리며 "나라를 반납하고 궁궐에 들어와서 숙위(宿衛)하며 언처럼 (주상을) 지키길 청합니다"라고 했다. 태후가 이 일로 언에게 감정을 품었다[嗛=銜].

　언은 상을 모시고 (일반인의) 출입이 금지된 영항(永巷-후궁 처소)을 출입할 권한이 있었는데, 그가 그곳 후궁들과 간통을 일삼는다는 사실이 황태후 귀에 들어갔다. 태후가 노해 언에게 죽음을 내리게 하자 상이 사죄했지만, 끝내 말리지 못했고, 언은 결국 죽었다. 안도후(案道侯) 열(說)은 언의 동생인데, 그도 아첨을 잘해[佞] 총애를 받았다.

1) 【집해(集解)】 서광(徐廣)이 말했다. "한왕(韓王) 신(信)의 아들로, 이름은 퇴당(頹黨)이다."

이연년(李延年)은 중산(中山) 사람으로, 부모와 형제자매가 모두 예인(藝人)이었다. 연년이 법에 걸려 부형(腐刑-궁형)을 받고 구감(狗監-황제의 사냥개 담당)에서 일을 하고 있었는데, 평양공주(平陽公主)가 상에게 연년의 누이동생이 춤을 잘 춘다고 말하니 상이 그를 불러 만나보고서는 마음속으로 매우 기뻐했다. 그가 영항에 들어오자, 상은 연년을 불러 지위를 높여주었는데, 연년은 노래를 잘했고 새 악곡도 지었다.

이때 상은 바야흐로 하늘과 땅에 대한 제사를 일으키고 악시(樂詩)를 지어서 음악에 맞춰 노래를 부르게 하려던 참이었다. 연년은 그때마다 그 뜻을 잘 받들어 음악에 맞춰서 악시를 연주하고 새로운 악곡을 지었으며, 누이동생도 사랑을 받아 남자아이(-창읍왕(昌邑王))를 낳았다. 연년은 이로 말미암아 2,000석 관리의 인끈을 찼고, 협성률(恊聲律)로 불렸으며, 상과 함께 자고 일어나며 크게 총애를 받은 것이 한언에 버금갔다[埒=等齊]. 한참 뒤에 궁녀와 난잡한 짓을 일삼으면서[1] 들고나는 것이 교만방자했고 누이동생인 이부인이 졸한 뒤에는 그에 대한 총애도 시들해졌으니, 상은 드디어 연년 형제를 붙잡아다가 주살하고 말았다.

1) 【집해(集解)】 서광(徐廣)이 말했다. "일설에는 동생 계(季)가 궁녀들과 난잡한 짓을 한 죄에 걸려들었다고 한다."

그 이후로 궁궐에서 총애를 받은 신하는 대체로 외척들이었으나 특별히 언급할 만한 사람은 없다. 위청(衛青)과 곽거병(霍去病)도 외척으로서 총애를 받아 귀한 신분이 되었지만, 그러나 그들은 자못 각자의 능력을 통해 스스로 승진한 것[自進]이었다.

태사공(太史公)이 말한다.

"심하구나! 사랑하고 미워하는 것이 수시로 바뀌는 것이. 미자하(彌子瑕)[1]의 행적은 후세 사람에게 영행(佞幸)으로 총애를 받는 자의 운명을 충분히 살필 수 있게 해준다. 이 일이 설사 100세(世) 이후라도 같을 것임을 우리는 얼마든지 알 수 있다."[2]

1) 【색은(索隱)】 위(衛)나라 영공(靈公)의 신하다. 그의 일은 『설원(說苑)』에 나온다."[『설원(說苑)』(유향 지음, 이한우 옮김, 21세기북스) 17-1이다.

미자하(彌子瑕)는 위(衛)나라 임금에게 총애를 받았다. 위나라 법에 임금이 타는 수레를 몰래 훔쳐서 타면 발꿈치를 자르는 형벌에 처했다. 미자하의 어머니가 병이 났는데, 어떤 사람이 그것을 듣고서 밤에 달려가 그에게 알려주자, 미자하는 제 마음대로 임금의 수레를 타고 대궐을 나갔다. 임금이 그 사실을 듣고서 훌륭하다고 여겨 말했다. "효자로다. 어머니 때문에 발꿈치 자르는 죄를 범했구나!" 임금이 과수원에 놀러 갔는데, 미자하는 복숭아를 먹다가 맛이 달자 다 먹지 않고 임금에게 바쳤다. 임금이 말했다. "나를 사랑해 좋은 맛마저 잊었구나." 미자하의 용모가 쇠하자, 그에 대한 임금의 애정도 식었다. 임금에게 죄를 짓자, 임금이 말했다. "이자는 옛날에 일찍이 내 수레를 내 이름을 대고 속여서 탔고, 또 일찍이 제가 먹던 복숭아를 내게 먹게 했다." 자하가 행한 것은 처음과 전혀 달라지지 않았는데, 전에는 뛰어나다고 하더니 뒤에는 죄를 얻은 것은 사랑하고 미워함에 변화가 생겨난 때문이다.]

2) 【색은술찬(索隱述贊)】 전(傳)에서는 아름다운 외모 칭송했지만[傳稱令色]/시(詩)에서는 교묘한 말솜씨 풍자했다네[詩刺巧言]/금계관(錦鷄冠) 쓰고 입시하여[冠鸃入侍]/분 바르고 은혜를 받들었도다[傳粉承恩]/황두랑에게 촉군 땅 내려주었고[黃頭賜蜀]/환자는 천자와 기거 함께했다네[宦者同軒]/새로운 곡조로 도위가 되고[新聲都尉]/왕손 한언은 결국 쫓겨나고 말았도다[挾彈王孫]/눈물 흘리며 훔친 수레 버리니[泣魚竊駕]/스스로 앞서 말한 바를 드러냈도다[著自前論]!

권126

골계열전(滑稽列傳) 제66

권126 골계열전(滑稽列傳) 제66[1]

공자가 말하기를 "육예(六藝-육경)는 나라를 다스림에 있어 한가지다[2]. 『예기(禮記)』는 사람을 절도 있게 해주고, 『악기(樂記)』는 사람의 마음을 조화롭게 해주며, 『서경(書經)』은 일을 말해주고, 『시경(詩經)은』 뜻을 전달해주며, 『주역(周易)』은 신령스러운 달라짐[神化]을 보여주고, 『춘추(春秋)』는 마땅함으로 옛일을 판단한다"라고 했다.

1) 【색은(索隱)】 골(滑)은 '어지럽히다[亂]', 계(稽)는 '같다[同]'는 뜻이다. 골계(滑稽)라는 변론을 잘하는 사람은 그릇된 것을 바른 것처럼 말하고 바른 것을 그릇된 것처럼 설명해 능히 다르고 같음[異同]을 어지럽힌다.

2) 【정의(正義)】 육경은 비록 글은 서로 다르지만, 예절(禮節)과 악화(樂和)는 백성을 인도하고 정치를 세워 천하를 평정해 결국 하나의 잣대로 돌아가게 되니, 글 속에 담긴 은미한 뜻을 찾아내 그것으로써 어지러운 듯이 보이는 일과 말을 풀어낸다. 그래서 다스림에 있어 한가지라고 말한 것이다.

태사공(太史公)이 말한다.

"천도(天道)는 넓디넓으니[恢恢] 어찌 크다고 하지 않으랴! 우리가 하는 말 중에서도 은미한 뜻에 적중한다면 실로 얼마든지 어지러이 얽힌 것들을 풀어낼 수 있으리라!"

순우곤(淳于髡)은 제(齊)나라 사람으로 데릴사위[贅婿][1]였다. 키는 일곱

자도 안 되었지만 익살스럽고[滑稽] 변설에 능해, 여러 번 제후에게 사신으로 나갔으나 일찍이 굴욕을 당한 적이 없었다.

1) 【색은(索隱)】 췌서(贅婿)란 딸의 남편으로, 아들에 준하지만, 사마귀나 혹과 같아서 남아도는 물건과 같다.

제나라 위왕(威王) 때 왕은 수수께끼[隱＝隱語]를 좋아했고 음탕하게 놀면서 밤새워 술 마시기를 즐겼다. 술에 빠져 정사를 다스리지 않고 국정을 경대부에게 맡기자, 백관이 문란해졌는데, 제후들이 잇달아 침략해 나라가 장차 위태로워지고 망하는 것이 아침저녁에 달려 있었는데도 좌우 신하들은 누구도 감히 간언하지 못했다. (이에) 순우곤이 수수께끼로 유세해 말했다.

"도성 안에 큰 새가 있어 왕의 뜰에 머무르고 있는데, 3년 동안 날지도 울지도 않고 있습니다. 이 새가 어떤 새인지 모르시겠습니까?"

왕이 말했다.

"이 새가 날지 않으면 그만이지만 일단 한 번 날았다 하면 하늘로 높이 날아오를 것이고, 울지 않으면 그만이지만 일단 한 번 울었다 하면 사람을 놀라게 할 것이다."1)

이에 마침내 (위왕은 깨달은 바가 있어) 여러 현의 현령(縣令)과 현장(縣長) 72명을 조정으로 불러서 그중 한 사람에게는 상을 주고 한 사람은 주살함으로써 병사들의 사기를 북돋운 다음 (그동안 제나라를 침략했던 나라들을 향해) 출병했다. 제후들이 크게 놀라서 모두 침략했던 제나라 땅을 돌려주었으니 그 위엄이 36년 동안 떨쳐졌다. 이 일은 「전경중완세가(田敬仲完世家)」에 실려 있다.

1) 똑같은 수수께끼가 「초세가(楚世家)」 초나라 장왕(莊王)과 오거(伍擧) 사이에 나온다.

위왕 8년에 초나라가 군대를 크게 일으켜 제나라를 쳤다. 제나라 왕이 순우곤을 사신으로 삼아 황금 100근과 사두마차[駟] 10대를 예물로 가지고 가서 조(趙)나라에 구원병을 청하게 하니, 순우곤이 하늘을 우러러보며 크게 웃었는데 갓끈이 전부[索=盡] 끊어질 정도였다.

왕이 말했다.

"선생은 이를 적다고 생각하는가?"

곤(髡)이 말했다.

"어찌 감히 그렇게 생각하겠습니까?"

왕이 말했다.

"웃은 데는 무슨 까닭이 있을 게 아닌가?"

곤이 말했다.

"지금 신이 동쪽에서 올 때 길 주변에서 풍작을 비는 사람을 보았는데, 돼지 발 하나와 술 한 잔을 손에 들고 이렇게 빌고 있었습니다.

'높은 밭[甌窶]1)에서는 광주리에 넘치고

낮은 밭[汙邪]2)에서는 수레에 가득 차도록

오곡이 풍성하게 잘 익어

우리 집에 넘쳐나게 해주소서!'

신은 그가 손에 쥔 것은 그처럼 보잘것없으면서도 바라는 바는 그처럼 사치스러운 것을 보고서 웃은 것입니다."

이에 제나라 위왕은 마침내 예물을 황금 1,000일(溢), 백벽(白璧) 10쌍, 사두마차 100대로 늘려주었다. 곤이 작별 인사를 하고 길을 나서서 조나라에 이르렀다. 조나라 왕이 정예 병사 10만 명과 혁거(革車-가죽으로 만든 전차) 1,000승(乘)을 주었으니, 초나라가 이 소식을 듣고는 밤중에 군대를 이끌고 돌아갔다.

---

1) 【정의(正義)】 구구(甌窶)는 높고 좁은 지대를 말한다.

2) 【집해(集解)】 사마표(司馬彪)가 말했다. "오야(汚邪)는 낮은 지대의 밭이다."

위왕이 크게 기뻐하며 후궁에 술자리를 마련하고 곤을 불러서 술을 내려주었다.

그리고 물었다.

"선생은 얼마나 마셔야 취하는가?"

대답해 말했다.

"신은 한 말을 마셔도 취하고, 한 섬을 마셔도 취합니다."

위왕이 말했다.

"선생은 한 말을 마시면 취한다면서 어떻게 한 섬을 마실 수 있다는 것인가? 이유를 들려줄 수 있겠는가?"

곤이 말했다.

"대왕이 계신 앞에서 술을 내려주실 때는 법을 집행하는 관리가 곁에 있고 어사(御史)가 뒤에 있기 때문에 저는 몹시 두려워 엎드려서 마시게 되니, 한 말을 넘기지 못하고 바로 취합니다.

만일 어버이에게 귀한 손님[嚴客]이 찾아오시게 되면 저는 옷맵시를 반듯하게 하고 꿇어앉아 앞에서 모시고 술을 대접하는데, 때로는 끝잔을 받기도 하고 수시로 일어나 술잔을 받들어 손님의 장수를 빕니다. 이럴 때는 두 말을 넘기지 못하고 바로 취합니다.

만일 사귀던 벗과 오래 만나지 못하다가 갑자기 만나게 되면 너무도 기뻐서 지난날의 일들을 이야기하면서 사사로운 감회를 서로 털어놓게 되니, 대여섯 말은 마셔야 바로 취합니다.

만일 고향 마을에 모여 남녀가 한데 섞여 앉아서 상대방에게 술을 돌리며 쌍륙(雙六-놀이의 일종)과 투호(投壺) 놀이를 벌일 때는 짝을 지어 남녀가 손을 잡아도 벌을 받지 않고 눈이 뚫어져라 쳐다봐도 금하지 않으며 앞에는 귀걸이가 떨어지고 뒤에는 비녀가 어지러이 흩어지기도 합니다. 신은 이와 같은 것을 좋아해서 8말을 마셔도 2~3할 정도 취할 뿐입니다.

(그러다가) 날이 저물어 술자리가 파하게 되면 술통을 한자리에 모아놓고 자리를 좁혀 남녀가 한자리에 앉는데, 신발이 뒤섞이고 술잔과 그릇들이 어지럽게 흩어지며 마루 위의 불이 꺼집니다. 주인은 저만 머물게 하고 다른 손님들을 집으로 보냅니다. 이윽고 엷은 비단 속옷의 옷깃이 열리면서 은은한 향기가 퍼집니다. 이런 때라면 제 마음은 한없이 즐거워서 얼마든지 술 한 섬을 마실 수 있습니다.

그러므로 말하기를 '술이 극에 이르면 어지러워지고, 즐거움이 극에 이르면 슬퍼진다'라고 한 것입니다. 모든 일이 다 이러하니, 일이란 극에 이르러서는 안 되고 극에 이르면 쇠하는 것입니다.”

이런 말로 풍간(諷諫)했다.

제나라 왕이 말했다.

“좋다.”

마침내 밤새워 술 마시는 것을 그만두었다. 곤을 제후들을 담당하는 주객(主客)[1]으로 삼으니, 종실(宗室)에서 주연이 열릴 때마다 곤은 늘 곁에서 모셨다.

1) [정의(正義)] 지금의 홍려경(鴻臚卿)이다.

그로부터 100여 년 뒤 초(楚)나라에 우맹이 있었다.

우맹(優孟)[1]은 본래 초나라 악인(樂人)이었다. 키가 8자이고, 변설에 능해 언제나 웃기는 이야기로 풍간(諷諫)했다.

초나라 장왕(莊王) 때 왕이 좋아하는 말 1필이 있었는데, 무늬 있는 비단옷을 지어 입히고 화려한 집에서 기르며 장막이 없는 침대에 재우고 대추와 마른고기를 먹였다. 말이 살찌는 병에 걸려 죽었는데, 신하들에게 복상(服

喪)을 갖추게 하고는 관과 곽을 갖춰 대부(大夫)의 예로 장례를 지내게 하자 좌우 신하들이 간쟁해 옳지 않다고 했다. 왕이 영을 내려 말했다.

"감히 내 말에 대해 간언하는 자가 있으면 그 죄는 사형에 해당한다."

우맹이 이 말을 듣고 궁궐 문으로 들어갔다. 그가 하늘을 우러러보며 크게 곡하자 왕이 놀라 까닭을 물으니, 우맹이 말했다.

"왕께서 아끼시던 말입니다. 초나라처럼 당당하고 큰 나라가 구해서 얻지 못할 것이 무엇이 있겠습니까? 그런데 대부의 예로 장례를 지내는 것은 박(薄)하오니, 청컨대 임금의 예로 장례를 지내소서."

1) 【색은(索隱)】 살펴보건대, 우(優)는 창우(倡優-예인)이고 맹(孟)은 자(字)다. 이는 우전(優旃)도 마찬가지여서, 전(旃)은 자일 뿐이다. 우맹은 초나라에, 우전은 진(秦)나라에 있었다.

왕이 말했다.

"어떻게 하면 되겠는가?"

대답해 말했다.

"신이 청컨대, 옥을 다듬어 관을 짜고 무늬 새긴 가래나무로 곽을 만들며 느릅나무, 단풍나무, 녹나무 등으로 횡대를 만드십시오. 병사들을 동원해서 무덤을 파고 노약자들로 하여금 흙을 지고 날라서 봉분을 쌓게 하며 제나라와 조나라의 사신으로 하여금 앞에 열을 지어 서게 하고 한(韓)나라와 위(魏)나라의 사신으로 하여금 뒤에서 호위하게 하십시오. 사당을 세워 태뢰(太牢)로 제사 지낸 뒤 1만 호(戶)의 읍으로써 받들게 하십시오. 제후들이 이를 들으면 모두 대왕께서는 사람을 천하게 여기고 말을 귀하게 여긴다는 것을 알게 될 것입니다."

왕이 말했다.

"과인의 잘못이 이런 정도란 말인가? 이를 어찌하면 되겠는가?"

우맹이 말했다.

"청컨대, 대왕을 위해 여섯 가축[六畜(육축)-소·말·돼지·양·닭·개]의 예로 장사 지내십시오. 부뚜막을 곽으로 삼고 구리로 만든 가마솥을 관으로 삼아서 생강과 대추를 섞은 뒤 목란을 때어 볏짚으로 제사 지내며, 타오르는 불빛으로 옷을 입혀 이것을 사람의 창자 속에서 장사 지내는 것입니다."

이에 왕은 마침내 말을 태관(太官-임금 요리사)에 넘겨주고는 천하 사람이 오랫동안 이를 듣지 못하게 했다.

초나라 재상 손숙오(孫叔敖)는 우맹이 뛰어난 사람임을 알고는 그를 잘 대해주었다. 손숙오가 병이 들어 장차 죽으려 할 때, 아들에게 당부했다.

"내가 죽으면 너는 틀림없이 빈곤해질 것이다. 너는 우맹을 찾아가서 '내가 손숙오의 아들이오'라고 말해라."

몇 년 뒤에 아들은 (정말로) 곤궁해져서 (생계를 위해) 땔감을 지고 다닐 정도였는데, 우맹을 만나 이렇게 말했다.

"저는 손숙오의 아들입니다. 아버지께서 돌아가시면서 '곤궁해지거든 우맹을 찾아가라'라고 당부하셨습니다."

우맹이 말했다.

"너는 멀리 가는 일이 있어서는 안 될 것이다[1]."

우맹은 곧바로 손숙오의 옷을 입고 관을 쓴 다음 그의 말투와 행동을 그대로 따라 했다[抵掌(저장)][2]. 1년 남짓 그렇게 하다 보니 손숙오와 비슷해져서 초나라 왕의 좌우 신하들도 구별할 수 없을 정도였다. 장왕이 술자리를 베풀었을 때 우맹이 앞으로 나아가 축수의 잔을 올렸는데, 장왕은 크게 놀라 손숙오가 다시 살아났다고 하면서 그를 재상으로 삼으려 했다. 우맹이 말했다.

"청컨대, 집에 돌아가서 아내와 상의했다가 사흘 뒤에 재상이 되겠습니다."

장왕은 그렇게 하라고 했다. 사흘 뒤에 우맹이 다시 오자 왕이 말했다.

"부인께서 뭐라고 하던가?"

맹(孟)이 말했다.

"아내가 말하기를 '삼가 하지 마십시오. 초나라 재상은 할 만한 것이 못 됩니다.

손숙오 같은 분은 초나라의 재상이 되어 충성을 다하며 청렴하게 초나라를 다스림으로써 초나라 왕을 패자(霸者)로 만들었습니다만, 지금 손숙오가 죽자, 아들은 송곳 하나 꽂을 만한 땅도 없이 가난하게 땔감을 지어 나르며 스스로 먹을 것을 마련하고 있습니다. 반드시 손숙오처럼 되느니 차라리 자살하는 것이 낫습니다'라고 했습니다."

1) 【색은(索隱)】 살펴보건대, 우맹이 손숙오의 아들에게 이렇게 말했다. "너는 멀리 가는 일이 있어서는 안 될 것이다. 다른 곳에 갔다가 왕께서 뒤에 널 찾아도 찾을 수 없을까 두렵다."

2) 저장(抵掌)은 원래는 '손벽 치다'라는 뜻인데, 여기서는 문맥상 말과 행동을 따라 한다는 뜻이 된다.

그러고 나서 맹은 이렇게 노래했다.
"산속에 살면서 밭 갈고 고생해도
먹을 것 얻기 어렵다네.
몸을 일으켜 벼슬아치가 되어도
탐욕스럽고 비루한 자는
재물을 남기며 치욕을 돌보지 않아
몸은 죽어도 집안은 부유해진다네.
또 뇌물을 받고 국법을 어겨
부정을 일삼다가 큰 죄를 지어

몸은 죽고 집안은 망할까 두렵도다.

이러니 어찌 탐욕스러운 관리가 될 수 있으랴!

청렴한 관리가 되려고

법을 받들고 직무를 지키며

죽을 때까지 감히 나쁜 짓 하지 않으려 하지만

어찌 청렴한 관리가 될 수 있으랴!

초나라 재상 손숙오는

죽을 때까지 청렴했건만

지금 처자식은 곤궁해

땔감 져서 입에 풀칠하니

청렴한 관리도 할 것이 못 되는구나!"

이에 장왕은 우맹에게 사과한 뒤 마침내 손숙오의 아들을 불러서 침구(寢丘)의 400호를 봉지로 주어[1] 아버지의 제사를 받들게 했으니, 그 후 10대까지 끊어지지 않았다. 이는 (우맹이) 말해야 할 때를 알았다고 할 것이다.

1) 【집해(集解)】 서광(徐廣)이 말했다. "고시(固始)에 있다." 【정의(正義)】 지금의 광주(光州) 고시현(固始縣)은 본래 침구읍이었다. 『여씨춘추(呂氏春秋)』에서 말했다. "초나라 손숙오는 나라에 공로가 있었는데, 병에 걸려 장차 죽게 되자 아들에게 일깨워 말했다. '왕께서 여러 차례 나를 봉해주려 했으나 사양하고 받지 않았으니, 내가 죽으면 분명 너를 봉해주실 것이다. 너는 좋은 땅[利地]을 받지 말고 형(荊)과 초(楚) 사이에 있는 침구라는 곳을 원해라. 그 땅은 좋지 않아 앞에는 투곡(妬谷), 뒤에는 여구(戾丘)가 있다. 투(妬-질투)나 여(戾-이지러지다)처럼 이름이 좋지 않으니 오래 소유할 수 있을 것이다.' 아들이 이를 따랐으니, 초나라는 공신들에게서 2세가 지나면 봉지를 거둬들였는데 오직 침구만은 거둬가지 않았다."

그로부터 200여 년 뒤 진(秦)나라에 우전(優旃)이 있었다.

우전은 진나라의 난쟁이 예인으로, 우스갯소리를 잘했는데 큰 도리에 들어맞았다.

진시황(秦始皇) 때 주연을 베풀었는데, 마침 비가 와서 창을 잡고 섬돌 가에 늘어서 있는 군사들이 모두 비에 젖어 벌벌 떨고 있었다. 우전이 이를 보고 불쌍히 여겨서 그들에게 말했다.

"여러분은 쉬고 싶지요?"

섬돌 가에서 호위하던 병사들이 모두 말했다.

"그럴 수만 있다면 너무 좋겠습니다."

우전이 말했다.

"내가 여러분을 부를 테니, 그러면 여러분은 재빨리 '예[諾]'라고 대답하시오."

얼마 뒤 어전 위에서 시황제(始皇帝)의 장수를 비는 만세 소리가 들려왔다. 우전은 난간으로 다가가 큰 소리로 불렀다.

"호위병!"

호위병들이 대답했다.

"예!"

우전이 말했다.

"여러분은 키만 컸지 무슨 소용이 있어 불쌍하게[幸] 비를 맞으며 서 있는가? 나는 키는 작지만, 다행히도[幸][1] 편안한 곳에서 쉬고 있다네!"

이에 시황이 섬돌 가의 호위병들을 절반씩 교대로 쉬게 했다.

---

1) 행(幸)에는 좋은 운뿐만 아니라 좋지 않은 운을 뜻하는 의미도 있다.

시황은 일찍이 원유(苑囿-동산)를 키워서 동쪽으로는 함곡관(函谷關)에,

서쪽으로는 옹(雍)과 진창(陳倉)에 이르게 하려고 했다.

우전이 말했다.

"좋습니다.

그 안에 짐승들을 많이 풀어놓아 도적이 동쪽에서 쳐들어오면 고라니나 사슴을 시켜 뿔로 막게 하면 충분할 것입니다."

시황이 이 말 때문에 그 일을 그만두었다.

2세가 세워지자, 그 또한 성벽에 옻칠하려고 했다.

우전이 말했다.

"좋습니다. 주상께서 말씀을 하지 않으셨어도 신이 정말로 장차 그리할 것을 청하려고 했습니다. 성벽에 옻칠하는 것은, 비록 백성으로서는 비용이 걱정되겠지만, 그러나 훌륭한 일입니다. 옻칠한 성벽이 웅장하게 서 있으면 도적이 와도 기어오르지 못할 것입니다. 다만 막상 그 일을 시작한다면 옻칠하는 일이야 쉬울 뿐이지만 도리어 음실(陰室-건조실)[1]을 만들기가 어려울 것입니다."

이에 2세는 웃었고, 이 말 때문에 그 일을 그만두었다. 그로부터 얼마 가지 않아서 2세는 살해당했고, 우전은 한(漢)나라에 귀순했다가 몇 해 뒤에 죽었다.

1) 옻칠을 말릴 거대한 시설을 말한다.

태사공이 말한다.

"순우곤(淳于髡)이 하늘을 우러러보고 크게 웃자, 제나라 위왕이 뜻을 얻었고, 우맹(優孟)이 머리를 흔들며 노래하자 땔감 지던 자가 봉토를 받았으며, 우전(優旃)이 난간에 나아가 빠르게 외치자 호위하는 군사들이 절반씩 교대할 수 있게 되었다. 이 어찌 참으로 위대하지 않은가!"

저선생(褚先生)은 말한다.

"신은 다행히 경술(經術)로 낭(郎)이 되었으나 외가(外家)[1]에 전하는 다양한 이야기를 즐겨 읽었습니다. 그래서 남몰래 사양하지 않고 다시 골계(滑稽)에 관한 이야기 여섯 장을 지어 아래에 붙입니다. 이를 읽어보면 유쾌해지므로 후세의 호사가들에게 보여 읽힐 만합니다. 그들이 이를 읽게 되면 마음이 즐거워지고 귀가 놀랄 것입니다. 그러므로 앞의 태사공(太史公)이 쓴 세 장 뒤에 이것을 덧붙입니다."

1) 유가나 정사(正史)에 속하지 않는 잡가(雜家)를 가리킨다.

무제(武帝) 때 총애를 받은 창(倡-배우나 예인) 곽사인(郭舍人)은 비록 그가 하는 말이나 진술이 큰 도리에 맞지는 않았지만, 인주(人主)를 편안하고 즐겁게 해주었다. 무제는 어릴 때 동무후(東武侯)의 어머니가 늘 무제를 길렀기[1] 때문에, 제는 장성해서도 그녀를 대유모(大乳母)라고 불렀다. 유모는 대개 한 달에 두 번 궁궐에 들어왔다. 궁궐에 들어오라는 조서를 내릴 때마다 무제는 총애하는 신하 마유경(馬游卿)을 시켜 비단 50필을 유모에게 내려주고 마실 것과 말린 밥, 익힌 음식을 갖춰 유모를 보살피게 했다. (한 번은) 유모가 글을 올려 말했다.

"어느 곳에 공전(公田)이 있으니, 바라건대 빌려주셨으면 합니다."

무제가 말했다.

"유모가 그것을 갖고 싶어서 그러는가!"

그 땅을 유모에게 내려주었으니, 유모의 말이라면 일찍이 들어주지 않은 적이 없었다. (심지어) 조서를 내려 유모에게 황제만 다니는 길[馳道]을 수레를 탄 채 지나갈 수 있게 해주었다. 이런 때를 맞아 공경 대신들이 모두 유모를 공경하고 존중하게 되니, 유모 집의 자손과 하인들이 장안 거리에서 횡포를 부리며 길에서 남의 말이나 수레를 강제로 세우는가 하면 남의 옷을 빼앗기도 했다. 이런 이야기가 궁궐에까지 들려왔으나 차마 법대로 다스리지 못하다가, 유사(有司-담당 부서)에서 유모의 집을 옮겨 변방에 둘 것을 청했다. 건의가 받아들여지자, 유모는 당장 궁궐에 들어와서 황제를 뵙고 작별 인사를 하려 했다. 유모가 그에 앞서 곽사인을 만나 눈물을 흘리니, 곽사인이 말했다.

"들어가 뵙고서 작별 인사를 하고 나서는 종종걸음으로 걷되 자주 뒤를 돌아보시오."

유모는 그 말대로 작별 인사를 하고 물러날 때 종종걸음을 하면서 자주 뒤를 돌아보았다.

(그때) 곽사인이 급한 말투로 꾸짖어 말했다.

"쯧쯧, 이 할망구! 어찌 빨리 나가지 않는가? 폐하께서는 이미 장년이신데, 아직도 당신 젖을 먹어야만 사실 줄 아는가? 이제 와서 뭘 돌아보는가?"

이에 인주(人主)는 가련하고 슬픈 마음이 들어서 마침내 조서를 내려 유모를 옮겨 살지 않도록 하고, 유모를 헐뜯고 비방한 자들을 처벌하고 유배를 보냈다.

1) **【정의(正義)】**「고조공신표(高祖功臣表)」에 따르면, 동무후 곽가(郭家)는 고조 6년에 봉해졌고 아들 타(他)가 효경 6년에 기시되어 봉국은 없어졌다. 대개 타의 어머니가 늘 무제를 길렀다.

무제 때 제(齊)나라 사람[1] 동방생(東方生)은 이름이 삭(朔)이었는데, 옛날부터 전해 내려오는 서적을 좋아하고 경술(經術)을 사랑했으며 외가(外家)의 책들을 두루 많이 보았다.

삭(朔)이 처음 장안에 들어왔을 때 공거(公車)[2]를 찾아가서 글을 올렸다. 그 글은 모두 3,000장의 주독(奏牘-임금에게 아뢰는 목간)에 쓴 것이라, 공거에서는 두 사람을 시켜 함께 겨우 그 글을 들어 옮길 수 있었다. 임금은 위부터 읽어 내려가다가 중간에 쉴 때는 그때마다 붓으로 표시를 해두었고, (이렇게 한 지) 두 달 만에야 마침내 다 읽을 수 있었다. 조서를 내려서 제배해 낭(郎)으로 삼으니, 항상 곁에서 모시게 되었다. 자주 불려 가 어전에서 이야기를 나누었는데, 임금은 그때마다 기뻐하지 않은 적이 없었다. 종종 조서를 내려 어전에서 함께 식사하게 했는데, 식사가 끝나고 나면 먹다 남은 고기를 깡그리 품속에 넣어서 나가느라 옷이 온통 더러워지곤 했다. 비단도 자주 내려주었는데, 그때마다 어깨에 둘러메고 물러갔다.

1) 【정의(正義)】 『한서(漢書)』에서는 평원군(平原郡) 염차(厭次) 사람이라고 했다.

2) 천하에서 올라오는 글을 담당하는 곳이다. 책임자는 공거사마(公車司馬)다.

　하사받은 돈과 비단을 마구 써서 장안의 미녀 가운데 젊은 여자를 아내로 맞아들였는데, 여자를 맞아들인 지 대략[率] 1년 지나면 그 여자를 내버리고 다시 다른 여자를 맞이했다. 하사받은 돈과 재물을 이렇게 모두 여자를 찾는 데 써버리자, 임금 좌우의 낭관 가운데 절반쯤은 그를 미치광이라고 불렀다.

　인주가 이를 듣고 말했다.

　"삭에게 일을 시키면서 그런 행동을 못 하게 한다고 한들 너희들이 어찌 그에게 미칠 수 있겠는가!1)"

　삭은 자기 아들을 천거해[任] 낭으로 삼았다가 다시 시알자(侍謁者)가 되게 했고, 늘 부절을 가지고 사신으로 나갔다. 삭이 궁궐 안을 거닐고 있을 때 한 낭관이 말했다.

　"사람들이 모두 선생을 미쳤다고 합니다."

　삭이 말했다.

　"나 같은 사람은 이른바 조정 안에서 세상을 피하고 있는 것이오[避世]2).

옛사람들은 마침내 깊은 산속에서 세상을 피했지요."

때때로 술자리에서 거나하게 취하면 두 손을 땅에 짚고 이렇게 노래를 불렀다.

"세속에 얹혀살아 가면서도

금마문(金馬門)3) 안에서 세상을 피한다네.

궁전 안에서도 세상을 피해 몸을 온전하게 할 수 있거늘

어찌 반드시 깊은 산골 쑥대 움막 아래여야 하겠는가!"

금마문이란 환서(宦署-관공서)의 문을 말한다. 문 옆에 동(銅)으로 만든 말이 있으므로 이를 일러 금마문이라고 했다.

1) 동방삭의 능력을 극찬한 것이다.

2) 『논어(論語)』, 「헌문(憲問)」편이다. 공자가 말했다. "뛰어난 이는 세상을 피하고, 그다음은 땅(-나라)을 피하고, 그다음은 (임금의) 안색을 (보고서) 피하고, 그다음은 (임금의) 말을 (듣고서) 피한다."

3) 한나라 때 미앙궁(未央宮) 문들 중 하나로, 벼슬을 하여 관청에 나가서 하문(下問)을 기다리던 곳이다.

그때 마침 학궁(學宮)에 모인 박사와 선생들이 서로 토론했는데, 모두 동방삭을 이렇게 비난했다[難]1).

"소진(蘇秦)과 장의(張儀)는 만승(萬乘) 제후를 한 번 만나자마자 경상(卿相)의 자리에 오르니[都] 은택이 후세에까지 미쳤소. (그런데) 지금 당신은 대부로서 선왕의 학술을 익혔고 빼어난 이의 의로움을 사모해서 『시경(詩經)』과 『서경(書經)』, 백가(百家)의 글을 암송해 이루 다 헤아릴 수 없는 경지에 이르렀소. 죽간(竹簡)과 비단에 글을 지어 천하에 짝할 자가 없다고 자부하므로 박학하고 구변 좋고 지혜롭다고 말할 만하오. 그러나 온 힘을 다하고 충성을 바쳐 빼어난 황제를 섬긴 지 수십 년의 오랜 세월이 지났건만

벼슬은 시랑(侍郎)을 벗지 못하고 직위는 창을 잡고 경비 서는 자[執戟]를 넘지 못하니, 혹시 행실이 잘못된 것은 아니오? 이유가 무엇이오?"

1) 여기에서는 박사와 선생들이 비난한 것으로 되어 있지만 『한서(漢書)』에서는 어떤 객(客)이 그를 비난하고 있다. 이후 객난(客難)은 한문 문체의 하나로 자리 잡았다. 즉 남이 자기에게 따져 묻는다고 가정하면서 이에 답변 형식으로 자기의 견해를 밝히는 문제다. 이 부분은 안대회의 번역이 있는데, 특히 문학적 성격이 있는 글이라서 일부 수정만 가해 그대로 옮겨왔다.

동방생이 말했다.

"이것은 진실로 당신들이 다 알 수 있는 것이 아니네. 그때는 그때[1]이고 지금은 지금이니, 같은 차원에서 말할 수 있겠는가?

소진과 장의의 시대에는 주나라 왕실이 크게 쇠약해져서 제후들이 조회를 드리지 않고 힘으로 정치를 하며 권력을 다투었네. 서로 무력으로 침략해 12개 제후국으로 합병되었으나 자웅(雌雄)을 가리지 못했네. 이때는 인재를 얻은 자가 강성해지고 인재를 잃은 자는 망하는 때인지라 유세하는 선비가 횡행할 수밖에 없었지. 그래서 그들은 몸이 높은 지위를 누리고 은택이 후세에까지 미쳐서 자손들이 오래도록 향유할 수 있었네. (그러나) 지금은 사정이 다르다네. 빼어난 황제께서 위에 계시어 은덕이 천하에 흘러서 제후들이 복종하고 위엄이 사방 오랑캐에게까지 떨치고 있는 것이, 사해 밖까지 마치 띠를 둘러서 자리 1장을 깔아놓은 것과도 같고 사발을 엎어놓은 듯이 편안하네. 천하가 전쟁 없이 태평스럽고, 화합해 한집안을 이루었지. 그래서 큰 사업을 하기가 마치 손바닥 위에 올려놓은 듯 쉽네. 그러니 뛰어난 자와 불초한 자를 무엇으로 구별할 수 있겠는가?

바야흐로 지금은 천하는 넓고 백성의 수가 많은 데다 정력을 다해 유세하려고 사방팔방에서 몰려드는 사람이 이루 다 헤아릴 수 없네. 모든 힘을 다해 임금과 신하의 마땅함을 실행하더라도 먹고 입는 데 곤란을 겪거나 혹 나아갈 문을 찾지 못하고 있네. 소진과 장의라고 해도 오늘날의 세상에 나처럼 태어났다면 오히려 장고(掌故) 자리도 차지하지 못했을 것이니, 어떻게 감히 상시(常侍)나 시랑(侍郞)을 바라기나 하겠는가? 전해오는 말에도 '천하에 재해가 없으면 빼어난 이가 있다 해도 재능을 펼칠 곳이 없고, 상하가 화합하고 뜻을 모으면 뛰어난 이가 있다 해도 공로를 세울 수가 없다'라고 했네. 그렇기 때문에 때가 다르면 일도 다르다고 한 것이네.

그렇다고 자신을 닦는 데 힘쓰지 않을 수 있겠는가? 『시경(詩經)』(「소아(小雅)」·백화(白華)편)에서는 '집 안에서 종과 북을 치는데, 바깥까지 소리가 들리네'라고 했고, (「소아(小雅)·학명(鶴鳴)」편에서는) '낮은 못에서 학이 우는데, 울음소리 하늘에서 들리네'라고 했네. 진실로 자신을 잘 수양한다면 영화를 얻지 못할까 염려할 필요가 없네. 태공(太公)은 몸소 인의(仁義)를 실천하다가 72세가 되어서야 주나라 문왕을 만나 자기 포부를 펼칠 수 있었으니, 그로써 제(齊)나라에 봉해져 700년이 지나도록 제사가 끊어지지 않았네. 선비가 밤낮으로 열심히 공부하고 행실을 닦는 데 감히 게으름을 피우지 못하는 까닭이 여기에 있네.

오늘날의 처사(處士)들은 비록 이 시대에 쓰이지 못하더라도 홀로 우뚝 서서 초연하게 혼자 살면서 위로는 허유(許由)를 바라보고 아래로는 접여(接輿)를 찾아보며 모책으로는 범려와 같고자 하고 충심으로는 오자서에 합치하고자 하지만, 천하가 태평한 때는 의로움으로써 함께해 서로 의지할 뿐이니 짝이 드물고 무리가 적은 것은 당연하지 않겠는가? 그대들은 어째서 내 처지를 의심하는가?"

이에 여러 선생은 입을 다문 채 아무런 대답도 할 수 없었다.

---

1) 소진과 장의의 때를 말한다.

건장궁(建章宮)[1] 후각(後閣)의 이중난간[重櫟][2]에 이상한 짐승이 나타났는데, 모습이 고라니와 비슷했다. 이를 보고하자 무제가 직접 가서 살펴본 뒤 경험 많고 경술에 정통한 측근 신하들에게 물었으나 아무도 알지 못했다.

조서를 내려 동방삭에게 살펴보게 하니, 삭이 말했다.

"신은 이것을 알고 있습니다. 바라건대, 좋은 술과 기름진 쌀밥을 내리시어 신으로 하여금 실컷 먹을 수 있게 해주신다면 신이 바로 말씀드리겠습니다."

조서를 내려 말했다.

"좋다."

음식을 다 먹고 나서 또 말했다.

"어느 곳에 공전(公田)과 물고기 기르는 연못과 갈대밭 몇 이랑이 있습니다. 폐하께서 신에게 그것을 내려주신다면 신 삭이 바로 말씀드리겠습니다."

조서를 내려 말했다.

"좋다."

이에 삭이 마침내 기꺼이 말했다.

"추아(騶牙)3)라는 짐승입니다. 먼 나라 사람이 마땅히 와서 귀의(歸義)하려 할 때 추아가 먼저 나타납니다. 이놈의 이빨은 앞뒤가 하나같이 가지런하고 어금니가 없습니다. 그래서 추아라고 하는 것입니다."

그 뒤에 1년쯤[所=許] 지나자, 흉노의 혼야왕(渾邪王)이 과연 10만 명의 무리를 거느리고 와서 한나라에 항복하니, 이에 다시 동방생에게 매우 많은 돈과 재물을 내려주었다.

---

1) 【정의(正義)】 장안현에서 서북쪽으로 20리 떨어진 옛 성안에 있다.

2) 【색은(索隱)】 중력(重櫟)이란 난간 아래에 또 난간이 있는 것이다.

3) 어금니 9개가 가지런하고 모습이 추기(騶騎)라는 말을 닮은 전설 속 동물이다. 통치자가 의로울

때 나타난다고 믿어졌다.

늙어서 삭이 장차 죽으려 할 때 간언해 말했다.

"『시경』에 이런 시가 있습니다.

'윙윙 쇠파리 떼

울타리에 앉아 있네.

점잖은 군자여[愷悌君子]

참언을 믿지 마소.

참언은 끝이 없어

사방 나라를 어지럽힌다네.'

폐하께서는 아첨[巧佞]을 멀리하시고 중상모략하는 말[讒言]을 물리치십시오!"

제가 말했다.

"요즘 돌이켜보니 동방삭이 좋은 말을 많이 하는구나!"

제가 이상하게 생각했는데, 얼마 뒤에 삭이 과연 병으로 죽었다. 전(傳)에 이르기를 "새가 장차 죽으려 할 때는 그 울음소리가 슬프고, 사람이 장차 죽으려 할 때는 그 말이 좋다[1]"라고 했으니, 아마도 이를 두고 한 말인 듯하다.

1) 『논어(論語)』 「태백(泰伯)」편에 나오는 증자(曾子)의 말이다.

무제 때 대장군 위청(衛靑)이 위후(衛后)[1]의 오빠로서 장평후(長平侯)에 봉해졌다. 종군해서 흉노를 깨뜨리고 여오수(余吾水) 부근까지 갔으며 돌아오는 길에도 흉노를 목 베고 포로로 잡는 등의 공을 세웠으니, 조서를 내려 황금 1,000근을 내려주었다.

장군이 궁궐 문을 나설 때 제나라 사람 동곽선생(東郭先生)이 방사(方士

-기이한 술수를 가진 사람)로서 공거(公車)에서 조서를 기다리고 있다가, 길로 나와서 위 장군의 수레를 가로막고 절을 한 다음 말했다.

"말씀드릴 일이 있습니다."

장군이 수레를 멈추고 동곽선생을 앞으로 나오게 하니, 동곽선생이 수레 옆으로 다가가서 말했다.

"왕부인(王夫人)께서 새로 상에게 총애를 받고 있으나 집이 가난합니다. 지금 장군께서 황금 1,000근을 받으셨으니, 부디 절반을 왕부인의 부모에게 주시면 인주께서 이를 들으시고 반드시 기뻐하실 것입니다. 이것이 이른바 기책편계(奇策便計)입니다."

위 장군이 고마워하며 말했다.

"선생께서 다행히 편리한 계책[便計]을 알려주셨으니, 가르침을 받들겠습니다."

이에 위 장군은 마침내 황금 500근을 왕부인의 부모에게 선물했다. 왕부인이 이 일을 무제에게 말하자 무제가 말했다.

"대장군은 이런 일을 할 줄 모른다."

(위 장군을 불러서) 누구에게 받은 계책인지를 물으니, 대답했다.

"조서를 기다리고 있던[待詔] 동곽선생에게 받았습니다."

조서를 내려 동곽선생을 불러서 제배해 군도위(郡都尉)로 삼았다.

1) [집해(集解)] 서광(徐廣)이 말했다. 「위청전(衛靑傳)」에 이르기를, 위자부(衛子夫)의 동생이라고 했다."

동곽선생은 오랫동안 공거(公車)에서 조서를 기다리느라 빈곤했기에 굶주림과 추위에 떨었으며 옷은 해지고 신발도 온전치 못했다. 눈 속을 걸어갈 때면 신발이 위만 있고 바닥은 없어 발이 그대로 땅에 닿았다. 길 가던 사람들이 그를 보고 웃어대자, 동곽선생은 이렇게 대응했다.

"신발을 신고 눈 속을 걸어가는데, 그 위는 신발이고 아래는 마침내 사람의 발인 것을 볼 수 있는 사람이 누가 있겠소?"

그가 2,000석 관리에 제배되어 푸른색 인끈[靑綰]¹¹을 차고 궁궐 문을 나서서 숙소 주인에게 작별 인사를 하는데, 전에 같이 황제의 조서를 기다리던 자들이 모여 도성 문밖에 나란히 서서 조도신(祖道神)에 제사를 지냈다. 가는 길에 영화를 누리고 이름이 세상에 알려지기를 기원한 것이다. 이 사람이 이른바 남루한 옷을 입고 속에 보배를 품은 자²⁾다.

그가 빈곤할 때는 사람들이 아무도 거들떠보지 않다가 그가 귀하게 되자 마침내 다퉈 그에게 빌붙었으니, 속담에 이르기를 "말을 감정할 때는 여윈 것 때문에 잘못을 범하고, 선비를 살필 때는 가난 때문에 잘못을 범한다"라고 한 것은 아마도 이를 두고 한 말일 것이다.

1) 【집해(集解)】 서광(徐廣)이 말했다. "綰는 발음이 (왜가 아니라) 과(瓜)다. 일설에는 라(螺)로 읽기도 한다. 푸른색 인끈[靑綬]이다."
2) 【색은(索隱)】 이는 동곽선생을 가리킨 것이다.

왕(王)부인이 위독해지자 임금이 몸소 가서 문병하며 말했다.
"그대 아들은 마땅히 왕이 될 것인데, 어디에 두기를 원하오?"
대답했다.
"낙양에 있기를 바라옵니다."
인주가 말했다.
"그곳은 안 되오. 낙양에는 무기고와 오창(敖倉-식량 창고)이 있고 관문(關門) 입구라 천하의 목구멍과 같은 곳이오. 그래서 선제(先帝-효경제) 이래로 줄곧 이곳에는 왕을 두지 않았소. 그러나 함곡관 동쪽 나라 중에서 제나라보다 큰 나라는 없으니, 제나라 왕으로는 삼을 수 있소."
왕부인이 손으로 머리를 두드리며 말했다.

"정말 다행한 일입니다."

왕부인이 죽자 (사람들이) "제나라 왕의 태후께서 훙(薨)하셨다"라고 했다.

옛날에 제나라 임금이 순우곤(淳于髡)을 시켜 고니를 초나라에 바치게 했다[1]. (순우곤은) 도성 문을 나서자, 길에서 고니를 날려 보낸 뒤 문서를 거짓으로 꾸미고서 빈 새장만 든 채로 가서 초나라 왕을 뵙고 말했다.

"제나라 왕께서는 신에게 가서 고니를 바치라고 하셨습니다. 물가를 지나던 중 목말라하는 고니를 차마 볼 수가 없어 새장에서 꺼내 물을 마시게 했는데, 신을 버리고 날아가버렸습니다. 신은 배를 찌르고 목을 매어 죽을까 생각도 했지만, 사람들이 우리 왕에 대해 새 때문에 선비가 스스로 목숨을 끊게 했다고 숙덕거릴까 두려웠습니다. 고니는 털 달린 놈이라 비슷한 놈들이 많으므로 제가 다른 놈을 사서 대신할까도 생각했으나 이는 신의 없는 행동으로 우리 왕을 속이는 짓입니다. 다른 나라로 도망갈까도 생각했으나 그러면 두 임금 사이에 사신의 왕래가 끊어질까 마음이 아팠습니다. 그래서 이렇게 와서 잘못을 자백하고 머리를 두드려 대왕께 죄를 받고자 합니다."

초나라 왕이 말했다.

"훌륭하구나! 제나라 왕에게 이처럼 신의 있는 선비가 있었다니."

두터운 재물을 내려주었으니, 그 재물은 고니를 바쳤을 경우보다 2배나 되었다.

1) 【색은(索隱)】 살펴보건대, 『한시 외전(韓詩外傳)』에서는 제나라 사자를 초나라에 보내 고니를 바쳤다고만 했지 순우곤이라고는 말하지 않았고, 『설원(說苑)』에서는 위(魏) 문후(文侯)가 사인(舍人) 무택(無擇)을 시켜 제나라에 큰 기러기를 바쳤다고 했다. 모두 대략 비슷하지만 일은 다르니, 아마도 서로 뒤섞인

듯하다.

무제 때 북해(北海) 태수를 불러 행재소(行在所-임금이 행차할 때 머무르는 임시 거처)로 오게 했다[1]. 그때 문학졸사(文學卒史) 왕선생이라는 자가 태수와 함께 가기를 자청하며 말했다.

"제가 그대에게 보탬이 될 수 있을 것입니다."

군(君-태수)은 허락했다. 그러나 태수부 관리들과 공조(功曹) 사람들이 건의했다.

"왕선생은 술을 좋아하고 말만 많고 실속이 없으니, 아마도 함께 가지 않는 것이 좋을 듯합니다."

태수가 말했다.

"선생이 저렇게 가고 싶어 하는데, 허락한 일을 바꿀 수 없다."

드디어 함께 갔다. 행재소에 이르러 궁부(宮府) 문밖에서 조서를 기다렸는데, 왕선생은 그저 품속에 지닌 돈으로 술을 사서 위졸(衛卒)이나 복야(僕射)와 함께 마시며 날마다 취해 있을 뿐 태수를 만나보려고 하지도 않았다.

태수가 (행재소에) 들어가 무릎을 꿇고 절을 하려는데, 이때 왕선생이 호랑(戶郎)에게 말했다.

"저를 위해 우리 태수를 문안으로 불러내 멀리서라도 말을 할 수 있게 해 주시오."

호랑이 태수를 부르자 태수가 와서 왕선생을 바라보았다. 왕선생이 말했다.

"천자께서는 곧 군(君)께 북해(北海)[2]를 어떻게 다스려서 도적이 없게 했느냐고 물으실 터인데, 군께서는 뭐라고 대답하시겠습니까?"

대답해 말했다.

"뛰어난 인재를 가려 뽑아 각자의 능력에 따라 일을 맡기고, 상의 등급을 달리하고 불초한 자에게는 벌을 주었다고 대답할 것이오."

왕선생이 말했다.

"그렇게 답하시는 것은 자기 스스로를 칭찬하고 스스로를 자랑하는 것이니 안 됩니다. 바라건대 군께서는 대답하실 때, 이는 신의 힘이 아니라 모두 폐하의 신령과 위무(威武)가 변화시킨 것이라고 대답하십시오."

태수가 말했다.

"알겠소."

1) 【색은(索隱)】『한서(漢書)』에서는 선제(宣帝)가 발해 태수 공수(龔遂)를 불렀으니, 무제 때가 아니다. 이는 저선생이 잘못 기록한 것일 뿐이다.

2) 【정의(正義)】 지금의 청주(靑州)다.

불려 들어가서 전(殿) 아래에 이르니, 조서를 내려 물었다.

"북해를 어떻게 다스렸길래 도적이 일어날 수 없게 했는가?"

머리를 조아리며 대답했다.

"이는 신의 힘이 아니라 모두 폐하의 신령과 위무(威武)가 변화시킨 것입니다."

무제가 크게 웃으며 말했다.

"오호! 어떤 장자(長者)의 말을 듣고서 이렇게 말하는가?"

대답해 말했다.

"문학졸사에게서 받은 말입니다."

제가 말했다.

"지금 어디 있는가?"

대답해 말했다.

"궁부 문밖에 있습니다."

조서를 내려 왕선생을 불러서 제배해 수형승(水衡丞)으로, 북해 태수는 수형도위(水衡都尉)로 삼았다. 전하는 말에 이르기를 "아름다운 말[言]은 팔만 하고, 존귀한 행실은 자기를 남보다 훌륭하게 만든다. 군자는 좋은 말로서 서로를 보내고, 소인은 재물로써 서로를 보낸다"라고 했다.

위(魏)나라 문후(文侯) 때 서문표(西門豹)가 업현(鄴縣)[1] 현령이 되었는데, 표(豹)는 업현에 부임하자마자 장로(長老)들을 모아놓고 백성이 힘들고 괴로워하는 것이 무엇인지를 물었다.

장로들이 말했다.

"하백(河伯-황하의 신)[2]에게 신붓감을 바치는 일로 고통받고 있으며, 이 때문에 가난합니다."

표가 까닭을 묻자 이렇게 대답했다.

"업현의 삼로(三老-교화를 책임지는 관리)와 하급 관리들[廷掾]이 해마다 백성에게 세금을 부과해서 수백만 전을 거둬가는데, 그중 하백에게 여자를 바치는 데 20~30만 전을 쓰고 나머지 돈을 무당과 함께 나눠 가지고 돌아갑니다. 그 시기가 되면 무당이 돌아다니다가 백성 집에서 아름다운 처자를 발견하면 '이 아이가 하백의 아내가 되어야 한다'라고 말하고는 곧바로 폐백을 주고 데려갑니다. 처녀를 깨끗하게 씻긴 다음 새로 짠 비단옷을 지어주고 조용한 곳에 머물며 재계하게 하는데, 재궁(齋宮)을 물가에 짓고 황적색 장막을 둘러서 처녀를 그 안에 머물게 한 뒤 쇠고기와 술과 밥을 갖춰 먹입니다. 10여 일쯤 지나면 화장을 시키고 여자가 시집갈 때처럼 이부자리와 방석을 만들어서 그 위에 여자를 태워 황하에 띄워 보내는데, 처음에는 수십 리를 떠서 가지만 마침내 물에 가라앉습니다. 그래서 예쁜 처자가 있는 집에서는 무당이 하백을 위해 자기 딸을 데려갈까 두려워 딸을 데리고 멀리 도망가는 집이 많습니다. 이 때문에 성안에는 더욱 사람들이 줄어들고 비게 되어 더욱더 가난해졌으니, 이는 아주 오래된 일입니다. 그러고는 '하백에게 처자를 바치지 않으면 물을 넘치게 해서 백성이 빠져 죽게 할 것이다'라는 말을 퍼뜨립니다."

1) 【정의(正義)】 지금의 상주(相州)에 있는 현이다.
2) 【정의(正義)】 하백은 화음(華陰) 동향(潼鄕) 사람으로, 성은 풍씨(馮氏)이고 이름은 이(夷)이다. 황하에서 목욕하다가 익사해서 드디어 하백이 되었다.

서문표가 말했다.

"하백을 위해 아내를 얻어준다면서 삼로와 무당과 부로(父老)들이 처자를 물에 떠우려 하거든 내게 와서 알리기를 바란다. 나도 가서 그 처자를 전송하겠다."

모두 말했다.

"알겠습니다."

그때가 되자 서문표는 물가로 가서 그들을 만났다. 삼로·관리·호족과 마을 부로들이 모두 모였고, 구경 나온 백성도 2,000~3,000명에 이르렀다. 무당은 늙은 여자로, 나이가 이미 일흔이었다. 여제자 10명쯤이 따르고 있었는데, 모두 비단으로 만든 홑옷을 입고 큰무당 뒤에 서 있었다. 서문표가 말했다.

"하백의 신붓감을 불러오라. 내 그가 아름다운지 추한지를 살펴보겠다."

곧바로 장막 안에서 처자를 데리고 나와 서문표 앞에 이르게 했다. 표가 처자를 살펴보더니 삼로·무당·부로를 돌아보며 말했다.

"이 여자는 예쁘지가 않으니, 수고스럽겠지만 큰무당 할멈은 황하로 들어가서 하백에게 '다시 예쁜 처자를 구해 뒷날 보내겠습니다'라고 알려라."

그러고는 바로 아전과 군사를 시켜 함께 큰무당 할멈을 안아서 황하 속에 던지게 했다.

조금 뒤에 (표가) 말했다.

"무당 할멈은 어째서 이렇게 꾸물거리는가? 제자들은 가서 서둘라고 하라."

다시 제자 하나를 황하 속에 던졌다.

얼마 있다가 말했다.

"제자는 또 어째서 이렇게 꾸물거리는가? 다시 하나를 더 보내 재촉하게 하라!"

또 한 명의 제자가 물에 던져졌다. 제자 3명을 물에 던진 뒤 서문표가 말했다.

"무당과 제자들이 모두 여자라 사정을 말하기 어려운 모양이다. 수고스럽겠지만 삼로들이 들어가서 하백에게 알려라!"

다시 삼로를 황하 속에 던졌다. 서문표는 붓을 관에 꽂고 몸을 경쇠처럼 굽힌 채로 황하를 향해 한참 동안 기다리며 서 있었다. 장로와 관리들, 구경하는 사람들이 모두 놀라고 두려워했다. 서문표가 이들을 돌아보며 말했다.

"무당과 삼로들이 돌아오지 않으니 이를 어찌해야 하는가?"

다시 하급 관리와 마을 호족 한 사람씩을 물로 들여보내 재촉하게 하려고 하니 모두가 머리를 조아리며 빌었는데, 이마가 깨져서 피가 땅 위로 흐르고 얼굴이 시체의 잿빛처럼 변했다.

서문표가 말했다.

"좋다. 잠깐 멈추고 기다려보자!"

조금 있다가 표가 말했다.

"하급 관리들은 일어나라. 보아하니 하백이 손님들을 오래 붙잡고 있는 것 같다. 너희들은 모두 돌아가라!"

업현의 하급 관리와 백성은 크게 놀라고 두려워했고, 이때부터는 감히 다시는 하백을 위해 신붓감을 바쳐야 한다는 말을 하지 않았다.

서문표가 곧바로 백성을 동원해서 하천 12개를 파고 황하의 물을 끌어다가 백성의 논에 대게 하니, 논마다 모두 물 걱정을 하지 않게 되었다. 당시에 백성은 도랑을 만드는 것이 번거롭고 힘들다고 여겨서 그 일을 하지 않으려 했는데, 표가 말했다.

"백성이란 일이 이뤄지고 나면 함께 누리기만 할 뿐 함께 일을 시작할 생각은 하지 못한다. 지금 부로와 자제들은 나를 원망하겠지만, 그러나 100년 뒤에는 부로와 자손들이 틀림없이 내 말을 생각하게 될 것이다."

(과연) 지금까지도 이 수리(水利) 덕분에 백성은 자급자족해 부유함을 누릴 수 있었다. (그런데) 하천 12개의 교량은 천자가 다니는 치도(馳道)를 가로지르고 있었다.

한(漢)나라가 일어난 뒤, 지방의 수장과 관리들[長吏]은 도랑 12개의 교량이 천자의 치도를 끊고 있으며 서로 근접해 있는 것은 바람직하지 않다고 여겨서 하천을 합치려 했고, 또 치도를 지나는 교량 3개를 합쳐 다리 하나로 만들고자 했다. 그러나 업의 부로들은 수장과 관리들의 말을 들으려 하지 않았으니, 이 하천은 서문군(西門君)이 해놓은 일인데 뛰어난 사람의 법식을 고쳐서는 안 된다고 여긴 것이다. 수장과 관리들도 결국 이 말을 받아들여 그대로 두었다.

이렇게 해서 서문표는 업현의 (일개) 현령으로서 이름을 천하에 날렸고 은택이 후대에까지 흘러 끊어진 적이 없었으니, 어찌 뛰어난 대부[賢大夫]라 일컫지 않을 수 있겠는가!

전(傳)에 이르기를 "자산(子産)이 정(鄭)나라를 다스리자, 백성은 그를 속이려 해도 속일 수가 없었고[不能], (공자의 제자) 자천(子賤)이 선보(單父)를 다스리자, 백성은 차마 그를 속이지 못했으며[不忍], 서문표가 업현을 다스리자, 백성은 감히 그를 속이지 못했다[不敢]"¹⁾라고 했는데, 이 세 사람의 재능 가운데 누가 가장 뛰어난가? 다스리는 길을 아는 자라면 마땅히 이를 구별할 수 있을 것이다.²⁾

1) **【색은(索隱)】** 살펴보건대 이 세 가지 속이지 않음[三不欺]은 예로부터 전해지는 기록으로부터 먼저 통달한 이들이 함께 말하고 기술한 것인데, 지금 저선생은 서문표로 인해 기록하고 그것을 말했다. 「순리열전」에도 나오는 자산은 정나라 재상이 되었을 때 어질고 현명했기 때문에 당시 사람들이 그를 속일 수 없었던 것이요, 자천이 정사를 함에 청정하고 오직 거문고를 연주해 3년간 집을 내려가지 않아도 교화되었던 것은 사람들이 그 생각을 보았기 때문에 차마 속이지 못했던 것이며, 서문표는 위엄으로 교화하고 풍속을 다스렸기 때문에 사람들이 (그 위엄을 두려워해) 감히 속이지 못했던 것이다.

2) **【색은술찬(索隱述贊)】** 골계와 치이(鴟夷-가죽 주머니)[滑稽鴟夷]/매끄러운 기름 같고 부드러운 가죽 같도다[如脂如韋]/빠르게 변하지만[敏捷之變]/배움이 있어 말을 잃지 않는구나[學不失詞]/순우곤은 갓끈 모두 끊어[淳于索絶]/조나라로 하여금 군사 일으키게 했다네[趙國興師]/초나라 배우 재상 자리 물리치고[楚優拒相]/손숙오의 아들 침구에서 제사 모실 수 있게 해주었지[寢丘獲祠]/위대하도다 동방삭[偉哉方朔]/이에 세 장으로 그를 기록했다네[三章紀之]!

권
127

일자열전(日者列傳) 제67

권127 일자열전(日者列傳) 제67[1]

예로부터 명(命)을 받아서 왕이 되었으니, 왕이 일어날 때 어찌 일찍이 복서(卜筮)로써 천명(天命)을 결단하지 않은 적이 있었던가! 복서의 일은 주나라 때 더욱 심했고, 진(秦)나라에 들어와서도 볼 수가 있었으며, 대왕(代王한나라 문제)이 장안(長安)에 들어올 때도 (길흉 여부를) 복자(卜者)에게 맡겼다. 태복(太卜점을 담당하는 관리)이라는 관직은 한나라가 일어날 때부터 있었다[2].

1) 【집해(集解)】『묵자(墨子)』에서 말했다. "묵자가 북쪽으로 제나라에 가던 중에 점쟁이[日者]를 만났는데, 점쟁이가 말하기를 '상제가 오늘 북방에서 흑룡을 죽였는데, 선생의 색이 흑색이니 북쪽으로 가서는 안 됩니다'라고 했다. 묵자가 듣지 않고 드디어 북쪽으로 가서 치수(淄水)에 이르렀으나 끝까지 가지 못하고 돌아오게 되었다. 점쟁이가 말하기를 '내가 선생은 북쪽으로 가서는 안 된다고 말했습니다'라고 했다." 그렇다면 옛사람들은 점후(占候하늘의 변화를 보고 길흉을 예언하는 것)와 복서(卜筮길흉을 점침)를 통칭해 일자(日者)라고 했다. 묵자도 일자를 말하고 있으니, 『사기』에만 일자가 나오는 것은 아니다. 【색은(索隱)】 살펴보건대 복서(卜筮)를 이름해 일자라고 한 것은 묵자로부터이니, 복서하고 점후 하던 시절의 통상적인 이름이 일자(日者)였기 때문이다.

2) 【색은(索隱)】 살펴보건대『주례(周禮)』에 태복이라는 관직이 있었는데도 여기서는 한나라가 일어날 때부터 있었다고 말했으니, 이는 한나라 문제가 점을 쳐서 대횡(大橫)의 점괘를 얻은 후부터 점치는 관직이 다시 흥성하게 되었음을

말한 것이다.

사마계주(司馬季主)는 초(楚)나라 사람[1]이다. 장안(長安) 동시(東市)에서 점을 쳤다.

1) **[색은(索隱)]** 살펴보건대, 초나라 사람이라고만 말했고 태사공은 족보를 서술하지 않았다. 대개 초나라 재상 사마자기(司馬子期)나 사마자반(司馬子反)의 후예로 미성(芈姓)이니, 『열선전(列仙傳)』에 계주가 보인다.

송충(宋忠)은 중대부(中大夫)였고 가의(賈誼)는 박사(博士)였는데, 같은 날 함께 휴가[洗沐][1]를 얻어 대궐 밖으로 나오게 되었다. 서로 논의하던 중에 『역경(易經)』이 선왕(先王)과 성인(聖人)의 도술(道術)로서 두루 사람의 실상[人情]과 잘 통함을 말하고는, 서로 얼굴을 마주 보며 탄식했다. 가의가 말했다.

"내가 듣건대, 옛날의 빼어난 사람[聖人]은 조정에 있지 않으면 반드시 점쟁이나 의원들 속에 있다고 했소. 지금 내가 이미 삼공(三公)과 구경(九卿)과 조정 사대부(士大夫)들을 보고서는 모두가 빼어난 이가 아님을 알았소. 그러니 시험 삼아 복수(卜數-점술이나 술수)하는 사람 중 빼어난 이를 찾아내 풍모를 살펴봅시다[2]."

두 사람은 곧장 수레를 함께 타고 시장으로 가서 점치는 집들을 돌아다녔다. 마침, 하늘에서 비가 내리기 시작해 길에는 사람이 적었기에 사마계주는 한가롭게 앉아 있었고, 제자 서너 명이 곁에서 모시면서 하늘과 땅의 도리와 해와 달의 운행, 음양길흉의 근본에 대해 변론하고 있었다. 두 대부가 두 번 절하고 (사마계주를) 만나보았다. 사마계주가 그들의 모습을 보니 학식을 배운 부류 같아서, 바로 답례하고 제자들로 하여금 자리로 안내하게 했다. 두 사람이 자리에 앉자, 사마계주는 앞서 하던 이야기를 이어갔다.

하늘과 땅의 끝과 시작[終始], 일월성신(日月星辰)의 운행 원리[紀]를 분별했고 어짊과 마땅함[仁義]을 차례대로 풀어냈으며 길흉의 징험을 열거했는데, 그 말이 수천 마디였지만 이치에 맞지 않는 것이 한 마디도 없었다.

1) 【정의(正義)】 한나라 때, 관리들이 닷새에 한 번 휴가 가는 것을 세목(洗沐)이라고 했다.

2) 【색은(索隱)】 서(筮)는 반드시 역(易)으로 하는데, 역은 (점을 칠 때) 대연(大衍)의 수를 쓴다.

송충과 가의는 놀랍기도 하고 문득[瞿然] 깨닫는 바가 있어서, 관끈을 고쳐 매고[獵=攬] 옷깃을 여민 다음 공손한 자세로[危=俒] 앉아서 이렇게 말했다.

"선생의 모습을 멀리서 뵙고 선생의 말씀을 들었으니, 저희가 가만히 세상을 살펴보건대 선생은 일찍이 본 적이 없는 분입니다. 그런데 지금 어째서 이렇게 비천한 곳에서 지내면서 천한 일(-점쟁이)을 하고 계십니까?"

사마계주가 자기 배를 끌어안고[捧腹] 크게 웃으면서 말했다.

"대부들을 보건대 도술(道術-유학)을 갖추신 분들 같은데, 지금 어찌 말씀하시는 것이 고루하고 촌스럽습니까? 지금 부자(夫子)들이 뛰어나다고 여기는 자는 어떤 자들이며, 높다고 여기는 자는 누구입니까? 지금 어째서 나 같은 장자(長者)를 낮고 추하다고 여깁니까?"

두 사람이 말했다.

"높은 벼슬과 두터운 봉록은 세상 사람들이 높다고 여기는 것이니, 뛰어난 재주가 있어야 그 자리에 있게 됩니다. (그런데) 지금 선생이 처해 있는 데는 그런 곳이 아니기 때문에, 그래서 비천하다고 말한 것입니다. 또 (점쟁이

들의) 말에는 미더움이 없고 행동에는 실상이 없으며 부당하게 돈을 받기
에, 그래서 추하다고 말한 것입니다. 무릇 점쟁이를 세상에서는 천한 엉터
리[賤簡]라고 여깁니다.

세상 사람들은 모두 말합니다.

'무릇 점쟁이는 많은 말과 과장으로써 다른 사람의 마음을 얻고, 쓸데없
이 남의 운명을 높게 말함으로써 사람의 마음을 기쁘게 하며, 멋대로 재앙
이 찾아올 것이라 말함으로써 사람의 마음을 다치게 하고, 귀신을 빙자함
으로써 남의 재물을 모조리 차지하며, 많은 사례금을 요구함으로써 자신
의 사사로움을 채운다.'

이는 우리 같은 사람들이 부끄러워하는 일이라, 그래서 비천하고 추하다
[卑汙]고 한 것입니다."

사마계주가 말했다.

"공들은 편히 앉아보시오. 공들은 저 머리를 풀어 헤친 아이들을 보셨
습니까? (그 아이들은) 해와 달이 비추면 밖에 나가고, 비추지 않으면 집에
머뭅니다. 그런데 그 아이들에게 일식이나 월식[日月疵瑕], 길흉을 물어보
면 이치를 말하지 못합니다. 이로 말미암아 보자면, 뛰어남과 불초함을 능
히 분별할 줄 아는 사람은 적습니다.

뛰어난 사람의 행동은 도리를 곧게 하여[直道] (임금에게) 바른 도리로써
간언하고, 세 번 간언해도 듣지 않으면 자리에서 물러나는 것입니다. 남을
칭찬할 때는 보답을 바라지 않고, 남을 미워할 경우에도 그 원망을 돌아보
지 않으며, 나라에 편리하고 백성에 이익이 되는 것에 힘씁니다. 그래서 관
직이 자기가 맡기에 적절하지 않으면 그 자리에 처하지 않고, 봉록이 자기
공로에 어울리지 않으면 그 봉록을 받지 않습니다. 남의 바르지 못한 짓을
보면 설사 그가 존귀한 자리에 있다 하더라도 공경하지 않으며, 남의 더러
운 행위를 보면 설사 존귀한 사람이라 하더라도 그에게 몸을 굽히지 않습니

다. 얻어도 기뻐하지 않고, 떠나도 원망하지 않습니다. 자기가 죄를 짓지 않았으면 설사 포승줄에 묶여 치욕을 당하더라도 부끄러워하지 않습니다[1].

1) 『논어(論語)』「공야장(公冶長)」편에 나오는 말이다. 공자가 공야장(公冶長)을 평해 말하기를 "사위로 삼을 만하다. 비록 감옥에 갇힌 적이 있지만 그의 죄는 아니다"라고 하고는, 자기의 딸을 아내로 삼게 했다.

(그런데) 지금 공들이 말한 뛰어난 자란 모두 부끄러워해야 할 자들입니다. (그들은) 몸을 지나치게 낮춰서[疵] 앞으로 나아가고, 지나치게 겸손하게[孅趨][1] 말하며, 권세로써 서로 끌어들이고, 이익으로써 서로 이끌어줍니다. 자기들끼리 패거리를 만들어[比周][2] 바른 사람을 배척함으로써[賓=擯] 높은 영예를 추구하고, 나라의 봉록을 받으면서도 사사로운 이익만 일삼으며, 나라의 법을 굽혀 농민들을 착취합니다[獵]. 관직을 위세 부리는 수단으로 삼고 법을 무기로 삼아서 이익만을 찾아 포악하고 도리에 어긋나는 짓들을 자행하니, 이는 비유하자면 칼을 빼 들고 사람을 위협하는 강도와 다를 바 없습니다. 처음 벼슬에 나갔을 때는 교묘한 거짓으로 실력을 2배로 보이게 하며 있지도 않은 공적을 말로 꾸미고 있지도 않은 일을 문서로 조작해서 주상을 속입니다. 남의 위에 있는 것을 좋다고 여겨서 벼슬에 임명될 때 자기보다 뛰어난 사람에게 양보하지 않습니다. 공적을 진술할 때는 거짓을 보고하거나 사실을 과장하기도 하며 없는 것을 있는 것처럼 꾸미거나 적은 것을 많은 것처럼 꾸밈으로써 자기에게 유리한 권세와 높은 자리를 구하려 합니다. 잔치를 열어 술과 음식을 맘껏 즐기며 미녀와 노래하는 여자들을 좇느라 부모는 돌보지 않고 법을 어겨가면서 백성을 해치고 공가(公家-창고)를 텅 비게 합니다. 이는 무릇 창과 활을 가지지는 않았지만 도둑질하는 것이고, 활과 칼을 쓰지는 않았지만 남을 공격하는 것입니다. (그러니 이자들은) 부모를 속이고도 아직 그 죄를 받지 않고 주군을 시해하고도

아직 그 벌을 받지 않은 자들일 뿐입니다.

1) [색은(索隱)] 孅의 발음은 섬(纖)이다. 섬추(纖趨)는 지나치게 공손한 것[足恭]이
다.[『논어(論語)』 「공야장(公冶長)」편에 나오는 말이다. 공자가 말했다. "아름다운 말과 고운
얼굴빛을 하고서 공손함을 지나치게 하는 것[足恭]을 좌구명(左丘明)이 부끄럽게 여겼는데, 구
(丘-공자) 또한 부끄럽게 여긴다."]

2) 『논어(論語)』에서는 군자의 사귐이 주(周)이고 소인의 사귐이 비(比)인데, 『주역(周易)』에서는
정반대다. 여기서는 비(比)와 주(周) 모두 소인의 사귐이라는 뜻으로 쓰였다.

그런데 어떻게 그런 자들을 높고 뛰어난 재능을 가진 자[高賢才]라고 할
수 있겠습니까?

(이런 자들은) 도적이 일어나도 막을 수 없고, 오랑캐[夷貊]가 복종하지
않아도 누를 수 없고, (몰래 동전을 주조하는 등의) 간사한 일이 일어나도 막을
수 없고, 관리가 부패하고 타락해도 다스리지 못하고, 사계절의 기후가 불
순해도 조절할 수 없고[1], 흉년이 들어도 제대로 조치하지 못합니다. 재능이
뛰어난 데도 행하지 않는다면 이는 불충(不忠)이요, 재능이 뛰어나지 않은
데도 벼슬자리에 앉아서 위에서 주는 봉록만 탐하면서 뛰어난 이가 나아오
는 것을 방해한다면 이는 자리를 도둑질하는 것[竊位][2]입니다. 무리를 많
이 거느리고 있다 해서 등용하고 재물이 있는 자를 예우하는 것은 거짓된
행위입니다. 그대들 홀로 올빼미(-소인)와 봉황(-군자)이 함께 하늘을 나는
것을 보지 못했겠습니까? 난(蘭)·지(芷)·궁(芎)·궁(藭) 같은 향기로운 풀
은 넓은 들에서 버림을 받고, 호(蒿)나 소(蕭) 같은 잡초가 숲을 이룹니다.
군자가 물러나 세상에 나타나지 못하게 한 것은 바로 공들 같은 사람들입
니다.

1) 이는 재상의 본분이다.

2) 『논어(論語)』「위령공(衛靈公)」편에 나오는 구절이다. 공자가 말했다. "장문중(臧文仲)은 아마
도 지위를 도둑질한 자[竊位者]라 할 것이다. 유하혜가 뛰어나다는 것을 알고서도 더불어 조정
에 서지 않았다."

'조술(祖述)하되 새로 짓지 않는다[述而不作]¹⁾'라는 것은 군자라면 지켜
야 할 마땅함[義]입니다. 지금 점쟁이는 반드시 하늘과 땅을 모범으로 삼고
사계절을 본뜨며 어짊과 마땅함[仁義]에 고분고분해서, 책(策-점치는 시초)
을 나눠 괘(卦)를 정하고 식(式)을 돌려 기(棋)를 바로잡은²⁾ 다음에야 하늘
과 땅의 이해(利害)와 일의 성패(成敗)를 말합니다. 옛날 선왕들께서 국가를
정할 때는 반드시 먼저 거북점으로 해와 달을 점친 뒤에 마침내 감히 하늘
을 대신하셨고 길한 날을 고른 다음에야 침실에 들었으며, 집에서 자식을
낳으면 반드시 먼저 길흉을 점친 다음에야 그 아이를 길렀습니다. 복희씨
(伏羲氏)가 팔괘(八卦)를 만들고 주나라 문왕(文王)이 이를 풀어내[演=衍]
384효(爻)를 만들고 나니 천하가 다스려졌습니다. 월왕(越王) 구천(句踐)은
문왕의 팔괘를 본받아서 적국을 격파하고 천하를 제패했습니다. 이로 말미
암아 말하자면 점쟁이가 어찌 이치를 거슬렀다고 하겠습니까?

1) 『논어(論語)』「술이(述而)」편에 나오는 구절이다.
2) 【집해(集解)】 서광(徐廣)이 말했다. "式의 발음은 식(栻-점치는 기구)이다." 【색은(索隱)】
살펴보건대, 식(式)은 곧 식(栻)이다. 선(旋)은 '돌다[轉]'는 뜻이니 (선(旋)은)
구름이다. 점치는 기구 식(栻)의 모양은 위가 둥글어 하늘을 상징하고 아래
는 방형이라 땅을 본받았으니, 그것을 쓰는 것은 곧 하늘의 이치를 굴리고
땅의 때를 더하는 것이기 때문에 선식(旋式)이라고 했다. 기(棋)'는 점을 치는
형상이니, 기를 바로잡는다는 것은 대개 괘를 만들어 점치는 것을 말한다.

또 무릇 점쟁이는 깨끗이 청소하고 자리를 정하고 의관을 바르게 한 다

음에 마침내 일을 말하니 이는 예(禮)가 있는 것[有禮]이요, 일의 길흉성패를 말하면 귀신이 이로써 흠향하고 충신이 이로써 그 임금을 섬기며 효자가 이로써 그 어버이를 봉양하고 자애로운 어버이가 이로써 그 자식을 기르게 되니 이는 다움이 있는 것[有德]입니다. 그래서 (점을 부탁한 사람은) 의리상 수십 전에서 100전을 놓고 갑니다. 그렇게 해서 아픈 사람이 낫기도 하고 죽어가던 사람이 되살아나기도 하며, 재앙을 면하는 사람도 있고 일을 이루는 사람도 있으며, 아들을 장가보내고 며느리를 맞이해 인생을 살아갑니다. 이처럼 덕을 베푸는 것이 어찌 수십 전이나 100전의 가치만 하겠습니까? 이것이 바로 저 노자(老子)가 말한 '최상의 덕(을 갖춘 사람)은 덕을 다 놓아버리니, 이 때문에 덕이 있다[上德不德 是以有德][1]'라는 것입니다. 지금 저 점쟁이들은 베푸는 이익은 크지만, 사례는 작으니, 노자가 한 말이 어찌 이와 다르겠습니까?

1) 『노자(老子)』 제38장에 나오는 말이다.

　장자(莊子)가 말했습니다.

　'군자는 안으로 굶주리거나 추위에 떨 걱정이 없고 밖으로는 겁탈당할 걱정이 없으며 윗자리에 있으면 존경을 받고 아랫자리에 있으면 남의 해침을 받지 않으니, 이것이 군자의 도이다.'

　오늘날 무릇 점쟁이를 직업으로 삼는 사람들은 쌓아도 더 모일 것이 없고, 간직하는 데 창고가 필요 없고, 옮기는 데 수레가 필요 없고, 등에 짊어져도 무겁지 않고, 한곳에 머물러 써도 다할 때가 없습니다. 다함이 없는 물건을 가지고 끝없는 세상에서 유람하니 장자의 행동도 이보다 더할 수는 없을 것인데, 그대들은 어째서 점치는 일을 해서는 안 될 짓이라고 말합니까?

　하늘은 서북쪽에 모자라는 곳이 있어 별들은 서북쪽으로 옮겨가고, 땅은 동남쪽에 모자란 곳이 있어 바다로 못을 만듭니다. 해는 중천에 이르면 반드시 옮겨가고, 달은 차면 반드시 이지러집니다. 선왕의 도리도 때로는 있다가 때로는 없다가 하는 것입니다. 공들은 점쟁이를 향해 '말에 반드시 미더움이 있어야 한다'라며 꾸짖으셨는데, 실로 미혹된 말[惑]이 아니겠습니까?

공들은 저 담론하는 유세객들을 보았겠지요! 일을 깊이 생각하고 계책을 정하는 일은 반드시 이들이 합니다. 그러나 그들은 말 한마디로 임금의 마음을 기쁘게 할 수가 없기 때문에 말할 때마다 선왕(先王)을 언급하고 상고(上古)시대를 논하니, 그들은 일을 깊이 생각하고 계책을 정할 때 선왕의 공적을 꾸며서 말하거나 선왕의 실패나 폐해를 말함으로써 임금의 마음을 두렵거나 기쁘게 해서 자신의 욕망을 추구합니다. 말이 많고 심하게 과장하는 면에서는 그들보다 더 심한 사람이 없습니다. 그러나 나라를 부강하게 하고 공적을 이뤄 상에게 충성을 다하려고 할 경우, 이렇게 하지 않고서는 이룰 수 없습니다. (하물며) 오늘날 점쟁이란 사람들은 미혹된 사람을 이끌어주고 어리석은 사람을 가르쳐줍니다. 무릇 아둔하고 미혹된 사람을 어찌 말 한마디로 다 알게 할 수 있겠습니까? 그래서 (점쟁이들은) 말이 많은 것을 싫어하지 않습니다.

그러므로 기기(騏驥-천리마)는 지친 노새와 함께 말 4마리가 이끄는 수레[駟]를 끌 수 없고 봉황은 제비나 참새와 무리 지을 수 없듯이, 뛰어난 자는 또한 불초한 자와 같은 반열에 있을 수 없습니다. 그래서 군자는 낮은 곳에 처해 숨어 지냄으로써 무리를 피하고 스스로 몸을 숨겨서 세상을 피해 드러나지 않게 덕을 보여줍니다. 그리하여 많은 재해를 제거해 사람들의 천성을 밝혀주며 위를 돕고 아래를 길러 그 공리(功利)를 많이 베풀지만, 존귀함과 명예를 추구하지는 않습니다. 공들처럼 부화해서 말만 떠드는[喁喁] 사람들이 어찌 장자(長者)의 도리를 알겠습니까?"

송충과 가의는 망연자실해 멍하니 얼굴이 창백해졌고, 충격을 받아서 입을 다문 채 아무런 말도 할 수 없었다. 이에 옷깃을 바로 여미고 일어나서 두 번 절하고 작별 인사를 했다. 정신없이 발을 옮긴 끝에 시장 문을 나와서 겨우 수레에 올랐으나 수레 앞 가로막대[軾]에 엎드려 고개를 떨군 채 끝내 숨도 제대로 쉴 수 없었다.

사흘 뒤에 송충은 궁궐 문밖에서 가의와 마주쳤는데, 마침내 두 사람은 서로 끌어당기며 다른 사람들을 피해 속삭이다가 저절로 탄식하며 말했다. "도리란 높을수록 편안하고 권세는 높을수록 위태로우니, 혁혁한 권세의 자리에 있다가는 언젠가 몸을 망치는 날이 있게 마련이다. 무릇 점을 쳐서 들어맞지 않아도 복채[糈=精米]를 빼앗기는 일은 없지만, 임금을 위해 계책을 내어 들어맞지 않으면 몸 둘 곳이 없다. 이 둘 사이의 차이는 멀어서, 마치 머리에 쓰는 관과 발에 신는 신발만큼이나 크다. 이것이 바로 노자가 말한 '무(無)란 하늘과 땅의 시원(始原)을 이름 부른 것이다[無名萬物之始][1]' 라는 말이니, 하늘과 땅은 넓디넓고 일과 사물은 많고 많아서 혹 안전하기도 하고 혹 위태롭기도 한 까닭에 어디에 거처해야 할지를 알 수가 없다. 나와 그대가 어찌 저 사람만큼 편안하겠는가? 저 사람은 갈수록 더욱 편안해질 터이니, 증씨(曾氏)[2]가 말한 뜻도 이와 다르지 않을 것이다."

[1] 『노자(老子)』 제1장에 나오는 말이다. 원문에는 명(名)자 다음에 자(者)가 없다.

[2] 【집해(集解)】 서광(徐廣)이 말했다. "증(曾)은 판본에 따라 장(莊)으로 되어 있다."[장자를 말한다.]

오래 뒤에 송충은 흉노(匈奴)에 사신으로 가다가 중도에 되돌아온 일로 죄에 걸려들었다. 한편, 가의는 양나라 회왕(懷王)의 사부가 되었으나 왕이 말에서 떨어져 훙(薨)하자, 아무것도 먹지 않고 한스러워하다가 죽었다. 이들은 꽃[華]을 피우려고 애쓰다가 뿌리[根]가 끊어진 경우라 할 것이다[1].

1) [색은(索隱)] 송충과 가의는 모두 영화로움에 힘쓰다가 그 자신을 잃었으니, 이는 그 근본이 끊어졌음을 말한 것이다.

태사공(太史公)이 말한다.

"옛날에 (역사를 쓸 때) 점쟁이를 기록하지 않은 까닭은 다른 책들에 대부분 보이지 않았기 때문인데, 사마계주(司馬季主)에 이르러서는 내가 뜻이 있어 드러내어 기록했다."

저선생(褚先生)은 말한다.

"신이 낭관(郞官)으로 있을 때 장안을 돌아다니며 구경하다가 점복하는 뛰어난 대부를 만났는데, 그의 기거하는 모습이나 걸음걸이, 앉았다 일어서는 자연스러운 행동을 살펴보니 시골 사람을 만나볼 때도 의관을 단정하게 하는 것이 군자의 풍모가 있었습니다. 그는 사람의 성품을 잘 풀어내었고, 부인들이 찾아와서 점을 칠 경우 엄숙한 얼굴로 대해 일찍이 이를 드러내 웃는 일이 없었습니다.

예로부터 뛰어난 자가 세상을 피할 경우, 무성한 늪에 살거나 민간에 살면서 입을 다물고, 말하지 않기도 했으며 점쟁이 사이에 숨어 살면서 자기 몸을 보전하는 자도 있었습니다. 저 사마계주란 사람은 초나라의 뛰어난 대부로서 장안에서 유학했는데, 『역경(易經)』에 능통했고 황제(黃帝)와 노자(老子)의 학설을 이어받았으며 널리 듣고 멀리 본 것이 많았습니다. 그가 두 대부와 주고받은 이야기를 보더라도 눈 밝은 임금과 빼어난 이의 도리를 인용했는데, 이는 진실로 천박한 견문이나 얕은 술수로는 도저히 할 수 있는 말이 아니었습니다.

복서로 1,000리까지 이름을 떨친 일은 가끔 있었습니다. 전(傳)에 이르기를 '부(富)가 첫째요 귀(貴)가 그다음이니, 이미 몸이 귀하게 되었으면 각각 한 가지 재주를 배워서 세상에 자신을 세워라'라고 했습니다. 황직(黃直)은 대부이고 진군부(陳君夫)는 아내였는데, 두 사람은 상마(相馬-말을 알아보는 것)로써 천하에 이름을 세웠습니다. 제(齊)나라 장중(張仲)과 곡성후(曲成侯)는 격자(擊刺)를 잘했으니, 검술을 배워서 천하에 이름을 세웠습니다. 유장유(留長孺)는 상체(相彘-돼지 감정)로써, 형양(滎陽)의 저씨(褚氏)는 상우(相牛)로써 이름을 세웠습니다. 이처럼 한 기량으로 이름을 세운 자가 대단히 많았으니, 이들 모두가 세상에서 우뚝 솟아 일반 사람들을 능가하는 뛰어난 풍도가 있었음을 어찌 이루 다 말로 할 수 있겠습니까?

그러므로 말하기를 '그 땅이 아니면 나무를 심어도 자라지 않고, 그 뜻이 아니면 가르쳐도 소용이 없다'라고 했으니, (이는) 대개 집에서 자손을 가르칠 때 자손들이 어떤 것을 좋아하는지를 가려내는 것과 같습니다. 좋아하는 것과 싫어하는 것은 참으로 생활과 맞아떨어지는 것이니, 좋아하는 것을 따라서 자손을 완성해야 하는 것입니다. 그러므로 말하기를 '한 집안을 이끌어가고 자식을 가르치는 모습을 보면 사람됨을 알아볼 수 있다. 자식들이 있어야 할 곳에 있다면 부모는 뛰어난 사람이라고 할 수 있다'라고 한 것입니다.

신이 낭관으로 있을 때 태복(太卜)으로 낭관이 되려고 조서를 기다리는 사람과 같은 관청에서 일한 적이 있었는데, 그가 이렇게 말했습니다.

'효무제 때 점치는 자들을 모아놓고 아무 날[某日(모일)]에 며느리를 맞이해도 좋은지를 물으셨습니다. 오행가(五行家)는 좋다고 했고, 감여가(堪輿家-풍수가)는 안 좋다고 했고, 건제가(建除家-신점가(神占家))는 불길하다고 했고, 총진가(叢辰家-별과 오행으로 점치는 사람)는 크게 흉하다고 했고, 역가(曆家-역법으로 점치는 사람)는 조금 흉하다고 했고, 천인가(天人家-천인감응으로 점치는 사람)는 조금 길하다고 했고, 태일가(太一家-도가 계통의 점쟁이)는 크게 길하다고 했습니다. 이에 논쟁이 벌어져 결론이 나지 않자, 사실대로 아뢰자, 제(制)해 말씀하시기를 "(앞으로) 상서롭지 못한 모든 것[死忌=不祥]을 피하고자 할 때는 오행(五行)을 위주로 하라!"라고 하셨습니다. 사람들은 오행에 따라 살아가기 때문입니다.'1)

1) **【색은술찬(索隱述贊)】** 일자라는 이름[日者之名]/유래가 있도다[有自來矣]/길흉과 점후[吉凶占候]/묵자에게서 드러났구나[著於墨子]/제나라 초나라 서로 법이 달라[齊楚異法]/글이 없어져 기록도 드물다네[書亡罕紀]/후대 사람들 이에 이어받았지만[後人斯繼]/계주 홀로 빛났다네[季主獨美]/포악한 진나라 면했으니[取免暴秦]/이것이 어찌 끝내 막히랴[此焉終否]!

권 128

귀책열전(龜策列傳) 제68

권128 귀책열전(龜策列傳) 제68[1]

태사공(太史公)이 말한다.

"예로부터 빼어난 왕이 장차 나라를 세우고 명을 받아 왕업(王業)을 일으키려고 할 때 일찍이 복서(卜筮)를 보배처럼 여겨 선정(善政)을 돕지 않은 적이 어찌 있었던가? 당우(唐虞-요순(堯舜)) 이전의 점복에 관해서는 기록할 수 없었을 뿐이다. 하(夏)·은(殷)·주(周) 삼대가 일어난 뒤로는 각각 상서로운 징조[禎祥]에 바탕을 두었다. (하나라 우왕(禹王)이) 도산씨(塗山氏)의 딸을 아내로 맞이할 때 쳤던 점이 길했기 때문에 하나라의 왕업을 아들 계(啓)가 이어받아 대대로 물려줄 수 있었고, (은나라 시조 설(薛)의 어머니 간적(簡狄)이) 날아가는 제비[飛燕]의 알을 먹은 일을 두고 친 점이 길했기[順=吉] 때문에, 은나라가 일어날 수 있었으며, (주나라의 시조 후직(后稷)은 어릴 때부터 농사일을 좋아해) 온갖 곡식을 심었는데 점괘가 길했기 때문에 주나라가 천하의 왕 노릇을 할 수 있었다.

임금다운 임금[王者]은 여러 가지 의심스러운 일을 결정할 때마다 복서(卜筮)를 참고하고 시초(蓍草)나 귀갑(龜甲)으로 결단을 내렸으니, 이는 바꿀 수 없는 도리[不易之道]였다.

---

1) **[색은(索隱)]** 「귀책열전」은 기록만 있고 글이 없어서[有錄無書] 저(褚)선생이 보충한 것인데, 서술한 것이 번잡하고 거칠며 비루하고 소략해 취할 만한 것이 없다. **[정의(正義)]** 『사기(史記)』는 원제와 성제 사이까지 10편의 경우 기록은 있으나 글이 없어서 저소손이 「경제본기」·「무제본기」·「장상연표」·「예서」·「악

서」·「율서」·「삼왕세가」·「괴성후」·「일자」·「귀책열전」을 보충했는데, 그중에서도 「일자」와 「귀책」은 말이 특히 비루해 태사공의 본래 뜻이 아니다.

만(蠻)·이(夷)·저(氐)·강(羌) 등의 오랑캐라 하더라도 비록 임금과 신하의 차례는 없었지만, 그들 또한 의심스러운 것을 결단하는 점이 있었다. 혹 쇠와 돌로 (점을) 치거나 풀과 나무로[1] 점을 치는 등 나라마다 풍속이 같지는 않았으나 모두 점을 근거로 해서 전쟁을 일으키고 공격하며 군사를 나아가게 해서 승리를 추구했으니, 그들은 각각 자기들의 신령을 믿고 점을 쳐서 앞으로 올 일을 알아냈다[知來事=卜].

1) 【집해(集解)】 서광(徐廣)이 말했다. "판본에 따라 풀과 나무는 가죽[革]으로 되어 있다."

대략 듣건대[略聞] 하나라와 은나라는 점을 치려고 할 때 마침내 시초(蓍草)와 귀갑(龜甲)을 준비했고 점을 치고 나면 (곧바로) 그것들을 내다 버렸는데, 이는 귀갑은 보관하면 영험이 없고[不靈] 시초 또한 오래되면 신령스러움을 잃게 된다[不神]고 여겼기 때문이다. (반면에) 주나라 왕실의 복관(卜官-점치는 관리)은 늘 시초와 귀갑을 보물처럼 여기며 간직했다. 또 시초와 귀갑의 크기나 사용 순서의 경우 왕조마다 각기 높이는바[所尙]가 달랐지만 언제나 요체는 같은 곳으로 귀결될 뿐이었다.

어떤 사람이 말했다.

'빼어난 왕은 일을 만나면 (길흉을) 결정하지 않은 적이 없었고, 의심나는 일을 결정할 때면 (점을) 보지 않은 적이 없었다. (이처럼) 빼어난 왕이 귀신에게 아뢰어 묻고 의심하는 것들을 풀어낸 이유는, 뒤에 오는 세상이 쇠미해져서 어리석은 사람이 지혜로운 사람을 스승으로 받들지 않음으로써 사람마다 각자 편한 대로 생각하고 가르침이 백가[百室=百家]로 나뉘어 도리가 흩어져서 끝도 없이 산만해질 것으로 여겼기[以爲]^{이위}[1] 때문에, 지극히 은 미한 것[至微]^{지미}을 미뤄 헤아려서 귀착점을 찾아내려 한 것[推歸]^{추귀}이니, 요체 는 정신을 맑게 하려는 데 있었다.'

1) 빼어난 왕이 바로 이런 점들을 미리 근심했다는 말이다.

또 어떤 사람이 말했다.

'거북점[昆蟲]^{곤충}의 장점에 대해서는 빼어난 이도 이와 다툴 수 없다고 했 다. 까닭은 거북점이 일러주는 길흉이나 거북점이 분별해주는 시비[然否=^{연부} 是非]^{시비}가 대부분 인간의 일에 적중하기[中]^중 때문이다.'

한나라 고조(高祖) 때는 진(秦)나라의 태복관(太卜官)을 그대로 이어받 았으니[因=因襲=踏襲]^{인 인습 답습}, 천하가 처음으로 안정되기는 했으나 병혁(兵革-전 쟁)이 아직 그치지 않았기 때문이다.

효혜(孝惠)가 나라를 누린[享國=在位]^{향국 재위} 기간은 짧았고, 여후(呂后)는 여주 (女主)였으며, 효문(孝文)과 효경(孝景)은 옛 제도를 답습했을 뿐[因襲掌故]^{인습 장고} 복서의 이치를 강구하거나 시험할 겨를이 없었다. 비록 부자(父子)가 (천문 과 역법, 복서를 관장하는) 주관(疇官)을 맡아 대대로 서로 이어오기는 했으나 복서의 정미함과 신묘함 대부분이 유실(遺失)되었다.

금상(今上)이 자리에 나아가자 널리 육예(六藝)에 능한 선비들을 위한 길 을 열어주고 백가의 학문을 모두 권장하니, 한 가지 기예만 능통한 장부나 선비일지라도 모두 자기 능력을 바칠 수 있었고[自效=自獻]^{자효 자헌} 특출한 능력이 나 탁월한 기예를 가진 자라면 높은 자리에 오를 수 있었기에 아첨이나 사 사로운 친분에 기댈 필요가 없었다. 이렇게 여러 해가 지나자, 태복(太卜-점 에 크게 능한 자)이 크게 몰려들었다[大集]^{대집}. 마침 상(上)이 (북쪽으로) 흉노(匈 奴)를 치고[擊]^격 서쪽으로 대원(大宛)을 물리치며[攘]^양 남쪽으로 백월(百越) 을 손아귀에 넣으려고[收]^수 하면서, 복서(卜筮)로써 길흉을 알아내 미리 이로운 쪽으로 일을 도모하고자 했다. 결국 용맹스러운 장수들이 예봉을 휘두르고 부절을 들고서 적을 상대로 승리를 얻는 데 한나라 조정에서 시초와 귀갑으로 친 점들이 힘이 되었고, 상은 복서에 더욱 관심을 쏟게 되었다. 그리하여 그들(-복서가들)에게 내려준 상사(賞賜)가 어떤 때는 수천만 전(錢)에 이르기도 했으니, 구자명(丘子明)과 같은 부류들은 부귀가 흘러넘쳐 조정 대신들을 압도했다.

(복서가들은) 복서를 써서 고도(蠱道-무당의 사술)를 적발했고 무고(巫蠱) 사건 때도 자못 많이 알아맞혔지만[中] 평소에 사소한 원한이나 못마땅한 일이 있던 상대를 (복서를 써서) 공적인 일에 결부지어 주살을 행했으니[因公行誅], 멋대로 모함해[傷=中] 일족을 멸하고 가문을 없애버린 경우가 이루 다 헤아릴 수 없었다.

모든 관리는 무서워서 벌벌 떨며 '귀갑과 시초는 능히 말을 할 수 있다'라고까지 했다. 그러나 뒤에 그들의 간악함이 발각되자 그들 또한 삼족이 주멸되었다.

(복서를 행할 때는) 무릇 책(策-시초풀)을 두 손으로 나눠 쥐고 손가락 사이에 끼고서[撜] (길흉의) 수(數)를 정하거나¹⁾ 거북 껍데기를 불에 구워서 갈라진 틈을 보고 조짐을 살폈는데, 워낙 변화가 무궁무진했기에 뛰어난 이를 골라서[擇賢] 점을 치게 했으니, 이것이 이른바 빼어난 이들은 일을 신중하게 했다[重事]라는 것이리라!

1) 시초점 치는 모습을 묘사한 것이다.

주공(周公)이 태왕(太王)·계력(季歷)·문왕(文王)의 거북[三龜]으로 점을 치자 무왕(武王)의 병이 나았다[有瘳=有差].

(은나라) 주왕(紂王)은 포학한 짓을 일삼으면서 원귀(元龜-큰 거북)로써

점을 쳤으나 길한 점괘가 나타나지 않았다.

진(晉)나라 문공(文公)은 장차 주(周) 양왕(襄王)의 왕위를 회복하기 위해 점을 쳐서 '황제(黃帝)의 조짐'[1] 을 얻고 결국 동궁(彤弓)의 명(命)을 받았다[2].

진(晉)나라 헌공(獻公)은 여희(驪姬)의 미색을 탐해 (여융(驪戎)을 치기 전에) 점을 쳐서 점괘로 입 모양[口象][3] 얻었는데, (따르지 않아서) 그 화가 결국 다섯 대까지 미쳤다.

초(楚)나라 영왕(靈王)은 장차 주나라 왕실을 배반하려 하면서 거북점을 쳤으나 불길한 징조가 나왔는데, 결국 건계(乾谿)에서 패배했다.

1) 【색은(索隱)】『좌전(左傳)』에 이르기를, 황제가 판천(阪泉)에서 싸운다는 조짐을 얻은 것이라고 했다.

2) 이 일로 진 문공은 패자(霸者)가 되었다.

3) 구설수를 뜻하니, 흉한 점괘다.

(이처럼) 조짐과 호응이 진실로 안에서부터 그대로 들어맞았고 당시 사람들은 밖에서 그것이 들어맞는 것을 분명히 보았으니, 조짐과 호응이 서로 부합한다고 말하지 않을 수 있었겠는가?

군자가 말했다.

'대체로 복서를 가벼이 여기고 신명(神明)을 믿지 않는 자는 그릇된 자들이다[悖]. 하지만 사람의 도리를 어긴 채 상서로움만 믿는 자는 귀신도 바르게 알려주지 않는다.'

그러므로『서경(書經)』에서는 의심나는 일을 생각하고 결정할 때 다섯 가지 방법[五謀][1]을 썼는데, 복(卜)과 서(筮)가 그중 두 가지를 차지한다. 일을 할 때는 다섯 가지로 점을 쳐서 그중에서 많은 쪽을 따랐으니 (이로써 보건대) 분명히 복서라는 것은 있었으나 다만 복서에만 의지하지는 않았다.

1) 자기 생각, 신하, 백성, 복, 서다.

　　내가 강남(江南)에 가서 그곳 사람들이 점치는 것을 보고 그곳 장로들에게 물으니 이렇게 대답했다.

　　'거북은 1,000년을 살아야 마침내 연꽃잎 위에서 놀고, 시초는 뿌리 하나에 줄기 100개가 나야 한다[1]. 또 그런 거북과 그런 시초가 자라는 곳에는 호랑이와 이리 등과 같은 맹수들이 살지 않으며 독충이나 독초도 나지 않는다.'

　　장강 주변에 사는 사람들은 늘 거북을 길러서 피를 마시고 고기를 먹는데, 생각해보니 그렇게 하는 것은 혈액순환을 좋게 하고 원기를 보충해 늙고 병드는 것을 방지하는 데도 도움이 된다. 이 어찌 믿지 않을 수 있으랴!"

1) **【집해(集解)】** 서광(徐廣)이 말했다. "유향(劉向)이 말하기를, 거북은 1,000년이 되어야 영험해지고 시초는 100년이 되어야 뿌리 하나에 줄기 100개가 난다고 했다."

　　저(褚)선생은 말한다.

　　"신은 유교 경전에 통달하고 박사(博士)에게서 수업을 받았으며 『춘추(春秋)』를 공부해서 좋은 성적으로 낭관(郎官)에 임명되었고, 황제의 은총으로 다행히 궁궐을 수비하는 숙위가 되어 10여 년 동안 궁궐을 드나들었습니다. 그동안 몰래 「태사공전(太史公傳)」에 심취해 읽었는데, 「태사공전」에는 다음과 같이 쓰여 있었습니다.

　　'하(夏)·상(商)·주(周) 삼대는 귀갑으로 점을 치는 방법이 서로 같지 않았고 사방의 각 이민족의 복서도 각각 달랐으나 복서로써 길흉을 판단하는 방법은 모두 같았다. 그래서 나는 그것을 개략적으로 살펴보고서 「귀책열전(龜策列傳)」을 지었다.'

신이 장안성에 체류할 때 태사공의 글을 여러 번 읽고 「귀책열전」을 찾으려고 했으나 찾을 수 없었습니다. 그래서 태복관(太卜官)을 찾아가서 장고(掌故)와 문학(文學)의 장로 중에서 일에 정통한 사람들에게 물어 귀책복사(龜策卜事)의 내용을 받아 적은[寫取] 뒤에 아래와 같이 편찬해보았습니다.”

듣건대 옛날에 오제(五帝)와 삼왕(三王)은 일을 일으키려고 할 때는[1] 반드시 먼저 시귀(蓍龜)를 하여 결정했다고 한다. 전(傳)[2]에서 말했다.

“아래에 복령(伏靈)이 있으면 위에는 토사(兔絲)가 있고, 위에 우거진[攪=稠] 시초가 있으면 아래에는 신령스러운 거북[神龜]이 있다.”

1) 전쟁을 말한다.
2) 【색은(索隱)】 이 전은 곧 태복이 얻은 옛 점귀(占龜)의 설이다.

이른바 복령이란 토사 밑에서 자라는데, 모양이 마치 나는 새와 비슷하다. 이른 봄비[新雨]가 그친 뒤에 하늘이 맑고 고요하며 바람 한 점 없는 날 밤에 토사를 베어낸다. 등불을 밝혀서 그곳을 비춰 본 뒤 등불이 꺼지면 그곳에 표지를 세우고 길이 4장 되는 새로운 천으로 주위를 빙 둘러 싸두었다가, 날이 밝은 다음에 깊이가 4자에서 7자 정도 되도록 그곳을 파면 복령을 얻을 수 있다. 7자가 넘은 깊은 곳에서는 얻을 수 없다. 복령은 1,000년 묵은 소나무 뿌리[松根]로, 그것을 먹으면 죽지 않는다.

듣건대 뿌리 하나에서 줄기 100개가 난 시초(蓍草) 밑에는 반드시 신귀(神龜)가 머물면서 그것을 지키는데, 그 위에는 늘 푸른 구름이 덮고 있다고 했다.

전(傳)에서 말했다.

“천하가 태평하고 왕도가 행해지면 시초는 능히 줄기가 한 길이나 되고 뿌리 하나에서 줄기가 100개 이상 돋는다.”

　　바야흐로 지금 세상에서는 시초를 얻어도 능히 옛날 법도에 맞게 할 수가 없으니, 능히 줄기가 100개 이상에 길이가 한 길 되는 것을 얻을 수는 없다. 줄기가 80개 이상에 크기가 8자 되는 것도 얻기가 힘들다. 그래서 사람들은 점을 칠 때 줄기가 60개 이상에 크기가 6자 이상 되는 것을 즐겨 쓰며, 그 정도만 되어도 이미 쓸 만하다고 여긴다.

　　어떤 기록에 이런 말이 있다.

　　“능히 명귀(名龜)를 얻은 사람에게는 재물이 몰려들 것이니, 그의 집안은 반드시 큰 부자가 되어 재산이 천만에 이른다.”

　　명귀에는 첫째 북두귀(北斗龜), 둘째 남진귀(南辰龜), 셋째 오성귀(五星龜), 넷째 팔풍귀(八風龜), 다섯째 이십팔수귀(二十八宿龜), 여섯째 일월귀(日月龜), 일곱째 구주귀(九州龜), 여덟째 옥귀(玉龜) 등 모두 여덟 가지가 있다. 거북의 그림을 보면 각각 거북의 배 부분에 글이 적혀 있는데, 그 글에 아무아무[云云]라고 하여 거북의 이름이 적혀 있다. 여기서는 대강의 뜻만 기록하고 그림은 옮기지 않았다.

　　이런 거북을 잡으면 반드시 한 자 두 치가 안 되는데, 사람들은 길이가 일곱 치나 여덟 치만 되어도 보배로 여긴다. 지금 무릇 주옥(珠玉)이나 보기(寶器)는 깊이 감춰져 있어도 반드시 빛을 드러내고 반드시 신명함을 나타내니, 바로 이것을 이르는 말이리라! 옥이 나는 산은 나무가 윤택하고 진주가 나는 깊은 못은 연못가 초목들이 마르지 않으니, 이는 윤택함이 더해진 때문이리라.

　　명월주는 강과 바다에서 나는데, 조개 속에 감춰져 있고 결룡(蛣龍)이 그 위에 엎드려 있다. 임금다운 임금[王者]이 이를 얻으면 길이 천하를 소유하고[有天下] 사방 오랑캐가 빈복(賓服)한다. 줄기 100개가 있는 시초를 얻고 또 아울러 그 밑에 사는 거북까지 얻어서 점을 칠 경우 100번 말하면 100번 맞아떨어질 것이니 충분히 길흉(吉凶)을 결정할 수 있다.

　　신귀(神龜)는 장강(長江) 물속에서 나온다. 여강군(廬江郡)에서는 해마다 늘 길이 한 자 두 치 되는 산 거북 20마리를 잡아서 태복관(太卜官)으로 보내는데, 태복관은 그 참에 길일을 가려서 배를 갈라 배 밑 껍데기를 벗겨낸다. 거북은 1,000년을 살아야만 마침내 한 자 두 치가 된다. 왕자(王者-임금다운 임금)가 군대를 일으켜 장군을 보낼 때는 반드시 묘당(廟堂-승상 집무실) 당상에서 거북딱지를 끊어 길흉을 결단한다. 지금 고조의 사당[高廟] 안에는 귀실(龜室)이 있는데, 거북의 껍질을 보관하고서 신령스러운 보물로 여긴다.

　　전(傳)에서 말했다.

　　"거북의 앞발 뼈를 얻어서 구멍을 뚫어 몸에 차거나 거북을 얻어서 집 안 서북쪽 구석에 매달아 두면 깊은 산이나 큰 숲에 들어가도 길을 잃지 않는다."

　　내가 낭(郎)으로 있을 때 『회남만필술(淮南萬畢術)』「석주방(石朱方)」편을 읽은 적이 있는데, 이런 내용이 있었다.

　　"강남 가림(嘉林-아름다운 숲) 속에 신귀(神龜)가 산다. 가림이란 범이나 이리 같은 짐승이 없고 부엉이나 올빼미 같은 사나운 새도 없으며 독초 같은 풀도 나지 않고 들불도 여기까지는 미치지 못하며 도끼나 낫의 날이 닿지 않은 숲이니, 이를 가림이라고 한다. 신귀는 그 안에 사는데, 언제나 아름다운 연꽃 위에서 둥지를 튼다. 신귀의 왼쪽 옆구리에 '갑자(甲子) 중광(重光)에 나를 잡은 사람이 필부이면 임금이 되고, 원래 제후이면 제왕(帝王)이 될 수 있다'라는 글이 쓰여 있다. 흰 뱀이 도사리고 있는 숲속에서 신귀를 얻고자 하는 사람은 목욕재계한 다음에 그것이 나타나 주기만을 기다려야 하는데, 마치 소식을 전해주려는 사람이 오기만을 기다리듯 공손하고 겸손하게 있어야 한다. 땅에 술을 뿌려 제사 지내고 머리를 풀어 헤친 채로 사흘 밤낮을 갈구해야만 잡을 수 있다."

이로 말미암아 보건대 어찌 대단하지[偉] 않은가? 그러니 거북을 삼가지[敬] 않을 수 있겠는가?

남방의 어떤 노인이 거북으로 침상의 다리를 받쳐두었는데, 20여 년이 지나 노인이 죽어서 침상을 옮기다 보니 거북은 그때까지도 죽지 않고 살아 있었다. 거북은 능히 스스로 기운을 조절해[行氣] 안으로 끌어들일[導引] 수 있기 때문이다.

어떤 사람이 물었다.

"거북이 이처럼 신령스러운데, 태복관은 어찌 살아 있는 거북을 얻으면 곧장 죽여서 껍데기를 갖습니까?"

근래에 장강 물가에 사는 어떤 사람이 명귀를 얻어 집에 가져다 길렀는데, 그 집은 그로 인해 큰 부자가 되었다. 친구와 상의해 그 거북을 놓아주려고 했는데, 그 친구가 말하기를 죽일지언정 놓아주지는 말라면서 놓아주면 망할 것이라고 했다.

(그러자) 거북이 꿈에 나타나서 말했다.

"나를 강 속으로 보내주시오. 나를 죽이지 마시오."

그 집에서는 결국 거북을 죽였다. 거북을 죽이고 나자 그 집 주인이 죽었고 그 집안에도 좋지 않은 일이 일어났다.

일반 백성과 군왕은 그 도리가 다르다. 백성이 명귀를 얻으면 정황상 아무래도 죽이지 않는 쪽이 마땅하다.

그러나 옛날 고사를 갖고서 말하자면 옛날의 눈 밝은 왕이나 빼어난 군주[明王聖主]는 모두 그것을 죽여서 썼다.

송나라 원왕(元王) 때 거북을 얻자 역시 죽여서 (점 치는 데) 썼다. 삼가 그 일을 아래에 적어둠으로써 호사가들로 하여금 그 적중한 도리[其中]를 살펴서 고르게 하고자 한다.

송나라 원왕 2년에 장강(長江)의 신이 신귀를 사자로 삼아 황하(黃河)의 신에게 보냈는데 천양(泉陽)에 이르렀을 때 예저(豫且)¹⁾라는 어부가 그물을 걷어 올리다가 신귀를 잡았으니, 신귀를 대바구니[籠] 속에 넣어두었다. 그날 밤 신귀가 송나라 원왕의 꿈속에 나타나서 말했다.

"제가 장강의 신의 사자가 되어 황하의 신에게 가던 중 길목에 쳐진 어망에 걸렸습니다. 천양의 예저라는 사람에게 잡혀갈 수가 없으니, 몸이 이렇듯 곤경에 빠져 있으나 하소연할 곳이 없습니다. 왕께서는 다움과 마땅함[德義]이 있으시니 그래서 찾아와 호소합니다."

원왕은 깜짝 놀라 잠에서 깨었다. 마침내 박사 위평(衛平)을 불러 물었다.

"방금 과인은 꿈속에서 한 장부를 만났는데, 긴 목과 긴 머리에 수놓은 검은 옷을 입고 검은 짐수레를 타고 와서 과인에게 이렇게 말했다.

'제가 장강의 신의 사자가 되어 황하의 신에게 가던 중 길목에 쳐진 어망에 걸렸습니다. 천양의 예저라는 사람에게 잡혀갈 수가 없으니, 몸이 이렇듯 곤경에 빠져 있으나 하소연할 곳이 없습니다. 왕께서는 다움과 마땅함[德義]이 있으시니 그래서 찾아와 호소합니다.'

이것이 무슨 뜻인가?"

1) 【색은(索隱)】 且의 발음은 (차가 아니라) 자(子)와 여(余)의 반절음이다. 천양 사람으로, 원귀를 그물로 잡은 사람이다.

위평은 마침내 점치는 칙(式)¹⁾을 들고 일어나더니, 하늘을 우러러 달빛을 보며 북두성이 가리키는 곳을 살펴서 해가 향하는 곳을 정했다. 규구(規矩-자)와 권형(權衡-저울추와 저울대)의 도움으로 (동남쪽, 서북쪽, 서남쪽, 동북쪽의) 사유(四維)가 이미 정해지고 나자, 팔괘(八卦)가 서로 바라보도록 했다. 길흉을 살펴보니 거북의 모습이 가장 먼저 나타나니, 마침내 원왕에게 대답해 말했다.

"어젯밤[今昔=昨夜]은 임자일(壬子日)로, 별자리가 견우(牽牛)에 있었습니다. (이때는) 황하의 물이 크게 모이고 귀신들이 서로 모의합니다[相謀]. 은하수(銀河水)[漢=天河]가 남북으로 바로 위치하고 장강과 하수의 신들이 굳게 기약하니, 남풍이 새로 불어와서 장강의 사자가 먼저 (황하에) 왔습니다. (그런데) 흰 구름이 은하수를 가리어 세상 만물이 모두 그 자리에 머물러 있고[盡留], 북두칠성 자루[斗柄]가 해를 가리키자 사자는 마땅히 갇혀 있습니다. (대왕께서 꿈에 보신) 검은 옷을 입고 짐수레를 탄 남자는 바로 그 거북입니다. 왕께서는 서둘러 사람을 보내시어 그 거북을 탐문하십시오."

왕이 말했다.

"좋다."

1) 【집해(集解)】 서광(徐廣)이 말했다. "式은 발음이 (식이 아니라) 칙(敕)이다."

이에 왕은 마침내 사자를 시켜 달려가서 천양 현령에게 이렇게 묻게 했다.

"어부는 몇 집이나 되는가? 이름이 예저라는 어부는 누구인가? 예저가 잡은 거북이 왕의 꿈에 나타났기에 왕이 사자를 보내 거북을 찾으라고 했다."

천양 현령이 마침내 아전들을 시켜 호적을 조사하고 지도를 살펴보도록 했다. 강가에서 고기잡이하는 사람이 55명이었는데, 상류 움막에 예저가 살고 있었다.

천양 현령이 말했다.

"이 사람입니다."

마침내 사자와 함께 치달려가서 예저에게 물었다.

"지난밤에 너는 고기잡이 가서 무엇을 잡았는가?"

예저가 말했다.

"한밤중에 그물을 올려 거북을 잡았습니다."

사자가 말했다.

"지금 거북은 어디 있는가?"

대답했다.

"대바구니 안에 있습니다."

사자가 말했다.

"왕께서는 그대가 거북을 잡은 사실을 아시고 나에게 그것을 찾아오라고 하셨다."

예저가 말했다.

"그리하겠습니다."

곧바로 붙잡은 거북을 바구니 안에서 꺼내 사자에게 바쳤다.

사자가 거북을 수레에 싣고 천양의 문을 나왔는데, 대낮인데도 보이는 것이 없었고 비바람이 일더니 비가 내리치며 하늘이 어두컴컴했다. 구름이 수레 위를 덮자 오색찬란하게 청색과 황색 구름이 번갈아 일어났고, 바람이 수레를 이끌어 길을 달리게 했다.

사자는 단문(端門-왕궁 정문)으로 들어와서 정전 동쪽 방[東箱]에서 왕을 뵙고 거북을 보여드렸다. 거북의 몸뚱이는 흐르는 물과 같았고 윤택해 빛이 났다. 거북은 원왕을 멀리서 쳐다보더니 목을 쭉 빼고[延頸] 세 걸음 앞으로 나와 멈추었다가, 목을 움츠리고[縮頸] 뒤로 물러나서 제자리로 돌아갔다.

원왕이 지켜보고서 기이하게 여겨 위평에게 물었다.

"거북이 과인을 보더니 목을 쭉 빼고 앞으로 나왔다가 다시 목을 움츠리고 제자리에 돌아간 것은 무슨 뜻인가?"

위평이 대답했다.

"거북은 근심 걱정을 하며 하룻밤을 대바구니 속에 갇혀 지냈는데, 왕께서 다움과 마땅함을 갖추시고 사자를 보내 거북을 살려주셨습니다. 지금 목을 쭉 빼서[延頸] 앞으로 나아간 것은 감사하다는 뜻이고, 목을 움츠리고[縮頸] 뒤로 물러난 것은 빨리 떠나고 싶다는 뜻입니다.”

원왕이 말했다.

“좋도다! (거북의) 신령스러움이 이 정도인가? 오래 머물게 할 수 없다. 속히 수레를 준비해서 거북을 보내줘 기한에 늦지 않도록 하라!”

위평이 대답했다.

“거북, 이 동물은 천하의 보물입니다. 남보다 먼저 이 거북을 얻는 사람은 천자가 되니, 또한 (이 거북으로) 열 번 물어보면 열 번 다 알아맞히고 열 번 싸우면 열 번 다 이깁니다.

이 거북은 깊은 못에서 태어나 황토에서 자랍니다.

하늘의 도리를 알고 상고시대의 일에 밝습니다.

3,000년을 물속에서 노닐면서 그곳을 벗어나지 않습니다.

편안하고 얌전하고 조용해 몸을 움직이는 데 힘을 쓰지 않습니다.

수명은 하늘땅과 같아서 그 끝을 알 수 없습니다.

외부 사물과 함께 변화해 사계절마다 색이 바뀝니다.

가만히 숨어 살면서 엎드린 채 아무것도 먹지 않습니다.

봄에는 푸른색, 여름에는 누런색, 가을에는 흰색, 겨울에는 검은색으로 바뀝니다.

음양에 밝고 형덕(刑德)을 잘 살핍니다[審].[1]

이롭고 해로움을 가장 먼저 알고 화복을 살펴서 이 때문에 말하면 다 알아맞히고 싸우면 반드시 이기니, 왕께서 이 거북을 보물처럼 간직하시면 제후들이 모두 복종할 것입니다. 왕께서는 결단코 이 거북을 놓아주지 마시어 사직을 평안케 하소서.”

1) "이 거북은" 이하는 원문의 방점에 따라 8자씩 떼어 옮겼다.

원왕이 말했다.

"거북은 심히 신령스러워 하늘에서 내려와 깊은 못으로 떨어지는 환난을 겪으면서 과인을 뛰어나다고 여겼으니, 다움이 두텁고 충신(忠信)하다고 여겨서 과인을 찾아와 호소했다. 과인이 만일 놓아주지 않는다면 이는 어부와 같다. 어부가 그 고기를 이익으로 여기고 과인이 거북의 신묘한 능력을 탐하는 것은, 아랫사람은 어질지 못하고[不仁] 윗사람은 다움이 없는 것[無德]이다. 군주와 신하가 서로 예를 갖추지 않는다면[無禮] 어디에서 복을 얻겠는가? 과인은 차마 그리할 수 없거늘, 어찌 놓아주지 않을 수 있겠는가!"

위평이 대답했다.

"그렇지 않습니다. 신이 듣건대, 큰 은덕은 갚지 않아도 되고 남이 귀중한 물건을 맡기면 돌려주지 않아도 되며 하늘이 준 것을 받지 않으면 하늘은 도로 그 보물을 빼앗아 간다고 했습니다. 지금 이 거북은 천하를 두루 돌아다니다가 자기 자리[其所]로 되돌아온 것이니, 거북은 위로는 푸른 하늘에 이르고 아래로는 진흙탕에 다다랐습니다.

구주(九州)를 두루 돌아다녔지만, 일찍이 치욕을 당한 일도 없었고 오래 붙들려 있었던 적도 없었는데, 지금 천양에 이르러서 어부에게 치욕스럽게도 사로잡히는 일을 당했습니다. 왕께서 설사 놓아주신다 하더라도 장강과 황하의 신은 틀림없이 노해 원수를 갚으려 할 것이며, 거북 스스로도 모욕을 당했다면서 그 참에 여러 신과 (보복 방법을) 모의할 것입니다. 이로 말미암아 장마가 그치지 않고 홍수를 다스릴 방법이 없게 되든가, 그렇지 않으면 큰 가뭄이 들고 바람이 크게 불어 먼지를 일으키고 메뚜기 떼가 갑자기 크게 들끓게 될 것이니, 백성은 수확 시기를 잃게 될 것입니다.

　왕께서 (이 거북을 놓아주는) 어짊과 마땅함을 행하신다 하더라도 거북의 징벌은 반드시 찾아올 것입니다. 이는 다른 까닭이 있어서가 아니라 재앙의 빌미[祟]가 거북의 몸에 있기 때문입니다. 나중에 비록 후회하셔도 어찌 미칠 수 있겠습니까? 왕께서는 절대 거북을 놓아주셔서는 안 됩니다."

　원왕이 크게 아! 하고 탄식하며 말했다.

　"무릇 남의 사자를 가로막고 남의 계획을 방해한다면 이는 폭력[暴]이 아니겠는가? 남의 물건을 빼앗아 자기 보물로 만든다면 이는 강탈[彊]이 아니겠는가? 과인이 듣건대, 폭력으로 재물을 얻는 자는 반드시 폭력으로 잃고 강제로 빼앗은 자는 반드시 나중에 공로를 잃게 된다고 했다. 하(夏)나라 걸왕과 은(殷)나라 주왕은 폭력과 강탈로 인해 자기 몸을 죽이고 나라를 망하게 했다.

　지금 내가 경의 말을 따르게 되면 이는 어짊과 마땅함이라는 이름은 없어지고 폭력과 강탈을 행한 자가 된다. 그리되면 장강과 황하의 신은 탕왕과 무왕이 되고, 나는 걸왕과 주왕이 되는 셈이다. 이로운 점이라고는 보이지 않고 그로 인한 재앙을 만나게 될까[離=罹=遇] 두렵다. 과인이 (거북에 대해) 매우 의심스러운데[狐疑], 어떻게 이 보물에 마음을 둘 수 있겠는가? 속히 수레를 준비해 거북을 보내줘 너무 오래 머물게 하지 말라!"

　위평이 대답했다.

　"그렇지 않으니, 왕께서는 이에[其=於是] 걱정하지 마소서. 하늘과 땅 사이에 돌이 쌓여 산이 되는데, 높아도 무너지지 않으니, 땅은 산을 안정시켜 주는 때문입니다. 그래서 말하기를, 일과 사물 중에는 혹 위태로운 듯이 보이지만 도리어 편안한 것이 있고 혹 가벼운 듯이 보이지만 도리어 옮길 수 없는 것이 있습니다. (마찬가지로) 사람 중에도 혹 충신(忠信)하지만, 오히려 기망하고 망령된 사람[誕謾]만 못하기도 하고 혹 추악(醜惡)하지만, 오히려 큰 벼슬에 어울리거나 혹 아름답고 고운 얼굴로도 뭇사람들의 근심거리가 되기도 합니다. (이처럼) 신령스럽거나 빼어난 사람이 아니고서는 능히 모든 일을 다 알아서 말할 수 있는 것이 아닙니다.

봄, 여름, 가을, 겨울은 혹 덥기도 하고 혹 춥기도 하니, 추위와 더위가 조화를 이루지 못하면 나쁜 기운[賊氣]이 서로를 침범합니다. 같은 1년 중에도 다른 절기가 있으니, 이는 그때가 그렇게 만든 것입니다. 그래서 봄에는 만물이 나고 여름에는 자라며 가을에는 거둬들이고 겨울에는 저장합니다. 혹자는 인의를 행하고 혹자는 폭력으로 강탈하는데, 강폭함에도 그래야 할 이유가 있고 인의에도 때가 있습니다. 만물 만사란 모두가 이러하니, (한 가지 고정된 방법으로는) 이루 다 다스릴 수 없습니다. 대왕께서 신의 견해를 듣고 싶으시다면 남김없이 말씀드릴 것을 청합니다.

하늘이 오색(五色)을 냄으로써 흑백을 분간하게[辨] 해주었고
땅이 오곡(五穀)을 낳음으로써 선악을 알게[知] 해주었는데,
사람은 분변함을 알지 못해 금수와도 같았으니
(짐승처럼) 골짜기나 동굴에서 살며 농사지을 줄도 몰랐습니다.
천하에는 화란(禍亂)이 (번갈아) 일어나고 음양이 서로 뒤섞이어
놀라서 벌벌 떨기만 하고 (음양이) 통해도 서로 가릴 줄 몰랐습니다.
요얼(妖孽-기이한 일)이 자주 일어나고 실체는 모른 채 그냥 전하며 경박하게 행동할 뿐이었으니,
(이에) 빼어난 이가 살아가는 길[其生]을 분별해 서로 해치는 일이 없도록 했습니다.
짐승에게는 암수[牝牡]가 있으므로 산과 들판에 두었고,
새에게는 자웅(雌雄)이 있으므로 숲과 못에 퍼뜨렸으며,
껍데기가 딱딱한 벌레는 골짜기에 두었습니다.
그러고 나서 백성을 길러주기 위해[牧] 성곽을 만들었는데,

안에는 여(閭-25가구)와 술(術-1,000가구)를 두었고 밖에는 두둑과 길[阡陌]을 만들었습니다.

부부 남녀에게는 논밭과 집을 나눠주고 가옥들이 즐비하게 이어지도록 했습니다.

지적도와 호적을 만들어 명족(名族)을 구별했습니다.

관청을 세우고 관리를 둬 작위와 봉록으로 그들을 권장했습니다.

명주와 삼베옷을 지어 입히고 오곡으로 그들을 길러주었습니다.

(백성은) 논밭을 갈고 씨앗을 흙으로 덮고 호미질로 김을 매었습니다.

입으로는 맛있는 것을 먹고 눈으로는 아름다운 것을 보며 몸은 그 이익을 받았습니다.

이로써 보자면 강하지 않고서는 여기까지 이르지 못하니,

그래서 말하기를, 밭일하는 사람이 강하지 않으면[不彊] 창고[囷倉]1)를 채우지 못하고, 장사꾼이 강하지 않으면 이익을 얻지 못하고, 부녀자가 강하지 않으면 옷감이 정교하지 못하고, 관청의 통제가 강하지 않으면 위세가 설 수 없고, 대장이 강하지 않으면 병사들이 명령대로 움직이지 않고, 제후나 왕이 강하지 않으면 죽을 때까지[沒世] 이름이 나지 않는다고 했습니다.

그래서 말하기를, 강함[彊]이란 일의 시작[事之始]이자 분별하는 이치[分之理]이고 사물의 큰 벼리[物之綱]라고 했습니다. 강함을 통해 구한다면 얻지 못할 것이 없습니다. 왕께서 그렇지 않다고 여기신다면, 왕께서만 홀로 저 옥독(玉櫝)과 척치(隻稚)가 곤륜산에서 나오고 명월주(明月珠)가 사방의 바다에서 나온다는 것을 듣지 못하시는 것입니까? 돌을 깨고 조개를 갈라서 꺼내 전하고 전해서 시장에 내다 팔면 빼어난 이는 그것을 얻어 큰 보물로 삼는데, 큰 보물을 가진 사람이라야만 마침내 천자가 됩니다.

(그런데) 지금 왕께서는 스스로 (거북을 붙들어두는 것을) 폭력이라고 여기시지만 조개를 바다에서 쪼개는 것만 못하고, 강탈이라고 여기시지만 곤륜산에서 돌을 깨는 것만 못합니다. 이것을 갖는다고 하여 허물이 될 수 없으

며, 그것을 보물로 삼는다고 하여 환란이 될 수 없습니다.

지금 거북이 사자가 되어가다가 그물에 걸려서 어부에게 잡혔는데, 왕의 꿈에 나타나 몸소 도움을 호소했으니 이는 나라의 보물이건만 왕께서는 어째서 근심하십니까?"

1) 【정의(正義)】『설문(說文)』에서 말했다. "원형의 창고를 균이라고 하고 방형의 창고를 름(廩)이라고 한다."

원왕이 말했다.

"그렇지 않다. 과인이 듣건대 간언은 복(福)이고 아첨은 화(禍)[1]라고 했다. 임금이 아첨을 듣는 것, 이는 어리석고 미혹되기[愚惑] 때문이다. 그럼에도 불구하고 화는 망령되게[妄] 오는 것이 아니고 복은 부질없이[徒] 오는 것이 아니다.

하늘과 땅의 기운이 합쳐져서 모든 사물이 생겨나고 음양의 기운이 나뉘어 사계절이 차례로 바뀌며 1년 열두 달이 동지와 하지를 기준으로 나타나는데, 빼어난 이는 이를 꿰뚫어 보기에 몸에 마침내 재앙을 입지 않으며 밝은 왕은 그것을 쓰기 때문에 신하들이 감히 속일 수 없다. 그래서 말하기를, 복이 찾아오는 것은 사람이 스스로 낳는 것이고, 화가 찾아오는 것 또한 사람이 스스로 이뤄낸다고 하는 것이다. 화와 복은 같은 것이고, 형(刑)과 덕(德)은 짝을 이루고 있다. 빼어난 이는 바로 이 점을 꿰뚫어 보아서 길흉을 알아내는 것이다.

1) 원문에는 적(賊)이라고 했으니 해로움인데, 바로 뒤에 구체적으로 화(禍)라고 되어 있으므로 이렇게 옮겼다.

걸왕과 주왕 때는 하늘과 공로를 다투고 귀신의 길을 틀어막아 사람과 서로 통하지 못하게 했으니, 이것만으로도 본래 이미 무도한 짓이었건만 아첨하는 신하들까지 많았다.

걸왕에게는 조량(趙梁)이라는 아첨하는 신하[諛臣=諂臣]가 있었는데, 그는 걸왕에게 무도한 일을 하도록 가르쳤고 늑대처럼 탐욕스러운 짓을 권유했다. 탕왕을 하대(夏臺)에 가두게 하고 관룡봉(關龍逢)을 살해하도록 하자 좌우 신하들은 죽음이 두려워서 걸왕의 곁에서 구차스럽게 아첨만 하게 되었으니, 나라는 마치 달걀을 쌓아놓은 것처럼 위태로웠으나 모두 말하기를 걱정할 것 없다[無傷]고 했다. 다들 걸왕을 칭송하며 만세를 불렀는데, 그중에는 아직 다 누리지 못했다[未央]고 말하는 자들까지 있었다. 걸왕의 눈과 귀를 가리고 함께 속이며 광란을 일삼다가, 탕왕이 끝내 걸왕을 치니 몸은 죽고 나라는 망했다. 아첨하는 신하들의 말을 듣다가 온몸으로 재앙을 받은 것이다. 『춘추(春秋)』가 이를 기록했으니, 지금까지도 잊히지 않고 있다.

주왕에게는 좌강(左彊)이라는 아첨하는 신하가 있었는데, 그는 자기의 눈썰미[目巧]를 자랑하며 주왕에게 상랑(象郎)이라는 화려한 건물을 짓게 했다. 높이는 하늘에 닿을 정도였고, 옥으로 만든 침상[玉牀]도 있었다. 코뿔소의 뿔과 옥으로 만든 그릇, 상아로 만든 젓가락 등으로 국을 먹었다. 빼어난 이 비간(比干)의 심장을 도려내었고, (겨울 아침에 차가운 시내를 건넌) 장사들은 다리가 잘렸다. 기자(箕子)는 죽을까 두려워서 머리를 풀어 헤친 채 미친 척했고, 주나라 태자 역(歷)은 죽임을 당했다. (주나라) 문왕(文王) 희창(姬昌)을 잡아 가둔[1] 뒤 석실에 던져두고서 저녁부터 다음 날 아침까지 내버려두었는데, 음긍(陰兢)이란 사람이 그를 살려주어 함께 주나라 땅으로 달아났다. (문왕이) 주나라 땅에 들어가서 태공망(太公望)을 얻은 뒤에 군사를 일으키고 병사들을 모아서 함께 주왕을 공격했다. (그러던 중) 문왕이 병으로 죽자, 시신을 수레에 싣고 행군했고, 태자 희발(姬發)이 대신 장수가 되었다. (희발은) 칭호를 무왕(武王)이라 하고 목야(牧野)에서 싸워 화산(華山) 남쪽에서 주왕을 깨뜨렸다. 주왕은 싸움에서 이기지 못하고 패해 돌아갔으나 상랑(象郎)에서 에워싸이게 되었고, 선실(宣室)2)에서 자살했다. 몸은 죽어도 묻히지 못했고, 머리는 잘려 말 4마리가 끄는 수레의 가로막대에 매달린 채 끌려갔다.

1) 【색은(索隱)】 문맥으로 보면 역(歷)은 계력(季歷)이 되어야 하는데, 계력은 주왕에게 주살당한 적이 없다.

2) 【집해(集解)】 서광(徐廣)이 말했다. "천자가 거처하는 곳을 선실이라고 한다."

과인은 이와 같은 일을 생각할 때면 창자가 끓어오르는 것[湣湯]만 같다. 이 두 사람은 부유함으로는 천하를 차지했고 귀함으로는 천자에 올랐으면서도 크게 오만했으니, 욕심이 끝날 때가 없었고 일을 만들어 높임을 받는 일을 좋아했으며 매우 탐욕스럽고 교만했다. 충성스럽고 신의가 있는 신하는 쓰지 않고 아첨하는 신하의 말만 듣다가 천하의 웃음거리가 되었다. (그런데) 지금 과인의 나라는 제후들 사이에 끼여 그 힘이 기껏해야[曾] 가을날의 새털만도 못하다. 일을 일으켰다가 실패하면 게다가 어디로 도망칠 것인가?"

위평이 대답해 말했다.

"그렇지 않습니다. 황하의 신이 아무리 신령스럽고 뛰어나다 해도 곤륜산의 신만 못하고, 장강의 원류가 아무리 길게 흘러도 사해(四海)의 크기보다는 못합니다. 그런데도 사람들은 오히려 곤륜산과 사해의 보물을 빼앗아 차지하려 하고 제후들은 가지려고 다퉈 전쟁을 일으킵니다. 작은 나라는 망하고 큰 나라는 위태로워지며 남의 아버지와 형을 죽이고 남의 처자식을 포로로 잡으며 나라를 해치고 종묘를 없애기까지 하면서 이 보물을 (서로가 지려고) 다툽니다.

전쟁을 일으켜 공격하고 나뉘어 싸우는 것[分爭], 이것이 바로 폭강(暴彊)입니다. 그래서 말하기를, 폭강으로 (천하를) 차지하더라도 문리(文理)로써 다스려야지 사계절의 순서를 어겨서는 아니 되니, 반드시 뛰어난 선비를 제 몸처럼 여기고 음양과 더불어 변화해서 귀신을 사자로 삼으며 천지와 통해 천지와 벗이 되면 제후들이 빈복(賓服)하고 백성이 크게 기뻐하게 되어 나라가 편안해지고 세상과 더불어 다시 시작할 수 있다[更始]고 한 것입니다. 탕왕과 무왕은 이를 행해 마침내 천자를 차지했고, 『춘추』는 이를 기록해 큰 원칙이자 벼리[經紀]로 삼았습니다.

(그런데) 왕께서는 스스로 탕왕·무왕과 나란히 하지 않으시고[不稱] 스스로 걸왕·주왕에 견주려고[比] 하십니다. 걸왕과 주왕은 애초에 폭강했고, 진실로 그것을 늘 그런 것이라고 여겼습니다.

걸왕은 기와 궁실[瓦室][1]을, 주왕은 상랑(象郎)을 지었는데 백성으로부터 비단실을 징발해 (장작 대신) 불을 땜으로써 백성의 힘을 힘써 소모했습니다. 부렴은 한도가 없었고, 제멋대로[無方] 사람을 죽이고 도륙했습니다. 사람들이 기른 육축(六畜-여섯 가축)을 죽여 그 가죽으로 자루를 만들고는 자루 안에 육축의 피를 가득 채워 매달아 두고 사람들과 함께 활을 쏘며 천제(天帝-상제)와 강함을 다투었습니다. 사계절을 거슬러 어지럽히고 여러 귀신에게 올리기 전에 먼저 햇곡식을 맛보았습니다. 간언하는 자는 바로 죽이고 아첨하는 자는 곁에 두었으니, 빼어난 이는 엎드려 숨었고 백성은 아무것도 할 수 없었습니다. (이에) 하늘에서는 수시로[數] 가뭄이 찾아왔고 나라에는 요상한 일이 많이[多] 발생했으며 명충(螟蟲)이 해마다 생겨나 오곡은 제대로 익지 못했습니다[不成]. 백성은 자기 사는 곳에서 편안하게 살 수 없었고, 귀신은 흠향할 수 없었습니다. 날마다 거센 바람이 일고 대낮인데도 칠흑처럼 어두워졌으며, 일식과 월식이 동시에 일어나고 천지에 빛이 사라져 어둡게 되었습니다. 뭇별들은 어지럽게 운행했고 세상의 기강은 모두 끊어졌습니다.

1) **[집해(集解)]** 『세본(世本)』에 이르기를, 곤오(昆吾)가 도자기로 지었다고 했다.

　이로써 살펴보건대 어찌 걸왕과 주왕이 장구할 수 있었겠습니까? 설사 탕왕과 무왕이 나타나지 않았더라도 그때란 참으로 마땅히 망해야 할 때였습니다. 그래서 탕왕이 걸왕을 치고 무왕이 주왕을 이긴 것이니, 이는 그때가 그렇게 만든 것입니다. 마침내 천자가 되자 자손대대로 이어졌으니, 그들이 종신토록 잘못을 저지르지 않았기에 후세 사람들이 그들을 칭송해 오늘날까지 칭송이 그치지 않는 것입니다. 이는 모두 다 때 맞춰 행하고[當時而行] 일의 형세를 보고 강함을 밀고 나간 것[見事而彊]이니, 마침내 그들은 능히 제왕(帝王)이 될 수 있었습니다.

　지금, 이 거북은 큰 보물[大寶]이니, 빼어난 이[1]의 사자가 되어 현왕(賢王)에게 뜻을 전하러 온 것입니다. (거북이) 손발을 쓰지 않아도 우레와 번개가 이끌어주고 바람과 비가 (거북을) 전송해주며 흐르는 물이 길을 가게 해주었으니, 제후와 왕이 다움이 있으면 마침내 이 거북을 받을 자격이 있습니다. 지금 왕께서는 다움이 있으시니 이 보물을 받아 마땅한데도 감히 받지 않으려 하시니 두렵습니다. 왕께서 만일 거북을 놓아주신다면 송나라에는 반드시 재앙이 있을 것입니다. 뒤에 후회하셔도 그때는 실로 미칠 수가 없습니다.”

1) 장강의 신을 말한다.

　원왕이 (결국) 크게 기뻐하면서 좋아했다. 이에 원왕은 태양을 향해 감사드리고 두 번 절한 뒤에 거북을 받았다. 날을 가려 재계(齋戒)한 다음 (점을 치니) 갑일(甲日)과 을일(乙日)이 가장 좋은 날이었다. 마침내 흰 꿩[白雉]과 검은 양[驪羊]을 잡아 그 피를 거북 몸통에 뿌린 뒤 제단 가운데 놓고 칼로 거북의 등딱지를 발라내었는데, 거북의 몸은 긁힌 상처 하나 없이 온전했다. 육포와 술로 예를 표하고 배에 채워 넣었다.

귀갑을 싸리나무 가지로 태워서 점을 치면 반드시 등딱지 위에 틈[倉= 창
瘡]이 나타났는데, 줄이 서로 엉키고 무늬가 뒤섞여 있었다. 복공(卜工)에 게 주어 점을 치게 했더니 하는 말마다 맞아떨어졌다[當=中]. 귀갑을 나라 당 중
의 보배로 삼아 소중하게 간직했는데, 주변 나라에도 알려졌다. 소를 죽여서 가죽을 벗긴 다음 정나라에서 나는 오동나무에 씌우자¹⁾ (그렇게 만든 북을 치니) 풀과 나무가 죄다 흩어져 무장한 군사로 바뀌었다. 싸우면 이겼고 공격하면 차지하니 원왕을 따를 사람이 없었다. 원왕 때 위평은 송나라 재상이 되었으니, (당시) 송나라가 가장 강했던 것[最彊]²⁾은 거북의 힘 덕분이 최강
었다.

1) 【집해(集解)】 서광(徐廣)이 말했다. "소가죽과 오동나무로 북을 만든다."

2) 송나라 역사상 상대적으로 그랬다는 말로 이해해야 한다.

그래서 어떤 사람이 말했다.

"(거북은) 그 신령스러움이 원왕의 꿈속에 나타날 정도였지만 어부의 대바구니에서 스스로 빠져나오지는 못했다. 자신은 열 번 말하면 모두 맞았지만, 사자로서 황하의 신에게 전하고 돌아가 장강의 신에게 보고하는 임무는 제대로 수행할 수 없었다. 그 뛰어난 능력[賢能]은 사람으로 하여금 싸 현능
우면 이기고 공격하면 차지할 수 있게 해주었지만 스스로 칼날을 물리쳐 등딱지를 발리는 우환을 면할 수는 없었다. 그 빼어난 능력[聖能]으로 (자 성능
기의 위기를) 미리 알아차려서 재빨리 (왕의 꿈에) 나타나기는 했지만, 위평의 입을 막을 수는 없었다. 말하는 일마다 모두 완벽하게 적중했으나 정작 자기 몸뚱어리는 붙잡히고 말았으니, 맞이한 때가 불리하면 또 그 뛰어남을 어디에 쓸 수 있으랴!

뛰어난 자는 변함없는 항상(恒常)이 있지만 장부와 선비는 적절하게 행

동한다. 이 때문에 밝은 눈에도 보이지 않는 것이 있고, 밝은 귀에도 들리지 않는 것이 있다. 사람이 아무리 뛰어나도 왼손으로 네모를 그리면서 동시에 오른손으로 동그라미를 그릴 수는 없다. 해와 달이 아무리 밝아도 때로는 뜬구름에 가려질 때가 있다. 예(羿)는 활을 잘 쏘기로 이름이 높았으나 웅거(雄渠)와 봉문(蜂門)만 못했고, 우왕은 분별하는 지혜로 이름이 높았으나 귀신을 이길 수는 없었다. 땅의 기둥이 부러지면 하늘도 서까래가 없어져 동남쪽으로 기우는데, 하물며 어찌 사람이 완전하지 못하다고 꾸짖을 수 있겠는가?"

공자는 신귀(神龜)의 이야기를 듣고서 말했다.

"신귀는 길흉을 알지만 그 뼈가 다만 헛되이 말려졌을 뿐이다. 해는 덕(德)의 상징으로 천하에 왕 노릇 하지만 (태양 한가운데 산다는) 세 발 까마귀[三足烏]에게 욕을 당한다. 달은 형(刑)의 상징으로서 덕인 해와 서로를 돕지만 두꺼비에게 먹힌다[1]. 고슴도치는 까치에게 욕을 당하고, 등사(騰蛇)는 신령스럽지만, 지네에게 위협을 당한다. 대나무는 겉으로 마디[節理]가 있으나 속은 텅 비어 있으며, 소나무와 잣나무는 모든 나무 중에 으뜸이지만 베어져 집의 문이 된다. 일진(日辰-십간과 십이지)이 완전하지 못하기 때문에 고(孤)와 허(虛)한 날이 생긴다[2]. 황금에도 흠이 있고 백옥에도 티가 있다.

일에는 빨리 해야 할 것이 있고 천천히 해야 할 것도 있으며, 사물에는 결점에 구애되는 경우가 있고 장점에 의지하는 경우도 있으며, 그물에는 촘촘한 것[所數]이 있고 성긴 것[所]도 있으며, 사람에게도 잘하는 점이 있고 못하는 점도 있다. 어찌 모두가 옳을 수 있으며, 일과 사물이 또한 어찌 완전할 수 있겠는가? 하늘도 오히려 완전하지는 못하니, 그래서 세상에서 집을 지을 때는 기와를 3장 모자라게 덮어서 하늘의 불완전함에 맞추는 것이다. (이 때문에) 천하에는 등급이 있게 되고, 만물 만사는 불완전한 채로 마침내 나온다."[3]

1) 월식이 일어난다는 말이다.

2) 고허법(孤虛法)은 고대 중국에서 간지를 이용해 길흉을 따지던 술법이다.

3) 원문에 입각해 첫 문장이 아니라 여기까지를 공자 말로 보아서 옮겼다.

저(褚)선생은 말한다.

"어부가 그물을 들어 올려 신귀(神龜)를 잡자, 이 거북은 스스로 송나라 원왕의 꿈속에 나타났고, 원왕은 박사 위평(衛平)을 불러 꿈에서 본 거북의 모양을 알려주었습니다. 평은 식(式-점판(占板))을 움직여서 해와 달의 위치를 정하고 형(衡)과 도(度)로써 방위를 나눠 길흉을 본 다음 물색(物色)을 살펴 거북임을 알아내었습니다. 평이 원왕에게 간언해 신귀를 붙들어두고서 나라의 귀중한 보물로 삼게 했으니, 아름다운 일입니다. 옛날부터 점을 칠 때 반드시 거북을 사용한 것은 (이처럼) 아름다운 이름[令名]의 유래가 오래되었습니다. (그래서) 저는 그 유래를 적어 전할 수 있게 한 것입니다."

3월, 2월, 정월, 12월, 11월은 가운데는 닫히고 안은 높으며 밖은 낮다. 4월은 머리를 들고 발을 펴는데, 오므렸다가 펴기도 한다[胗開]. 머리를 숙여 큰 모양이 되는 것은 5월이다. 등딱지에 가로지른 줄이 있어서 길하고 머리를 숙여서 큰 모양이 되는 달은 6월, 7월, 8월, 9월, 10월이다.

점을 쳐서는 안 되는 때는 자시(子時)·해시(亥時)·술시(戌時)이니, 이때는 점을 쳐서도 안 되고 거북을 죽여서도 안 된다. 한낮에 일식이 있으면 점을 그친다. 해 질 무렵에 점을 치면 거북이 분명하게 말하지 않으므로 점을 쳐서는 안 된다. 경(庚)과 신(辛)의 날에는 거북을 죽여도, 거북의 등딱지를 벗겨도 좋다.

(점을 칠 때는) 항상 매달 초하루[月旦]에 먼저 귀갑을 깨끗한 물로 씻고 [澡=洗] 새알로 문댄 다음1) 마침내 귀갑을 잡고서 점을 치는데, 이것이 일

정한 법도[祖=法]다.

만일 이미 점을 쳤는데 맞지 않을 때는 다시 새알로 문댄 다음 동쪽을 향해 서서 싸리나무나 단단한 나무로 굽는데, 흙으로 만든 알[土卵]로 귀갑을 세 번 가리킨 다음 귀갑을 손에 들고 새알로 귀갑 둘레를 빙빙 돌리며 이렇게 빈다.

"오늘은 길일입니다. 삼가 기장과 알과 귀갑을 굽는 나무로 옥령(玉靈-거북)의 상서롭지 못한 것들을 깨끗이 씻어냈으니, 옥령께서는 반드시 믿음과 정성으로 모든 일의 실상을 알려주십시오. 길흉의 조짐을 분별해 점치는 데 믿음도 없고 정성도 없다면 옥령을 불태워 재를 날려 보냄으로써 다음 거북의 징계로 삼겠습니다."

점을 칠 때는 반드시 북쪽을 향해 선다. 귀갑의 크기는 반드시 한 자 두 치가 되어야 한다.

1) 【정의(正義)】 매달 초에 깨끗한 물로 씻고 나서 달걀로 문지른 뒤에 축원을 올리는 것이다.

점을 칠 때는 먼저 떼어낸 귀갑을 구워서 가운데에 구멍을 뚫고 다시 거북의 머리를 굽는데, 각각 세 번 반복한다. 구멍을 낸 가운데를 다시 굽는 것을 정신(正身), 머리 굽기를 정수(正首), 다리 굽기를 정족(正足)이라고 한다. 이렇게 각각 세 번 반복한 다음 다시 아궁이에서 세 번 귀갑을 돌리면서 이렇게 빈다.

"그대 옥령부자(玉靈夫子)에게 빕니다. 부자옥령(夫子玉靈)이시여, 싸리나무로 그대의 가슴을 구워 그대가 앞날의 일을 먼저 알게 합니다. 그대는 위로 하늘에까지 오르고 아래로 깊은 못에까지 이르니, 수많은 신령한 것이 책(策)을 헤아려 점을 친다 해도 그만큼 믿을 만한 것들은 없습니다. 오늘은 길일이요, 행하는 일마다 순조롭습니다. 어떤 일을 점치려 하는데, 징조를 얻으면 기뻐하고 얻지 못하면 뉘우치겠습니다. 만일 얻을 수 있을 것 같으면 일어나 저를 보고 몸을 길게 펴면서 손발을 모두 위로 향하십시오! 얻을 수 없다면 일어나 저를 보고 몸을 굽혀서 안팎이 서로 응하지 않게 하고 손발을 오므리십시오."

(이제) 신령스러운 거북으로 점을 치는데, 이렇게 빈다[祝].
"신령스러운 거북에게 빕니다. 오서(五筮)와 오령(五靈)의 신령함도 사람의 생사 문제를 아는 데는 신령스러운 신귀에 미치지 못합니다. 어떤 사람이 몸을 바르게 하고 어떤 물건을 얻고 싶어 합니다. 만일 얻을 수 있다면 머리를 내밀고 발을 펴면서 (점괘 문양의) 안팎이 서로 응하게 하고, 만일 얻을 수 없다면 머리를 쳐들고 발을 오므리면서 안팎이 서로 응하지 않게 하십시오. 이렇게 하여 점을 칠 수 있게 하십시오."

환자를 점칠 때는 다음과 같이 빈다.[1]
"지금 아무개가 병이 깊어 고생하고 있습니다. 그가 죽는다면 머리를 보이고 발을 안팎이 서로 다르게 하며 몸을 꺾으십시오. 그가 죽지 않는다면 머리를 쳐들고 발을 오므리십시오."

1) 이하에서는 점을 치는 주요 사안을 열거한다.

병자가 탈[祟]이 있을까 없을까를 점칠 때는 이렇게 말한다.
"지금 환자가 탈이 난다면 징조를 보이지 말고[無呈], 탈이 없다면 징조를 보이십시오[有呈]. 안에 탈이 있으면 안에 징조를 보이고, 바같에 탈이 있으면 밖에 징조를 보이십시오."

감옥에 갇힌 사람이 나올 수 있는지 없는지를 점칠 때는 이렇게 말한다.

"나올 수 없으면 횡길(橫吉-옆으로 줄이 가는 것)하여 편안히 있게 하고, 나올 수 있으면 발을 펴고 머리를 쳐들어 징조를 밖으로 보이십시오."

재물을 구하면서 얻을 수 있을지 없을지를 점칠 때는 이렇게 말한다.
"얻을 수 있으면 머리를 쳐들고 발을 펴서 안팎이 서로 응하게 하고, 얻을 수 없으면 머리를 쳐들고 발을 오므리십시오."

노비나 마소를 팔고 사는 것을 점칠 때는 이렇게 말한다.
"매매할 수 있으면 머리를 쳐들고 발을 펴서 안팎이 서로 응하게 하고, 매매할 수 없을 것 같으면 머리를 쳐들고 발을 오므리며 옆으로 선이 나타나도록 하여[橫吉] 편안히 있게 하십시오."

도적[1]이 몇 명 모여 있는 곳을 공격하는 일을 점칠 때는 이렇게 말한다.
"지금 우리 장수가 군사 몇 명을 이끌고 도적을 치러 갑니다. 이길 수 있다면 머리를 쳐들고 발을 펴며, 몸을 곧게 해서 안을 높이고 밖을 낮게 하십시오. 이길 수 없으면 발을 오므리고 머리를 쳐들며 몸은 안이 낮고 밖이 높게 하십시오."

1) 이때의 도적은 외적을 말한다.

가야 할지 가지 말아야 할지를 점칠 때는 이렇게 말한다.
"가도 좋으면 머리와 발을 펴고, 가지 말아야 하면 발을 오므리고 머리를 쳐들든지 횡길(橫吉)을 방해하십시오. 방해하면 가지 않겠습니다."

도적을 치러 가면서 도적을 만날 것인지 만나지 못할 것인지를 점칠 때는 이렇게 말한다.

“만날 수 있으면 머리를 쳐들고 발은 오므려 징조를 밖으로 나타내십시오. 만날 수 없으면 발을 펴고 머리를 쳐드십시오.”

도적의 동정을 살피러 가면서 만날 수 있을지 없을지를 점칠 때는 이렇게 말한다.

“만날 수 있으면 머리를 쳐들고 발을 오므려 징조를 밖으로 보이십시오. 만날 수 없으면 발을 펴고 머리를 쳐드십시오.”

도적이 쳐들어올 것인지 오지 않을 것인지를 점칠 때는 이렇게 말한다.

“쳐들어온다면 밖을 높게 하고 안을 낮게 해서 발은 오므리고 머리를 쳐드십시오. 쳐들어오지 않는다면 발을 펴고 머리를 들든가 횡길을 방해하십시오. 그것에 따라 기다리든지 나가든지 하겠습니다.”

관직을 옮기거나 떠나게 될지 그대로 있게 될지를 점칠 때는 이렇게 말한다.

“떠나게 된다면 발을 펴고 머리를 쳐들고, 떠나지 않거나 스스로 떠나게 된다면 발을 오므리거나 횡길을 보이십시오. 그러면 편안히 있겠습니다.”

관직에 있는 것이 좋은지 나쁜지를 점칠 때는 이렇게 말한다.

“좋으면 몸을 바르게 하는 정조를 보이든가 횡길을 나타내고, 좋지 않으면 몸을 구부리고 머리를 쳐들며 발을 펴십시오.”

집에 있는 것이 좋은지 좋지 않은지를 점칠 때는 이렇게 말한다.

“길하면 몸을 바르게 하거나 횡길을 나타내고, 길하지 않으면 몸을 구부리고 머리를 쳐들며 발을 펴십시오.”

그해 농사가 풍년인지 흉년인지를 점칠 때는 이렇게 말한다.

"풍년이면 머리를 쳐들고 발을 펴며 안은 스스로 높이고 밖은 스스로 밑으로 늘어지게 하십시오. 흉년이면 발을 오므리고 머리를 쳐드십시오."

그해에 전염병이 민간에 돌지, 돌지 않을지를 점칠 때는 이렇게 말한다.

"전염병이 돌면 머리를 쳐들고 발을 오므리며 몸의 마디가 굳어지는 것을 밖으로 보이십시오. 돌지 않는다면 몸을 바르게 하고 머리를 쳐들며 발을 펴십시오."

그해에 전란이 일어날지 일어나지 않을지를 점칠 때는 이렇게 말한다.

"병란이 일어나지 않는다면 징조를 보이거나 횡길을 나타내고, 병란이 일어난다면 머리를 쳐들고 발을 펴며 몸이 밖으로 굳어지게 하십시오."

귀인을 만나보는 것이 좋은지 좋지 않은지를 점칠 때는 이렇게 말한다.

"좋으면 발을 펴고 머리를 쳐들며 몸을 바로 하여 안이 저절로 높아지게 하십시오. 좋지 않으면 머리를 쳐들고 몸을 꺾으며 발을 오므려서 고기잡이[漁]가 없는 것처럼 하십시오."

남에게 부탁한 것이 잘될지 되지 않을지를 점칠 때는 이렇게 말한다.

"잘될 것 같으면 머리를 쳐들고 발을 펴서 안이 저절로 높아지게 하고, 잘 안될 것 같으면 머리를 쳐들고 발을 오므리십시오."

도망간 사람을 뒤쫓아 잡을 수 있을지 없을지 점을 칠 때는 이렇게 말한다.

"잡을 수 있을 때는 머리를 쳐들고 다리를 오므려 안팎이 서로 응하게 하고, 잡을 수 없을 때는 머리를 쳐들고 발을 펴거나 횡길을 나타내십시오."

고기잡이나 사냥을 나갈 때 잡는 것이 있을지 없을지를 점칠 때는 이렇게 말한다.

"잡을 수 있다면 머리를 쳐들고 발을 펴서 안팎이 서로 응하게 하고, 잡을 수 없다면 발을 오므리고 머리를 쳐들거나 횡길을 나타내십시오."

길을 가다가 도적[1]을 만날지 만나지 않을지를 점칠 때는 이렇게 말한다.

"도적을 만난다면 머리를 쳐들고 발을 펴며 몸을 꺾어서 밖을 높게 하고 안을 낮게 하십시오. 도적을 만나지 않는다면 징조를 보이십시오[呈兆]."

1) 이는 외적이 아니라 도둑이다.

비가 올지 오지 않을지를 점칠 때는 이렇게 말한다.

"비가 온다면 머리를 쳐들고 밖은 높게 하고 안은 낮게 하며, 비가 오지 않는다면 머리를 들고 발을 벌리거나 횡길을 나타내십시오."

비가 갤지 개지 않을지[霽不霽]를 점칠 때는 이렇게 말한다.

"갠다면 징조를 보이고 발을 펴서 머리를 쳐들고, 개지 않는다면 횡길하십시오."

명(命)[1]에 말한다.

"횡길이 나타나면[橫吉安],

병을 점쳤다면 병세가 심한 환자라도 하루 안에는 죽지 않으며, 병세가 심하지 않은 환자는 점을 친 날 바로 낫지 (결코) 죽지 않는다. 감옥에 갇힌 사람 가운데 큰 죄를 지은 사람은 나오지 못하지만, 가벼운 죄를 지은 사람은 바로[環] 나오는데, 만일 하루가 지나도 나오지 못한다 한들 오래 갇혀도 상하는 일이 없다. 재물을 구하거나 노예와 마소를 사는 경우 그날 안에 바로 얻을 수 있지만, 그날을 넘기면 얻지 못할 수도 있다. 길을 떠나야 할지 말아야 할지를 결정해야 한다면 떠나지 말아야 한다. 기다리는 사람이 올지 오지 않을지를 묻는다면 바로 오는데, 밥을 먹을 때가 지나도 도착하지 않는 사람은 오지 않는다. 도적을 치러 가야 하나 말아야 하나 하는 일이라면 가지 말아야 하니, 가더라도 도적을 만나지 못한다. 도적이 일어났다는 소식이 들려와도 쳐들어오는 일은 없다. 관직을 옮길지 말지는 그대로 있어야 하니, 관직이나 집에 있는 경우는[2] 모두 좋다. 그해의 농사는 흉년이고, 민가에는 전염병이 돌지 않는다. 이해에는 전란이 발생하지 않는다. 사람을 만나보아야 할지 말지는 만나봐야 하니, 만나보지 않으면 기쁨이 없다. 남에게 부탁해야 할 경우, 가서 부탁하지 않으면 얻을 수 없다. 도망간 사람을 뒤쫓아도 잡을 수 없고, 고기잡이나 사냥을 나가도 얻는 것이 없다. 길에 나가도 도적을 만나지 않는다. 비가 올지 말지는 오지 않고, 날이 갤지 말지라면 개지 않는다."

1) 점친 결과를 해석하는 말이다. 위의 징조나 조짐과 대비해서 읽어보면 된다.

2) 집에 머문다는 것은 벼슬하지 않는다는 말이다.

명에 말한다.
"징조를 보였다면[呈兆],

환자는 죽지 않고, 감옥에 갇힌 사람은 나온다. 가야 할지 말아야 할지는 가야 한다. 기다리는 사람이 올지 오지 않을지의 경우에는 온다. 장사를 하면 이익을 얻는다. 도망간 사람을 붙잡을 수 있지만, 하루가 지나면 잡지 못한다. 나간 사람은 찾아도[間=求] 오지 않는다."

명에 말한다.
"기둥이 서 있다면[柱徹][1],

환자는 죽지 않고, 감옥에 갇힌 사람은 나온다. 가야 할지 말아야 할지는 가야 하고, 올지 오지 않을지의 경우에는 온다. 장사를 하면 얻는 것이 없고[不得], 걱정거리가 있는 사람은 걱정이 사라지며, 도망간 사람은 뒤쫓아도 잡지 못한다."

1) 거북 등껍질의 갈라진 모양이 일(一)자로 관통하는 모습이 나타났을 때다.

명에 말한다.

"머리를 쳐들고 발을 오므리며 안으로 조짐이 있고 밖으로 조짐이 없으면[首仰足朌有內無外],

병을 점치면 큰 병이라도 죽지 않고, 감옥에 갇힌 사람은 풀려난다. 재물을 구하거나 노비와 마소를 사는 일은 얻지 못한다. 가야 할지 말아야 할지는 가는 편이 좋다는 말을 듣더라도 가지 말아야 한다. 올지 오지 않을 경우에는 오지 않는다. 도적이 온다는 소식이 들려오더라도 오지 않는다. 어떤 사람이 온다는 말이 있더라도 오지 않는다. 관직을 옮길지 옮기지 않을지는 옮긴다는 소문을 들어도 옮기지 않는다. 관직에 있으면 걱정되는 일이 많고, 집에 있으면 재난이 많다. 이해의 농사는 중간 정도다[中孰=中熟]. 민간에는 전염병이 많이 돈다. 이해에는 전란이 일어나더라도 소문만 있고 공격은 받지 않는다. 귀인을 만나보면 길하다. 부탁은 이뤄지지 않고, 가서 부탁해도 시원한 대답을 얻지 못한다. 도망간 사람은 쫓아가도 잡지 못한다. 고기잡이나 사냥을 해도 잡히는 것이 없다. 길을 가도 도적을 만나지 않는다. 비가 올지 오지 않을지의 경우에는 비가 전혀[甚] 내리지 않는다. 날이 갤지 개지 않을지의 경우에는 개지 않는다.

원래 귀갑에 나타나는 막(莫)자는 모두 수비(首備)의 '비'자로 풀이하는데, 물어보니 비(備)는 '우러러본다[仰]'는 뜻이라서 '머리를 쳐들고'라고 풀이했다. 이는 나의 사사로운 기록이다."

명에 말한다.

"머리를 쳐들고 발을 오므리며 안으로 조짐이 있고 밖으로 조짐이 없다면[首仰足跨有內無外][1],

병을 점치면 병이 심해도 죽지 않고, 감옥에 갇힌 사람은 나오지 못한다. 재물을 구하거나 노비를 사는 일은 잘되지 않는다. 가야 할지 가지 말아야 할지의 경우에는 가지 않는 편이 좋다. 올지 오지 않을지의 경우에는 오지 않는다. 도적을 치러 나가도 도적을 만나지 못한다. 도적이 쳐들어온다는 소식을 듣고 마음속으로 놀라지만 쳐들어오는 일은 없다. 관직을 옮길지 옮기지 말지의 경우에는 옮기지 말아야 한다. 관직에 있거나 집에 있거나 모두 길하다. 농사는 흉년이고, 민가에는 전염병이 크게 돈다. 이해에는 전란이 일어나지 않는다. 귀인을 만나보면 길하다. 부탁하려는 일이나 도망간 사람을 쫓는 일은 둘 다 이뤄지지 않는다. 재물을 잃으면 되찾지 못하고, 고기잡이나 사냥을 해도 얻는 것이 없다. 길을 나서도 도적을 만나는 일은 없다. 비가 올 지 오지 않을지의 경우에는 오지 않으며, 날이 갤지 개지 않을지의 경우에는 개지 않는다. (전반적으로) 흉하다[凶]."

1) 앞의 것과 이것 중 하나는 '안으로 조짐이 없고 밖으로 조짐이 있으면[無內有外]'으로 고쳐야 할 것이다.

명에 말한다.

"조짐을 보이되 머리를 쳐들고 발을 오므리면[呈兆首仰足跨],

병을 점치면 죽지 않고, 감옥에 갇혀 있는 사람은 나오지 못한다. 재물을 구하거나 노비나 마소를 사는 일은 잘되지 않는다. 가야 할지 말아야 할지의 경우에는 가지 말아야 하고, 올지 오지 않을지의 경우에는 오지 않는다. 도적을 치러 나가도 만나지 못하고, 도적이 쳐들어온다는 소식은 들려도 쳐들어오지는 않는다. 관직을 옮길지 옮기지 않을지의 경우에는 옮기지 않는다. 관직에 오래 있으면 근심이 많고, 집에 있으면 좋지 않다. 이해의 농사는 흉작이고, 민간에 전염병이 돌며, 이해에는 전란이 일어나지 않는다. 귀인을 만나보는 일은 불길하고, 부탁하는 일은 잘 이뤄지지 않는다. 고기잡이나 사냥을 해도 얻는 것이 적고, 길을 나서도 도적을 만나는 일은 없다. 비가 올지 오지 않을지의 경우에는 오지 않으며, 날이 갤지 개지 않을지의 경우에는 개지 않는다. (전반적으로) 불길하다[不^{불길}咎][1]."

1) 길하지 않다는 말이니, 흉(凶)보다는 조금 낫다.

명에 말한다.

"조짐을 보이되 머리를 쳐들고 발을 펴면[呈^{정조}兆首^{수앙}仰足^{족개}開],

병을 점치면 위독한 환자는 죽는다. 감옥에 갇힌 사람은 나오며, 재물을 구하거나 노비와 마소를 사는 일은 잘 되지 않는다. 가야 할지 말아야 할지의 경우에는 가야 하고, 올지 오지 않을지의 경우에는 온다. 도적을 치러 나가도 만나지 못하고, 도적이 쳐들어온다는 소식은 들려도 쳐들어오지는 않는다. 관직을 옮길지 옮기지 않을지의 경우에는 옮기게 된다. 관직에 머물러 있으려 해도 오래 있지 못하고, 집에 머무르면 불길하다. 이해의 농사는 흉작이다. 민간에 전염병이 돌기는 하지만 그리 심하지는 않다. 이해에는 전란이 일어나지 않는다. 귀인을 만나보아야 할지 말지는 만나보지 않는 편이 길하다. 일을 부탁해도 잘 이뤄지지 않는다. 도망간 사람을 쫓아가도 붙잡지 못하고, 고기잡이나 사냥을 해도 잡는 것이 없다. 길을 나서면 도적을 만나게 된다. 비가 올지 오지 않을지의 경우에는 오지 않고, 날이 갤지 개지 않을지의 경우에는 개지 않는다. (전반적으로) 조금 길하다[小^{소길}吉]."

명에 말한다.

"머리를 쳐들고 발을 오므리면[首^{수앙}仰足^{족금}肣],

병을 점치면 죽지 않는다. 감옥에 갇힌 사람은 오래 있어도 몸을 상하는 일이 없다. 재물을 구하거나 노비와 마소를 사는 일은 잘 이뤄지지 않는다. 가야 할지 말아야 할지의 경우에는 가지 말아야 하고, 도적을 쳐야 할지 말아야 할지의 경우에는 치지 말아야 하며, 올지 오지 않을지의 경우에는 온다. 도적이 쳐들어온다는 소식이 들리면 쳐들어온다. 관직을 옮길지 옮기지 않을지의 경우에는 옮긴다는 소문이 들려도 옮기지 않는다. 집에 있으면 불길하다. 이해의 농사는 흉작이고, 민간의 전염병은 그리 심하지 않으며, 이해에 전란은 일어나지 않는다. 귀인을 만나보아야 할지 말아야 할지의 경우에는 만나지 말아야 한다. 부탁한 일은 잘되지 않고, 도망간 자는 뒤쫓아도 잡을 수 없으며, 고기잡이와 사냥을 해도 얻는 것이 없다. 길을 나서면 도적을 만나게 된다. 비가 올지 오지 않을지의 경우에는 오지 않는다. 날이 갤지 개지 않을지의 경우에는 개지 않는다. (전반적으로) 길하다[吉]."

명에 말한다.

"머리를 쳐들고 발을 펴며 안에 조짐이 있으면[首仰足開有內],

병을 점치면 죽고, 감옥에 갇힌 사람은 나온다. 재물을 구하거나 노비와 마소를 사는 일은 잘되지 않는다. 가야 할지 말아야 할지의 경우에는 가야 하고, 올지 오지 않을지의 경우에는 온다. 도적을 치는 일은 나가더라도 도적을 만나지 못한다. 도적이 쳐들어온다는 소식은 들려도 쳐들어오지 않는다. 관직을 옮길지 옮기지 않을지의 경우에는 옮기게 된다. 관직에 머물러 있어도 오래 있지는 못하고, 집에 있으면 불길하다. 이해의 농사는 풍작이다. 민간에는 전염병이 돌기는 하지만 심하지는 않고, 이해에 전란은 일어나지 않는다. 귀인을 만나보는 일은 불길하다. 부탁이나 도망간 자를 쫓는 일, 고기잡이나 사냥은 모두 뜻을 이루지 못한다. 길을 나서도 도적을 만나는 일이 없다. 비가 오다가 날씨가 갠다. 비가 개면 조금 길하고, 비가 개지 않으면 길하다."

명에 말한다.

"횡길이면서 안팎의 징조가 저절로 높으면[橫吉內外自橋],

병을 점치면 환자는 복일(卜日-길일)에도 낫지 않고 죽는다. 감옥에 갇힌 사람은 무죄로 나온다. 재물을 구하거나 노비와 마소를 사는 일은 잘 이뤄진다. 가야 할지 말아야 할지의 경우에는 가야 하고, 올지 오지 않을 경우에는 온다. 도적을 치면 서로 힘이 비슷하다. 도적이 쳐들어온다는 소식이 들리면 쳐들어온다. 관직을 옮길지 옮기지 않을지의 경우에는 옮기게 된다. 집에 있으면 길하다. 이해 농사는 풍작이고, 민간에는 전염병은 돌지 않으며, 이해에 전란은 일어나지 않는다. 귀인을 만나보거나 부탁하거나 도망자를 뒤쫓거나 고기잡이와 사냥하는 일은 모두 뜻을 이룬다. 길을 나서면 도적을 만난다. 날이 갤지 개지 않을지의 경우에는 개면 크게 길하다[大吉]."

명에 말한다.

"횡길로서 안팎의 징조가 저절로 길하면[橫吉內外自吉],

병을 점치면 환자는 죽는다. 감옥에 갇힌 사람은 나오지 못한다. 재물을 구하거나 노비와 마소를 사고 도망자를 뒤쫓는 일, 고기잡이나 사냥은 모두 잘 되지 않는다. 가야 할지 말아야 할지의 경우에는 가게 되면 돌아오지 못한다. 도적을 치러 나가도 서로 만나지 못한다. 도적이 쳐들어온다는 소식이 들려도 쳐들어오지 않는다. 관직을 옮길지 옮기지 않을지의 경우에는 옮기게 된다. 관직에 머무르면 걱정거리가 생긴다. 집에 있거나 귀인을 만나보거나 부탁하는 일은 모두 불길하다. 농사는 흉년이 든다. 민간에 전염병이 돈다. 이해에는 전란이 일어나지 않는다. 길을 나서도 도적을 만나지 않는다. 비가 올지 오지 않을지의 경우에는 오지 않는다. 날이 갤지 개지 않을지의 경우에는 개지 않는다. (전반적으로) 불길하다[不吉]."

명에 말한다.

"어인(漁人)이면,

병을 점치면 병이 심한 사람도 죽지 않는다. 감옥에 갇힌 사람은 나온다. 재물을 구하거나 노비와 마소를 사는 일, 도적을 치는 일, 부탁하는 일, 도망간 사람을 뒤쫓는 일, 물고기를 잡고 사냥하는 일은 모두 뜻을 이룬다. 가야 할지 말아야 할지의 경우에는 가야 한다. 도적이 쳐들어온다는 소식은 있어도 쳐들어오지는 않는다. 관직을 옮길지 옮기지 않을지의 경우에는 옮기지 않는다. 집에 있으면 길하다. 이해 농사는 흉작이고, 민간에는 전염병이 돌며, 이해에 병란은 일어나지 않는다. 귀인을 만나보는 일은 길하다. 길을 나서도 도적을 만나는 일은 없다. 비가 올지 오지 않을지의 경우에는 오지 않고, 날이 갤지 개지 않을지의 경우에는 개지 않는다. (전반적으로) 길하다[吉]."

명에 말한다.

"머리를 쳐들고 발을 오므리며 안은 높고 밖은 낮으면[首仰足肣內高外下],

병을 점치면 병세가 심한 환자라도 죽지 않으며, 감옥에 갇힌 사람은 나오지 못한다. 재물을 구하거나 노비와 마소를 사는 일, 도망간 사람을 뒤쫓는 일, 물고기를 잡고 사냥하는 일은 모두 잘된다. 가야 할지 말아야 할지의 경우에는 가지 말아야 하고, 올지 오지 않을지의 경우에는 온다. 도적을 치면 이긴다. 관직을 옮길지 옮기지 않을지의 경우에는 옮기지 않는다. 관직에 있으면 걱정거리는 있어도 손상되는 일은 없고, 집에 있으면 근심과 병이 많다. 이해 농사는 크게 풍작이고[大孰=大熟=大豐], 민간에는 전염병이 돌며, 이해에 전란이 일어나지만 쳐들어오지는 않는다. 귀인을 만나보거나 부탁하는 일은 잘되지 않는다. 길을 나서면 도적을 만난다. 비가 올지 오지 않을지의 경우에는 오지 않고, 날이 갤지 개지 않을지의 경우에는 개지 않는다. (전반적으로) 길하다[吉]."

명에 말한다.

“횡길로서 위에 앙(仰)이 있고 아래에 주(柱)가 있으면[橫吉上有仰下有柱],

병은 오래 지속되어도 죽지 않는다. 감옥에 갇힌 사람은 나오지 못한다. 재물을 구하거나 노비와 마소를 사는 일, 도망자를 뒤쫓는 일, 물고기를 잡고 사냥하는 일은 모두 잘되지 않는다. 가야 할지 말아야 할지의 경우에는 가지 말아야 하고, 올지 오지 않을지의 경우에는 오지 않는다. 도적을 치는 일은 나가지 않는 편이 좋고, 나간다 해도 만나지 못한다. 도적이 쳐들어온 다는 소식이 들려와도 쳐들어오는 일은 없다. 관직을 옮길지 옮기지 않을지의 경우에는 옮기지 않는다. 집에 있거나 귀인을 만나보거나 하는 일은 길하다. 이해의 농사는 크게 풍작이다. 민간에는 전염병이 돌고, 이해에 전란은 일어나지 않는다. 길을 나서도 도적을 만나지 않는다. 비가 올지 오지 않을지의 경우에는 오지 않고, 날이 갤지 개지 않을지의 경우에는 개지 않는다. 크게 길하다[大吉].”

명에 말한다.

“횡길이면서 유앙(楡仰)이면[橫吉楡仰],

병을 점치면 죽지 않고, 감옥에 갇힌 사람은 나오지 못한다. 재물을 구하거나 노비와 마소를 사는 일은 나가봐도 뜻대로 되지 않는다. 가야 할지 말아야 할지의 경우에는 가지 말아야 한다. 올지 오지 않을지의 경우에는 오지 않는다. 도적을 치는 일은 나가지 않는 편이 좋으니, 나가더라도 만나지 못한다. 도적이 쳐들어온다는 소식이 들려도 쳐들어오지 않는다. 관직을 옮길지 옮기지 않을지의 경우에는 옮기지 않는다. 관직에 있거나 집에 있거나 귀인을 만나보거나 하는 일은 모두 길하다. 이해 농사는 풍작이고, 이해에 전염병이 돌지만 전란은 일어나지 않는다. 일을 부탁하거나 도망간 사람을 뒤쫓는 일은 뜻을 이루지 못한다. 물고기를 잡고 사냥하는 일은 나가봐도 얻는 것이 없고 해봐도 얻는 것이 없다. 길을 나서도 도적을 만나지 않는다. 비가 올지 오지 않을지의 경우에는 오고, 날이 갤지 개지 않을지의 경우에는 개지 않는다. (전반적으로) 조금 길하다[小吉].”

명에 말한다.
“횡길이면서 아래에 주(柱)가 있으면[橫吉有柱],

병을 점치면 병세가 심하더라도 얼마 가지 않아서[不環] 쉽게 낫고 죽지 않으며, 감옥에 갇힌 사람은 나온다. 재물을 구하거나 노예와 마소를 사는 일, 부탁하는 일, 도망간 사람을 뒤쫓는 일, 물고기를 잡고 사냥하는 일은 모두 뜻대로 되지 않는다. 가야 할지 말아야 할지의 경우에는 가야 하고, 올지 오지 않을지의 경우에는 오지 않는다. 도적을 치러 나가도 만나지 못한다. 도적이 쳐들어온다는 소식이 들리면 쳐들어온다. 관직을 옮길지 아닐지의 경우에는 관직에 있는 것이 좋지만 오래가지 못한다. 집에 머물러 있으면 불길하다. 이해 농사는 흉작이고, 민간에 전염병은 돌지 않으며, 이해에 전란은 일어나지 않는다. 귀인을 만나보면 길하다. 길을 나서도 도적을 만나지 않는다. 비가 올지 오지 않을지의 경우에는 오지 않고, 날이 갤지 개지 않을지의 경우에는 갠다. (전반적으로) 조금 길하다[小吉].”

명에 말한다.
“재소(載所)는,

병을 점치면 얼마 후에[環] 완쾌되어 죽지 않고, 감옥에 갇힌 사람은 나온다. 재물을 구하거나 노비와 마소를 사는 일, 부탁하는 일, 도망간 사람을 뒤쫓는 일, 물고기를 잡고 사냥하는 일은 모두 뜻대로 된다. 가야 할지 말아야 할지의 경우에는 가야 하고, 올지 오지 않을지의 경우에는 온다. 도적을 칠 경우 마주치기는 하지만 싸움에까지 이르지는 않는다. 도적이 쳐들어온다는 소식이 들리면 쳐들어온다. 관직을 옮길지 옮기지 않을지의 경우에는 옮기는 것이 좋다. 집에 있으면 근심거리가 있고, 귀인을 만나보면 길하다. 이해 농사는 풍작이고, 민간에는 전염병이 돌지 않으며, 이해에 전란은 일어나지 않는다. 길을 나서도 도적을 만나지 않는다. 비가 올지 오지 않을지의 경우에는 오지 않고, 날이 갤지 개지 않을지의 경우에는 갠다. (전반적으로) 길하다[吉^길].”

명에 말한다.

“근격(根格)은,

환자를 점치면 죽지 않는다. 감옥에 갇힌 사람은 오래 갇혀 있어도 해악이 없다. 재물을 구하거나 노비와 마소를 사는 일, 부탁하는 일, 도망간 사람을 뒤쫓는 일, 물고기를 잡고 사냥하는 일들은 모두 뜻대로 되지 않는다. 가야 할지 말아야 할지의 경우에는 가지 말아야 하고, 올지 오지 않을지의 경우에는 오지 않는다. 도적을 칠 경우 나가도 싸움에까지 이르지는 않는다. 도적이 쳐들어온다는 소식이 들려와도 쳐들어오지는 않는다. 관직을 옮길지 옮기지 않을지의 경우에는 옮기지 않는 것이 좋고, 집에 있으면 길하다. 이해 농사는 평년작이고, 민간에 전염병이 돌기는 하지만 죽는 사람은 없다. 귀인을 만나보려 해도 만날 수 없다. 길을 나서도 도적을 만나지 않는다. 비가 올지 오지 않을지의 경우에는 오지 않는다. (전반적으로) 크게 길하다[大吉^{대길}].”

명에 말한다.

“머리를 쳐들고 발은 오므리며 밖은 높고 안은 낮으면[首仰足胗外高內下^{수앙 족금 외고 내하}],

근심이 있는 사람을 점치면 아무런 해로움이 없다. 가야 할지 말아야 할지의 경우에는 가면 돌아오지 못한다. 오랫동안 앓은 사람은 죽는다. 재물을 구하는 일은 뜻대로 되지 않는다. 귀인을 만나보면 길하다.”

명에 말한다.

"밖은 높고 안은 낮으면[外高內下],

환자를 점치면 죽지는 않지만 탈이 난다[有祟]. 사고파는 일은 뜻대로 되지 않는다. 관직에 있거나 집에 있거나 불길하다. 가야 할지 말아야 할지의 경우에는 가지 말아야 하고, 올지 오지 않을지의 경우에는 오지 않는다. 감옥에 갇힌 사람은 기간이 오래되어도 별 해악이 없다. (전반적으로) 길하다[吉]."

명에 말한다.

"머리를 쳐들고 발을 펴며 안팎이 서로 응하면[頭見足發內外相應],

환자를 점치면 병상에서 일어난다. 감옥에 갇힌 사람은 나온다. 가야 할지 말아야 할지의 경우에는 가야 하고, 올지 오지 않을지의 경우에는 온다. 재물을 구하는 일은 뜻을 이룬다. (전반적으로) 길하다[吉]."

명에 말한다.

"조짐을 보이되 머리를 쳐들고 발이 펴지면[呈兆首仰足開],

병을 점치면 병이 악화해 죽는다. 감옥에 갇힌 사람은 나오기는 하지만 근심이 있다. 재물을 구하거나 노비와 마소를 사는 일, 부탁하는 일, 도망자를 뒤쫓는 일, 물고기를 잡고 사냥하는 일들은 모두 뜻대로 되지 않는다. 가야 할지 말아야 할지의 경우에는 가지 말아야 하고, 올지 오지 않을지의 경우에는 오지 않는다. 도적을 쳐도 싸움에까지 이르지는 않는다. 도적이 쳐들어온다는 소식이 들리면 쳐들어온다. 관직을 옮기든 그대로 있든, 집에 있든 모두 불길하다. 이해 농사는 흉작이고, 민간에 전염병이 돌기는 하지만 죽는 사람은 없다. 이해에 전란은 일어나지 않는다. 귀인을 만나보는 일은 불길하다. 길을 나서도 도적을 만나지 않는다. 비가 올지 오지 않을지의 경우에는 오지 않고, 날이 갤지 개지 않을지의 경우에는 개지 않는다. (전반적으로) 불길하다[不吉].”

명에 말한다.

“조짐을 보이되 머리를 쳐들고 발을 펴며 밖은 높고 안은 낮으면[呈兆
首仰足開外高內下],

병을 점치면 죽지는 않지만 다른 탈[外祟]이 있게 된다. 감옥에 갇힌 사람은 나오기는 하지만 근심이 있다. 재물을 구하거나 노비와 마소를 사는 일은 상대를 만나려고 해도 만나지 못한다. 가야 할지 말아야 할지의 경우에는 가야 하고, 올지 오지 않을지의 경우에는 소식은 들리지만 오지 않는다. 도적을 치면 이긴다. 도적이 쳐들어온다는 소식이 들리지만 쳐들어오지는 않는다. 관직을 옮기거나 머물러 있거나, 집에 있거나, 귀인을 만나보거나 모두 불길하다. 이해 농사는 평년작이고, 민간에는 전염병이 돌며, 전란이 일어난다. 부탁하는 일, 도망간 자를 뒤쫓는 일, 물고기를 잡고 사냥하는 일은 모두 뜻대로 되지 않는다. 도적이 쳐들어온다는 소식이 있으면 도적을 만난다. 비가 올지 오지 않을지의 경우에는 오지 않고, 날이 갤지 개지 않을지의 경우에는 갠다. (전반적으로) 흉하다[凶].”

명에 말한다.

“머리를 쳐들고 발을 오므리며 몸을 굽혀 안팎이 서로 응하면[首仰足肣
身折內外相應],

병을 점치면 병이 심하더라도 죽지 않고, 감옥에 갇힌 사람은 오랫동안 나오지 못한다. 재물을 구하거나 노비와 마소를 사는 일, 물고기를 잡고 사냥하는 일들은 모두 뜻을 이루지 못한다. 가야 할지 말아야 할지의 경우에는 가지 말아야 하고, 올지 오지 않을지의 경우에는 오지 않는다. 도적을 치면 이긴다. 도적이 쳐들어온다는 소식이 들리면 쳐들어온다. 관직을 옮길지 옮기지 않을지의 경우에는 옮기지 않는 것이 좋다. 관직에 있거나 집에 있거나 모두 불길하다. 이해의 농사는 흉작이고, 민간에는 전염병이 돌며, 이해에 전란이 있기는 하나 쳐들어오지는 않는다. 귀인을 만나보면 기쁨이 있다. 부탁하는 일, 도망간 자를 뒤쫓는 일은 뜻대로 되지 않는다. 길을 나서면 도적을 만나게 되어 흉하다."

명에 말한다.

"내격외수(內格外垂)는,

가야 할지 가지 말아야 할지의 경우에는 가지 말아야 하고, 올지 오지 않을지의 경우에는 오지 않는다. 환자는 죽고, 감옥에 갇힌 사람은 나오지 못한다. 재물을 구해도 얻지 못하고, 사람(-귀인)을 만나보려 해도 만나지 못한다. (전반적으로) 크게 길하다[大吉]."

명에 말한다.

"횡길로서 안팎이 서로 응해 저절로 높고 유(楡)가 상주(上柱)를 쳐다보며 상주가 발이 되어 발을 오므리면[橫吉內外相(應)自橋楡仰上柱 上柱足足胗],

병을 점치면 병이 심해도 죽지 않는다. 감옥에 갇힌 사람은 그 안에 오래 있어도 죄는 되지 않는다. 재물을 구하거나 노비와 마소를 사는 일, 부탁하는 일, 도망치는 사람을 뒤쫓는 일, 물고기를 잡고 사냥하는 일은 모두 뜻대로 되지 않는다. 가야 할지 말아야 할지의 경우에는 가지 말아야 하고, 올지 오지 않을지의 경우에는 오지 않는다. 관직에 있거나 집에 있거나 귀인을 만나보거나 하는 일은 길하다. 관직을 옮길지 옮기지 않을지의 경우에는 옮기지 않는 것이 좋다. 이해 농사는 대풍은 아니고, 민간에는 전염병이 돌며, 전란이 있으나 병사들이 마주치지는 않는다. 길을 나서면 도적을 만난다는 소식이 있어도 실제로는 만나지 않는다. 비가 올지 오지 않을지의 경우에는 오지 않고, 날이 갤지 개지 않을지의 경우에는 갠다. (전반적으로) 크게 길하다[大吉]."

명에 말한다.

"머리를 쳐들고 발을 오므리며 안팎이 자연스럽게 드리워지면[頭仰足胕內外自隨],

병으로 걱정하는 사람을 점쳐보면 병세가 심하더라도 죽지 않고, 관직에 머물러 있고 싶어도 머물러 있을 수 없다. 가야 할지 말아야 할지의 경우에는 가야 하며, 올지 오지 않을지의 경우에는 오지 않는다. 재물을 구하는 일이나 사람을 구하는 일은 뜻대로 되지 않는다. (전반적으로) 길하다[吉]."

명에 말한다.

"횡길로서 아래에 주(柱)가 있으면[橫吉下有柱],

올지 안 올지 점을 치면 오지만, 점친 그날 오지 않으면 한동안 오지 않는다. 환자를 점쳤을 때 하루가 지나도 완쾌되지 않는다면 죽는다. 가야 할지 말아야 할지의 경우에는 가지 말아야 한다. 재물을 구하는 일은 뜻대로 되지 않고, 감옥에 갇힌 사람은 나온다."

명에 말한다.

"횡길로서 안팎이 저절로 들렸다면[橫吉內外自擧],

환자를 점치면 오래 앓은 병이라도 죽지는 않고, 감옥에 갇힌 사람은 그 안에서 오랫동안 있어도 나오지 못한다. 재물을 구하는 일은 되기는 하지만 얻는 것이 적다. 가야 할지 말아야 할지의 경우에는 가지 말아야 하고, 올지 오지 않을지의 경우에는 오지 않는다. 귀인을 만나보아야 할지 만나보지 말아야 할지의 경우에는 만나보는 편이 좋다. (전반적으로) 길하다[吉]."

명에 말한다.

"안이 높고 밖이 낮으며 빠르고도 쉽게 발이 벌어지면[內高外下疾輕足發],

재물을 구하는 일은 뜻대로 되지 않는다. 가야 할지 말아야 할지의 경우에는 가야 한다. 환자는 낫고[有瘳], 감옥에 갇힌 사람은 나오지 못한다. 올지 오지 않을지의 경우에는 오지 않고, 귀인을 만나보아야 할지 만나보지 말아야 할지의 경우에는 만나지 않는 편이 좋다. (전반적으로) 길하다[吉]."

명에 말한다.

"외격(外格)은,

재물을 구하는 일은 뜻대로 되지 않는다. 가야 할지 말아야 할지의 경우에는 가지 말아야 하고, 올지 오지 않을지의 경우에는 오지 않는다. 감옥에 갇힌 사람은 나오지 못한다. 불길하다. 환자는 죽는다. 귀인을 만나보아야 할지 만나보지 말아야 할지의 경우에는 만나는 것이 좋다. (전반적으로) 길하다[吉]."

명에 말한다.

"안이 저절로 들리고 밖에서 오는 것이 바르며 발이 펴지면[內自擧外來正足發],

가야 할지 말아야 할지의 경우에는 가야 하고, 올지 오지 않을지의 경우에는 온다. 재물을 구하는 일은 뜻대로 된다. 환자는 병이 오래 지속되나 죽지는 않고, 감옥에 갇힌 사람은 나오지 못한다. 귀인을 만나보아야 할지 만나보지 말아야 할지의 경우에는 만나는 편이 좋다. (전반적으로) 길하다[吉]."1)

---

1) 여기까지가 명(命)이라면 이하는 조(兆-징조나 조짐)다.

이는 횡길(橫吉)이 나타나고 상주(上柱) 안팎이 있어 안이 저절로 들리고 발이 오므라드는 경우이니,

점치면 구하는 바를 얻을 수 있다. 환자는 죽지 않고, 감옥에 갇힌 사람은 해를 입지는 않지만, 한동안 나오지 못한다. 가야 할지 말아야 할지의 경우에는 가지 말아야 하고, 올지 오지 않을지의 경우에는 오지 않는다. 사람을 만나보려 해도 만나지 못한다. 모든 일이 다 길하다[百事盡吉].

이는 횡길(橫吉)이 나타나고 상주 안팎이 저절로 들리며 주족(柱足)이 만들어진 경우이니,

점치면 구하는 바를 얻을 수 있다. 거의 죽을 것 같은 환자도 얼마 후에 일어나고, 감옥에 갇힌 사람은 몸을 상하지 않고 얼마 후에 풀려난다. 가야 할지 말아야 할지의 경우에는 가지 말아야 하고, 올지 오지 않을지의 경우에는 오지 않는다. 사람을 만나보아야 할지 만나보지 말아야 할지의 경우에는 만나지 않는 편이 좋다. 모든 일이 길하다[百事吉]. 군사를 일으켜도 좋다.

이는 정사(挺詐)로서 밖에 조짐이 있는 경우이니,

구하는 바를 점치면 뜻대로 되지 않는다. 환자는 죽지 않고 자주 회복된다. 감옥에 갇힌 사람은 죄가 있지만 말만 그럴 뿐 해를 입지는 않는다. 가야 할지 말아야 할지의 경우에는 가지 말아야 하고, 올지 오지 않을지의 경우에는 오지 않는다.

이는 정사(挺詐)로서 안에 조짐이 있는 경우이니,

구하는 바를 점치면 뜻대로 되지 않는다. 환자는 죽지 않고 자주 회복되며, 감옥에 갇힌 사람은 죄가 있지만 해는 입지 않고 나온다. 가야 할지 말아야 할지의 경우에는 가지 말아야 하고, 올지 오지 않을지의 경우에는 오

지 않는다. 사람을 만나보아야 할지 만나보지 말아야 할지의 경우에는 만나지 않는 편이 좋다.

이는 정사(挺詐)로서 안팎이 저절로 들린 경우이니,

구하는 바를 점치면 뜻대로 된다. 환자는 죽지 않으며, 감옥에 갇힌 사람은 죄가 없다. 가야 할지 말아야 할지의 경우에는 가야 하고, 올지 오지 않을지의 경우에는 온다. 밭갈이, 장사, 고기잡이, 사냥은 모두 좋다[盡喜].

이는 호락(狐狢)으로,

구하는 바를 점치면 뜻대로 되지 않는다. 환자는 죽으니 일어나기 어렵고, 감옥에 갇힌 사람은 죄가 없어도 나오기 어렵다. 집에 머물면 좋다. (이때) 며느리를 들이고 딸을 시집보내는 것이 좋다. 가야 할지 말아야 할지의 경우에는 가지 말아야 하고, 올지 오지 않을지의 경우에는 오지 않는다. 사람을 만나보아야 할지 만나보지 말아야 할지의 경우에는 만나지 않는 편이 좋다. 걱정거리가 생기지만 걱정하지 않아도 된다[有憂不憂].

이는 호철(狐徹)로서,

구하는 바를 점치면 뜻대로 되지 않는다. 환자는 죽는다. 감옥에 갇힌 사람은 죄를 받는다. 가야 할지 말아야 할지의 경우에는 가지 말아야 하고, 올지 오지 않을지의 경우에는 오지 않는다. 사람을 만나보아야 할지 만나보지 말아야 할지의 경우에는 만나지 않는 편이 좋다. 할 말이 정해져 있다. (그러므로 핑계를 댈 수 없다.) 모든 일이 모두 불길하다[百事盡不吉].

이는 머리를 숙이고 발을 오므려 몸의 마디가 굽은 경우[首俯足胘身節折]이니,

구하는 바를 점치면 뜻대로 되지 않는다. 환자는 죽고, 감옥에 갇힌 사

람은 유죄 판결을 받으며, 떠난 자는 오지 않는다. 가야 할지 말아야 할지의 경우에는 가야 하고, 올지 오지 않을지의 경우에는 오지 않는다. 사람을 만나보아야 할지 만나보지 말아야 할지의 경우에는 만나지 않는 편이 좋다.

　　이는 정(挺)의 안팎이 저절로 늘어진 경우[內外自垂]이니,
　　구하는 바를 점치면 아주 불가능하지는 않다[不晦]. 환자는 죽지는 않지만 회복하기 어렵고, 감옥에 갇힌 사람은 죄가 없지만 풀려나기 어렵다. 가야 할지 말아야 할지의 경우에는 가지 말아야 하고, 올지 오지 않을지의 경우에는 오지 않는다. 사람을 만나보아야 할지 만나보지 말아야 할지의 경우에는 만나지 않는 편이 좋다. 불길하다[不吉].

　　이는 횡길(橫吉)이 나타나고 유앙(楡仰)이며 머리를 숙인 경우이니,
　　구하는 바를 점치면 구하는 것을 얻기 어렵다. 병을 회복하기 어렵지만 죽지는 않으며, 감옥에 갇힌 사람은 나오기는 어렵지만 해를 입지는 않는다. 집에 머물고, 며느리를 들이고 딸을 시집보내는 것이 좋다.

　　이는 횡길(橫吉)이 나타나고 상주(上柱)는 바르며 몸의 마디가 꺾여 안팎이 저절로 들린 경우이니,
　　환자를 점치면 점친 날에는 죽지 않지만, 그다음 날 마침내 죽는다.

　　이는 횡길(橫吉)이 나타나고 상주(上柱)는 발이 오므라들며 안이 저절로 들리고 밖이 저절로 드리워진 경우이니,
　　환자를 점치면 점친 날에는 죽지 않지만, 그다음 날 마침내 죽는다.

　　(이는) 머리를 숙이고 발을 감추며 바깥 징조는 있고 안 징조는 없는 경우[首俯足詐有外無內]이니,

환자는 귀갑의 점이 끝나기도 전에 급하게 죽는다. 가벼운 것을 점쳐서 큰 것을 잃게 되지만[卜輕失大] 하루 만에 죽지는 않는다.

(이는) 머리를 들고 발을 움츠린 경우[首仰足胕]이니,

구하는 것을 점치면 뜻대로 되지 않는다. 감옥에 갇힌 사람은 유죄가 되는데, 그 죄에 대해 사람들이 이러쿵저러쿵하는 것이 두렵기는 해도 그 때문에 해를 입지는 않는다. 가야 할지 말아야 할지의 경우에는 가면 안 된다. 사람을 만나보아야 할지 만나보지 말아야 할지의 경우에는 만나지 않는 편이 좋다.

(명조(命兆)에 관해) 대략 논한다[大論].[1]

"바깥 징조는 남의 일이고 안쪽 징조는 나 자신의 일이다.

바깥 징조는 여자의 일이고 안쪽 징조는 남자의 일이다.

머리를 숙이고 있으면 걱정거리가 있다는 뜻이다.

큰 균열은 몸통으로, 작은 균열은 가지로써 판단한다.

대체는 이렇다.

환자는 발이 오므라들면 살고 펴지면 죽는다.

오는 자는 발이 펴지면 오고 발이 오므라들면 오지 않는다.

가는 자는 발이 오므라들면 가서는 안 되고 펴지면 가야 한다.

구하는 것은 발이 펴지면 뜻대로 되고 발이 오므라들면 여의치 못하다.

감옥에 갇힌 사람은 발이 오므라들면 나오지 못하고 펴지면 나온다.

환자를 점친 경우 발이 펴졌는데도 죽는 것은 안이 높고 밖이 낮기 때문이다."[2]

1) 【색은(索隱)】 살펴보건대 저선생이 모은 태복의 잡점 점괘, 명(命)과 조(兆-조짐)의 글은 뜻이 거칠고 말만 묵직해 거의 채택할 가치가 없다. 모두 67개조는

이상과 같다.

2) 【색은술찬(索隱述贊)】 삼왕도 거북점 각기 달랐고[三王異龜]/오제의 복서 또한 다 달랐도다[五帝殊卜]/혹 길기도 하고 혹 짧기도 했고[或長或短]/질그릇으로 했는가 하면 옥으로도 했다지[若瓦若玉]/그에 관한 기록 이미 다 없어졌지만[其記已亡]/그 점치는 법은 뒤로 이어졌다네[其繇後續]/장강 사신 그물에 걸려[江使觸網]/송나라에 억류되었도다[見留宋國]/신령스러운 능력으로 꿈에 의탁했으나[神能託夢]/자기 발은 끝내 지키지 못했구나[不衛其足]!

권 129

화식열전(貨殖列傳) 제69

권129 화식열전(貨殖列傳) 제69[1]

노자(老子)가 말했다.

"지극한 다스림의 극치는 이웃 나라가 서로 바라다보이고 닭 울고 개 짖는 소리가 서로 들리더라도 (그저) 자기의 음식을 맛있어하고 자기의 옷을 아름답게 여기며 자기의 거처를 편안해하고 자기의 풍속을 즐기면서 늙어 죽을 때까지 서로 오가지 않는다."[2]

(그러나) 반드시 이런 정치를 행하고자 힘써서 근래 백성의 눈과 귀를 잡아당기려 한다면[輓=牽=引] 실행되기가 거의 불가능할 것이다.

1) **[색은(索隱)]** 『논어(論語)』「선진(先進)」편에 나오는 공자의 말이다. "사(賜-자공)는 명을 받아들이지 않고 재물을 늘렸는데[貨殖], 어떤 일을 미리 헤아리면 자주 적중했다."『광아(廣雅)』에서 말했다. "식(殖)은 '심다[立=樹]'라는 뜻이다."

2) 『도덕경(道德經) 제80장에 나오는 두 구절을 합친 것이다.

태사공(太史公)이 말한다.[1]

1) 이하는 일반적인 사평(史評)으로서의 '말하다'가 아니므로 본문으로 처리했다.

저 신농(神農) 이전은 내가 알지 못할 뿐이다.

『시경(詩經)』과 『서경(書經)』에서 서술하고 있는 우(虞-순임금)나 하(夏-

우왕) 이래로[1] 눈과 귀는 소리와 색[聲色] 중에서도 좋은 것을 보고 들으려 했고, 입은 맛난 고기들[芻豢]을 먹으려 했으며, 몸은 편하고 즐거운 것을 좋아했고, 마음은 권세와 능력으로 영예를 누리는 것을 자랑하려 했다. 이런 풍습이 백성 사이로 스며든 지 오래되어, 아무리 미묘한 이론과 논리로 사람들을 설득하려 해도 결국 교화시킬 수가 없게 되었다. 따라서 가장 좋은 것[2]은 그것에 바탕을 두는 것이고, 그다음은 이익으로 인도하는 것이며, 다음은 가르쳐서 일깨우는 것이고, 그다음은 가지런히 바로잡는 것이다. 가장 나쁜 것은 그런 백성과 다투는 것이다.

1) 실제로 사마천은 요순과 우왕 시대의 일은 『시경(詩經)』과 『서경(書經)』에서 역사적 사실을 많이 취했다.

2) 좋은 정치를 말한다. 이하에서도 마찬가지다.

대체로 산서(山西)에는 목재, 대나무, 닥나무, 베나 모시, 검정소의 꼬리[旄], 옥석(玉石)이 많이 나고, 산동(山東)에는 물고기, 소금, 옻, 실(絲)과 가무에 능한 여자가 많으며, 강남(江南)에는 녹나무[枏], 가래나무, 생강, 계수나무, 금과 주석, 납, 단사(丹砂), 무소뿔, 대모(玳瑁-바다거북 일종), 진주, 상아와 가죽 등이 많이 나고, 용문(龍門)과 갈석(碣石) 북쪽에는 말, 소, 양, 모직물과 가죽옷[旃裘], 짐승의 힘줄과 뿔이 많이 난다. 구리와 철광산은 사방 1,000리에서 생산해 마치 바둑돌을 늘어놓은 것처럼 여기저기 퍼져 있다. 이것이 대략[大較=大略]이다. 이 물산들은 모두 중국(중원) 지역 사람들이 좋아하는 것들로, 세속 생활에서 옷을 입거나 산 사람을 섬기며 음식을 봉양하는 것, 죽은 사람에 대한 장례 등을 위해 필요한 것들이다.

따라서 농민을 기다려서 먹을 수 있고 우인(虞人-어부와 사냥꾼)은 산림·호수·바다에서 나는 산물들을 제공하며 공인은 이것들로써 물건을 만들며 상인은 유통한다. 이런 것들이 어찌 무슨 정령(政令)이나 교화나 징발이나 기일을 정해 모이는 것이겠는가? 사람들이 각자 능력에 맞게, 있는 힘을 다해 얻고자 하는 것을 얻는 것이다. 그러므로 물건값이 싸면 비싸질 징조이고 비싸면 싸질 징조이니, 각자 자기 일에 힘쓰고 즐거워하면 마치 물이 낮은 곳으로 흐르기를 낮밤으로 쉬지 않듯이 물건은 부르지 않아도 알아서 오고 구하지 않아도 백성이 만들어 내놓는다. 이 어찌 도리에 부합하는[符=合] 일이 아니겠으며 자연법칙의 징험이 아니겠는가?

　『서경(書經)』「주서(周書)」에 이르기를 "농부가 생산을 하지 않으면 먹을 것이 모자라고, 공인이 물건을 만들지 않으면 쓸 물품이 모자라며, 상인이 장사를 하지 않으면 세 가지 귀한 것[三寶-식량·제품·자재]의 유통이 끊어지고, 어부나 사냥꾼[虞人]이 활동하지 않으면 재물이 모자란다"라고 했다. 재물이 모자라면 산림이나 하천이 개발되지 못하니, 이 네 부류는 백성이 입고 먹는 것의 근원이다. 근원이 크면 풍요로워지고[饒] 근원이 작으면 모자라게 된다[鮮]. (근원이 크면) 위로는 나라가 부유해지고 아래로는 집집마다 넉넉해진다. 빈부의 도리는 (남이) 빼앗거나 주는 것[奪予]이 아니라 재주가 있는 사람[巧者]은 여유가 있고 서툰 사람[拙者]은 모자라게 된다.

　옛날에 태공망(太公望)이 영구(營丘)에 봉해졌는데 땅은 소금기투성이였고 백성은 적었다. 이에 태공이 여자들에게 베 짜기를 권해 그 기술을 최고로 만들고 물고기와 소금을 유통하자 사람과 물산[人物]이 돌아오게 되었는데, 마치 꾸러미로 동전을 꿰듯이, 수레 바큇살이 살통으로 모여들듯이 했다. 그리하여 제(齊)나라의 모자, 허리띠, 옷, 신발이 천하에 퍼져 나갔고, 동해(東海)와 태산(泰山) 사이의 제후들은 옷깃을 여미고 가서 제나라에 조회했다. 그 후에 제나라가 중간에 쇠약해졌다가 관자(管子-관중)가 이를 다스리면서 화폐와 재정을 관리하는 경중구부(輕重九部)를 두니[設=置], 환공(桓公)은 패자가 되어 제후들을 아홉 차례나 소집하고[九合諸侯] 단번에 천하를 바로잡았다[一匡天下]. 관자는 또한 삼귀(三歸-세 번 장가듦)

를 두었으니, 지위는 배신(陪臣-제후의 신하)이었지만 다른 나라들의 군주보다 부유했다. 이 때문에 제나라는 위왕(威王), 선왕(宣王) 때까지 부강함을 이어갔다.

그래서 (관중은) 말하기를 "창고가 가득 차야 예절을 알고 입고 먹는 것이 풍족해야 영예와 치욕을 안다"라고 했다. 예란 (재물이) 있을 때 생겨나고 (재물이) 없으면 사라진다는 뜻이다. 따라서 군자가 부유하면 그 덕을 즐겨 행하고, 소인은 부유하면 그 힘에 맞게 행동한다. 연못이 깊어야 물고기가 생겨나고 산이 깊어야 짐승이 오가듯이, 사람이 부유하면 어짊과 마땅함[仁義]이 따라온다. 부유하면 권세를 얻어 더욱 번창하고, 권세를 잃으면 빈객들도 떨어져 나가서 즐겁지 못하다.

오랑캐들[夷狄]은 훨씬 더 심하다. 속담에 "천금 부잣집 자식은 저잣거리에서 죽지 않는다"라고 했는데, 이는 빈말이 아니다. 그래서 말하기를 "천하 사람들이 희희낙락하는 것[天下熙熙]은 모두 이익이 생겨난 때문이고 천하 사람들이 투덜대는 것[壤壤]은 모두 이익이 없어진 때문이다"라고 하는 것이다. 무릇 천승(千乘)의 왕, 만호(萬戶)의 제후, 백가(百家)의 읍을 소유한 대부들도 오히려 가난을 걱정하거늘, 하물며 호적에 필부로 간신히 이름을 올린 백성임에랴!

옛날에 월왕(越王) 구천(句踐)은 회계산(會稽山) 정상에서 곤욕을 당하자 마침내 범려(范蠡)와 계연(計然)[1]을 썼다.

계연이 말했다.

"싸울 줄 아는 사람은 미리 대비를 하고, 때와 쓰임[時用]을 아는 사람은 그에 필요한 물건을 압니다. 이 둘을 제대로 알면 바로 모든 재화의 실상을 들여다볼 수 있습니다.

그해에 세성(歲星-목성)이 서방에 있으면 풍년이 들고 북방에 있으면 흉년이 들며 동방에 있으면 굶주리고 남방에 있으면 가뭄이 드는데, 가뭄이 드는 해에는 미리 배를 준비하고 수해가 있는 해에는 수레를 준비해두는 것이 일의 이치[物之理]입니다.

6년마다 한 번 풍년이 들고 6년마다 한 번 가뭄이 들며, 12년마다 한 번 큰 굶주림[大饑]이 닥칩니다. 무릇 쌀값이 1말에 20전이면 농가가 힘들고, 90전이면 상인이 힘듭니다. 상인[末]이 힘들면 물건이 나오지 않고, 농민이 힘들면 농지가 황폐해집니다. 값이 올라도 80전을 넘지 않고 값이 내려도 30전 밑으로 내려가지 않으면 농민과 상인[農末]이 모두 이익을 봅니다. 쌀값을 안정시키고 시장에 물건이 넉넉하게 하는 것이야말로 나라를 다스리는 도리[治國之道]입니다.

물자를 모으는 이치는 물자를 온전하게 보관하는 데 힘을 쓰되 묵혀둬서는 안 됩니다. 물자를 서로 무역하는데, 상하기 쉬운 것을 팔지 않고 남겨둬도 안 되고 물건을 쌓아두고 비싸질 때까지 오래 기다려도 안 됩니다. 물건이 남아도는지 모자라는지를 잘 살펴보면 값이 오를지 내릴지를 알 수 있습니다. 비싼 것이 극에 달하면 반대로 싸지고, 극도로 값이 내려가면 반대로 비싸집니다. 따라서 값이 오르면 오물을 버리듯 내다 팔고, 값이 내리면 주옥을 얻듯이 사들여야 합니다. 재물과 화폐는 물 흐르듯 돌아야 합니다."

이렇게 10년간 다스리자, 나라가 부유해졌다. 이에 전사들에게 넉넉하게 상을 주니 전사들은 목마른 사람이 마실 물을 찾아가듯이 (적의) 화살과 돌을 향해 달려갔고, 드디어 강력한 오나라에 보복하고 중원을 향해 무력을 떨쳐서[觀兵=閱兵] 오패(五霸)로 불렸다.

---

1) 【집해(集解)】 서광(徐廣)이 말했다. "계연은 범려의 스승으로, 이름이 연(硏)이다."

범려(范蠡)는 이미 회계산에서의 치욕을 설욕하고[雪=雪恥=雪辱] 나자 마침내 크게 찬탄해 말했다.

"계연의 계책 7개 중에서 월나라는 5개만 쓰고도 뜻을 얻었다. 이미 나라에는 베풀어보았으니, 나는 집안에다 써보고 싶구나!"

마침내 납작한 조각배[扁舟=輕舟][1]를 타고서 성과 이름을 바꾸고 강호를 노닐었으니, 제나라에 가서 치이자피(鴟夷子皮), 도(陶)[2] 땅으로 가서는 주공(朱公)이라고 했다. 주공은 도 땅이 제후의 나라들과 사방으로 통하는 천하의 중심이므로 화물이 교역될 적지라고 판단해서, 마침내 장사를 시작해 물건을 사들였다. 때를 맞춰 사고팖으로써 이익을 거두었을 뿐 사람에게 기대지 않았으니[3], 장사를 잘하는 사람은 능히 사람을 잘 고르고 (사람에게 맡기는 것이 아니라) 때에 맡기는[任時] 법이다.

(범려는) 19년 사이에 세 차례나 천금을 벌어서 두 번은 가난한 친구들과 먼 친척들까지 나눠주었다. 이것이 (관중이) 이른바 "부유하면 그 덕을 즐겨 행한다"는 것이다. 그 뒤 나이가 들어 늙자, 자손에게 일을 맡겼는데, 자손들이 사업을 잘 꾸려[脩業] 재산을 불려서 드디어 억만[巨萬=萬萬]에 이르렀다. 그래서 부자를 말할 때면 모두 도주공(陶朱公)을 꼽는 것이다.

1) 가볍고 빠른 배를 가리킨다.

2) 【색은(索隱)】 복건(服虔)이 말했다. "도는 지금의 정도(定陶)다."

3) 【색은(索隱)】 살펴보건대, 사람을 골라서 그에게 일의 부담을 지우지 않았다는 말이다.

자공(子贛)은 이미 중니(仲尼-공자)에게 공부를 마치고 나자 물러나 위(衛)나라에서 벼슬을 했고, 조(曹)나라와 노(魯)나라를 오가며 물건을 비축하거나 사고팖으로써 재산을 모았으니 70명에 이르는 공자 제자 중에서 사(賜-자공)가 가장 부유했다. (공자의 다른 제자인) 원헌(原憲)은 술지게미나 쌀겨조차 제대로 먹지 못한 채 후미진 골목에 숨어 살았으나 자공은 말

4마리가 끄는 마차와 많은 수행원을 거느리고 이런저런 예물을 들고 제후들을 만났으니 가는 곳마다 국군(國君) 중에 몸소 뜰까지 내려와 대등한 예[抗禮=亢禮]를 나누지 않는 자가 없었다. 무릇 공자의 명성이 천하에 널리 드날리게 된 것도 자공이 앞뒤에서 잘 배려한[先後] 때문이다. 이것이 (관중이) 말한 "(부유하면) 권세를 얻어 더욱 번창한다"라는 것이 아니겠는가?

백규(白圭)는 주(周)나라 사람이다. 위(魏)나라 문후(文侯) 때 이극(李克)[1]은 땅의 힘을 극대화하는 데 힘을 기울였지만, 백규는 시세의 변화를 즐겨 살펴서 남들이 버리면 사들이고 남들이 사들이면 내다가 팔았다. 무릇 풍년이 들면 곡식을 사들이고 실과 옻을 팔았고, (흉년이 들어) 누에고치[繭]가 나오면 비단과 솜을 사들이고 곡식을 내다 팔았다. 태음(太陰)이 동쪽[卯=卯方]에 있는 해에는 풍년이 들고 그 이듬해에는 흉년이 들며, 또 남쪽[午=午方]에 있는 해에는 가물고 그 이듬해에는 풍년이 들며, 서쪽[酉=酉方]에 있는 해에는 풍년이 들고 그 이듬해에는 흉년이 들며, 북쪽[子=子方]에 있는 해에는 크게 가물고 그 이듬해에는 흉년이 들면서 홍수가 나는데, (태음이) 동쪽에 있을 때 물건을 사두었기에 (그 양이) 해마다 배로 늘어났다. 돈을 불리고 싶으면 싼 곡식을 사들였고, 수확을 늘리고 싶으면 좋은 종자를 썼다. 능히 음식을 소박하게 먹고 하고 싶은 것도 참으며 옷을 검소하게 입고서는 동복들과 함께 일했는데, 고통과 즐거움을 함께하다가도 때를 보아 나아갈 때는 마치 맹수와 사나운 새처럼 재빨랐다. 그래서 그는 이렇게 말했다.

"내가 사업을 할 때는 이윤(伊尹)과 여상(呂尙)이 계책을 세우듯이, 손자(孫子)와 오자(吳子)가 군대를 쓰듯이, 상앙(商鞅)이 법을 시행하듯이 한다. 이 때문에 그 지혜[智]가 족히 함께 권변(權變-임기응변)을 발휘할 만하지 못하거나, 그 용기[勇]가 제대로 결단하지 못하거나, 그 어짊[仁]이 능히 다른 사람과 신의를 주고받을 만하지 못하거나, 그 강함[彊]이 능히 원칙을 지켜내지 못하는 사람일 경우에는, 아무리 나의 장삿술을 배우려 한다고 한들 끝내 나는 일러주지 않는다."

대개 천하에서 사업[治生=治産]의 시조를 말할 때는 백규를 높인다. 백규는 자신이 직접 시도해보고 나서 그것이 남보다 뛰어난 것임을 입증해 보여주었는데, 이는 결코 구차스러운 자기 자랑이 아니다.

1) 【색은(索隱)】 『한서(漢書)』「식화지(食貨志)」에서 이회(李悝)가 위 문후 때 땅의 힘을 극대화하는 방법을 써서 나라를 부강하게 했다고 했으니, 여기서 이극이라고 한 것은 잘못이다. 유향(劉向)의 『별록(別錄)』에서도 이회(李悝)라고 했다.

의돈(猗頓)[1]은 소금 사업으로 일어났고 한단(邯鄲)의 곽종(郭縱)은 제련 사업으로 성공했는데, 그들은 임금과도 겨룰[埒=比] 만큼 부유했다.

1) 【집해(集解)】 『공총자(孔叢子)』에서 말했다. "의돈은 노나라의 궁벽한 사내였다. 농사를 지어도 늘 굶었고 뽕나무를 심어도 늘 추위에 떨었다. 주공(朱公)이 부유하다는 말을 듣고 찾아가서 방법을 물었다. 주공이 일러주었다. '그대는 빨리 부자가 되고 싶으면 당장 암소[牸] 5마리부터 키워라.' 이에 마침내 서하(西河)로 가서 의지(猗氏) 남쪽에서 소와 양을 대대적으로 키웠는데, 10년이 지나자 번식해 늘어난 소와 양을 셀 수가 없을 정도였다. 그의 부는 왕공과 어깨를 나란히 했고 이름은 천하에 금세 퍼졌다. 의지에서 부를 일으켰다고 해서 그의 이름을 의돈(猗頓)이라고 했다."

오지(烏氏)[1]의 나(倮)는 목축업을 했는데, (가축의 수가) 엄청나게 늘어나자, 헐값으로 마구 팔고서[斥賣] 진귀한 비단을 사서 몰래[間=奸][2] 융(戎)의 왕에게 바쳤다. 왕은 10배로 보상하면서 가축을 주었는데, 가축이 너무 많아 마소를 셀 때는 골짜기 단위로 세어야 했다. 진시황제(秦始皇帝)가 영을 내려 그를 봉군(封君)과 똑같이 대우하게 하면서, 때가 되면 여러 신하와 나란히 조청(朝請-봄가을의 조현)하게 했다.

파촉(巴蜀)에 사는 과부 청(淸)은 조상이 단사(丹沙)가 나는 광산을 발견한 뒤로 이익을 몇 대째 독점해왔기에[擅=專有] 가산이 실로 헤아릴 수 없을 정도였다[不訾=不計]. 청은 과부였지만 가업을 잘 지켰고 재산으로 자신을 지켜서 남들에게 침범당하지 않았다. 진시황은 정조 있는 부인[貞婦]으로 여겨 빈객으로 대우하면서 그를 위해 여회청대(女懷淸臺)를 지어주었다.

무릇 나(倮)는 시골뜨기 목장 주인이었고 청(淸)은 궁벽한 고을의 과부였지만 만승(萬乘)의 제왕과 대등한 예를 나누며 천하에 이름을 드러냈으니, 어찌 부유했기 때문이 아니겠는가?

1) 【집해(集解)】 위소(韋昭)가 말했다. "오지는 현 이름으로, 안정군(安定郡)에 속한다."

2) 【집해(集解)】 서광(徐廣)이 말했다. "간(間)은 판본에 따라 간(奸)으로 되어 있다. 공정하지 않은 방법을 일러 간(奸)이라고 한다."

한(漢)나라가 일어나 해내(海內-천하)가 하나가 되자 관문(關門)과 다리를 개방하고 (나무를 베고 고기를 잡을 수 있는) 산과 늪지에 대한 금지 조치를 풀어주었다[弛]. 이로 인해 부유한 상인과 큰 장사꾼들이 천하를 두루 돌아다니게 되었으니, 교역하는 물자가 유통되지 않는 곳이 없어 얻고자 하는 것은 다 얻을 수 있었다. (한나라 조정에서는) 호걸과 제후국의 힘 있는 집안들을 경사(京師-수도 장안)로 옮기게 했다.

관중(關中)은 견(汧)과 옹(雍)부터 동쪽으로 황하와 화산(華山)까지 기름진 땅과 들판[膏壤沃野]이 사방 1,000리에 펼쳐져 있어 순임금과 우왕 때부터 상등급의 공납을 바치는 땅이었다. 공류(公劉)가 그곳 빈(邠)으로 옮겨갔고 태왕(大王)과 왕계(王季)가 기산(岐山)에 터를 잡았으며 문왕(文王)이 풍(豐)을 조성하고 무왕(武王)이 호(鎬)를 다스렸으니, 백성은 여전히 선왕의 유풍을 지니고있었기 때문에 가색(稼穡-곡식과 채소 농사)을 좋아해 오곡을 심고 땅을 소중히 여기면서[重]^중1) 나쁜 짓 하는 것을 좋지 않게 여겼다[重^중=難^난]2).

1) 【색은(索隱)】 농사를 중하게 여겼다는 말이다.
2) 【색은(索隱)】 감히 간사한 짓을 하는 것을 두려워했다는 말이다.

진(秦)나라 문공(文公)·효공(孝公)·목공(繆公)이 옹(雍)1)에 도읍했으니, 그곳은 (농과 촉의) 요로(要路)여서 농(隴)과 촉(蜀)의 화물들이 몰려들었고 상인들도 많았다. 헌공(獻公)이 도읍을 역읍(櫟邑)2)으로 옮겼는데, 역읍은 북쪽으로 융적(戎翟)과 접해 있고[郤^극=際^제] 동쪽으로 삼진(三晉)과 통했기 때문에 역시 큰 장사꾼들이 많았다. 효공(孝公)과 소공(昭公) 때는 함양(咸陽)을 도읍으로 삼았고 한나라도 이어받아 도읍으로 삼았으니, 장안에는 황제의 능들이 있었기에 바큇살이 축으로 모이듯이[輻湊^{폭진}] 사방에서 다퉈 사람과 물자가 몰려들었다. 그러다 보니 땅은 좁고 사람들은 많아져 그곳 사람들은 갈수록 약삭빨라져서[玩巧^{완교}] (대다수가) 장사를 일삼았다[事末^{사말}].

1) 【정의(正義)】 옹은 현으로, 기주(岐州) 옹현이다.
2) 【집해(集解)】 서광(徐廣)이 말했다. "풍익(馮翊)에 있다."

(관중의) 남쪽은 바로 파촉(巴蜀)이다. 파촉도 땅이 기름져서 치자나무, 생강, 단사(丹沙), 돌, 구리, 쇠, 대나무 그릇과 나무 그릇 등을 많이 생산했다. 남쪽으로 전(滇), 북(僰)과 접하고 있는데 북에는 (포로 출신의) 노비가 많

고, 서쪽으로 공(邛)과 작(筰)에 가까운데 작에서는 말과 검정소[旄牛]가 난다. 사방이 막혀 있기는 하지만 1,000리 잔도(棧道)가 있어 통하지 않는 곳이 없었고, 다만 포(褒)와 사(斜)의 경우 어귀로 가는 길이 마치 꿰매어 얽어놓은 것 같아서[綰轂] (서로) 풍부한 물자로 모자라는 물자를 바꾸었다[1].

천수(天水), 농서(隴西), 북지(北地), 상군(上郡)은 관중과 풍속이 같았지만, 서쪽으로는 강중(羌中)의 이로움이, 북쪽으로 융적(戎翟)의 가축이 있는데, 목축은 천하에서 가장 유리했다. 그러나 땅이 실로 궁벽하고 험난해 오로지 경사(京師)를 거쳐서만 그 길이 통했다.

그러므로 관중은 땅이 천하의 3분의 1이고 인구도 10분의 3에 지나지 않지만, 부를 헤아려보면 (천하의) 10분의 6을 차지하고 있었다[居].

1) 【집해(集解)】 서광(徐廣)이 말했다. "포와 사는 한중(漢中)에 있다." 【색은(索隱)】 포와 사는 길이 좁고 그 길들이 꿰매듯이[綰] 이리저리 복잡하게 얽혀서 마치 수레바퀴[轂] 살이 축으로 몰려드는 것과 같아서 관곡(綰轂)이라고 했다.

옛날에 당(唐-요임금의 나라) 사람들은 하동(河東)[1]에, 은(殷) 사람들은 하내(河內)[2]에, 주(周) 사람들은 하남(河南)[3]에 도읍했다. 무릇 이 삼하(三河)는 천하의 중앙에 있어 마치 세 발 쇠솥[鼎]처럼 왕자(王者-제왕 혹은 임금다운 임금)들이 번갈아 차지했으니, 나라를 세운 지 각각 수백 년에서 1,000년 가까이 되었는데 토지는 협소하고 백성은 많았다. 수도[都國]란 제후들이 모이는 곳이라 풍속은 섬세하고 검소했으며[纖儉] (각자 하는) 일에 익숙했다[習事].

1) 【집해(集解)】 서광(徐廣)이 말했다. "요임금은 진양(晉陽)에 도읍했다."

2) 【정의(正義)】 반경(盤庚)은 은허(殷墟)에 도읍했는데, 그 땅은 하내(河內)에 속한다.

3) 【정의(正義)】 주나라는 평왕(平王) 이래로 낙양(洛陽)에 도읍했다.

　양(楊)과 평양(平陽)은 서쪽으로 진(秦)나라, 적(翟)나라와 교역했고[1] 북쪽으로 종(種), 대(代)[2]와 거래했는데, 종과 대는 석읍(石邑)[3] 북쪽으로 땅이 오랑캐(-흉노)와 가까워서 침략을 자주 당했다. 그곳 관리와 백성[人民]은 자존심이 강하고 강직하며 남을 이기려 들었다. 호기롭고 임협의 기질이 있어서 간악했고, 농업이나 상업에 종사하지 않았다. 그러나 북쪽 오랑캐[北夷]와 가까워 중국(中國-한나라 조정)에서 군대를 자주 출동시키면서 물자 운송을 위탁했을 때는 큰 이익을 보았다[奇羨]. 그곳(-북쪽 오랑캐) 백성은 사나운 들양과 같아서 길들이기가 어려웠다. 전성기 진(晉)나라 때부터 그들의 포학함과 사나움은 나라의 걱정거리였고, (조나라) 무령왕(武靈王) 때 더욱 조장했기[廣=長] 때문에 풍속[謠俗]에는 아직도 조나라의 유풍이 있다. 그래서 양(楊)과 평양(平陽)은 그들 사이에서 장사를 잘해서[陳掾=經營] 원하는 바를 얻었다.

1) 【색은(索隱)】 양과 평양은 둘 다 읍 이름으로 조나라 서쪽에 있었다. 진(陳)자는 잘못 들어간 글자다. 【정의(正義)】 연주(延州)·수주(綏州)·은주(銀州) 이 세 주는 모두 백적(白翟)이 있던 곳이다.

2) 【정의(正義)】 종은 항주(恒州) 석읍현 북쪽에 있었으니, 대개 울주(蔚州) 일대다. 대는 지금의 대주(代州)다.

3) 【집해(集解)】 서광(徐廣)이 말했다. "석읍현이며 상산군(常山郡)에 있다."

　온(溫)과 지(軹)[1]는 서쪽으로 상당(上黨), 북쪽으로 조(趙)나라와 중산(中山)과 교역했다. 중산은 땅이 척박하고 사람이 많은 데다가 여전히 사구(沙丘)에는 음란했던 주왕(紂王)의 유풍이 백성 사이에 남아 있었기 때문에 습속은 조급하고 요행을 바랐으며 그릇된 방법으로 이익을 얻어먹고 살았다. 사내들은 함께 모여 놀면서 비분강개한 노래를 비장하게 불렀다. 일이 있으면 일어나 서로 따르면서 사람을 죽이고 남의 물건을 빼앗았고, 일이 없으면 무덤을 파헤치고 위조품을 만들었는데 미남들[美物]이 많아 광대[倡優]가 되기도 했다. 여자들은 우는 소리를 내는 거문고를 탔고 신발을 질질 끌고 다니며 부귀한 자들에게 꼬리를 쳐서 후궁으로 들어가니, 제후국 사이에 두루 퍼져 나갔다.

1) 【색은(索隱)】 둘 다 현 이름이며 하내군(河內郡)에 속한다.

그러나 한단(邯鄲)은 장수(漳水)[1]와 황하 사이에 있는 큰 고을[都會]이다. 북쪽으로 연(燕)·탁(涿)과 통하고 남쪽에는 정(鄭)과 위(衛)가 있다. 정과 위의 습속은 조나라와 비슷하고 양(梁)나라, 노(魯)나라와도 가까워서 조금은 진중하고[微重] 절의를 높였다[矜][2]. 복수(濮水) 변의 도읍을 옮겨 야왕(野王)으로 갔는데[3], 야왕 지역도 기개를 좋아하고 협객을 중시했으니 이는 위(衛)나라의 유풍이다.

1) 【정의(正義)】 낙수(洛水)의 본래 이름이 장수이며, 한단은 근처에 있다.
2) 【집해(集解)】 서광(徐廣)이 말했다. "긍(矜)은 판본에 따라 무(務-힘쓰다)로 되어 있다."
3) 【정의(正義)】 진나라가 위(衛)나라 복양(濮陽)을 뽑아버린 뒤 그 임금을 회주(懷州) 야왕으로 옮겼다.

저 연(燕)은 발해(渤海)와 갈석산(碣石山) 사이에 있는 큰 고을[都會]이다. 남으로 제(齊)·조(趙)와 통하고 동북쪽으로는 오랑캐와 경계를 접했는데, 상곡(上谷)에서 요동(遼東)에 이르는 지역은 멀고 백성이 적어서 수시로 침략을 당했다. 조(趙)나 대(代)의 풍속과 서로 비슷해 백성은 강하고 사납지만, 생각이 얕으며[少慮] 물고기·소금·대추·밤 등이 많이 난다. 북쪽으로는 오환(烏桓)·부여(夫餘)와 이웃하고 있고, 동쪽으로는 예맥(穢貊)·조선(朝鮮)·진번(眞番)의 이익을 장악하고 있다[綰][관]1).

1) 【색은(索隱)】 관문이나 나루를 통제하고 있다는 말이다.

　낙양(洛陽)은 동쪽으로 제·노와 거래했고 남쪽으로 양(梁)·초(楚)와 교역했다. 태산(泰山)의 남쪽이 노, 북쪽은 제다.

　제나라는 산과 바다가 띠처럼 둘러싸고 있고1) 기름진 땅이 1,000리여서 뽕나무와 삼베 농사에 알맞으며[宜][의] 백성이 많았다. 채색 무늬 있는 베와 비단, 물고기, 소금을 많이 생산한다. 임치(臨菑) 또한 바다와 태산[岱][대] 사이에 있는 큰 고을[都會][도회]이다. 풍속은 너그럽고 여유가 있으니, 활달하고 아는 것이 많아 토론을 좋아하고 땅을 중시해 쉽게 동요하지 않으며, 떼 지어 싸우는 것을 겁내지만 개인끼리 찌르고 죽이는 데는 용감해 남을 겁박하는 자들이 많은데, 이는 큰 나라의 기풍이라 할 것이다. 그 나라에는 사(士)·농(農)·공(工)·상(商-행상)·고(賈-좌상)의 오민(五民)이 다 갖춰져 있다.

1) 【집해(集解)】 서광(徐廣)이 말했다. "「제태공세가」에서 말하기를 '제나라는 태산(泰山)부터 낭야(琅邪)까지, 그리고 북쪽으로 바다에 이르기까지 기름진 땅[膏壤][고양]이 2,000리였다. 백성은 활달하고 꾀를 많이 감추고 있었다'라고 했다."

　추(鄒)와 노(魯)는 수수(洙水)와 사수(泗水) 가에 있어 아직도 주공(周公)의 유풍이 남아 있다 보니 풍속이 유가를 좋아하고 예를 잘 갖추는데, 그래서 그 백성은 도량이 자잘하다[齪齪][착착]. 뽕과 삼베를 업으로 삼는 사람들이 자못 많고, 산림과 늪지에서 나는 것은 많지 않다. 땅은 작고 사람이 많아서 검소하고 인색하며[儉嗇] 죄짓는 것을 무서워하고 간사함을 멀리하는데, 나라가 쇠퇴하면서 장사를 좋아하고 이익을 좇는 것이 주나라 사람들보다 심해졌다.

저 홍구(鴻溝)[1]의 동쪽과 망산(芒山), 탕산(碭山)[2]의 북쪽에서 거야(巨野)[3]에 이르는[屬=至] 이 지역은 양(梁)나라와 송(宋)나라의 땅이었다. 도(陶-정도)와 수양(睢陽)[4] 역시 큰 고을[都會]이다.

옛날에 요(堯)임금이 성양(成陽)[5]에서 통치하며 도읍을 세웠고[作=起] 순(舜)임금은 뇌택(雷澤)[6]에서 물고기를 잡았으며 탕왕(湯王)은 박(亳)[7]에 머물렀으니[止=居][8], 풍속에는 아직도 선왕(先王)[9]의 유풍이 남아 있어 중후한 군자들이 많다. 가색(稼穡)을 좋아하고, 비록 산과 하천에서 나는 것이 많지는 않지만, 능히 남루한 옷에 거친 음식으로 살아가면서 재물을 모은다.

1) 【집해(集解)】 서광(徐廣)이 말했다. "형양(滎陽)에 속한다."

2) 【집해(集解)】 서광(徐廣)이 말했다. "지금의 임회(臨淮)다."

3) 【정의(正義)】 운주(鄆州) 거야현(鉅野縣)인데, 거야택(鉅野澤)에 있다.

4) 【정의(正義)】 지금의 송주(宋州) 송성(宋城)이다.

5) 【집해(集解)】 여순(如淳)이 말했다. "성양은 정도(定陶)에 있다."

6) 【집해(集解)】 서광(徐廣)이 말했다. "성양에 있다."

7) 【집해(集解)】 서광(徐廣)이 말했다. "지금의 양국(梁國) 박현(薄縣)이다."

8) 도읍으로 삼았다는 말이다.

9) 요순과 탕왕 등 뛰어난 옛 임금을 말한다.

월(越)나라와 초(楚)나라에는 풍속이 세 가지[三俗][1] 있다.

저 회수(淮水) 북쪽에서 패(沛)·진(陳)·여남(汝南)·남군(南郡)까지는 서초(西楚)[2]다. 그곳 풍습은 사납고 경박해 화를 쉽게 내며 땅이 척박해 축적된 물자가 적다. 강릉(江陵)은 옛날의 (초나라 수도) 영도(郢都)[3]인데, 서쪽으로 무(巫)·파(巴)[4]와 통하고 동쪽으로는 운몽(雲夢)[5]의 풍요로움이 있다. 진(陳)은 초(楚)·하(夏)가 교차하는 곳[6]으로, 물고기와 소금 등의 물건이 교역되므로 백성 중에 중 장사꾼이 많다. 서(徐)·동(僮)·취려(取慮)[7]는 청렴하나 각박하며[淸刻] 약속을 잘 지키는 것을 긍지로 여긴다.

1) 【정의(正義)】 월나라가 오나라를 멸하면서 장강과 회수 이북을 차지하게 되자 초나라가 월나라를 멸하면서 아울러 오나라, 월나라 땅을 모두 차지했기 때문에, 그래서 월나라와 초나라라고 했다.

2) 【정의(正義)】 남군은 지금의 형주(荊州)다. 즉 패군에서 서쪽으로 형주까지가 모두 서초라는 말이다.

3) 【정의(正義)】 형주(荊州) 강릉현(江陵縣)이 옛 영(郢)인데, 초나라의 수도였다.

4) 【정의(正義)】 무군과 파군은 강릉 서쪽에 있다.

5) 【집해(集解)】 서광(徐廣)이 말했다. "화용(華容)에 있다."

6) 【정의(正義)】 하나라는 양성(陽城)에 도읍했다. 진(陳)의 남쪽이 초나라이고 서쪽과 북쪽은 하나라이기 때문에 초와 하가 교차하는 곳이라고 한 것이다.

7) 【집해(集解)】 서광(徐廣)이 말했다. "모두 하비(下邳)에 있다."

팽성(彭城) 동쪽과 동해(東海)·오(吳)·광릉(廣陵) 등의 지역은 동초(東楚)[1]다. 이곳 풍속은 서(徐)나 동(僮)과 비슷하다. 구(朐)와 증(繒) 이북의 풍속은 제나라와 같고, 절강(浙江) 남쪽은 월나라와 비슷하다. 저 오왕(吳王) 합려(闔廬), 춘신군(春申君), 오왕 비(濞) 이 세 사람이 놀기 좋아하는 천하의 젊은이들을 불러 모았으니, 동쪽에는 바다에서 소금이, 장산(章山)에서는 구리가 나며 삼강(三江)과 오호(五湖)에는 풍부한 물산의 이익이 있다. 역시 강동(江東)의 큰 고을[都會]이다.

1) 【정의(正義)】 팽성은 서주(徐州) 치현(治縣)이다. 동해군은 지금의 해주(海州), 오
는 소주(蘇州), 광릉은 양주(楊州)다. 즉 서주 팽성에서 양주를 거쳐 소주에
이르는 곳이 모두 동초 땅이라는 말이다.

**형산(衡山)[1] · 구강(九江)[2] · 강남(江南)[3] · 예장(豫章)[4] · 장사(長沙)[5] 등
의 지역은 남초(南楚)다. 풍속은 대체로 서초와 비슷하다. 영(郢)은 뒤에 수
춘(壽春)으로 옮겨갔는데[6], 역시 큰 고을[都會]이다. 그리고 합비(合肥)는
남북으로 장강과 회수의 조수[潮]를 받으며 가죽 · 건어물 · 목재 등이 모여
드는 곳이다. (이곳 풍속은) 민중(閩中)과 우월(于越)의 것이 섞여 있어 남초
사람들은 말이 화려하고 말솜씨가 현란하지만, 신뢰성이 모자란다.**

**강남은 지대가 낮고 습해 남자들이 일찍 죽는다. 대나무가 많다. 예장에
서 황금이, 장사에서 납과 주석이 나기는 하지만 양이 얼마 되지 않아 캐는
비용을 충당하기에도 부족하다.**

**구의산(九疑山)과 창오군(蒼梧郡)에서 남쪽으로 담이(儋耳)에 이르는 지
역은 강남과 풍속이 대략 같고 양월(楊越) 사람이 많다. 반우(番禺)[7] 역시
큰 고을[都會]서 주옥, 무소뿔, 대모(玳瑁-바다거북 일종), 과일, 갈포 등이 모
이는 곳이다.**

1) 【집해(集解)】 서광(徐廣)이 말했다. "도읍은 주현(邾縣)으로, 강하(江夏)에 속
했다."

2) 【정의(正義)】 구강은 군이고, 도읍은 음릉(陰陵)이다.

3) 【집해(集解)】 서광(徐廣)이 말했다. "고조가 설치한 곳이다. 강남이란 단양(丹陽)
이다."

4) 【정의(正義)】 지금의 홍주(洪州)다.

5) 【정의(正義)】 지금의 담주(潭州)다.

6) 【정의(正義)】 초나라 고열왕(考烈王) 22년, 진(陳)에서 수춘으로 도읍을 옮기고

이름을 영(郢)이라고 했다.

7) 【정의(正義)】 '번우'로도 읽으며, 지금의 광주(廣州)다.

영천(穎川)과 남양(南陽)은 (옛날에) 하(夏)나라 사람들이 살던 곳[1]이다. 하나라 사람들의 정치는 충직과 소박함[忠朴]을 높였는데, 여전히 선왕의 유풍이 남아 있어 영천 사람들은 후덕하고 공손하다[敦愿].

진(秦)나라 말기에 반역을 저지른 사람들을 남양으로 옮겼다. 남양은 서쪽으로 무관(武關)·운관(鄖關)과 통하고 동남쪽으로 한수(漢水)·장강·회수를 받아들이니, 원(宛) 역시 큰 고을[都會]이다. 습속은 여러 가지가 섞여 있으니, 일 만들기를 좋아하고 직업에 장사꾼이 많다. 협객을 자처하는데, 영천과 서로 통하며 지금도 그들을 하인(夏人-하나라 사람)이라 부른다.

1) 【집해(集解)】 서광(徐廣)이 말했다. "우왕은 양적(陽翟)에 머물렀다."

무릇 천하에는 물산이 적은 곳도 있고 많은 곳도 있다. 백성의 풍속[謠俗]을 보면 산동에서는 바다 소금을, 산서에서는 호수 소금을 먹는데 영남(嶺南)과 사북(沙北-사막 북쪽)에는 원래부터 곳곳에서[往往] 소금이 나오니, 대체적인 것은 이상과 같다.

총괄하자면, 초(楚)와 월(越) 지역은 땅은 넓지만, 사람이 드물어 쌀밥에 생선국을 먹는다. 간혹 지역에 따라 화전을 일구기도[火耕] 하지만 논에 물을 대고 잡초를 제거해 농사지으니, 과일이나 소라, 조개 파는 장사꾼을 기다릴 필요도 없이 풍족하게 산다. 땅이 기름지고 먹을 것이 풍요로워 굶주릴 걱정이 없다 보니 게으르게 그럭저럭 살아가면서 재산을 따로 모으지 않으니, 가난한 사람이 많다. 이 때문에 장강과 회수 남쪽에는 얼어 죽거나 굶어 죽는 자도 없지만 천금의 부잣집도 없다. 기수(沂水)와 사수(泗水) 북쪽은 오곡·뽕·삼을 심고 육축(六畜-소·말·양·닭·개·돼지)을 기르기에 알맞다[宜]. 땅은 좁고 사람이 많은 데다가 수시로 수해와 가뭄의 피해를 당하므로 백성은 저축하는 것을 좋아한다. 그러므로 진(秦)·하(夏)·양(梁)·노(魯) 지역은 농업을 좋아하고 백성을 중하게 여긴다. 삼하(三河)·원(宛)·진(陳) 또한 그러한데, 여기서는 상업에도 힘을 쓴다. 제(齊)·조(趙)는 영리하고 약아서 기회를 보아 이익을 얻으려 하고, 연(燕)·대(代)는 농사를 짓고 목축하며 누에치기에 종사한다.

이로 말미암아 보건대, 뛰어난 사람[賢人]이 낭묘(廊廟)에서 깊은 모책을 말하면서 조정에서 일을 논의하고 신의를 지키며 목숨을 걸고 절의를 다하는 것, 바위 동굴에 숨어 사는 장부와 선비가 높은 명성을 얻으려고 하는 것은 결국은 무엇을 위해서인가[安歸]? 넉넉한 부유함[富厚]을 위해서다. 이 때문에 청렴한 관리[廉吏]라도 오래도록 그 자리에 있으면 부유해지고, 청렴한 장사꾼[廉賈]이라도 끝내 부자가 된다. 부(富)란, 사람이라면 누구나 지닌 타고난 성정과 본성[情性]이라서 따로 배우지 않아도 누구나 부자가 되고 싶어 한다[1].

그러므로 건장한 장정들이 군인이 되어 성을 공격할 때 가장 먼저 성에 올라 적진을 함락하고, 적군을 물리치고 적장을 베며 깃발을 빼앗고[搴旗], 맨 앞에서 화살과 돌이 날아오는 것을 무릅쓰고 끓는 물과 불 속의 어려움도 피하지 않는 것은 큰 상을 받고 싶은 마음에서다.

마을의 젊은이들이 남을 거칠게 공격하기를 사람을 몽둥이로 패서 땅에 묻어버리고, 사람들을 겁박해 간악한 짓을 하고, 남의 무덤을 파헤치거나 불법으로 돈을 주조하고, 협객을 자처하며 남의 것을 가로채고, 친구를 위해 대신 복수하고, 사람 눈에 띄지 않는 곳에서 재물을 탈취하는 등 법을 어기는 것을 마다하지 않고 죽을 곳을 향해 마치 말이 달려가듯이 내달리는

데, 이것도 실은 모두 재물 때문일 뿐이다.

1) 『논어(論語)』「이인(里仁)」편에서 공자가 말했다. "부유함과 귀함, 이는 사람이라면 누구나 원
하는 바지만 그 도리로써 얻은 것이 아니라면 (그런 부귀 상황을) 편안히 여겨서는 안 된다. 가난
과 천함, 이는 사람이라면 누구나 싫어하는 바이지만 그 도리로써 할 수 있는 것이 아니라면 떠
나지 않아야 한다."

지금 저 조(趙)나라와 정(鄭)나라의 미녀들이 얼굴을 곱게 꾸미고 거문
고를 타면서 긴 소매를 나부끼며 끝이 뾰족한 무도용 신발을 신고는 눈짓으
로 유혹해 마음을 사로잡으려고 1,000리 길도 멀다 않고[不遠千里] 나아가
는데, 상대의 나이가 많고 적음을 가리지 않는 것도 역시 큰 부를 쫓아가기
위해서다.

할 일 없이 노니는 공자들이 관과 칼을 장식하고 수레와 말을 줄지어 따
르게 하는 것 역시 부귀함을 뽐내기 위해서다.

어부와 사냥꾼들이 밤낮을 가리지 않고 고기 잡고 사냥하느라 서리와
눈을 맞아가면서 깊은 동굴과 골짜기를 내달리거나 맹수의 위험도 마다하
지 않는 것은 맛난 고기를 얻기 위해서다.

도박·경마·닭싸움·개싸움 등을 하면서 얼굴빛을 바꿔가며 서로를 압
도하려 하고, 다투면 반드시 이기려 하는 것은 돈을 잃지 않으려 하기 때문
이다.

의원·방사 등 여러 기술로 먹고사는 사람들이 노심초사하며[焦神
勞心焦思] 자기 능력을 다하려는 것은 큰 보수[重糈]를 얻기 위해서다.

관리가 법령과 조문을 조작하고 농간하며[舞文弄法] 도장과 문서를 위조
하거나 날조해서 목이 날아가는 형벌도 마다하지 않는 것은 뇌물을 탐닉하
기 때문이고, 농민·공인·행상·좌상이 재물을 모으는 것은 실로 부유해
지고 재물을 불리기 위해서다.

이러한 것들은 제한된 지식[有知]으로 온 힘을 다해 (부를) 찾으려는 것일 뿐이어서, 결국에 가서 여력이 없어지면 재물을 (남에게) 넘겨주게 된다.

속담에 이르기를 "100리 먼 곳에 가서 땔나무를 팔지 말고, 1,000리 먼 곳에 가서 곡식을 팔지 말라"라고 했다. 또 1년을 살려거든 곡식을 심고, 10년을 살려거든 나무를 심고, 100년을 살려거든 덕을 베풀라고도 했다. 덕이란 사람[人物]을 가리켜 한 말이다.

지금 아무런 작질(爵秩)이나 녹봉도, 작읍에 따른 수입도 없지만 이런 것을 가진 자들 못지않게 즐겁게 살아가는 사람을 이름하여 소봉(素封)[1]이라고 한다. 봉(封)이란 (봉지로부터) 조세를 받아서 먹고사는 것을 말한다. 해마다 1호당 200전을 걷으면 1,000호를 가진 군(君)은 20만 전이 되는데, 조근(朝覲)을 한다거나 제후들을 초대해 연회를 여는 등의 비용이 거기서 나온다. 서민인 농민·공인·행상·좌상은 1만 전에 대한 1년 치 이자가 2,000전이므로 100만 전을 보유한 집이라면 이자 수입이 20만 전 생겨나니, 병역이나 부역을 대신 맡기는 비용이나 조부(租賦)가 거기서 나온다. (이럴 경우에) 좋아하는 옷을 입고 맛있는 음식을 먹으며 하고 싶은 것을 마음껏 하며 살아갈 수 있다. 그래서 말 50필[二百蹄][2], 소 167두, 양 250마리[千足]를 기를 수 있는 땅, 돼지 250마리를 기를 수 있는 습지, 해마다 1,000석의 물고기를 기를 수 있는 연못과 늪지, 나무 1,000그루를 벨 수 있는 산림, 안읍(安邑)의 대추나무 1,000그루, 연(燕)나라와 진(秦)나라의 밤나무 1,000그루, 촉(蜀)·한(漢)·강릉(江陵)의 귤나무 1,000그루, 회북(淮北)·상산(常山) 남쪽, 하수·제수(濟水) 사이의 가래나무 1,000그루, 진(陳)·하(夏)의 옻나무밭 1,000무(畝), 제(齊)나라와 노(魯)나라의 뽕나무밭과 삼밭 1,000무, 위천(渭川)의 대나무숲 1,000무, 이름난 도시나 1만 가구에서 성곽을 둘러싸고 1무당 곡식 1종을 심을 수 있는 땅 1,000무 혹은 (염료를 만드는) 잇꽃이나 꼭두서니꽃을 심을 수 있는 밭 1,000무 혹은 생강과 부추밭 1,000무 가운데 어느 하나라도 보유한 사람은 (수입이) 모두 천호의 제후와 같다. 이는 부유함의 밑천[資]이라, 저잣거리를 기웃거리거나 다른 고을을 떠돌 필요도 없이 가만히 앉아서 수입을 기다리기만 하면 몸은 처사의 의리를 지키면서 넉넉한 부를 누릴 수 있다.

1) 【색은(索隱)】 소(素)란 아무것도 없다[空]는 뜻이다.[예를 들면 공자처럼 군왕의 다움을 갖췄으나 그에 맞는 지위가 없는 사람을 소왕(素王)이라고 부르는 것과 같다.]

2) 【색은(索隱)】 말은 발굽이 4개 있으니, 200발굽은 50필이다.

만약에 집이 가난한 데다 어버이는 늙고 처자식은 연약해 세시(歲時)에 조상에게 제사도 못 드리고 집안 식구들의 식사도 해결하지 못하며 먹고 입는 것이 부족해 스스로 다른 사람들과 통교조차 할 수 없는데도 이런 지경에 대해 부끄러워할[慚恥] 줄 모른다면, 이런 사람은 비할 바 없이 못난 사람이다. 이 때문에 재산이 아무것도 없는 사람은 힘써 일해야 하고 재산이 조금 있는 사람은 (돈을 벌기 위해) 머리를 짜내야 하며[鬪智]1) 이미 재산이 많은 사람은 때를 다퉈야 하니[爭時]2), 이것이 대략적인 개요다.

1) 【정의(正義)】 돈이나 재산이 적으면 온갖 방법을 짜내 돈을 벌려고 해야 한다는 말이다.

2) 【정의(正義)】 이미 돈과 재산이 풍족하면 시간을 쫓아가면서 이익을 다툰다는 말이다.

지금 생계를 꾸려갈 때 몸을 위태롭게 하지 않으면서 재물을 얻으려 하는 것은 뛰어난 사람이 힘써 노력하는 방법이다. 이 때문에 농사로 부유해지는 것[本富]이 최상이고, 장사로 부유해지는 것[末富]이 그다음이며, 간사한 방법으로 부유해지는 것[姦富]은 최하이다. 동굴에 숨어 사는 기이한 선비[奇士]의 행실이 없는데도 오래도록 가난하게 살면서 어짊이나 마땅함[仁義]를 떠벌리기를 좋아하는 것이야말로 실로[亦] 부끄러워할 만하다.

대개 호적에 이름을 올린[編戶] 일반 사람들은 상대방의 부가 자기보다 10배[什=十]이면 그 사람에게 몸을 낮추고, 100배[伯=百]이면 그를 두려워하거나 꺼리고, 1,000배이면 그의 일을 해주고[役], 1만 배이면 그의 하인이 되니, 이것이 일의 이치[物之理]다.

무릇 가난한 사람이 부유해지려 할 때 농민은 공인(工人)만 못하고 공인은 상인만 못하며 비단에 무늬 수를 놓는 것이 시장에서 장사하는 것보다 못하니, 이는 장사[末業]이야말로 가난한 사람이 부자가 될 수 있는 밑천[資]이라는 말이다.

사방 읍으로 통하는 큰 고을[大都]에서는 1년에 술 1,000독, 식초와 간장 1,000병, 음료수[漿] 1,000항아리, 도축한 소·양·돼지 각각 1,000마리, 쌀 1,000종(鍾), 땔감 1,000수레, 1,000장(丈) 길이의 배에 실은 땔감용 건초와 목재 1,000장(章), 대나무 1만 개, 말이 끄는 간편한 수레 100대, 소가 끄는 수레 1,000대, 칠기 1,000개, 구리그릇 1,000균(鈞), 나무 그릇이나 쇠그릇, 잇꽃이나 꼭두서니꽃 각 1,000섬, 말 200필, 소 250마리, 양이나 돼지 각 2,000마리[千雙], 노비 100명, 힘줄·뿔·단사 각 1,000근, 비단·솜·가는 베 각 1,000균, 무늬 있는 채색 비단 1,000필, 거친 베와 피혁 1,000석, 옻 1,000말, 누룩·소금·메주 각 1,000홉, 복어·갈치 각 1,000근, 건어물 1,000섬, 절인 생선 1,000균, 대추·밤 각 3,000석을 생산하는 자는 10분의 3의 이익을 거둘 수 있다. (또) 여우와 담비 가죽으로 만든 갖옷 각 1,000장, 염소와 양 가죽으로 만든 갖옷 각 1,000석, 털자리 1,000장, 과일과 채소 각 1,000종 등의 물건을 팔면 이자로 1,000관(貫)의 이익을 얻게 된다. 중간에서 소개하는 사람이나 욕심 많은 상인[貪賈]은 10분의 3을 이익으로 취하게 되고 양식 있는 상인[廉賈]은 10분의 5를 이익으로 취하게 되니[1], 이들의 수입 또한 천승의 집안과 비슷한 수준이다. 대략 실상은 이와 같다. 그 밖의 잡일을 하여 10분의 2도 벌지 못한다면 우리가 말하는 제대로 된 돈벌이[財]라 할 수 없다.

1) 【집해(集解)】『한서음의(漢書音義)』에서 말했다. "욕심 많은 상인은 아직 팔아서는 안 될 때 팔고 아직 사들여서는 안 될 때 사들이니, 이 때문에 이익이 적어 10분의 3만을 얻는 것이다. 양식 있는 상인은 값이 올랐을 때 팔고 떨어지면 마침내 사들이니, 이 때문에 10분의 5를 얻는 것이다."

이제 사방 1,000리 안에서 뛰어난 사람들이 어떻게 부유해졌는지를 개략적으로나마 말해 후세 사람들로 하여금 잘 살펴보고 선택할 수 있도록 도움을 주고자 한다.

촉군(蜀郡) 탁씨(卓氏)[1]의 선조는 조(趙)나라 사람으로 철광과 제련업으로 부를 이루었는데, 진(秦)나라가 조나라를 깨뜨리고 나서 탁씨를 (촉군으로) 이주시켰다. 탁씨는 포로가 될 때 재산을 다 빼앗겼기 때문에 부부 두 사람이 수레를 밀면서 길을 떠나 이주지로 갔다. 함께 옮겨 간 포로 가운데 남은 재산이 조금이라도 있는 자들은 다퉈 관리에게 재물을 바치고는 가까운 곳으로 가게 해달라고 부탁해 가맹(葭萌)[2]에 자리 잡았는데, 오로지 탁씨만이 이렇게 말했다.

"이곳은 땅이 좁고 척박하다. 내가 듣건대, 민산(汶山) 기슭에 기름진 땅이 있어 그 아래에 큰 감자가 나기 때문에 굶어 죽을 일은 없다고 했다. 또 백성은 거래에 재간이 있어[工=巧] 장사하기에 편하다."

마침내 먼 곳으로 옮겨달라고 청했다.

임공(臨邛)으로 가게 되자 크게 기뻐하며 철이 나는 산으로 가서 철을 생산하는 한편, 경영을 잘해 전(滇)과 촉 땅 백성을 (자기에게) 기울게 했다. 그리하여 부가 노복 1,000명에 이르렀으니, 전원과 연못에서 사냥하고 고기잡이하는 즐거움이 임금과 맞먹었다.

1) 【집해(集解)】 서광(徐廣)이 말했다. "판본에 따라 요씨(淖氏)로 되어 있다."
2) 【집해(集解)】 서광(徐廣)이 말했다. "광한군(廣漢郡)에 속했다." 【정의(正義)】 가맹은 지금의 이주(利州)에 속했던 현이다.

정정(程鄭)은 산동에서 옮겨 온 포로였는데, 역시 철을 주조하는 일을 해서 머리를 방망이 모양으로 틀어 올린 사람들과 거래함으로써 부유함이 탁씨와 같았고[埒] 둘 다 임공에서 살았다.

원(宛) 땅 공씨(孔氏)의 선조는 양(梁)나라 사람으로, 야철(冶鐵)을 직업으로 삼았다. 진나라가 위(魏)를 치고서 공씨를 남양(南陽)으로 옮겼는데, 대규모 제철업과 저수지·제방 사업을 벌여 마차를 줄줄이 거느리고 나가 제후들과 놀면서 장사의 이익을 얻었다. 유한공자(游閑公子)라는 명성을 얻었는데, 이익을 지나치게 챙기는 것이 자잘하고 인색한 장사꾼들보다 심했으나 집 안의 부는 수천 금에 이르렀다. 그 때문에 남양의 장사꾼들은 모두 공씨의 큰 배짱[雍容]을 모범으로 삼았다.

노(魯)나라 사람들의 풍속은 검소하고 아끼는 것이었는데, 조병씨(曹邴氏)는 특히 심했다. 야철로 사업을 일으켜[1] 부가 거만에 이르렀으나 집안의 부형부터 자손까지 약속하기를 "허리를 굽히면 물건을 줍고 머리를 들면 물건을 취하자"라고 했고 빌리고 빌려주면서[貰貸] 행상을 하여 군국(郡國)들을 두루 돌아다녔다.

추(鄒)와 노(魯) 땅에서는 문학(文學-유학)을 버리고 이익을 좇는[趨利] 자가 많아졌는데, 이는 모두 조병씨 때문이다.

1) **【집해(集解)】** 서광(徐廣)이 말했다. "노현(魯縣)에서는 철이 나왔다."

제(齊)나라 풍습은 노비를 천시했으나 조한(刁閒)만은 홀로 노비를 아끼고 귀하게 여겼다. 용감하고 교활한[桀黠] 노비의 경우 사람들이 싫어했는데, 오직 조한만이 그들을 거둬서 그들로 하여금 생선과 소금을 거래하게 하여 이익을 보았다. 어떤 경우에는 말과 수레를 잔뜩 몰고 가서 고을 태수나 재상들과 교류할 정도였으나 그럴수록 (조한은) 그들에게 더 많은 일을 맡겼고, 결국 그들의 힘을 빌려 수천만 금의 부를 일으켰다. 그래서 (사람들이) 말하기를 "차라리 작위를 얻고 말지 조한의 노비가 되어서는 안 된다"[1] 라고 했으니, 이는 조한이 사나운 노비들을 잘 부려서 그들을 넉넉하게 만든 다음 그 힘을 남김없이 빼먹었기 때문이다.

1) **【집해(集解)】** 『한서음의(漢書音義)』에서 말했다. "노비들이 서로에게 한 말이다."

주(周)나라 땅 사람들은 이미 검소하고 인색했으나[纖=儉嗇] 사사(師史)는 특히 더 심했다. 수레 수백 대에 물건을 싣고 군국을 돌며 장사를 하면서 가지 않는 곳이 없었다.

낙양 거리는 제(齊)·진(秦)·초(楚)·조(趙)의 중앙에 있어 가난한 사람들이 부잣집에서 (장사하는) 일을 배웠는데, 이들은 오랫동안 외지에서 장사하는 것을 서로 자랑스럽게 여겼다. 그런데 사사는 낙양을 몇 차례 지나면서도 자기 집에 들르지 않았고[1], 이들에게 일을 맡김으로써 능히 7,000만 금을 벌 수 있었다.

1) **【집해(集解)】** 『한서음의(漢書音義)』에서 말했다. "길거리에 사는 백성은 논밭이 없어 모두 오랫동안 이들 나라를 돌면서 장사했는데, 이를 자랑스러워했다는 말이다."

선곡(宣曲)¹⁾ 임씨(任氏)의 선조는 본래 독도(督道)²⁾의 창고를 관리했는데, 진(秦)나라가 패망한 뒤 호걸들이 모두 금과 옥을 다퉈 차지하게 되자 임씨는 홀로 창고의 곡식을 땅속에 파묻어 감추었다[窖]. 그러다가 초나라와 한나라가 형양(滎陽)을 사이에 두고 서로 대치하면서 백성은 농사짓기 위해 뿌릴 씨앗조차 없게 되자 쌀 1섬 값이 1만 전에 이르렀다. 이에 호걸들이 차지했던 금과 옥이 모두 임씨에게 돌아오니, 임씨는 이것으로 부를 일으켰다.

부자들이 다퉈 사치를 일삼을 때 임씨는 오히려 몸을 낮추고 검소한 생활을 하면서 농사와 목축[田畜]에 힘썼다. 농사짓고 목축하는 사람들은 다퉈 값싼 금과 옥을 차지하려 했지만, 임씨는 비싸도 좋은 금과 옥을 샀다. 그 부가 몇 대를 이어갔는데, 임공(任公)의 집안에서는 약속하기를 내 땅과 내 가축에게서 얻은 것이 아니면 먹지도 입지도 않겠으며 공사(公事)가 끝나기 전에는 술과 고기를 먹지 않겠다고 했다. 이 때문에 마을의 모범[率=法]이 되었고, 그래서 부자가 되자 주상(主上)도 그를 존중했다.

1) 【집해(集解)】 서광(徐廣)이 말했다. "고조의 공신 중에 선곡후(宣曲侯)가 있었다." 【색은(索隱)】 「상림부(上林賦)」에 "서쪽으로 선곡으로 치달렸다"라고 했으니 마땅히 경보(京輔-경사 근처)에 있어야 하는데, 지금은 그런 땅이 없다.

2) 【집해(集解)】 위소(韋昭)가 말했다. "독도는 진나라 때 변경에 있던 현의 이름이다."

(한나라가) 변방 요새를 개척할 때¹⁾ 오직 교요(橋姚)만이 말 1,000필에 소가 2배, 양 1만 두와 1만 종(鍾)에 이르는 곡식을 보유하고 있었다.

오초(吳楚) 7국이 군대를 일으켰을 때 장안의 열후와 봉국의 군(君)들은 (토벌하는) 군을 따라 출정하면서 이잣돈을 얻으려 했으나, 돈놀이하는 자들은 제후들의 봉국이 있는 관동(關東)의 성패가 확실치 않았기에 기꺼이 돈을 빌려주려고 하지 않았다. 오직 무염씨(無鹽氏)만이 천금을 내어 빌려주었는데, 이자[息]는 (원금의) 10배였다. 석 달 뒤에 오초의 난이 평정되었고, 1년도 지나지 않아 무염씨는 이자를 10배 받음으로써 그 부가 관중 전체의 부와 맞먹게 되었다.

1) 【집해(集解)】 안(顔)이 말했다. "나라가 변방 요새를 개척할 때는 법령이 느슨해지니, 교요는 그 틈을 타고 임의로 그 목축을 늘렸던 것이다."

관중의 부상(富商)이나 대고(大賈)는 대부분 전씨(田氏) 집안이었으니, 전색(田嗇)·전란(田蘭) 등이 그들이다. 위가(韋家) 땅의 율씨(栗氏), 안릉(安陵)과 두(杜)의 두씨(杜氏)[1] 또한 거만의 부자였다.

1) 【집해(集解)】 서광(徐廣)이 말했다. "안릉과 두는 둘 다 현 이름이고, 각각에 두씨가 있었다. 선제(宣帝)가 두를 두릉(杜陵)으로 삼았다."

이상의 부자들은 부호 중에서도 두드러짐[章章]이 특히 심한 자들로, 모두 작읍이나 봉록이 있는 것도 아니었고 법을 농간하거나 법을 어겨서 부자가 된 사람들도 아니었다. 모두 한결같이 일과 사물의 이치를 헤아려서 거취를 정했고 때에 맞춰 굽히고 우러러서[俯仰=俛仰] 이익을 얻었으니, 말단(-상업)으로써 재물을 쌓아 근본(-농업)을 통해 지키고 무(武)로써 이뤄 문(文)을 통해 지킨 것이다. 그 변화에는 일정한 틀[概]이 있으니, 그 때문에 충분히 사업술[術]이 될 만하다.

농업·목축업·수공업·임업, 행상과 좌상에 온 힘을 쏟아 권세와 이익으로 부를 이룩한 사람들이 크게는 하나의 군을 기울였고 중간으로는 하나의 현을 기울였으며 작게는 하나의 고을을 기울였으니, 이런 사람들은 이루 다 헤아릴 수가 없다.

무릇 검소하게 아끼면서 부지런하게 온 힘을 다하는 것이야말로 생업을 이루는 바른길[治生之道]이지만, 그러나 부자는 반드시 기발한 승부수[奇勝]를 쓴다.

농사는 보잘것없는 업종[拙業]이지만 진(秦)나라의 양씨(揚氏)는 이것으로 한 주(州)에서 으뜸가는 부자가 되었다[蓋=甲].

도굴은 나쁜 일이지만 전숙(田叔)은 이것으로 사업을 일으켰다.

도박은 나쁜 짓이지만 환발(桓發)은 이것으로 부자가 되었다.

행상은 남자로서 천한 일이지만 옹낙성(雍樂成)은 이것으로 부자가 되었다.

연지(臙脂)를 파는 것은 수치스러운 일이지만 옹백(雍伯)은 이것으로 천금을 벌었다.

물장사[賣漿]는 보잘것없는 직업이지만 장씨(張氏)는 이것으로 천만금을 벌었다.

물을 뿌려가며 칼을 가는 일[洒削]도 얄팍한 기술이지만 질씨(郅氏)는 이것으로 돈을 벌어서 (제후들처럼 반찬을) 세 발 쇠솥에 늘어놓고 식사를 했다[鼎食].

순대를 파는 일은 단순하고 하찮은 일이지만 탁씨(濁氏)는 이것으로 돈을 벌어 기마행렬을 거느리고 다녔다[連騎].

말을 치료하는 수의사는 천한 기술[淺方]이지만 장리(張里)는 이것으로 돈을 벌어 (제후들처럼) 편종 연주를 곁들이며 식사했다[擊鍾].

이는 모두 한 가지 일에 온 정성을 다함으로써[誠壹=誠一] 이뤄낸 결과[所致]다.

이로 말미암아 보건대 부유해지는 데는 정해진 직업[經業]이 없고 재물에는 정해진 주인[常主]이 없으니, 능력이 있으면 사방에서 모여들고[輻湊] 불초하면 기왓장이 깨지듯이 흩어진다[瓦解]. 천금을 보유한 부자는 한 도시의 군(君)과 어깨를 나란히 했고, 거만을 보유한 부자는 마침내 왕과 똑같은 즐거움을 누렸다. 이것이 이른바 소봉(素封-실제 봉작을 받은 것은 아니지만 실질적으로 봉작을 받은 것과 같음)이리라! 아닌가?[1]

1) 【색은술찬(索隱述贊)】 재화를 키우는 이익을 얻고 싶거든[貨殖之利]/공업과 상업을 경영할 일이로다[工商是營]/싸게 사서 비싸게 팔고 좋은 물건 쌓아두면[廢居善積]/시장에 기대 큰 이익을 얻게 된다네[倚市邪贏]/백규는 나라를 부유하게 했고[白圭富國] /계연은 군대를 강하게 했지[計然彊兵]/나는 조청에 참여했고[儂參朝請]/파촉 과부 청을 위해 여회청대 지었다네[女築懷淸]/천호의 소봉으로는[素封千戶]/촉 땅의 탁씨와 정정이 이름을 나란히 했도다[卓鄭齊名]!

권130

태사공자서(太史公自序) 제70

권130 태사공자서(太史公自序) 제70

옛날에 전욱(顓項)이 남정(南正) 중(重)에게 명해 하늘을 관장하게 하고 [司天] 북정(北正) 여(黎)에게는 땅을 관장하게 했으니[司地]1), 당요(唐堯-요임금)와 우순(虞舜-순임금)의 시대에도 중과 여의 후손들에게 계속 그 일을 맡도록 했고[典=司] 이것이 하(夏)나라와 상(商)나라에까지 이르렀다. 이 때문에 중씨(重氏)와 여씨(黎氏)는 대대로 하늘과 땅에 관한 일을 맡았다 [序=掌]. 주(周)나라 때 정백(程伯)에 봉해졌던 휴보(休甫) 또한 후손[其後] 이었다. 그러나 주나라 선왕(宣王) 때에 와서 여의 후손들은 관직을 잃고서 물러나 사마씨(司馬氏)가 되었으니, (이때부터) 사마씨는 대대로 주나라 역사를 주관하게 되었다2). 주나라 혜왕(惠王)과 양왕(襄王) 사이에 사마씨는 주나라를 떠나 진(晉)나라로 갔고3), 진나라 중군(中軍) 수회(隨會)가 위(魏) 나라로 달아나자, 사마씨는 소량(少梁)4)으로 들어갔다.

1) 【색은(索隱)】 남정 중에게 하늘을 관장시키고 화정(火正) 여에게 땅을 관장시켰다는 것에 대해, 살펴보건대 장안(張晏)은 이렇게 말했다. "남방은 양(陽)이고 불은 물의 짝이며 물은 음이니, 그래서 남정 중에게 하늘을 관장케 하고 화정 여에게는 땅을 관장하는 일을 겸하게 한 것이다."

2) 【색은(索隱)】 위굉(衛宏)은 "사마씨는 주나라 사일(史佚)의 후손"이라고 했는데, 근거를 알 수 없다.

3) 【집해(集解)】 장안(張晏)이 말했다. "주나라 혜왕과 양왕 때 아들 퇴(穨)와 숙대(叔帶)의 난이 있어 사마씨는 진나라로 달아났다."

4) 안사고(顏師古)가 말했다. "소량은 원래 양(梁)나라였는데, 진(秦)나라에 멸망당해 명칭을 소량
　 으로 바꿨다."

　사마씨는 주나라를 떠나 진(晉)나라로 간 뒤로 뿔뿔이 흩어져서 위(衛)나라에 살기도 하고 조(趙)나라에 살기도 하고 진(秦)나라에 살기도 했다. 위나라에 살던 어떤 사람은 중산(中山-중산국)의 재상이 되었고[1], 조나라에 살던 어떤 사람은 검술론을 전수해 이름을 날렸으니 괴외(蒯聵)[2]가 후손이다. 진나라에 살던 사마조(司馬錯)는 장의(張儀)와 논쟁을 벌였고 이에 혜왕(惠王)은 조(錯)로 하여금 군사를 이끌고 촉(蜀)을 치게 했는데, 드디어 촉을 뽑아버리고는 그대로 남아서 그곳의 군수(郡守)가 되었다. 조의 손자 근(靳)[3]은 무안군(武安君) 백기(白起)를 섬겼다. 당시 (사마씨가 살고 있던) 소량은 이름이 하양(夏陽)으로 바뀌었다. 근과 무안군은 조나라 군대를 장평(長平)에 파묻었는데[阬], 돌아와서는 두 사람 모두 두우(杜郵)에서 죽임을 당해 화지(華池)[4]에 묻혔다. 근의 손자는 창(昌)으로, 창은 진(秦)나라 주철관(主鐵官)이 되었다.

　시황의 때를 맞아 괴외의 현손 앙(卬)은 무신군(武信君)의 장수(-부장)가 되어 조가(朝歌) 지방을 경략했는데[徇=略], 제후들이 서로 왕을 자처하고 나서자 사마앙은 은(殷)나라에서 왕 노릇을 했다. 한나라가 초나라를 치자 앙은 한나라에 귀순했고, 그 땅은 하내군(河內郡)이 되었다. 창은 무역(無澤)[5]을 낳았는데, 무역은 한나라 시장(市長-시장 관리 책임자)이 되었다. 무역이 희(喜)를 낳으니, 희는 오대부(五大夫)가 되었는데, 이들은 졸한 뒤 모두 고문(高門)[6]에 묻혔다. 희(喜)가 사마담(司馬談)을 낳았으니, 담은 태사공(太史公)[7]이 되었다.

1) 【집해(集解)】 서광(徐廣)이 말했다. "이름은 희(喜)다."

2) 【정의(正義)】 「자객열전(刺客列傳)」에 나오는 괴외다.

3) 【집해(集解)】 서광(徐廣)이 말했다. "판본에 따라 기(蘄)로 되어 있다."

4) 【집해(集解)】 진작(晉灼)이 말했다. "지명으로, 호현(鄠縣)에 속한다."

5) 【색은(索隱)】 『한서(漢書)』에는 무역(毋懌)으로 되어 있고 발음 또한 역(亦)이다.

6) 【집해(集解)】 소림(蘇林)이 말했다. "장안의 북문이다." 신찬(臣瓚)이 말했다. "장
   안성에는 고문이 없다." 【색은(索隱)】 소림의 설이 틀렸다. 사마천의 비문을 살펴
   보건대, 하양(夏陽) 서북쪽으로 화지(華池)에서 3리 떨어진 곳이다.

7) 안사고(顏師古)가 말했다. "담은 태사령(太史令)일 뿐인데, 천이 자기 아버지를 높여서 공(公)
   이라고 부른 것이다."

태사공은 당도(唐都)에게 천문학[天官]을 배웠고 양하(楊何)로부터 『역
(易)』을 전수받았으며 황자(黃子-황생(黃生))로부터 도가의 이론[道論]을 익
혔다.

태사공은 건원(建元)과 원봉(元封) 연간에 벼슬을 했는데, 배우는 자들
이 각파 학설의 참뜻을 이해하지 못해 스승과 제자의 관계가 어그러지는 것
[悖=惑]을 걱정해서 마침내 육가(六家-유가·묵가·도가·법가·음양가·명가)
의 핵심 가르침을 다음과 같이 논했다.

"『주역(周易)』 대전(大傳)[易大傳][1]에 이르기를, '천하(의 학설은 결국에)는
하나에 이르게 되니, (그에 이르는 과정에서) 온갖 생각을 하더라도[百慮] (끝
내) 같은 곳에 귀결되지만 (굳이) 다른 길을 가려 한다[同歸而殊塗]'라고 했
다. 무릇 음양가(陰陽家)·유가(儒家)·묵가(墨家)·명가(名家)·법가(法家)
·도덕가(道德家-도가) 등은 모두 힘써 다스리려 하는데 그들이 따르라고
하는 말은 정작 길이 서로 다르니, (각각의 설 안에) 잘 살핀 부분과 그렇지 못
한 부분이 있을 뿐이다.

1) 이는 「계사전(繫辭傳)」을 가리킨다.

일찍이 나는 남몰래 음양가의 학술을 살펴본 바가 있는데, 지나치게 시시콜콜하고[大祥=大詳] 꺼리거나 피해야 하는 것[忌諱]이 너무 많아서 사람들을 구속하고 많이 두려워하게 한다[使人拘而多畏]. 그러나 사계절이 운행하는 큰 순서를 잡아준 것만은 놓쳐서는 안 된다.

유자(儒者)들은 (그 학설이) 넓기는 하되 요점이 적고[博而寡要] 노고를 쏟는 데 비해 얻는 효과는 적다[勞而少功]. 이 때문에 그들의 학설을 모두 따르기는 어렵다. 그러나 임금과 신하, 부모와 자식 예절의 순서를 잡아준 것과 지아비와 지어미, 윗사람과 아랫사람의 구별을 정해준 것은, 바꿔서는 안 된다.

묵자(墨者)는 지극히 검소하되 받들어 따르기가 어려우므로[儉而難遵] 남김없이 실천하기는 어렵다. 그러나 바탕을 튼튼히 하고 씀씀이를 아끼는 것[彊本節用]은 폐기해서 안 된다.

법가(法家)는 엄격하다 보니 은혜를 베푸는 바가 적다[嚴而少恩]. 그러나 임금과 신하, 위와 아래의 본분을 바르게 한 것은 고쳐서 안 된다.

명가(名家)는 사람들을 명분에 얽매이게 하여 진실을 잘 잃어버린다. 그러나 이름과 실상[名實]을 바로잡은 것은 잘 살피지 않으면 안 된다.

도가(道家)는 사람들로 하여금 정신을 한군데 모으게 하여 모든 행동이 무형의 도리[無形]에 부합하게 해주고 만물을 풍요롭게 해준다. 학술은 음양의 큰 순서를 따르고 유가와 묵가의 좋은 점을 채택했으며 명가와 법가의 요점을 취했으니, 시대에 따라 옮겨가고 만물 만사에 호응해 변화하며 풍속을 일으키고 일을 시행해 마땅하지 않은 바가 없다. 취지가 간략해서 일을 잡아 행하기가 쉬우니, 일하는 것은 적어도 공로는 많다.

유자는 그렇지가 않다. 임금을 천하의 모범이자 법도[儀表]로 삼아 군주가 제창하면 신하가 화답하고 군주가 먼저 하면 신하는 뒤따른다. 이와 같이 하면 군주는 수고롭고 신하는 한가하다. (도가는) 큰 도리의 요체에 이르면 교만과 탐냄[健羨]을 버리고 눈 밝고 귀 밝은 자[聰明=智者]를 물리치라고 하지만 이를 멀리하고 기술이나 재주에 내맡기는데, 무릇 정신은 너무 많이 쓰면 메말라버리고 육체는 너무 많이 쓰면 피폐해진다. 육체와 정신이 요란하게 동요하면서도 하늘땅과 더불어 오랫동안 함께하려는 경우는 일찍이 들어본 적이 없다.

무릇 음양가는 사계절, 8위(八位), 12도(十二度), 24절기(二十四節氣)마다 각각에 맞는 교령(敎令)이 있어, 이를 따르는 자는 번창하고 이를 거스르는 자는 죽지 않으면 망한다고 한다. 그러나 반드시 그러한 것은 아니니, 그 때문에 '사람들을 구속하고 많이 두려워하게 한다'라고 한 것이다. 무릇 봄에 생겨나고 여름에 자라고 가을에 거둬들이고 겨울에 저장하는 것[春生夏長秋收冬臧]은 하늘과도 같은 도리의 가장 큰 법칙이니, 이를 따르지 않게 되면 천하에 기강을 세울 수가 없다. 그 때문에 '사계절이 운행하는 큰 순서를 잡아준 것만은 놓쳐서는 안 된다'라고 한 것이다.

무릇 유가는 기예 여섯 가지[六藝]를 법도로 삼는데 육예(六藝)를 담고 있는 경전들이 너무도 많아[千萬數] 여러 세대에 걸쳐서도 그 배움에 통달할 수 없으며, 본인 세대에 모든 것을 바쳐도 그 예(禮)를 다 배울 수 없다. 그래서 '넓기는 하되 요점이 적고 노고를 쏟는 데 비해 얻는 효과는 적다'라고 한 것이다. 그러나 '임금과 신하, 부모와 자식의 예절을 잡아준 것과 지아비와 지어미, 윗사람과 아랫사람의 구별을 정해준 것'과 같은 경우는 어떤 학파가 나오더라도 바꿀 수 없다.

묵가도 (유가처럼) 요(堯)임금과 순(舜)임금의 도리를 숭상해 그들의 다움과 행실[德行]에 대해 이렇게 말한다.

'(요임금과 순임금의) 집의 높이는 3척(尺)이고, 흙으로 쌓은 섬돌 계단이 3단이며, 지붕은 떠풀로 이었고, 처마 끝을 가지런하게 자르지 않았으며,

서까래도 다듬지 않았다. 밥이나 국은 흙으로 만든 그릇에 거친 잡곡밥을 먹고, 명아주잎과 콩잎 국을 먹었다. 여름에는 칡으로 짠 베옷[葛衣]을, 겨울에는 사슴 가죽옷[鹿裘]을 입었다.'

묵가는 장례를 치를 때[送死] 3촌(寸)밖에 안 되는 오동나무 관을 쓰고 소리 내어 울되 슬픔을 다 드러내지는 않는다고 하여, 반드시 상례를 이렇게 가르쳐서 온 백성으로 하여금 따르도록 했다. (하지만) 온 천하가 다 이와 똑같이 따라 하게 되면 높은 사람과 낮은 사람[尊卑] 사이에 분별이 없어지게 되니, 무릇 세상이 달라지고 시대가 바뀌면 하는 일들이 반드시 똑같아야 할 필요가 없으므로 '지극히 검소하되 받들어 따르기가 어렵다'라고 한 것이다. (그러나) 그 요체에 이르기를 '바탕을 튼튼히 하고 씀씀이를 아끼는 것'은 사람마다 풍족해지고 집집마다 넉넉해지는 길로서 이는 묵가의 장점이니, 그 어떤 학파가 나오더라도 폐기할 수 없을 것이다.

법가는 (혈연상으로) 가깝고 먼 것[親疏]을 구별하지 않고 귀하고 천한 것도 차별하지 않고 오로지 법에 따라서만 결단하므로[1] 혈육을 제 몸과 같이 여기고 벼슬이 높은 사람을 높게 예우하는[親親尊尊] 은혜가 끊어졌다. 그 것은 한때의 계책으로 행할 수는 있어도 장구하게 쓸 수는 없으니, 그래서 이르기를 '엄격하다 보니 은혜를 베푸는 바가 적다'라고 한 것이다. (그러나) 군주를 높이고 신하를 낮추며 분수와 직책을 분명히 함으로써 서로 권한을 뛰어넘거나 범하지 못하게 한 것은 (법가의 장점이니) 그 어떤 학파가 나오더라도 고칠 수 없을 것이다.

1) 진시황제는 법가의 이런 철학을 채택해 혈연을 중시하던 전통을 버리고 군현제를 실시한 것이다.

명가는 너무 철저하게 따지다가 서로 뒤엉켜 어지러워져서[苛察繳繞] 사람들이 본래의 뜻으로 돌아갈 수 없게 하고 오직 이름이나 개념[名]으로만 결정해 사람들의 실상[人情]을 놓쳐버리니, 그래서 '사람들을 명분에 얽매이게 해 진실을 잘 잃어버린다'라고 한 것이다. 그러나 명분에 의거해 실상을 비판하고 명분과 실질이 서로 호응함으로써 진실을 잃지 않게 한 것은 잘 살피지 않으면 안 된다.

　도가는 억지로 하는 바가 없음[無爲]을 주장하면서 또 못하는 바가 없음[無不爲]을 말하는데, 실상은 쉽게 행할 수 있지만 그 말은 알기가 어렵다. 그들의 학술은 텅 비어 아무것도 없음[虛無]을 본체[本=體]로 삼고 자연의 이치에 고분고분함[因循]을 쓰임[用]으로 삼으니, 형세[勢]를 이루지도 않고 일정한 형태[常形]도 없으므로 능히 만물의 실상[情]을 규명할 수 있고 또 만물보다 앞서지도 않고 뒤지지도 않기 때문에 능히 만물의 주인이 될 수 있다. 법이 있어도 법으로 삼지 않고[有法無法] 늘 때에 맞춰 일을 행하며, 척도가 있어도 척도로 삼지 않고[有度無度] 만물에 맞춰 더불어 조화를 이룬다. 그래서 (『귀곡자(鬼谷子)』에서) 이르기를 '빼어난 이가 썩지 않는 것[不朽]은 때의 변화에 맞게 도리를 지키기 때문이다. 비움[虛]이란 도리의 일정한 법칙이며, 순응[因]이란 임금의 강령이다'라고 한 것이다. 여러 신하가 모두 이르게 되면 (임금은) 각각 스스로 자신들의 직분을 밝히도록 해야 한다. 그 실질이 명성[聲=名]에 들어맞는 것을 바르다[端], 그 실질이 명성에 들어맞지 않는 것을 헛되다[竅=空=虛]라고 한다. 헛된 말을 들어주지 않으면 간사한 신하는 생겨나지 못하고, 뛰어난 이와 불초한 자가 저절로 구분되며, 흰색과 검은색이 곧장 형체를 드러내게 된다. 이와 같이 하려고 한다면 무슨 일인들 이뤄지지 않겠는가? 마침내 큰 도리[大道]와 합치되어 모든 것이 뒤섞인 아득한 상태[混混冥冥]로 들어가게 되며, 천하를 훤하게 비추게 되어 다시 이름조차 없는[無名] 경지로 돌아가게 된다.

　대개 사람이 살아 있다는 것은 정신이 있다는 것이며, 정신은 육체에 의

탁한다. 그런데 정신을 너무 많이 쓰면 메말라버리고 육체를 너무 많이 쓰면 피폐해지며, 정신과 육체가 분리되면 죽게 된다. 죽은 자는 다시 살릴 수 없고 분리된 것은 다시 붙일 수 없으므로 빼어난 이들은 이 두 가지를 중하게 여겼던 것이다. 이로 말미암아 보건대 정신이란 생명의 근본[生之本]이며 육체란 생명의 도구[生之具]다. (그런데도) 먼저 그 정신을 안정시키지 않고서 (입으로만) '내가 있어야 천하를 다스릴 수 있을 것이다'라고 말하니, 대체 무슨 근거로 이런 말을 한단 말인가?"

태사공(太史公)1)은 이미 천문의 일[天官]을 관장하고 있었기 때문에 백성을 (직접) 다스리지는 않았다. 아들이 있었는데 이름을 천(遷)이라고 했다.

1) 사마천의 아버지다.

천은 용문(龍門)1)에서 태어나 황하 북쪽, 용문산 남쪽[河山之陽]에서 농사를 짓고 가축을 길렀다. 나이 10세가 되자 고문(古文)을 암송했다. 20세가 되어서는 남쪽으로 장강(長江)과 회수(淮水)를 유람한 뒤 회계산(會稽山)에 올라 우왕 묘소의 구멍[禹穴]을 탐사하고 구의산(九疑山)을 둘러보았으며2), 원수(沅水)와 상수(湘水)에 배를 띄우고 노닐었다3). 다시 북쪽으로 문수(汶水)와 사수(泗水)4)를 건너 제(齊)나라와 노(魯)나라의 도읍에서 학업을 연마하며[講業] 공자가 남긴 풍습을 살펴보았고, 추(鄒)와 역(嶧)에서는 향사(鄕射)를 구경했다5).

파(鄱)·설(薛)·팽성(彭城)에서 곤욕을 치렀다가 양(梁)과 초(楚)를 거쳐서 돌아왔다. 이 무렵 천은 낭중(郎中)이 되어 사명을 받들고 서쪽으로는 파촉 이남 방면을, 남쪽으로는 공(邛)·작(笮)·곤명(昆明)을 공략하고서 돌아와 복명했다6).

1) 【집해(集解)】 소림(蘇林)이 말했다. "우왕이 치수 사업을 위해 판 곳[所鑿]이 용문이다."[용문산 인근에 있는데, 흔히 과거급제했을 때 쓰는 등용문(登龍門)이라는 말도 여기서 비롯되었다.]

2) 【집해(集解)】 장안(張晏)이 말했다. "우왕이 순수(巡狩)하던 도중 회계산에 이르러 붕했기 때문에 이곳에서 장례를 지냈다. 위에 큰 구멍[孔穴]이 나 있는데, 민간에서는 우왕이 이 구멍으로 들어갔다고 전한다. 구의산에는 순임금의 묘소가 있다."

3) 안사고(顏師古)가 말했다. "원수는 장가(牂柯)에서, 상수는 영릉(零陵)에서 발원하는데, 두 강 모두 북쪽으로 흘러 들어간다."

4) 【정의(正義)】 두 강 모두 연주(兗州)에서 발원해 남쪽으로 흘러서 노나라를 지나간다.

5) 안사고(顏師古)가 말했다. "추(鄒)는 현(縣), 역(嶧)은 산의 이름이다. 근처에 곡부(曲阜) 땅이 있는데, 여기서 향사의 예가 행해졌다."

6) 【집해(集解)】 서광(徐廣)이 말했다. "원정(元鼎) 6년에 서남이를 평정해 5개 군(郡)으로 삼았다. 그 이듬해는 원봉(元封) 원년(기원전 110년)이다."

이해에 천자가 처음으로 한나라 왕실의 봉선(封禪) 의식을 (태산에서) 거행했는데[建], 태사공은 주남(周南)[1]에 머무르고 있어 이 행사에 참여해 받들 수 없게 되자 화가 나서 거의 죽을 지경이었다.

마침, 아들 천이 사명을 마치고 돌아오는 중이었는데, 황하와 낙수(雒水) 중간쯤에서 아버지를 만나볼 수 있었다. 태사공이 천의 손을 잡고 눈물을 흘리면서 말했다.

"우리 선조는 주나라 왕실의 태사(太史)였고, 윗세대는 일찍이 순임금과 하나라 때 공명(功名)을 떨친 이후에 천문에 관한 일을 맡아왔다. 그 뒤로 세월이 흘러 쇠퇴하더니 내 세대에 와서 끊어지고 마는 것인가! 네가 다시 태사(太史)가 된다면 우리 선조의 유업을 이을 수 있을 것이다. 지금 천자께서 천년의 대통을 이어받아 태산에서 봉선 의식을 거행하게 되었는데 내가 따라가지 못했으니, 이는 운명이로다! 운명이로다! 내가 죽거든 너는 반드시 태사가 되어야 하고, 태사가 되거든 내가 논해 저술하려 했던 것[所欲論著]을 결코 잊어서는 안 된다.

1) 【집해(集解)】 서광(徐廣)이 말했다. "지금의 낙양(洛陽)이다."

　　무릇 효(孝)란 어버이를 섬기는 것에서 시작해[始] 군주를 섬기는 것을 거쳐[中] 자기를 세우는 것[立身]에서 끝나는데[終], 후세에 이름을 날려[揚名] 부모를 드러내는 것이야말로 가장 큰 효다. 무릇 천하가 주공(周公)을 칭송하는 것은 그가 문왕과 무왕의 다움을 논해 노래하고 주공과 소공(召公)의 기풍을 선양하고 태왕(大王-고공단보)과 왕계(王季-계력)의 깊은 생각에 통달해 마침내 (위로 올라가) 공류(公劉)에 미치고 그렇게 함으로써 후직(后稷)까지 높이 받들었기 때문이다.

　　유왕과 여왕[幽厲] 이후로 임금다운 도리[王道]가 사라지고 예악(禮樂)이 쇠하자, 공자께서 옛 전적들을 정리해 폐기되었던 예악을 다시 일으키고 『시경(詩經)』과 『서경(書經)』을 논했으며 『춘추(春秋)』를 지었으니, 배우는 자들이 지금까지도 그것을 본받고 있다. 획린(獲麟-기원전 481년) 이래로 지금까지 400년 넘게 제후들이 서로를 집어삼키려고만 한 탓에 역사 기록은 내버려지고 끊어졌는데, 이제 한나라가 일어나 해내(海內)가 하나로 통일되고 (그동안) 눈 밝은 군주, 뛰어난 임금, 충성스러운 신하, 의로운 선비들이 있었지만 내가 태사로 있으면서도 그것을 논해 기록하지 못해서 천하가 열렬히 애썼던바[天下之文]를 폐기하기에 이르렀으니, 나는 너무도 두렵다. 너는 이 점을 잘 염두에 둬야 할 것이다!"

　　천이 고개를 숙인 채 눈물을 흘리면서 말했다.

　　"소자(小子) 비록 못났지만[不敏] 아버지께서 순서대로 정리해두신 옛 기록을 모두 논해 감히 빠뜨리는 일이 없도록 하겠습니다.”

태사공이 졸(卒)한 지 3년 뒤에 천은 태사령이 되어 사관의 기록과 석실(石室-황실 도서관), 금궤(金匱)에 보관한 서적들을 차례대로 정리했고[紬=紬綴], 5년 뒤인 태초(太初) 원년 11월 갑자일 초하루 동짓날에 천력(天曆)이 비로소 바뀌자, 명당(明堂)을 세우고 여러 신이 기록을 받게 했다[諸神受記][1].

1) 장안(張晏)이 말했다. “제후와 여러 군수가 조회해 정삭(正朔-새로운 책력)을 받아 각 산천에 제사하게 되기 때문에 여러 신이 기록을 받게 된다고 말한 것이다.”

태사공(太史公-사마천)이 말했다.

“선친께서 말씀하시기를 ‘주공(周公)이 세상을 뜨고 500년 만에 공자께서 나오셨고, 공자가 세상을 뜨고 오늘에 이르기까지 500년이 지났다. 이제 누가 그것을 이어받아 『역전(易傳)』을 바로잡고 『춘추(春秋)』를 이으며 『시(詩)』·『서(書)』·『예(禮)』·『악(樂)』의 원류[際]를 밝힐 수 있을까?’라고 하셨다. 아버지의 뜻이 바로 여기에 있었구나! 아버지의 뜻이 바로 여기에 있었구나! 소자가 어찌 감히 사양하리오[攘=讓][1]!”

1) 안사고(顏師古)가 말했다. “마땅히 아버지의 업을 이어받아 조술해서 완성시켜야지, 어찌 감히 스스로 이를 사양해 500년 만에 찾아온 일을 물리칠 수 있겠는가라는 말이다.”

상대부(上大夫) 호수(壺遂)[1]가 말했다.

“옛날에 공자는 무엇을 위해 『춘추(春秋)』를 지었습니까?”

1) 【색은(索隱)】 살펴보건대, 호수는 첨사(詹事)로서 작질이 2,000석이었다. 그래서

상대부라고 한 것이다.

태사공이 말했다.

"저는 동생(董生-동중서)에게서 이렇게 들었습니다[1].

'주나라의 도리가 폐기되었을 때 공자가 노(魯)나라의 사구(司寇)가 되었는데, 제후들은 공자를 해치려 했고 대부들은 공자를 가로막았다[雍]. 공자는 자신이 쓰일 때가 아니며 도리가 행해질 수 없다는 것을 알고는 (노나라의) 242년 동안에 대해 옳고 그름을 가림으로써 천하를 위한 본보기[儀表]를 만들어 임금다운 도리[王事=王道]에 이르렀을 뿐이니, 이로써 (잘못된) 천자들을 깎아내리고[貶] (잘못된) 제후들을 뒤로 물리며[退] (잘못된) 대부들을 성토했다[討].[2]

공자는 말하기를 "나는 (원래는) 추상적인 말로[空言] 그 일들을 싣고 싶었으나 이는 실제로 일어났던 일들을 보여주어 아주 절절하고[深切] 훤하게 밝히는 것[著明]만 못하다"라고 했다.'

1) 사마천과 동중서는 동시대 사람인데, 동중서가 20년 이상 나이가 많았기에 동중서의 말을 평어체로 옮겼다.

2) 여기서 임금다운 일이란 천자의 천자다운 도리를 가리킨다. 즉 천자의 천자다움을 척도로 삼아 제후나 대부의 그릇된 행위들을 깎아내리고 비판했다는 뜻이다.

무릇 『춘추(春秋)』는 위로 삼왕(三王)의 도리를 밝히고 아래로 사람의 일[人事]의 큰 틀과 작은 벼리[經紀=綱紀]를 가려냄으로써 의심스러운 바를 분별하고[嫌疑] 옳고 그름을 밝히며[明是非] 그동안 정하지 못하고 유예해둔 것들을 판정했습니다[定猶豫]. (이렇게 하여) 좋은 사람이나 일을 좋다고 하고 나쁜 사람이나 일을 나쁘다고 했으며[善善惡惡] 뛰어난 사람을 뛰어나다 하고 못난 사람을 낮췄으며[賢賢賤不肖] 망한 나라를 존속하게 하고[存

亡國] 끊어진 (왕실) 집안을 이어주었으며[繼絶世] 무너진 전통을 보완하고 폐기된 전통을 다시 일으켰으니, 이것들은 다 임금다운 도리의 큰일[王道之大]입니다.

『주역(周易)』은 하늘과 땅, 음양, 사계절, 오행(五行)을 드러내는 것이기 때문에 변화[變]에, 『예기(禮記)』는 사람의 큰 도리[人倫]를 크고 작은 벼리로 잡아주기[綱紀] 때문에 행실[行]에, 『서경(書經)』은 옛 임금들의 일과 행적을 기록하고 있기 때문에 정사[政]에, 『시경(詩經)』은 산천·계곡·금수·초목, (짐승의) 암수[牝牡], (새의) 암수[雌雄]를 노래하고 있기 때문에 풍자적 은유[風=諷諭]에, 『악기(樂記)』는 몸을 세우는 까닭을 즐겁게 해주기 때문에 조화[和]를 이루는 데, 『춘추(春秋)』는 옳고 그름을 가려주기 때문에 사람을 다스리는 데[治人] 장점이 있습니다. 그래서 『예기(禮記)』로써 사람에게 절도(節度)를 부여해주고 『악기(樂記)』로써 조화로움을 불러일으키며 『서경(書經)』으로써 사실을 말하고 『시경(詩經)』으로써 뜻(이나 감정)을 전달하며 『주역(周易)』으로써 변화를 말하고 『춘추(春秋)』로써 의로움을 말하는 것입니다.

『춘추(春秋)』는 문자가 수만 자로 이뤄져 있고 뜻하는 바도 수천 가지입니다. 어지러운 세상을 다스려서[撥=治] 바른 세상으로 되돌리는 것[撥亂世反之正莫近於春秋][1]으로는 『춘추(春秋)』만큼 가까운 것이 없습니다. 만 가지 일과 사물이 흩어지고 모이는 것이 다 『춘추(春秋)』에 있습니다. 『춘추(春秋)』 안에는 임금을 시해한 것이 36건이고 나라를 망친 것이 52건이며 제후들이 망명해 사직을 제대로 지키지 못한 경우는 이루 다 헤아릴 수가 없는데, 까닭을 잘 들여다보면 모두 근본을 잃어버렸기 때문일 뿐입니다. 그래서 『주역(周易)』에 이르기를 '털끝만 한 작은 차이도 (뒤에 가서는) 1,000리나 오차가 날 수 있다'라고 했으니, 그렇기 때문에 '신하가 임금을 시해하고 자식이 아버지를 죽이는 것은 하루아침, 하룻저녁의 원인 때문이 아니라 그것이 점점 오래 쌓여서[漸久] 그렇게 되는 것이다'라고 했습니다.

(그러니 천자든 임금이든) 나라를 소유한 자는 『춘추(春秋)』를 잘 알지 않으면 안 되니, (이를 모르면) 바로 앞에서 (다른 동료를) 중상모략해도 보지를 못하고 뒤에서 해를 끼쳐도 알지를 못합니다. (또한) 신하 된 자도 『춘추(春秋)』를 잘 알지 않으면 안 되니, (이를 모르면) 항상 있는 일들을 행하면서도 그 마땅함[宜]을 알지 못하고 변고가 일어났을 때도 그에 맞는 대처법[權=權道]을 알지 못합니다. (그러므로) 임금이나 아버지가 되어 『춘추(春秋)』의 마땅함[義=誼]에 능통하지 못하면 반드시 가장 나쁜[首惡=元兇] 오명을 덮어쓰게 될 것이고, 신하나 자식이 되어 『춘추(春秋)』의 마땅함에 능통하지 못하면 반드시 찬탈이나 시역(弑逆)을 저지르다 주살당하게 되는 죄를 지을 것입니다. 사실 그들은 다 자신들이 하는 짓을 좋은 것이라 여기고 행하지만, 마땅함 여부를 모르므로 실상과는 동떨어진 비난[空言]을 덮어쓰면서도 감히 거기서 벗어나지 못하는 것입니다.

무릇 일의 이치와 마땅함[禮義]의 기본적인 뜻에 통하지 못하면 임금은 임금답지 못하고 신하는 신하답지 못하며 아버지는 아버지답지 못하고 자식은 자식답지 못한 지경에 이르게 됩니다. 임금이 임금답지 못하면 (임금의 일을 신하에게) 침범당하고 신하가 신하답지 못하면 (결국은) 주살되며 아버지가 아버지답지 못하면 무도하게 되고 자식이 자식답지 못하면 불효하게 되니, 이 네 가지 행실은 천하의 가장 큰 잘못입니다. 그래서 천하의 가장 큰 잘못을 저질렀다는 말을 뒤집어쓰게 되어도 그것을 받아들여야만 할 뿐 감히 거기서 벗어나지를 못합니다. 그렇기 때문에 『춘추(春秋)』란 일의 이치와 마땅함의 가장 큰 으뜸[大宗]인 것입니다. 무릇 예(禮)란 어떤 일이 아직 일어나기 전에 그것을 금하는 것이요 법이란 이미 일어난 후에 시행하는 것이어서, 법의 효용은 쉽게 눈으로 볼 수 있지만 예가 금하는 것은 알기가 어렵습니다."

호수가 말했다.

"공자 때는 위로 눈 밝은 군주가 없어 아래에서 (자신이) 임용되지 못했으니, 그래서 공자께서는 『춘추(春秋)』를 지어 공문(空文)[1]을 드리워서 일의 이치와 마땅함[禮義]을 재단함으로써 임금다운 임금의 법전으로 만들었습니다. 지금 선생[夫子]은 위로 눈 밝은 천자를 만나서 아래에서 벼슬을 받아 자리를 지키고 있으니, 모든 일이 다 갖춰져 있고 모든 사람이 각자 마땅함을 얻고 있습니다. 선생은 논저를 지어 무엇을 밝히고자 하는 것입니까?"

1) 법률 문장[法文]과 대비되는 말로서 실질적인 효력은 없다는 뜻이지만, 역설적인 표현임을 문맥에서 알 수 있다.

태사공이 말했다.

"네 네[唯唯], 아니 아니[否否], 그렇지는 않습니다. 저는 돌아가신 아버지로부터 이렇게 들었습니다.

'복희(伏羲)는 (그 다움이) 순수하고 두터워[純厚] 『역(易)』의 팔괘를 만들었다. 요순(堯舜)의 성대함에 대해서는 『상서(尙書)』가 이를 기록했고, 예와 악이 여기에서 만들어졌다[制]. 탕왕(湯王)과 무왕(武王)의 융성함에 대해서는 시인들이 노래했다. 『춘추(春秋)』가 선을 취하고 악을 물리침으로써[采善貶惡] 하·은·주 삼대의 다움을 높이고 주나라 왕실을 칭송한 것은 단순히 풍자나 비방에만 그친 것이 아니다.'

한나라가 일어난 이래 지금의 눈 밝으신 천자에 이르자 상서로운 징조가 나타나 봉선 의식을 거행하고 정삭(正朔)을 고치며 의복의 색을 바꾸었으니, 하늘로부터 천명을 받아 황제의 은택이 한없이 펼쳐지고 있습니다. 풍속이 우리와 다른 해외의 나라 중에서도 몇 번의 통역을 거쳐[重譯] 변경에 와서는 공물을 바치고 황제를 알현하겠다는 자가 이루 다 말할 수 없을 정도입니다. 신하와 백관들이 황제의 빼어난 다움을 열심히 칭송하고는 있지만 오히려 그 뜻을 다 나타낼 수 없습니다.

또 선비가 뛰어나고 유능한 데도 기용되지 못하는 것은 나라를 소유한 자의 치욕이고, 주상께서 눈 밝고 빼어나신데도 그 다움이 온 나라에 널리 퍼지지 못한다면 담당 관리[有司]의 잘못입니다. 그런데 제가 그 자리를 관장하면서 눈 밝고 빼어나고 성대한 다움을 기록하지 않거나 공신, 세가, 뛰어난 대부들의 업적을 서술하지 않아서 민멸(泯滅)시켜버린다면, 이는 돌아가신 아버지의 말씀을 어기는 것이 되니 그보다 더 큰 죄는 없을 것입니다. 내가 이른바 옛 사건들을 찬술하는 것[述]은 세상에 전해오는 바를 정리하려는 것이지, (공자가 『춘추(春秋)』를 지은 것처럼) 이른바 짓고자 하는 것[作]이 아닙니다[1]. 그런데도 그대가 그것을 『춘추(春秋)』와 비교한다면 그것은 잘못입니다.”

1) 이는 공자가 『논어(論語)』 「술이(述而)」편에서 말한 '술이부작(述而不作)'의 정신을 그대로 이어받겠다는 뜻을 밝히고 있는 것이다.

이에 그 문헌들을 논하고 차례를 잡았다.

7년[1] 뒤에 이릉의 화(禍)를 만나 감옥에 갇히는 신세가 되자, 마침내 한숨을 내쉬고 탄식해 말했다.

“이는 내 죄로다! 이는 내 죄로다! 몸은 망가져 쓸모가 없어졌구나!”

하지만 물러나 깊이 생각한 끝에 이렇게 말했다.

“무릇 『시(詩)』나 『서(書)』가 은미하고 간략한 것[隱約]은 마음속에 있는 생각을 남김없이 다 펼쳐 보이려 했기 때문이다. 옛날에 서백(西伯-주나라 문왕)은 유리(羑里)에 유폐된 상태에서 『주역』을 풀이했고[演], 공자는 진(陳)나라와 채나라에서 곤경을 겪을 때 『춘추』를 지었으며, 굴원(屈原)은 쫓겨나는 신세가 되자 『이소(離騷)』를 지었고, 좌구명(左丘明)은 실명을 하고서 『국어(國語)』를 썼다. 손빈(孫臏)은 발이 잘리는 형벌을 당하고도 『병법』을 남겼고, 여불위(呂不韋)는 촉으로 좌천되었지만, 세상에 『여람(呂覽-『여씨춘추』)』을 남겼고, 한비(韓非)는 진나라에 갇힌 신세에도 「세난(說難)」과 「고분(孤憤)」편을 저술했다. 『시경』 300편도 대개 뛰어난 이나 빼어난 이들이 발분해 지은 것이다. 이 사람들은 모두 마음속에 무엇이 맺혀 있었지만, 발산할 길이 없었으니, 이 때문에 지난 일을 서술함으로써 후세 사람들로 하여금 앞으로 다가올 일을 미리 생각해볼 수 있게 한 것이다."

1) 반고의 『한서(漢書)』 「사마천전(司馬遷傳)」에는 10년으로 되어 있다.

이에 드디어 요임금[陶唐]에서 인지(麟止)[1]까지의 일들을 조술했는데, 황제(黃帝)로부터 시작했다. (책의 순서는 아래와 같다.)

1) 한나라 무제가 기린을 얻어서 발 모양을 주조한 것을 말한다. 인지(麟趾)의 다른 표현이다.

아! 옛날에 황제(黃帝)는 하늘과 땅을 법칙으로 삼았고, 네 빼어난 임금[四聖][1]은 차례를 준수함으로써 각각 그 법도를 이루었으며, 당요(唐堯)가 자리를 물려주었으나[遜位] 우순(虞舜)은 조금도 기뻐하지 않았다[不台=不怡=不悅]. 이들 제왕의 공덕을 찬미해 만세에 길이길이 전하고자 한다. 이에 「오제본기(五帝本紀)」 제1을 지었다.

1) 【집해(集解)】 서광(徐廣)이 말했다. "전욱(顓頊)·제곡(帝嚳)·요순(堯舜)이다."

아! 우왕(禹王)의 공적은 구주(九州)를 이에[攸=於是] 고르게 하여 요순 시대를 더 빛냈으니, 그 공덕은 먼 후손에까지 이르렀다. 하나라 걸(桀)은 음란하고 교만해 마침내 명조(鳴條)로 쫓겨났다. 이에 「하본기(夏本紀)」 제

2를 지었다.

　아! 설(契)이 상(商)나라를 일으켜 이에 성탕(成湯)에까지 이르렀다. 태갑(太甲)은 (다움을 잃어) 동(桐)에 머물러야 했지만 (훗날) 그 임금다움이 아형(阿衡) 이윤(伊尹)에 힘입어 빛나게 되었고, 무정(武丁)은 부열(傅說)을 얻었기에 마침내 고종(高宗)이라고 칭송받았으며, 제신(帝辛-주왕)은 술과 여자에 빠져[湛湎] 제후들의 섬김을 받지 못했다[不享=不事]. 이에 「은본기(殷本紀)」 제3을 지었다.

　아! 기(棄)는 농업을 퍼뜨려 후직(后稷)이 되었고, 그 덕은 서백(西伯) 문왕(文王) 때 이르러 성대했으며, 무왕(武王)은 목야(牧野)에서 (주왕에게 승리함으로써) 천하를 실로 어루만져주었다. 유왕(幽王)과 여왕(厲王)은 어둡고 어지러워[昏亂] 이미 풍(酆)과 호(鎬)를 잃었고, 이후 점점 더 쇠락하더니 난왕(赧王)에 이르러 낙읍(洛邑)에서 제사가 끊어졌다. 이에 「주본기(周本紀)」 제4를 지었다.

　아! 진(秦)나라의 선조 백예(伯翳-백익(伯益))는 우왕을 보좌했다. 목공(穆公)은 마땅함을 사모해[思義=慕義] 효산(崤山)[豪]에서 전사한 병사들을 장사 지내주었으나[1] 목공이 죽으면서 산 사람을 순장했으니 『시경』(「진풍(秦風)」) 황조(黃鳥)편이 이를 노래했다. 소왕(昭王)과 양왕(襄王)은 제업(帝業)을 위한 기반을 닦았다. 이에 「진본기(秦本紀)」 제5를 지었다.

1) 【색은(索隱)】 호(豪)는 곧 효(崤)의 다른 음이다. 【정의(正義)】 목공이 효산에서 죽은 군사들의 시신을 묻고 봉분을 만들어주었다.

　시황(始皇)이 이미 세워지고 나서 (전국시대) 여섯 나라를 집어삼킨 뒤 병기를 녹여 종과 종걸이[鐻]를 만들고 방패와 갑옷을 쓰지 못하게 하고는, 스스로를 높여 황제라 부르며 무(武)에 힘쓰고 힘에 모든 것을 맡겼다. 2세가 국운을 이어받았으나 자영(子嬰)은 항복해 포로가 되었다. 이에 「진시황본기(秦始皇本紀)」 제6을 지었다.

진나라가 도리를 잃자, 호걸들이 나란히 일어났으니, 항량(項梁)이 대업을 일으키고 자우(子羽-항우)가 뒤를 이었다[接=繼]. 항우가 경자관군(慶子冠軍-송의)을 죽이고 조나라를 구원하자 제후들이 그를 세웠으나 항우가 자영을 죽이고 회왕(懷王)을 배반하자 천하가 그를 비난했다. 이에 「항우본기(項羽本紀)」 제7을 지었다.

자우는 포악했으나 한왕(漢王)은 공덕을 쌓았다. 한왕은 촉한(蜀漢)에서 분발해 돌아와 삼진(三秦)을 평정했고, 항우를 죽이고 제업을 이룸으로써 드디어 천하를 안정시키자 제도와 풍속을 고치고 바꾸었다. 이에 「고조본기(高祖本紀)」 제8을 지었다.

혜제(惠帝)는 일찍 붕했다[早霣=早殞]. 민심은 여씨(呂氏) 일족들을 좋아하지 않았으니[不台=不悅], 여록(呂祿)과 여산(呂産)을 높여 권력을 강화하자 제후들이 모반했다. 여후(呂后)가 조왕(趙王) 여의(如意)를 죽이고 유왕(幽王) 우(友)를 유폐시키자 대신들은 함께 의심을 품었고, 드디어 여씨 일족은 멸족의 화를 당하기에 이르렀다. 이에 「여태후본기(呂太后本紀)」 제9를 지었다.

한나라가 이미 처음으로 일어나기는 했으나 (혜제 이후) 계사(繼嗣-후사)가 분명하지 못하자, 대왕(代王)을 맞이해 자리를 밟게 하니 천하의 민심이 돌아왔다. 육형(肉刑)을 없애고 관소(關所)와 다리를 활짝 엶으로써 널리 은덕을 베푸니, 태종(太宗)이라고 칭송했다. 이에 「효문본기(孝文本紀)」 제10을 지었다.

제후들이 교만방자해지더니 오왕(吳王)이 맨 앞에서[首] 반란을 일으켰는데, 조정에서 주벌에 나서서 7국을 모두 처벌하니 천하는 마음을 모아 크게 안정을 되찾고 풍요로워졌다. 이에 「효경본기(孝景本紀)」 제11을 지었다.

한나라는 일어난 지 5대째인 건원(建元) 연간에 가장 융성했다. 밖으로 오랑캐들을 물리치고 안으로 법도를 닦았으며, 봉선(封禪)을 거행하고 역법을 고치며 복색을 바꾸었다. 이에 「효무본기(孝武本紀)」 제12를 지었다.

아! 하·은·주 삼대는 너무도 멀어 연대를 살필 수가 없었기에 대체로 보첩(譜牒)과 구문(舊聞)을 취해 이를 근본으로 삼고, 이에 대략 추정해 「삼대 세표(三代世表)」 제1을 지었다.

유왕와 여왕 이후로 주나라 왕실이 쇠미해지자 제후들이 정권을 마음대로 했으니, 『춘추』에서도 미처 다 기록하지 못한 것들이 있었다. 그러나 보첩이나 연표를 보면 오패(五霸)가 번갈아 융성했다가 쇠퇴했기에, 주나라 때 제후들이 서로 앞서거니 뒤서거니 했던[先後] 일들의 의미를 살피고자 「12제후 연표(十二諸侯年表)」 제2를 지었다.

춘추시대 이후로 배신(陪臣-제후들의 신하)들이 정권을 잡았고 강한 나라들은 서로 왕을 칭했는데, 진(秦)나라에 이르러 마침내 중원의 제후들[諸夏]을 아우르고 그들의 봉토를 없앤 뒤 마음대로 왕이라고 칭했다. 이에 「육국 연표(六國年表)」 제3을 지었다.

진나라가 이미 포학해지자 초나라 사람들(-진승과 오광)이 들고 난을 일으키자, 항씨(項氏)가 드디어 반란을 일으켰으나 한나라가 마침내 마땅함에 기대[扶義] 이를 정벌했다. 8년 동안 천하는 세 번이나 주인이 바뀌었으니, 일은 번잡하고 변화는 많았다. 그래서 일단 이를 상세하게 드러내「진·초 사이 월표(秦楚之際月表)」제4를 지었다.

한나라가 일어난 이래로 태초(太初) 연간까지 100년 동안에 제후들이 폐립(廢立)되면서 봉지가 나뉘고 깎였지만, 보첩이나 연보 기록이 분명치 않았는데, 이는 담당 관리들에게 계속해서 기록할 방법이 없어서 제후들이 강해지고 약해지는 근원을 제대로 규명하지 못했기 때문이다. 이에「한나라가 일어난 이래의 제후왕 연표(漢興已來諸侯年表)」제5를 지었다.

아! 고조가 으뜸가는 공로를 세웠을 때 팔다리처럼 보필한 공신들은 부절을 쪼개 봉토와 작위를 받았으며 은택이 후손에까지 미쳤다. 그러나 선조의 유지를 망각했다가 몸이 죽거나 나라를 잃어버린 자들도 있다. 이에「고조 공신 중 후가 된 사람 연표(高祖功臣侯者年表)」제6을 지었다.

혜제와 경제 사이에 고조의 공신, 종족들에게 작위와 봉읍을 거듭 내려 주었다. 이에「혜제에서 경제 사이에 후가 된 사람 연표(惠景間侯者年表)」제7을 지었다.

북쪽으로 강한 오랑캐를 토벌하고 남쪽으로 강한 월나라를 주벌하고 만이(蠻夷)를 정벌함으로써 무공에 따라 열후에 봉해진 사람들이 있다. 이에「건원 이래 후가 된 사람 연표(建元以來侯者年表)」제8을 지었다.

제후들이 이미 강해지고 나자, 일곱 나라가 연합해 반란을 일으켰다. 제후의 자제들이 너무 많아졌으므로[衆多] 작위와 봉읍이 없을 경우에는 은혜를 베풀고[推恩] 마땅한 도리를 행했으니, 제후들의 세력이 점점 약해지고 은덕은 모두 경사(京師-중앙조정)로 돌아왔다. 이에 「건원 이래 왕자 중에 후가 된 사람 연표(建元以來王子侯者年表)」 제9를 지었다.

나라에 뛰어난 재상과 훌륭한 장수가 있으면 백성의 사표(師表)가 된다. 아! 한나라가 일어난 이래의 장군·재상·명신들의 연표에서는 뛰어난 이에 대해서는 치적을 기록했고 뛰어나지 못한 이는 그가 한 잘못된 일을 분명히 드러내 밝혔다. 이에 「한나라가 일어난 이래 장군·재상·명신 연표(漢興以來將相名臣年表)」 제10을 지었다.

아! 하·은·주 삼대(三代)의 예(禮)는 덜어내고 더하는바[所損益]가 있으니, 시대마다 힘쓰는 바가 다르기 때문이다[1]. 그러나 핵심을 보자면 다 성정(性情)에 가깝고 왕도(王道)와 통한다. 그러므로 예(禮)는 사람의 바탕[人質]에 근본을 두고서 애씀으로 갈고닦으며[節文] 대략 고금의 변화에 어울리게 하는 것이다. 이에 「예서(禮書)」 제1을 지었다.

1) 『논어(論語)』 「위정(爲政)」편에 나오는 대화다. 자장이 물었다. "10왕조 이후의 일도 알 수 있습니까?" 공자가 말했다. "은(殷)나라는 하(夏)나라의 예(禮)를 이어받았으니, 거기에서 덜어내고 더한 것[所損益]을 알 수 있고, 주(周)나라는 은나라의 예를 이어받았으니, 거기에서 덜어내고 더한 것을 알 수 있다. 그러니 혹시라도 주나라를 이어받는 나라가 있다면 설사 100왕조 뒤에라도 (그 예의 모습을) 알 수 있다."

음악이란 기풍을 (좋은 쪽으로) 옮기고 습속을 (좋은 쪽으로) 바꾸는 것[移風易俗]이다. 『시경(詩經)』의 아(雅)와 송(頌)의 소리가 흥성한 이래로 사람들은 이미 정나라와 위(衛)나라의 음악을 좋아했으니, 정나라와 위나라의 음악은 유래가 오래되었다. 사람의 정감이 느끼는 것은 다 같아서 음악을 쓰면 풍속이 다른 먼 곳 사람도 같은 정감을 품을 수 있다. 각종 악서(樂書)를 살펴서 예로부터의 음악 변천사를 서술해[1] 「악서(樂書)」 제2를 지었다.

1) 【색은(索隱)】 각종 악서를 살펴서 예로부터 음악이 흥하고 쇠해온 모습을 서술했다는 말이다.

군대가 없으면 나라는 강할 수 없고[非兵不彊][1] 다움이 아니면 나라는 번창할 수 없다[不昌]. 황제와 탕왕과 무왕이 그로써 흥했고 걸왕과 주왕과 2세황제가 이로써 무너졌으니 조심하지 않을 수 있으랴! 『사마법(司馬法)』의 유래는 아주 오래되었는데, 태공망(太公望)·손자(孫子)·오기(吳起)·왕자성보(王子成甫)가 능히 이를 이어받아 더 자세히 밝혔고, 근세로 오면서 더욱 절실해져서 인사의 변화[人變]를 지극히 탐구했다. 이에 「율서(律書)」 제3을 지었다.

1) 【색은(索隱)】 이 「율서(律書)」를 지으면서 비병불강(非兵不彊)이라고 말한 것은, 이 율서가 곧 병서(兵書)이기 때문이다. 옛날에 군사는 율(律)에 따라 출전했으니, 출전한 모든 군사는 율성(律聲)을 들어야 했다. 그래서 말하기를 "소리를 들으면 승부를 짚어볼 수 있고, 적을 보면 길흉을 알 수 있다"라고 한 것이다.

율(律)은 음(陰)에 의거해 양(陽)을 다스리고, 역법(曆法)은 양에 의거해 음을 다스린다. 악률과 역법이 서로를 다스리기 때문에 그사이에 작은 틈도 용납하지 않는다. 오가(五家)[1]의 글이 서로 다른데, 저 태초(太初) 원년부터 논해 「역서(歷書)」 제4를 지었다.

1) **[정의(正義)]** 황제력·전욱력·하력·은력·주력을 말한다. 내용은 서로 차이가 나
고, 같지가 않다.

별들과 기상(氣象)을 다룬 책들에는 길흉화복[祲祥]에 관한 내용이 뒤섞
여 있어 본보기나 원칙으로 삼을 수 없다[不經]. 천문 현상을 미뤄 헤아리
고 그에 따른 호응 현상을 고찰해보면 특별한 것은 아니다. 천문 현상들에
관한 것들을 모아서 비교해 논하고 차(次)[1]로써 궤도(軌度)를 검증해 「천관
서(天官書)」 제5를 지었다.

1) 동양에서 적도를 따라 하늘을 30도씩 12구역으로 구분하던 단위다.

천명을 받아 왕이 되어도 봉선(封禪)과 같은 부서(符瑞-상서로움)의 일을
행하는 경우는 드문데, 이를 거행하면 모든 신령이 제사를 받게 된다. 명산
대천의 여러 신에게 제사를 지내는 예(禮)의 근원으로 거슬러 올라가서 「봉
선서(封禪書)」 제6을 지었다.

아! 우왕은 하천을 파서[浚川=濬川] 구주를 평안케 했고, (한 무제는) 선
방궁(宣防宮)을 만들 때 하천을 터지게 하고 강을 통하게 했다[決瀆通溝].
이에 「하거서(河渠書)」 제7을 지었다.

아! 화폐[幣=錢]를 유통하는 것은 농업과 상업이 서로 통하게 하려 함이
다. 그런데 그것이 극에 이르자 교활한 자들이 농간을 부리고 겸병하는 자
들이 재산을 크게 늘려서 투기로 얻은 이익을 다투는 바람에 근본인 농업
[本業]을 버리고 곁가지인 장사[末業]를 향해 내달리게 되었다[去本趨末].
이에 「평준서(平準書)」 제8을 지었다.

태백(太伯)은 (막냇동생) 계력(季歷)을 피해 강남 오랑캐 땅으로 갔고, 문왕과 무왕은 (태백과 계력의 아버지) 고공단보(古公亶父)의 자취가 있는 곳에서 일어났다. (오왕) 합려(闔閭)는 왕 요(僚)를 시해하고 형초(荊楚)를 빈복(賓服-굴복)시켰다. 부차(夫差)가 제나라와 싸워 이기자 자서(子胥)는 말가죽으로 만든 큰 자루[鴟夷]에 담겨 강물에 내던져졌고, (부차는) 백비(伯嚭)를 믿어 월(越)나라를 가까이하다가 오나라를 망하게 했다. 태백이 왕위를 사양한 것을 아름답게 여겨서 「오태백세가(吳太伯世家)」 제1을 지었다.

신(申)과 여(呂) 두 나라가 쇠약해지자[胥]¹⁾ 상보(尚父)는 미천해져서 결국 서백(西伯-문왕)에게 귀의했고, 문왕과 무왕은 그를 스승으로 모셨다. 공로가 여러 공 중에서 으뜸이었는데[冠=首], 지략과 권모술수가 치밀하고 깊었다²⁾. 위풍당당해[番番] 머리털이 황색으로 변한³⁾ 그는 영구(營丘)에 봉해졌다. (노나라와) 가(柯)에서 맺은 맹약을 배신하지 않았기에 환공은 번창해 아홉 차례나 제후들을 불러 모았으니[九合=糾合], 패자로서의 공적이 두드러졌다. 전씨(田氏)와 감씨(闞氏)가 총애를 다투었고 강성(姜姓)의 제나라는 망했다. 상보의 지략을 아름답게 여겨 「제태공세가(齊太公世家)」 제2를 지었다.

1) 【집해(集解)】 서광(徐廣)이 말했다. "胥는 발음이 (초가 아니라) 소(瘠-소갈증)다. 소(瘠)란 '쇠미해진다라'는 뜻이다." 【정의(正義)】 여상(呂尚)의 선조는 신나라에 봉해졌는데, 신나라와 여나라가 쇠미해지자 상보가 미천해진 것이다.

2) 【집해(集解)】 서광(徐廣)이 말했다. "그는 권모지략이 전혀 드러나지 않았으니, 그래서 이를 태공음모(太公陰謀)라 불렀다."

3) 【색은(索隱)】 황색 머리털이란 노인의 백발이 다시 황색으로 바뀌었다는 말이다.

(주 무왕이 죽고 어린 성왕이 즉위해 주공이 섭정하자) 어떤 제후는 기대고 어

떤 제후는 어겼지만, 주공(周公)이 이들을 (거둬) 안정시켰으니[綏=安], 문 덕(文德)을 발휘하자 천하가 이에 화합했다. 성왕(成王)을 잘 보필하니 제후 들은 주나라를 종주로 받들었다. 노나라 은공(隱公)과 환공(桓公)에 이르 러 유독 어지러워진 것은 어째서인가? 삼환(三桓)이 세력을 다투자 노나라 는 마침내 번창하지 못했다. 주공 단(旦)의 금등(金縢)을 아름답게 여겨 「노 주공세가(魯周公世家)」 제3을 지었다.

무왕(武王)이 주왕(紂王)을 이겼으나 천하가 미처 화합하기 전에 붕했다. 성왕은 아직 어려서 (주공이 섭정하자) 관숙(管叔)과 채숙(蔡叔)이 의심하고 회이(淮夷)는 배반했다. 이런 상황에서 소공(召公)은 덕(德)으로 왕실을 편 안하게 하고[安集=和集] 동방 여러 나라도 안녕하게 했다. 연왕(燕王) 쾌(噲) 의 선위(禪位)[1]로 마침내 화란(禍亂)이 일어났으니, 선위가 재앙과 난리를 불러일으켰다. 시 「감당(甘棠)」편을 아름답게 여겨 「연소공세가(燕召公世 家)」 제4를 지었다.

1) **[색은(索隱)]** 왕 쾌가 재상 자지(子之)에 왕위를 넘겨줌으로써 결국 위란(危亂)을 불러들이게 된 것을 말한다.

관숙과 채숙은 무경(武庚)을 도와 옛 상나라 땅을 안정시키려다가 주공 단이 섭정하게 되자 두 사람은 주나라를 받들려 하지 않았다[不饗=不享]. (주공이) 선(鮮)을 죽이고 도(度)를 추방한[1] 뒤 주나라 왕실에 충성을 맹세 했다. (문왕의 비인) 태임(太任)이 아들 10명[2]을 낳았으니, 주나라 왕실은 그 로 인해 강성해질 수 있었다. (채숙의 아들) 채중(蔡仲)이 허물을 뉘우친 것을 아름답게 여겨 「관채세가(管蔡世家)」 제5를 남겼다.

1) **[색은(索隱)]** 『계가(系家)』를 살펴보건대, 관숙은 이름이 선(鮮), 채숙은 도(度),

곽숙(霍叔)은 처(處)다.

2) 【색은(索隱)】 아들 10명이란 백읍고(伯邑考)·무왕·관숙·채숙·곽숙·노(-주공)·위(衛)·모(毛)·담(聃)·조(曹)다.

빼어난 왕은 제사가 끊어지지 않으니, 순임금과 우왕은 이에 기뻐할 일이다. 아! 다움이 아름답고 밝으면[休明] 후손들이 그 치열한 은덕을 입어서 백세가 지나도 제사를 받는다. 이에 주나라 때 진(陳)나라와 기(杞)나라가 있게 되었으나 초나라가 실로 이들을 멸망시켰다. 제나라에서 전씨(田氏)가 이미 일어났으니, 순임금은 어떤 사람인가? 이에 「진기세가(陳杞世家)」 제6을 지었다.

(주나라는) 은나라 유민들을 거둬 강숙(康叔)을 처음으로 위(衛)에 봉했고, 상(商)나라가 혼란하던 때를 거듭 경계시키며 「주고(酒誥)」와 「재재(梓材)」를 지어주었다. 삭(朔-혜공)이 태어나자, 위나라 경공(頃公)은 편안하지 못했다. 남자(南子)가 (태자) 괴외(蒯聵)를 미워하니 아들(-첩(輒))과 아비의 명분이 뒤바뀌었다. 주나라 왕실의 덕이 쇠미해지고 전국시대 제후들은 이미 강해졌는데, 위나라는 약하고 작았지만 각(角) 홀로 가장 늦게 망했다. 강고(康誥)를 아름답게 여겨 「위강숙세가(衛康叔世家)」 제7을 지었다.

아, 기자(箕子)여! 아, 기자여! 바른말을 해도[正言] 쓰이지 않자[不用] 마침내 돌아와서 종이 되었구나! 무경이 죽고 나자 주나라는 미자(微子)를 봉했다. 양공(襄公)이 홍수(泓水) 주변에서 초나라와 싸우다가 부상을 입었지만, 누구를 군자라 칭하겠는가? 경공(景公)이 겸양의 다움을 쌓으니, 형혹성이 물러갔고, 척성(剔成)이 포악해 송나라는 마침내 멸망했다. 미자가 태사(太師-기자)에게 (떠나는 도리에 관해) 물었던 일을 아름답게 여겨 「송미자세가(宋微子世家)」 제8을 지었다.

무왕이 붕하고 나서 숙우(叔虞)는 당(唐)에 도읍을 정했다. 군자는 이름을 잘못 지은 것을 기롱했고[1], 결국 무공(武公)에게 멸망당했다. 여희(驪姬)를 사랑하는 바람에 혼란이 5대에 걸쳐 이어졌으나 중이(重耳)가 처음에는 뜻을 얻지 못해 여러 나라를 떠돌아다니다가 결국 패업을 이루었다. 육경(六卿)[2]이 전횡하니 진나라는 쇠퇴했다. 문공(文公)이 천자로부터 예물[珪-옥과 울창주]을 받은 일을 아름답게 여겨 「진세가(晉世家)」 제9를 지었다.

1) 【정의(正義)】 진나라 목후가 태자의 이름을 구(仇)로, 작은아들의 이름을 성사(成師)로 지은 것을 말한다.

2) 【정의(正義)】 지백(智伯)·범(范)·중항(中行)·한(韓)·위(魏)·조(趙)다.

중(重)과 여(黎)[1]가 (천문과 지리에 관한) 일을 (처음으로) 시작해 오회(吳回)가 이어받았고 은나라 말년에 육자(鬻子)가 (처음으로) 계보를 정리했으며, 주나라가 웅역(熊繹)을 썼고 웅거(熊渠)가 그 일을 이어받았다. 장왕(莊王)은 뛰어나서, 마침내 진(陳)나라를 (멸망시켰다가) 다시 복구해주었고[2] 정백(鄭伯)을 용서했으며 (송나라를 포위했다가) 화원(華元)의 말을 들어 군대를 돌렸다. 회왕(懷王)은 (진나라에서) 객사했고, 란(蘭)은 굴원을 박해했다. 초나라는 아첨꾼을 좋아하고 참소하는 자를 믿다가[好諛信讒] 진(秦)나라에 합병되었다. 장왕의 마땅함[義]을 아름답게 여겨 「초세가(楚世家)」 제10을 지었다.

1) 중려(重黎)라고 해서 한 사람으로 보기도 한다.

2) 【정의(正義)】 초나라 장왕은 진(陳)에 도움했다.

소강(少康)의 아들은 사실상 남해로 쫓겨가서[賓][1] 몸에 문신하고 머리를 짧게 자른 채 물가에서 큰 거북 등과 더불어 자랐으나 그런 뒤에는 이미 봉우산(封禹山)을 지키며 우왕의 제사를 받들었다. 구천(句踐)은 (회계산에서 부차에게) 치욕을 당한 뒤에야 마침내 문종(文種)과 범려(范蠡)[種蠡]를 썼다. 구천이 비록 오랑캐 속에 있었으나 능히 임금다움을 닦아 강한 오나라를 멸망시키고 주나라 왕실을 높인 것을 아름답게 여겨서 「월왕구천세가(越王句踐世家)」 제11을 지었다.

1) 【정의(正義)】 『오월춘추(吳越春秋)』에서 말했다. "(우왕의 아들) 계(啓)로 하여금 계절에 맞춰 월(越) 땅에서 우왕에게 제사 지내게 하고 남산 위에 종묘를 세웠다. 또 소강의 서자 무여(無餘)를 월 땅에 봉해 우왕의 제사 지내게 했는데, 구천에 이르러 산음(山陰)으로 천도해 이곳에 우왕의 사당을 세우고 시조의 사당으로 삼았다. 월나라가 망하자 마침내 폐기되었다."

환공(桓公)이 동쪽으로 옮긴 것은 (주나라) 태사(太師)의 말을 쓴[庸=用] 것이다. (정나라 장공이) 주나라 화(禾) 땅을 침범하자 주나라 사람들[王人]은 이를 비방했고[議], 채중(祭仲)이 (송나라의) 강요로 맹약을 맺은 이후로 정나라는 오랫동안 번창하지 못했다. 자산(子産)의 어진 정치는 여러 대에 걸쳐 뛰어났다[賢]는 칭송을 받았으나, 삼진(三晉)이 침범하자 정나라는 한 나라에 합병되었다. 여공(厲公)이 주나라 혜왕(惠王)을 주나라에 들여보낸 일을 아름답게 여겨 「정세가(鄭世家)」 제12를 지었다.

아! 기(驥-천리마)와 녹이(騄耳-주 목왕이 탄 명마)가 마침내 조보(造父)라는 이름을 세상에 알렸다. 조숙(趙夙)은 진(晉) 헌공(獻公)을 섬겼고, 아들 조최(趙衰)[1]가 유업을 이었다. 조최는 문공(文公)을 보좌해 주나라 왕을 높였고, 마침내 진나라 보신(輔臣)이 되었다.

조양자(趙襄子)는 지백(智伯)에게 곤욕을 치른 뒤 마침내 지백을 사로잡았다. 주보(主父-무령왕)는 산 채로 갇혀 굶어 죽을 지경에 이르자 참새를 잡아먹었고, 조왕(趙王) 천(遷)은 편벽되고 음란해 훌륭한 장수를 배척했다. 조앙(趙鞅)이 주나라의 난을 토벌한 것을 아름답게 여겨 「조세가(趙世家)」 제13을 지었다.

1) 衰는 (발음이 쇠가 아니라) 초(楚)와 위(爲)의 반절음이다.

　　필만(畢萬)이 (진(晉)나라에서) 위(魏) 땅을 갖고서 작위를 받자 점치는 사람은 (후세가 번성할 것임을) 미리 알았다. (진나라 도공을 섬기던) 위강(魏絳-필만의 자손)이 양간(楊干-진나라 도공의 동생)을 죽이려고 했는데, (어떤 사람이 도공을 설득하니 도공은 위강을 장무에 임명하고) 도공은 위강으로 하여금 융적(戎翟)과 화해하게 했다. 문후(文侯)는 마땅함을 사모해[慕義=思義] (공자의 제자) 자하(子夏)를 스승으로 섬겼다. 혜왕(惠王)이 자만하니[自矜] 제나라와 진(秦)나라가 공격했고, (안희왕이 이미) 신릉군(信陵君)을 의심하자 제후들이 군대를 거둬들였다. 결국 대량(大梁-위나라 수도)은 멸망했고 왕가(王假)는 진나라에 붙잡혀 마구간 종이 되었다. 위나라 무자(武子)가 진나라 문공을 도와 거듭 패도(覇道)를 이루게 한 것을 아름답게 여겨 「위세가(魏世家)」 제14를 지었다.

　　한궐(韓厥)의 음덕으로 조무(趙武)는 이에[攸=於是] 일어날 수 있었다. 조나라가 끊어진 것을 이어주고 폐지된 제사를 다시 세워주니, 진(晉)나라 사람들이 그를 종주로 삼았다[宗之]. (한나라) 소후(昭侯)가 열후(列侯)들 사이에서 우뚝 설 수 있었던 것[顯列]은 신불해(申不害)를 썼기[庸=用] 때문이다. (왕 안(安)은) 한비자를 의심해 믿지 않았기 때문에 진(秦)나라의 습격을 받았다. 한궐이 진(晉)나라를 도와 주나라 천자의 공부(貢賦)를 바로잡은 일을 아름답게 여겨 「한세가(韓世家)」 제15를 지었다.

완자(完子)가 난을 피해서 제나라로 가서 환공을 도왔고, 5대에 걸쳐 은 밀하게 (제나라 사람들에게) 은혜를 베푸니 제나라 사람들이 그를 (칭송해) 노래했다. 성자(成子)가 정권을 잡았고, 전화(田和)는 후(侯)가 되었다. 제나라 왕 건(建)이 (진(秦)나라의 모략에) 마음이 흔들리더니 마침내 (진나라에 의해) 공(共) 땅으로 옮겨졌다. 위왕(威王)과 선왕(宣王)이 능히 혼탁한 세상을 다스리고[撥=治] 홀로 주나라 왕실을 받든 것을 아름답게 여겨 「전경중완세가(田敬仲完世家)」 제16을 지었다.

주나라 왕실이 이미 쇠퇴하자 제후들이 방자하게 행동하니, 중니(仲尼-공자)는 예(禮)가 폐기되고 악(樂)이 무너진 것을 마음 아파하며 경술(經術)을 연마하고 닦음으로써 왕도(王道)를 밝히고 난세를 바로잡아 정도(正道)로 되돌리려 했다. 그리하여 이를 글로 드러내고 천하를 위한 의법(儀法-모범)을 만들었으며 육예(六藝)의 계통을 후세에 드리웠으니, 이에 「공자세가(孔子世家)」 제17을 지었다.

(하나라) 걸왕(桀王)과 (은나라) 주왕(紂王)이 도리를 잃자, 탕왕(湯王)과 무왕(武王)이 일어났고 주나라가 도리를 잃자 『춘추(春秋)』가 지어졌다[1]. 진(秦)나라가 정사를 잃자, 진섭(陳涉)이 세상에 나타났고 제후들도 난을 일으키니 기세는 바람이 일어나고 구름이 피어오르는 것[風起雲蒸]과 같아서 결국 진나라 족속[秦族][2]을 멸망시켰다. 천하(가 뒤집힌 일)의 단서는 진섭이 난을 일으킨 데서 시작되었다. 이에 「진섭세가(陳涉世家)」 제18을 지었다.

---

1) **【정의(正義)】** 주나라가 도리를 잃게 된 뒤로 진(秦)나라가 통일할 때까지 제후들은 힘으로 강자가 되려고 다투는 일에 전념했다.

2) 일반적으로는 진실(秦室)이라고 해야 하는데, 경멸적 의미를 담아 진족(秦族)이라고 한 것이다.

(하남궁(河南宮)) 성고대(成皐臺)에서 박씨(薄氏)가 비로소 총애를 받았다[基]. (두씨(竇氏)는) 뜻을 굽혀 대(代)나라로 갔지만 (대왕이 황제가 되자) 두씨 일족은 모두 귀하게 되었다. 율희(栗姬)는 존귀함만 믿고 교만하게 구니 왕씨(王氏)가 마침내 뜻을 이루었다. 진(陳) 황후는 너무 교만했던 탓에 위자부(衛子夫)가 존귀하게 되었다. 위자부의 덕이 이와 같았음을 아름답게 여겨 「외척세가(外戚世家)」 제19를 지었다.

한 고조는 속임수[譎謀]로 한신(韓信)을 진(陳) 땅에서 사로잡았다. 월나라와 초나라 사람들은 사납고 경박스러웠기 때문에 마침내 고조는 동생 교(交)를 초나라 왕으로 삼고 이에[爰=於是] 팽성(彭城)에 도읍해 회수(淮水)와 사수(泗水) 일대를 강화하니 한나라 종실의 울타리[宗藩]가 되었다. 유무(劉戊)가 그릇됨에 빠졌으나 유례(劉禮)가 다시 뒤를 이었다[紹=承]. 유(游)[1]가 고조를 잘 보필한 것을 아름답게 여겨 「초원세가(楚元世家)」 제20을 지었다.

1) 【정의(正義)】 유(游)는 초왕 교(交)의 자(字)다.

아! 고조가 군사를 일으키자, 유가(劉賈-유고)가 이에 참여했는데, 경포(鯨布-영포(英布))의 습격을 받아 봉국 형(荊)과 오나라 땅을 잃었다. 영릉후(營陵侯) 유택(劉澤)은 여태후를 감동시킴으로써 낭야왕(琅邪王)에 봉해졌으나 (제나라 왕의 사자) 축오(祝午)에 속아 제나라로 갔다가 돌아올 수 없게 되었는데, (꾀를 내) 서쪽 관문을 넘어 장안으로 돌아왔고 효문제가 세워질 때 다시 연왕(燕王)에 봉해질 수 있었다.

천하가 아직 안정되지[集=安集] 못했을 때 유가와 유택은 종족을 이끌고 한나라 왕실의 번신(藩臣-울타리 같은 신하)이자 보신(輔臣)이 되었다. 이에 「형연세가(荊燕世家)」 제21을 지었다.

천하가 이미 평정되었으나 고조의 친족들은 너무 적었는데, 제나라 도혜왕(悼惠王-고조의 맏서자 유비(劉肥))이 먼저 장성해 동쪽 제나라 땅을 굳게 다스렸다. 제나라 애왕(哀王)이 여씨 일족을 향해 마음대로 군사를 일으켰으나 (외삼촌) 사균(駟鈞)이 사납고 거칠었기 때문에 경사(京師-수도)의 대신들은 애왕이 황제 자리에 오르는 것을 반대했다. 여왕(厲王)은 누이와 간통하다가[內淫] 주보언(主父偃)에게 들켜 자살해야 하는 화를 당했다. 유비가 고조의 팔다리[股肱] 역할을 한 것을 아름답게 여겨 「제도혜왕세가(齊悼惠王世家)」 제22를 지었다.

초나라 사람들이 우리[我] 형양(滎陽)을 에워싸고 서로 대치한 3년 동안, 소하(蕭何)는 산서(山西)[1]를 잘 누르고 어루만졌으며 계책을 잘 세워 군사를 보충했고 식량을 잘 조달해 군량미가 끊어지지 않게 함으로써 백성으로 하여금 한나라를 좋아하고 초나라를 싫어하게 했다. 이에 「소상국세가(蕭相國世家)」 제23을 지었다.

1) 【정의(正義)】 화산(華山) 서쪽이다.

(조참은) 한신(韓信)과 함께 위(魏)나라를 평정하고 조나라를 깨뜨리며 제나라를 뽑아버림으로써 드디어 초나라를 약화시켰다. 소하를 이어 상국(相國)이 되었으나 (소하의 정책을) 바꾸지도 않고 고치지도 않았으니, 백성이 이에[攸] 편안해했다. 자기 공로를 자랑하지 않고[不伐] 자기 능력을 내세우지 않은 조참(曹參)을 아름답게 여겨 「조상국세가(曹相國世家)」 제24를 기록했다.

군대의 장막 안에서 책략을 구사해 아무도 모르게 승리를 거둔 것은 자방(子房-장량)이 그 일을 꾸몄기 때문이다. 이름이 알려지지도 않았고 용감한 공로를 세운 적도 없었지만, 어려운 문제는 쉽게 해결하고 큰일은 작은 일처럼 처리했으니, 이에 「유후세가(留侯世家)」 제25를 지었다.

(진평이 올린) 기발한 계책 여섯 가지[六奇]가 채택되어 쓰이니 제후들이 모두 한(漢)나라에 복종했다. 여씨(呂氏)를 제거하는 일도 진평(陳平)이 주도한 것으로, 끝내 종묘사직을 안정시켰다. 이에 「진승상세가(陳丞相世家)」 제26을 지었다.

여러 여씨가 결탁해 경사(京師-한나라 황실)를 약화하려는 음모를 꾸미자, 이에 주발(周勃)은 바른 방법은 아니었지만[反經] 권도(權道)를 잘 발휘했다. 오나라와 초나라가 반란을 일으켰을 때 (주발의 아들) 주아부(周亞夫)는 창읍(昌邑)에 주둔하면서 제나라와 조나라를 괴롭혔고, 양나라의 출병을 독촉해 오나라와 싸우게 했다. 이에 「강후주발세가(絳侯周勃世家)」 제27을 지었다.

오초칠국이 반란을 일으켰을 때 울타리가 되어 황실을 지켜준 것은 오직 양나라뿐이었지만, 훗날 양나라는 황실의 총애를 자랑하고[偩愛] 공로를 뽐내다가 거의[幾] 재앙을 당할 뻔했다. 양나라가 오·초를 막은 공로를 아름답게 여겨 「양효왕세가(梁孝王世家)」 제28을 지었다.

오종(五宗)[1]이 이미 왕이 되고 나자, 친족들이 화합했고 크고 작은 제후들이 울타리가 되어주었으니, 이에[爰=於是] 각자 그 마땅함을 얻었고 (그 결과) 분수를 모른 채 기어오르는[僭擬] 일들이 점차 줄어들었다. 이에 「오종세가(五宗世家)」 제29를 지었다.

1) 안사고(顔師古)가 말했다. "경제(景帝)의 아들 중에 모두 13명이 왕이 되었는데, 어머니 5명에

게서 나왔기 때문에 천(遷)은 같은 어머니를 일종(一宗)으로 하여 오종이라고 한 것이다."

(지금 황제의) 세 아들이 왕으로 봉해졌는데, 책문(冊文)이 볼 만하다. 이에 「삼왕세가(三王世家)」 제30을 지었다.

말세에는 이익을 다투기 마련인데 오직 그들(-백이와 숙제)만이 마땅함을 향해 달려갔다[奔義]. 나라를 양보하고 굶어 죽으니, 천하가 그들을 칭송했다. 이에 「백이열전(伯夷列傳)」 제1을 지었다.

안자(晏子-안영(晏嬰))는 검소했고, 이오(夷吾-관중(管仲))는 사치스러웠다. 제나라 환공(桓公)은 (관중 덕에) 패업을 이루었고, 경공(景公)은 (안영 덕에) 나라를 잘 다스렸다. 이에 「관안열전(管晏列傳)」 제2를 지었다.

이이(李耳-노자)는 무위(無爲)하자 저절로 교화되었고[自化] 청정(淸淨)하자 저절로 바르게 되었다[自正]. 한비(韓非)는 일의 실상[事情]을 잘 헤아리고[揣] 형세의 이치[勢理]를 잘 따랐다. 이에 「노자한비열전(老子韓非列傳)」 제3을 지었다.

예로부터 임금다운 임금[王者]에게는 『사마법』이 있었는데, 양저(穰苴)는 능히 그것을 거듭해서 밝혔다. 이에 「사마양저열전(司馬穰苴列傳)」 제4를 지었다.

신의와 청렴, 어짊과 용기가 없이는 능히 병법을 전하거나 검술을 논할 수 없으며, 도리에 부합할 때라야 안으로 몸을 다스릴 수 있고 밖으로 변화에 응할 수 있다. 군자라면 이런 다움을 가까이한다[比=近]. 이에 「손자오기열전(孫子吳起列傳)」 제5를 지었다.

아! (초나라 평왕의 태자) 건(建)이 참소를 당하자 이에 그 재앙이 오사(伍奢)에까지 미쳤다. 오상(伍尙)은 아버지를 구하고자 했고, 오원(伍員-오자서)은 오나라로 달아났다. 이에 「오자서열전(伍子胥列傳)」 제6을 지었다.

공씨(孔氏-공자)가 문(文)을 조술했고, 제자들은 학업을 일으켜서 모두 (제후들의) 사부가 되어 어짊을 높이고 마땅함을 권장했다[厲=勵]. 이에 「중니제자열전(仲尼弟子列傳)」 제7을 지었다.

상앙(商鞅)은 위(衛)나라를 떠나 진(秦)나라로 가자 능히 법술을 밝혀서 효공(孝公)을 강하게 했으니, (효공은) 패주(霸主)가 되었고 후세도 그 법도를 그대로 따랐다. 이에 「상군열전(商君列傳)」 제8을 지었다.

천하가 연횡책과 진나라의 끝없는 탐욕[毋厭]을 걱정하자 소자(蘇子-소진)는 능히 제후들을 존속해주고 합종을 맹약함으로써 탐욕스럽고 강력한 진나라를 억제했다. 이에 「소진열전(蘇秦列傳)」 제9를 지었다.

육국(六國-전국시대의 여섯 나라)이 이미 소진의 합종을 따라서 가깝게 되었는데, 장의(張儀)는 자신의 주장(-연횡)을 명확히 밝혀 다시 제후들을 뿔뿔이 흩어지게 했다. 이에 「장의열전(張儀列傳)」 제10을 지었다.

진나라가 동쪽 땅들을 차지해 제후들의 패자가 될 수 있었던 것은 저리(樗里)와 감무(甘茂)의 책략 때문이다. 이에 「저리자감무열전(樗里子甘茂列傳)」 제11을 지었다.

황하와 화산(華山)을 장악하고 대량(大梁)을 에워쌈으로써 제후들로 하여금 두 손을 모은 채 진(秦)나라를 섬기게 한 것은 위염(魏冉)의 공이었다.

이에 「양후열전(穰侯列傳)」 제12를 지었다.

(진나라가) 남쪽으로 (초나라의) 언(鄢)·영(郢)을 뽑아내고 북쪽으로 (조나라) 장평(長平)을 무너뜨리고 (수도) 한단(邯鄲)을 에워쌀 수 있었던 것은 무안군(武安君-백기)이 잘 통솔한 때문이요, 초나라를 깨뜨리고 월나라를 멸망시킨 것은 왕전(王翦)의 계책 때문이다. 이에 「백기왕전열전(白起王翦列傳)」 제13을 지었다.

유가와 묵가가 남긴 문헌들[遺文]을 섭렵하고 사리와 마땅함[禮義]의 계통을 밝혀내 (맹자는 양나라) 혜왕이 이익을 추구하는 실마리를 끊었고 (순자는) 지나간 세상의 흥망성쇠를 나열했다. 이에 「맹자순경열전(孟子荀卿列傳)」 제14를 지었다.

(맹상군이) 빈객을 좋아하고 장부와 선비를 기쁜 마음으로 맞이하니 인재들이 설(薛) 땅으로 몰려들었으니, 제나라를 위해 초나라와 위(魏)나라의 침략을 막아냈다. 이에 「맹상군열전(孟嘗君列傳)」 제15를 지었다.

(조나라 평원군은) 풍정(馮亭)과 권모술수를 다투었고, 초나라로 가서 (초나라와 위나라의 지원을 끌어내) 진나라가 에워싼 한단을 구원했다. (우경은) 자기 임금이 다시 제후 노릇을 할 수 있게 했다. 이에 「평원군우경열전(平原君虞卿列傳)」 제16을 지었다.

자기는 부귀한 자이면서 능히 빈천한 자들에게 몸을 낮출 수 있고 자기는 현능하면서 능히 불초한 자들에게 몸을 굽힐 수 있는 것은 오직 신릉군(信陵君)만이 제대로 할 수 있다. 이에 「신릉군열전(信陵君列傳)」 제17을 지었다.

몸을 던져 임금을 따르고[徇=從] 드디어 강한 진나라의 손아귀에서 벗어나 유세가들을 내몰아서 남쪽 초나라로 몰려가게 한 것은 황헐(黃歇)의 마땅함이었다. 이에 「춘신군열전(春申君列傳)」 제18을 지었다.

(범수(范睢)는) 위제(魏齊-위나라 재상)에게 당한 치욕[詬=辱]을 참아내고 강한 진나라에서 신임을 받아 위세를 떨쳤으며, (채택(蔡澤)은) 뛰어난 인재를 천거해 그에게 자리를 양보했다. 이 두 사람은 그런 면모가 있었으니, 이에 「범수채택열전(范睢蔡澤列傳)」 제19를 지었다.

몸소 계책을 행하고 다섯 나라의 군대를 연합시켜서 약한 연나라를 위해 강한 제나라를 침으로써 원수를 갚고 선군의 치욕을 씻었다. 이에 「악의열전(樂毅列傳)」 제20을 지었다.

(인상여(藺相如)는) 강한 진나라를 향해서는 자기의 신념과 의지를 펼쳤고 염자(廉子-염파(廉頗))에게는 몸을 굽혀 그 임금을 섬김으로써 한결같이 제후들로부터 존중을 받았다. 이에 「염파인상여열전(廉頗藺相如列傳)」 제21을 지었다.

(제나라) 민왕(湣王)이 이미 (수도) 임치(臨淄)를 잃고 거(莒)로 달아났지만, 오직 전단(田單)만이 즉묵(卽墨)을 지키며 기겁(騎劫)을 깨뜨려 달아나게 함으로써 드디어 제나라 사직을 보존했다. 이에 「전단열전(田單列傳)」 제22를 지었다.

(노중련은) 궤변을 통해 (진나라에) 포위된 성의 근심을 풀고 작위나 녹봉을 가벼이 여기며 자기 뜻대로 즐거이 살았다. 이에 「노중련추양열전(魯仲連鄒陽列傳)」 제23을 지었다.

(굴원은) 문장을 지어 정치를 풍자하고 간언했으며 유사한 비유를 들어 마땅함을 논했으니, 「이소(離騷)」가 그것이다. 이에 「굴원가생열전(屈原賈生列傳)」 제24를 지었다.

(여불위는) 자초(子楚)와 친분을 맺고서 제후의 선비들이 다퉈 진나라를 섬기게 했다. 이에 「여불위열전(呂不韋列傳)」 제25를 지었다.

조자(曹子-조말(曹沫))의 비수로 노나라는 잃었던 땅을 되찾았으니, 제나라는 신의를 (제후들에게) 보여주었다. 예양(豫讓)은 의로움을 지켜 두 마음을 품지 않았다. 이에 「자객열전(刺客列傳)」 제26을 지었다.

그 계책을 명확히 밝혀서 때의 흐름에 맞춰 진나라를 끌어올림으로써 (마침내) 진나라가 해내(海內)를 통일할 수 있었던 데는 이사(李斯)의 계모(計謀)가 으뜸이었다. 이에 「이사열전(李斯列傳)」 제27을 지었다.

(몽염은) 진(秦)나라를 위해 땅을 개척하고 인구를 늘려서 북쪽으로 흉노를 무찌르고 황하를 거점으로 요새를 만들었으니, 산에 의지해 방어를 견고히 해서 유중현(楡中縣)을 건설했다. 이에 「몽염열전(蒙恬列傳)」 제28을 지었다.

(장이와 진여는) 조나라를 평정하고 상산(常山)을 막아 하내(河內)를 넓힘으로써 초나라의 권세를 약하게 하고 한왕(漢王)이 신의가 있다는 점을 천하에 드러냈다. 이에 「장이진여열전(張耳陳餘列傳)」 제29를 지었다.

(위표(魏豹)는) 서하(西河)와 상당(上黨)의 군대를 거둬 한왕을 따라 팽성(彭城)에 이르렀고, 팽월(彭越)은 양(梁)나라를 침략해 항우를 괴롭혔다

[<ruby>苦<rt>고</rt></ruby>]. 이에 「위표팽월열전(魏豹彭越列傳)」 제30을 지었다.

(경포는) 회남(淮南)을 근거지로 삼아 초나라를 배반하고 한나라에 귀의하니, 한나라는 그를 이용해 (초나라) 대사마 주은(周殷)을 얻어 마침내 해하(垓下)에서 항우를 깨뜨렸다. 이에 「경포열전(黥布列傳)」 제31을 지었다.

초나라가 경(京)과 삭(索) 사이에서 한나라를 압박할 때 한신(韓信)은 위(魏)나라와 조나라를 뽑아버리고 연나라와 제나라를 평정함으로써 한나라로 하여금 천하의 3분의 2를 차지하고 항우를 멸망시킬 수 있게 했다. 이에 「회음후열전」(淮陰侯列傳) 제32를 지었다.

초나라와 한나라가 공(鞏)과 낙양 사이에서 대치하고 있을 때 한왕(韓王) 신(信)은 영천(潁川)을 평정했고 노관(盧綰)은 항우의 군량 보급로를 끊었다. 이에 「한신노관열전(韓信盧綰列傳)」 제33을 지었다.

제후들이 초왕 항우에 반기를 들기는 했지만, 오직 제나라만이 성양(城陽)에서 자우(子羽-항우의 자)와 연이어 전투를 벌였고, 한왕은 그 틈에 팽성으로 들어갈 수 있었다. 이에 「전담열전(田儋列傳)」 제34를 지었다.

성을 공략하고 야전에서 전투를 벌여 공을 세우고 승전보를 알릴 수 있었던 것은 번쾌(樊噲)와 역상(酈商)의 공이었다. 말채찍을 들고 계책을 세웠을 뿐 아니라 한왕과 함께 어려움을 벗어나기도 했다. 이에 「번역등관열전(樊酈滕灌列傳-번쾌·역상·등공·관영 열전)」 제35를 지었다.

한나라가 초기에 겨우 안정했으나 문물제도가 아직 밝지 못했는데, 장창(張蒼)이 주계관(主計官)이 되어 도량형을 정비하고 율력을 바로잡았다.

이에 「장승상열전(張丞相列傳)」 제36을 지었다.

　(역이기와 육가가) 변설로써 관계를 맺고 사자가 되어 제후들을 결속하고 회유하니, 제후들이 모두 한나라와 가까워지고 한나라에 귀순해 울타리와 같은 신하[藩輔]가 되었다. 이에 「역생육가열전(酈生陸賈列傳)」 제37을 지었다.

　진나라와 초나라 시기의 사건들을 상세히 알고 싶다면 오직 한 사람, 늘 고조를 따라다니면서 제후들을 평정하는 것을 목격한 주설(周緤)이 있다. 이에 「부근괴성열전(傅靳蒯成列傳-부관·근흡·괴성 열전)」 제38을 지었다.

　(유경(劉敬)은) 강한 호족들을 이주시키고 관중(關中)에 도읍을 정해 흉노와 화친을 맺게 했고, (숙손통(叔孫通)은) 조정의 의례를 밝히고 종묘의 의법(儀法)을 제정했다. 이에 「유경숙손통열전(劉敬叔孫通列傳)」 제39를 지었다.

　(계포(季布)는) 강한 성격을 부드럽게 바꿔 결국 한나라 신하가 되었고, 난공(欒公)은 위세에 눌리지 않아서 죽은 팽월(彭越)을 배신하지 않았다. 이에 「계포난포열전(季布欒布列傳)」 제40을 지었다.

　(원앙(袁盎)은) 감히 군주의 싫어하는 안색을 범해가면서까지[犯顔]¹⁾ 군주가 마땅히 해야 할 바를 관철했고, (조조(鼂錯)는) 자기 몸을 돌보지 않고 나라를 위한 장구한 계책을 세웠다. 이에 「원앙조조열전(爰盎鼂錯列傳)」 제41을 지었다.

---

1) 『논어(論語)』 「헌문(憲問)」편에 나오는 공자 말이다. 자로(子路)가 임금을 섬기는 것을 묻자, 공

자가 말했다. "속이지 말고 안색을 범해야 한다[犯之=犯顔]."

(장석지(張釋之)는) 법을 지키며 큰 이치를 잃지 않았고, (풍당(馮唐)은) 옛 뛰어난 이들에 관해 말함으로써 군주의 눈 밝음을 더욱 밝혀주었다. 이에 「장석지풍당열전(張釋之馮唐列傳)」 제42를 지었다.

(만석군(萬石君)은) 너그럽고 넉넉하며 인자하고 효성스러웠으며 말은 어눌하지만 일을 행함은 주도면밀해[訥於言敏於行][1] 몸을 굽히는 데 힘썼으니, 군자요 덕망 있는 사람[長者]이다. 이에 「만석장숙열전(萬石張叔列傳)」 제43을 지었다.

1) 『논어(論語)』 「이인(里仁)」편에 나오는 공자의 말이다. "말은 어눌하게 하려고 하고, 일을 행할 때는 주도면밀하게 하라[欲訥於言而敏於行]."

(전숙(田叔)은) 절조를 지키고 절직(切直)했으니, 마땅함은 청렴하다고 하기에 충분했고 행실은 뛰어난 이들을 격려하기에 충분했다. 권세가 있는 자리에 있어도 이치에 맞지 않는 것에는 굽히지 않았다. 이에 「전숙열전(田叔列傳)」 제44를 지었다.

편작(扁鵲)은 의술을 말해 의술 하는 사람들의 으뜸이 되었다. 그의 의술은 대단히 정밀하고 밝아서 후세 사람들도 그대로 따르며 바꾸지 못했다. 창공(倉公)이 그에 근접했다고 할 수 있다. 이에 「편작창공열전(扁鵲倉公列傳)」 제45를 지었다.

아! 유중(劉仲)의 아들 유비(劉濞)는 오나라 왕이 되어 한나라가 처음 천하를 안정시켰을 때 장강과 회수 사이를 어루만져 안정시켰다. 이에 「오왕

비열전(믯王濞列傳)」 제46을 지었다.

오나라와 초나라가 난을 일으켰을 때 종실과 외척 중 오직 두영(竇嬰)만 뛰어났다. 장부와 선비들을 좋아했고 장부와 선비들도 그를 따랐으니, 군사를 이끌고 산동(山東) 형양(滎陽)에서 반란군에 맞서 싸웠다. 이에 「위기무안후열전(魏其武安侯列傳)」 제47을 지었다.

(한안국은) 지혜가 근세의 변화에 대응하기에 넉넉했고 너그러움은 인재를 얻어 쓰기에 충분했다. 이에 「한장유열전(韓長孺列傳)」 제48을 지었다.

(이광은) 적을 만나서는 용감했고 사졸들에게는 어질고 정이 많았으며 군령은 번잡스럽지 않아 사졸들이 그를 잘 따랐다. 이에 「이장군열전(李將軍列傳)」 제49를 지었다.

하·은·주 삼대 이래로 흉노는 늘 중국의 근심과 재앙이었으니, 그들의 강하고 약한 때를 살펴서 군비를 갖춰 정벌하려고 했다. 이에 「흉노열전(匈奴列傳)」 제50을 지었다.

(곽거병(霍去病)은) 구불구불한 변방 요새를 곧게 개통하고 하남 땅을 넓히며 기련산(祁連山)의 적을 깨뜨림으로써 서역 나라들과 통하는 길을 개척하고 북방 오랑캐를 물리쳤다. 이에 「위장군표기열전(衛將軍驃騎列傳)」 제51을 지었다.

대신과 종친들이 서로 사치를 일삼으며 다툴 때 공손홍(公孫弘)만이 먹고 입는 것을 절약하면서 솔선수범해 백관의 모범이 되었다. 이에 「평진후주보열전(平津侯主父列傳)」 제52를 지었다.

한나라가 이미 중국을 평정하자 조타(趙佗)는 옛 양월(楊粵-楊越)을 안정시켜서[集=安集] 남방 울타리를 보호하고 한나라에 공직(貢職)을 바쳤다. 이에 「남월열전(南越列傳)」 제53을 지었다.

오나라가 반란을 일으켰을 때 동구(東甌) 사람들은 오왕 유비를 죽이고 봉우산(封禺山)을 굳게 지켜서 마침내 한나라 신하가 되었다. 이에 「동월열전(東越列傳)」 권54를 지었다.

연나라 태자 단(丹)이 요동 일대로 흩어져 달아나자, 위만(衛滿)이 도망자들을 거둬 해동(海東)에 집결시킨 뒤 진번(眞藩)을 안정시키고 변방 요새를 지키면서 (한나라의) 외신(外臣)이 되었다. 이에 「조선열전(朝鮮列傳)」 제55를 지었다.

당몽(唐蒙)이 사신이 되어 야랑(夜郎)과의 교통로를 개척하자 공(邛)과 작(筰)의 군장들은 스스로 (한나라의) 내신(內臣)이 되기를 청했고, (한나라는) 관리들을 보내 통치했다. 이에 「서남이열전(西南夷列傳)」 제56을 지었다.

「자허부(子虛賦)」의 일과 「대인부(大人賦)」의 문장은 지나치게 화려하고 과장된 부분이 많지만, 요지는 풍자를 통해 무위(無爲)(의 정치)로 돌아가게 하려는 것이었다. 이에 「사마상여열전(司馬相如列傳)」 제57을 지었다.

경포(鯨布)가 반역하자 고조의 아들 유장(劉長)이 대신 그 나라의 왕이 되어 장강과 회수 남쪽을 어루만졌고, 형산왕은 사나운 초나라 백성을 눌러서 다독거렸다. 이에 「회남형산열전(淮南衡山列傳)」 제58을 지었다.

법률을 받들고 이치에 따라 일을 처리하는 관리들은 공로를 자랑하지 않고 능력을 뽐내지 않으니, 백성이 그들을 칭찬하는 일은 없지만 스스로도 잘못된 짓을 하지 않는다. 이에 「순리열전(循吏列傳)」 제59를 지었다.

의관을 반듯하게 하고 조정에 서면 여러 신하가 감히 허튼소리를 꺼내지 못했으니, 장유(長孺-급암의 자)의 당당함 때문이다. 인재 추천을 좋아해 장자(長者)라 불렸으니, 정당시(鄭當時)에게는 그런 기개가 있었다. 이에 「급정열전(汲鄭列傳-급암·정당시 열전)」 제60을 지었다.

공자가 졸한 이후 중앙 조정[京師]에서는 학교 교육[庠序]을 중시하지 않았는데, 오직 건원(建元)에서 원수(元狩) 연간 사이에 문사(文辭)가 찬란했다. 이에 「유림열전(儒林列傳)」 제61을 지었다.

백성이 (순박한) 본성을 등지고 간교한 자들이 법을 우롱하니 유능한 관리[善人][1]도 백성을 제대로 교화할 수 없었고, 오로지 모든 것을 엄격한 형벌로 다스려야만 가지런히 할 수 있었다. 이에 「혹리열전(酷吏列傳)」 제62를 지었다.

1) 이를 '착한 사람'으로 번역한 책들도 있는데 잘못이다. 『논어(論語)』 「자로(子路)」편에 나오는 공자의 말을 염두에 둔 것이다. "(옛말에) '선인(善人)이 100년간 나라를 다스리면 겨우[亦] 잔악한 자를 교화시키고 사람을 죽이는 풍습을 없앨 수 있다' 했는데, 정말이로다, 이 말은!"

한나라가 이미 사신을 대하(大夏)로 보내 교통을 트게 하자 서쪽 먼 곳에 있는 오랑캐는 안쪽 나라를 향해 목을 길게 뺀 채 중국을 보고 싶어 했다. 이에 「대원열전(大宛列傳)」 제63을 지었다.

곤경에 처한 사람을 구원해주고 빈곤한 사람을 구제해주니 어진 사람이 아니겠는가. 믿음을 잃지 않았고 약속을 저버리지 않았으니, 의로운 사람들에게서는 취할 바가 있다. 이에 「유협열전(游俠列傳)」 제64를 지었다.

　군주를 섬기면서 군주의 눈과 귀를 즐겁게 하고 낯빛을 펴게 함으로써 친근한 정을 얻어낸 것은 그들이 미색을 가지고 총애를 얻었을 뿐만 아니라 재능에도 각자 뛰어난 점이 있었기 때문이다. 이에 「영행열전(佞幸列傳)」 제65를 지었다.

　세속에 흐르지 않고 권세와 이익을 다투지 않으며 위아래 어디와도 막히는 곳이 없었다. 사람들도 그것을 해롭게 여기지 않았으니, 그 도리가 널리 쓰였다. 이에 「골계열전(滑稽列傳)」 제66을 지었다.

　제·초·진(秦)·조 나라의 점술가[日者]들은 풍속에 따라 점을 치는 방법이 달랐으니, 대체적인 뜻을 살펴보려 했다. 이에 「일자열전(日者列傳)」 제67을 지었다.

　하·은·주 삼대는 거북으로 점을 치는 방법이 다 달랐고 사방 오랑캐들도 각기 다른 방법으로 점을 쳤으나 모두 그것으로써 길흉화복을 결정했다. 요체를 개략적으로 살펴보고자 하여 이에 「귀책열전(龜策列傳)」 제68을 지었다.

　평범한 포의필부의 신분으로 정치를 해치지 않고 백성의 생활을 방해하지 않으면서 때에 맞춰 물건을 사고팔아[取與=買賣] 재산을 늘린 사람들이 있으니, 지혜로운 자들도 이들에게서 취할 바가 있다. 이에 「화식열전(貨殖列傳)」 제69를 지었다.

아! 우리 한나라는 오제(五帝)의 말류(末流)를 계승하고 삼대(三代)의 큰 줄기가 되는 위업[統業]을 이어받았다. 주(周)나라의 도리가 폐기되자 진(秦)나라는 옛 문적들을 없애고 『시(詩)』와 『서(書)』[1]를 불태웠다. 이 때문에 명당과 왕실 도서관인 석실과 금궤에 보관 중이던 옥판(玉版)과 도적(圖籍)들이 모두 흩어지고 말았다. 이때 한나라가 일어나서 소하(蕭何)가 율령을 정비하고[次] 한신(韓信)이 군법을 거듭 밝혔으며 장창(張蒼)이 제반 규정들[章程][2]을 만들었고 숙손통(叔孫通)이 의례를 제정했으니, 문학에 정통한 선비들이 점차 나아오고 『시』와 『서』도 조금씩 나타나기에 이르렀다. (그리하여) 조참(曹參)이 개공(蓋公-혹은 갑공)을 천거해 황로(黃老)를 말하게 한 것, 가의(賈誼)와 조조(鼂錯)가 신불해(申不害)와 상앙(商鞅)의 법가를 밝힌 것, 공손홍(公孫弘)이 유학으로 이름을 떨친 것 등 지난 100년 사이에 천하에 남아 있던 서적이나 고문서가 남김없이 모두 태사공의 손에 모이지 않은 것이 없었다. 태사공은 부자가 대를 이어 그 자리를 맡게 되었는데, 태사공은 이렇게 말한 바 있다.

"아, 우리 조상은 일찍부터 이 일을 주관해 당우(唐虞) 때부터 이름이 났고, 주(周)나라에 이르러서도 다시 그 일을 맡았다[典=掌]. 그래서 사마씨는 대대로 천관을 맡았던 것이다. 이제 그 일이 나에까지 왔으니, 삼가 새겨둬야[念] 할 것이다. 삼가 새겨둬야 할 것이다."

1) 유학의 문헌 전체를 상징적으로 말한 것이다.

2) **【집해(集解)】** 여순(如淳)이 말했다. "장(章)은 역수(曆數)를 풀어내는 방법이고, 정(程)은 각종 도량형 장척(丈尺)의 규정이다."

천하에 흩어진 오랜 이야기들을 남김없이 모은[罔羅] 뒤에 제왕들이 일어나게 된 자취를 살피고 시작과 끝을 탐구하며 흥망성쇠를 관찰하되 사실에 입각해[行事] 논하고 고찰했다.

삼대(三代) 위로는 추정하고 진나라와 한나라는 상세하게 기록했으되 위로는 헌원(軒轅)부터 아래로는 지금까지 「본기」를 12편 저술했는데, 모두 조례를 나눠 기록했다.

아울러 시대를 같이하는 것도 있고 달리하는 것도 있어서 연대가 분명치 않은 사건들이 있기 때문에 「표」를 10편 지었다.

예악의 덜고 더함[損益], 율력의 개정, 병권(兵權), 산천, 귀신[1], 하늘과 인간의 관계, 각종 사물의 발전과 변화를 살피기 위해 「서」를 8편 지었다.

28수의 별자리가 북극성을 중심으로 돌고 바큇살 30개가 바퀴통 1개를 향해 끊임없이 돌고 도니, 제왕의 팔다리 같은 신하들을 이에 비유해 충신으로서 도리를 행하며 군주를 받드는 모습을 「세가」 30편에 담았다.

1) **【색은(索隱)】** 살펴보건대, 병권은 율서(律書)이고 산천은 하거서(河渠書), 귀신은 봉선서(封禪書)다.

의로움을 떠받치고[扶義] 재능이 뛰어나서 시기를 놓치지 않고 세상에 공명을 세운 사람에 대해 「열전」을 70편 썼다.

모두 130편 52만 6,500자인데, '태사공서(太史公書)'라는 이름을 붙였다.

간략한 서문을 통해 여기저기 흩어져 있는 자료들을 모으고 본문에 빠진 것들을 보충해 나름의 견해를 밝혔으며, 아울러 육경(六經)의 다양한 해석을 취하고 제자백가의 서로 다른 학설들도 절충했다[整齊]. 그리하여 정본(正本)은 명산에 감춰두고 부본(副本)을 경사(京師)에 남겨서 후대의 빼어난 이와 군자들을 기다린다. 「태사공자서(太史公自序)」 제70은 천이 스스로 밝힌 내용이다.

태사공(太史公)이 말한다.

"나는 황제(黃帝)로부터 역사를 서술해 태초(太初-한나라 무제의 연호) 연

간에 이르러 마쳤으니[訖], (모두) 130편[1]이다."[2]

1) 【집해(集解)】 장안(張晏)이 말했다. "사마천이 죽은 후에 「경기(景紀)」, 「무기(武紀)」, 「예서(禮書)」, 「악서(樂書)」, 「율서(律書)」, 「한흥이래장군재상연표(漢興已來將相年表)」, 「일자열전(日者列傳)」, 「삼왕세가(三王世家)」, 「귀책열전(龜策列傳)」, 「부근괴성열전(傅靳蒯成列傳)」이 망실되었다. 원제와 성제 때 저소손(褚少孫)이 빠진 부분을 보충하여 「무기(武紀)」, 「삼왕세가(三王世家)」, 「귀책열전(龜策列傳)」, 「일자열전(日者列傳)」을 지었는데, 언사가 비루하고 사마천의 본뜻과 다르다."

2) 【색은술찬(索隱述贊)】 태사공은 (역사 편찬에) 훌륭한 재주가 있어[太史良才]/이에 옛 인물들의 다움을 찬술했도다[爰纂先德]/천하를 두루 노닐고 옛 기록들을 두루 열람하면서[周遊歷覽]/동으로 서로 남으로 북으로 다 다녔다네[東西南北]/일의 실상을 파헤치면서도 글은 간략하니[事覈詞簡]/이에 실록이라 칭할 만하도다[是稱實錄]/보임안서 지었다가[報任投書]/이릉의 일로 감옥에 내려졌다네[申李下獄]/애석하도다! 덜어지고 깎여버림이여[惜哉殘缺]/진짜 재주가 있지 않고서는 제대로 이어갈 수 없었으리라[非才妄續]!

KI신서 16203

이한우의 사기 10
열전(列傳) 권117-권130

1판 1쇄 인쇄 2026년 3월 13일
1판 1쇄 발행 2026년 4월 1일

지은이 사마천
옮긴이 이한우
펴낸이 김영곤
펴낸곳 ㈜북이십일 21세기북스

서가명강팀 팀장 양으녕 **책임편집** 서진교 **마케팅** 김주현
디자인 푸른나무디자인
마케팅영업부문 정지은
영업팀 김지윤 강경남 김도연
e-커머스팀 장철용 명인수 황성진
제작팀 이영민 권경민

출판등록 2000년 5월 6일 제406-2003-061호
주소 (10881) 경기도 파주시 회동길 201(문발동)
대표전화 031-955-2100 **팩스** 031-955-2151 **이메일** book21@book21.co.kr

㈜북이십일 경계를 허무는 콘텐츠 리더

21세기북스 채널에서 도서 정보와 다양한 영상자료, 이벤트를 만나세요!
페이스북 facebook.com/jiinpill21 **포스트** post.naver.com/21c_editors
유튜브 youtube.com/book21pub **인스타그램** instagram.com/jiinpill21
홈페이지 www.book21.com

당신의 일상을 빛내줄 탐나는 탐구 생활 〈탐탐〉
21세기북스 채널에서 취미생활자들을 위한 유익한 정보를 만나보세요!

© 이한우, 2026
ISBN 979-11-7357-903-5 (04910)
　　　　979-11-7357-893-9 (04910) (세트)